DESCRIPTION
DE
L'ÉGYPTE,
RECUEIL
DES OBSERVATIONS ET DES RECHERCHES

QUI ONT ÉTÉ FAITES EN ÉGYPTE

PENDANT L'EXPÉDITION DE L'ARMÉE FRANÇAISE

SECONDE ÉDITION

DÉDIÉE AU ROI

PUBLIÉE PAR C. L. F. PANCKOUCKE.

TOME VINGTIÈME

HISTOIRE NATURELLE.

IMPRIMERIE
DE C. L. F. PANCKOUCKE.

M. D. CCC. XXV.

DESCRIPTION

DE

L'ÉGYPTE.

DESCRIPTION

DE

L'ÉGYPTE

OU

RECUEIL

DES OBSERVATIONS ET DES RECHERCHES

QUI ONT ÉTÉ FAITES EN ÉGYPTE

PENDANT L'EXPÉDITION DE L'ARMÉE FRANÇAISE.

SECONDE ÉDITION

DÉDIÉE AU ROI

PUBLIÉE PAR C. L. F. PANCKOUCKE.

TOME VINGTIÈME.

HISTOIRE NATURELLE.

PARIS

IMPRIMERIE DE C. L. F. PANCKOUCKE

M. D. CCC. XXIV.

HISTOIRE NATURELLE.

DESCRIPTION

DE

LA VALLÉE DE L'ÉGAREMENT,

ET

CONSÉQUENCES GÉOLOGIQUES

QUI RÉSULTENT DE LA RECONNAISSANCE QU'ON EN A FAITE;

Par M. P. S. GIRARD,

INGÉNIEUR EN CHEF DES PONTS ET CHAUSSÉES, DIRECTEUR DU CANAL DE L'OURCQ ET DES EAUX DE PARIS, MEMBRE DE L'INSTITUT D'ÉGYPTE.

§. I. *Description topographique de la vallée de l'Égarement. — Facilités de la communication qu'elle offre entre le Nil et la mer Rouge.*

D'ANVILLE a tracé, sur sa carte de l'Égypte moderne, une vallée qui, à partir d'un village situé au pied du *Mokattam*, à environ deux lieues au-dessus du Kaire, s'étend jusque sur les bords de la mer Rouge à sept ou huit lieues au midi de Suez.

Il importait de reconnaître si cette vallée, désignée sous le nom de *vallée de l'Égarement,* pouvait servir à établir une communication facile entre le Nil et la mer Rouge, soit par terre, soit par le moyen d'un canal.

Le célèbre géographe, cité plus haut, a placé à l'embouchure de la vallée de l'Égarement, sur le côté de la mer Rouge, une ancienne ville appelée *Clisma :* son opinion portait à présumer que cette vallée avait été fréquentée autrefois; ce qui ajoutait un nouvel intérêt à celui qu'offrait déjà la traversée de cette partie de la chaîne arabique que le P. Sicard, entre tous les voyageurs modernes, paraît seul avoir parcourue.

Je suis parti du Kaire le 4 ventose de l'an VIII (23 février 1801), avec quelques membres de l'Institut d'Égypte et de la Commission des arts[1], pour me rendre à Suez par cette route. M. Devilliers, ingénieur des ponts et chaussées, qui nous accompagnait, se chargea d'en relever à la boussole les diverses sinuosités, et le gisement des montagnes dont elle est bordée, travail dans l'exécution duquel il a mis autant de zèle que de précision.

Je me propose de donner ici une description topographique de la vallée de l'Égarement, et de joindre à cette description quelques conjectures géologiques sur les causes qui ont amené cette vallée à son état actuel.

---

[1] MM. Delile, membre de l'Institut d'Égypte; Rozière, ingénieur des mines; Devilliers et Alibert, ingénieurs des ponts et chaussées; Berthe, chef de bataillon d'artillerie.

On trouve à son entrée le village de *Baçâtyn*, habité par des Arabes connus sous le nom de *Terrâbyn*. Immédiatement au-delà de ce village, la partie la plus basse du chemin que l'on suit est couverte de petits monticules formés de gypse et de fragmens de coquilles, autour desquels on reconnaît la trace de quelques eaux pluviales qui s'écoulent de la montagne dans le bassin du Nil. C'est aux environs de cet endroit, que l'on exploite le grès blanc dont on fabrique les meules à aiguiser qui sont en usage au Kaire.

A sept kilomètres de son embouchure la vallée commence à se rétrécir. Elle est bordée à gauche par une colline calcaire. La surface du sol est composée de cailloux roulés, de fragmens de cristaux de gypse, et de bois agatisé. En continuant de monter, la vallée se rétrécit de plus en plus; on côtoie à droite une montagne coupée à pic, au pied de laquelle s'étendent, jusqu'au milieu de la route, des débris qui semblent provenir d'un éboulement partiel de cette montagne, et qui, resserrant le vallon, le réduisent à n'avoir plus que deux cents mètres dans sa plus petite largeur.

On arrive, en sortant de ce vallon, sur un plateau presque horizontal, dont la surface est encore sillonnée de traces de ruisseaux, que recouvrent un sable fin et de l'argile jaunâtre. Ce plateau est compris entre deux montagnes qui forment l'une et l'autre deux courbes concaves. On parcourt environ un myriamètre dans cette plaine; après quoi l'on entre dans un défilé de quarante mètres de large, bordé de petites collines coupées à pic, et dont le massif est composé de pierres coquillières. La route commence à se diriger vers le sud-est à l'entrée de cette gorge. Celle-ci se prolonge pendant une heure de marche, et conduit sur un second plateau qui reçoit les eaux des hauteurs environnantes : elles se versent dans une vallée dirigée vers le sud, à peu près perpendiculairement à la route.

Cette espèce de palier, dont la pente vers le Nil est très-douce, peut avoir sept à huit kilomètres de large. Il est couvert de cailloux roulés, de gravier, et, en quelques endroits, de sel effleuri. Le chemin que l'on suit est bordé de petites collines formées de débris provenant des montagnes voisines, et qui ont été charriés par les eaux. Ces collines sont disposées par gradins les unes sur les autres, et présentent beaucoup de coquilles dans leurs coupes abruptes.

C'est après avoir marché l'espace de seize kilomètres, au milieu de cette petite plaine, que l'on arrive aux puits de *Gandely*. Ils sont situés au nord-est de la route, au fond d'une gorge où paraissent se rendre toutes les eaux pluviales qui tombent sur le terrain des environs. Ces puits sont creusés dans un sol d'alluvions composé de marne et de terre calcaire. Ils sont au nombre de sept ou huit, n'ont au plus que deux mètres de profondeur, et sont environnés de plantes et d'arbustes dont la végétation nous parut très-active.

En quittant les puits de *Gandely*, on monte sur un plateau assez étendu, couvert au sud par une montagne qui forme un arc concave, à deux ou trois lieues de distance. C'est la partie la plus élevée de la vallée. On y voit disséminés sur le sol, des fragmens de cristaux de gypse, et de grandes coquilles bivalves non pétrifiées, parmi lesquelles on en remarque de fort bien conservées et dont les deux valves sont encore adhérentes [1].

Il paraît, d'après les renseignemens que nous obtînmes de l'Arabe qui nous servait de guide, que les caravanes, allant de l'Égypte supérieure en Syrie par le désert, viennent s'abreuver aux puits de *Gandely*, et remontent ensuite sur le plateau où l'on nous fit remarquer le chemin qu'elles pratiquent.

On commence à descendre de cette plaine vers la mer Rouge, en suivant une vallée assez large, dans laquelle on observe de fort loin, sur la direction même de la route, un monticule conique de grès rouge, isolé, appelé par les Arabes *Grayboun* ; il peut avoir quatre cents mètres de circuit à sa base, et quinze à dix-huit mètres de hauteur.

Après avoir dépassé ce mamelon, distant de l'origine de la vallée à *Baçâtyn* de cinq myriamètres environ, on suit pendant quelque temps le lit d'un ancien torrent qui s'incline d'abord vers l'orient, et se dirige ensuite vers le sud-est, au pied d'une croupe calcaire, présentant le rocher à nu, sans aucun fragment de coquilles ni de gypse cristallisé.

On passe de cette croupe sur un palier presque de niveau, où l'on retrouve, à la surface du sol, les grandes coquilles bivalves dont nous venons de parler. On entre ensuite dans un vallon large de deux cents mètres. La colline qui le borde au sud, est ravinée profondément par les eaux. Le dessus de cette colline est couvert d'une

---

[1] Ces coquilles sont représentées pl. 2, *H. N. Minéralogie*.

terre fortement salée, et de cailloux calcaires qui ne paraissent point avoir été roulés, mais qui sont les débris mêmes du sol.

En sortant de ce vallon, nous aperçûmes encore le rocher calcaire mis à nu dans le lit d'un torrent que nous suivîmes pendant quelque temps; sa rive droite, peu élevée, est une pierre blanche de même nature.

On laisse à droite le lit de ce torrent pour se rapprocher de la montagne septentrionale; les collines qui bordent la route sont disposées par échelons. Il n'y a point là de cailloux roulés; mais on y remarque une suite de mamelons gypseux, dont les bases sont couvertes de coquilles fossiles non pétrifiées.

Là commence un défilé de quatre-vingts ou cent mètres de large, compris entre une suite de monticules dont l'extérieur est formé de cailloux siliceux et de quartz arrondis, et l'intérieur de gravier mêlé de ces mêmes matériaux, parmi lesquels on reconnaît aussi des fragmens de bois agatisé.

Le cours des eaux se retrouve indiqué d'une manière plus apparente jusqu'à l'entrée d'une gorge que forme le rapprochement des deux chaînes, qui jusqu'alors n'ont été aperçues que dans l'éloignement. Ces deux chaînes sont de pierre calcaire, dont les parties sont tellement hétérogènes, que, les plus friables ayant été détruites, la surface de ces pierres est toute crevassée. Cette gorge n'a tout au plus que soixante mètres de largeur.

L'inclinaison des arbustes et des broussailles dont elle est couverte prouve que les eaux qui les submergent quelquefois y coulent avec rapidité. J'ai jugé, par les dépôts des matières qu'elles charrient, que ces eaux s'élèvent jusqu'à huit décimètres de hauteur : elles se rassemblent après les pluies, sur le bord du chemin, dans quelques fosses où les Arabes viennent abreuver leurs troupeaux; mais on n'est pas toujours sûr d'en trouver en cet endroit.

A la sortie de cette gorge qui peut avoir trois kilomètres de longueur, la montagne à gauche se retourne presque carrément vers le nord, tandis que la montagne à droite continue de se prolonger vers l'est.

Elles enferment ainsi une assez grande plaine, sur les confins de laquelle on aperçoit dans l'éloignement, au pied de la côte septentrionale, des collines de cailloux roulés. Le cours des eaux s'appuie sur la rive droite : on le reconnaît à différens ravins, et à une ligne d'arbustes et de plantes dont le reste de la plaine est absolument dépourvu.

Le sol de cette plaine est un grand attérissement formé de matières calcaires et gypseuses. Deux heures après y être entrés nous commençâmes à apercevoir la mer Rouge. Nous désirions beaucoup nous diriger d'abord vers le sud, le long des montagnes qui bordent la côte, afin d'en parcourir un plus grand développement, en remontant ensuite vers le nord, et de nous assurer de l'existence des ruines de *Clysma;* mais les besoins de notre escorte, qui n'avait compté que sur trois jours de marche, nous obligèrent de prendre directement la route de Suez.

Nous nous portâmes en conséquence sur les puits

appelés *el-Touâreq*, situés au bord de la mer, au pied de la montagne qui ferme au nord la vallée de l'Égarement. Les eaux de ces puits sont saumâtres, parce qu'elles sont le mélange des eaux douces qui descendent de la montagne, et de l'eau de mer qui vient à leur rencontre en filtrant à travers le sable.

On trouve toute l'année de l'eau à *el-Touâreq*; il est à remarquer seulement qu'elle est plus ou moins salée, suivant la rareté ou la fréquence des pluies.

Nous avons marché vingt-six heures dans la vallée de l'Égarement, depuis le village de *Baçâtyn* jusqu'aux puits d'*el-Touâreq*. Si l'on suppose la lieue d'une heure de chemin, la longueur de la vallée, conclue du temps employé à la parcourir, sera précisément de vingt-six lieues; ce qui s'accorde parfaitement avec l'estime du P. Sicard.

A partir des puits d'*el-Touâreq*, on remonte vers le nord, entre une côte escarpée et le bord de la mer. On se détourne ensuite au nord-est, et l'on fait sur une plage sablonneuse le reste du chemin jusqu'à Suez, où nous arrivâmes le 7 nivose au soir, après trente-quatre heures de marche depuis notre entrée dans le désert.

Les pentes suivant lesquelles le terrain s'incline à partir du point culminant de la vallée de l'Égarement, d'un côté vers le Nil, et de l'autre vers la mer Rouge, sont, pour ainsi dire, insensibles; et, comme le sol de cette vallée est généralement uni et ferme, elle offre une communication praticable en tout temps, entre le Kaire et le port de Suez, non-seulement pour des caravanes, mais encore pour des convois de toute espèce; communication d'autant plus avantageuse, qu'on pourrait à

DE LA VALLÉE DE L'ÉGAREMENT.

peu de frais y établir des réservoirs d'eau douce, dans trois stations que l'on distribuerait à des distances à peu près égales sur toute la longueur de la route.

Quant à l'exécution d'un canal dans cette direction, des difficultés presque insurmontables s'y opposent, soit qu'on tire du Nil les eaux nécessaires à l'alimenter, soit qu'on les tire de la mer Rouge : car alors il faudrait le creuser presque de niveau d'un bout à l'autre; ce qui exigerait une quantité prodigieuse de déblais, des excavations de rocher, ou des revêtemens de maçonnerie, partout où l'on serait obligé de prévenir des filtrations à travers un terrain perméable.

Les connaissances généralement acquises sur le climat et la température de ce pays me dispensent d'ajouter que la petite quantité d'eaux pluviales que l'on pourrait, avec beaucoup de peines et de dépenses, rassembler au point de partage, est infiniment au-dessous de celle qu'il conviendrait d'y réunir pour entretenir un canal, ne fût-ce que pendant quelques mois de l'année, en supposant que l'on adoptât ici le mode d'exécution de la plupart de nos canaux d'Europe.

Mais, si les pluies ne sont point assez abondantes sur le sommet de la chaîne arabique pour subvenir à la dépense d'un canal navigable, elles le sont assez pour offrir une ressource précieuse aux établissemens maritimes que la côte serait susceptible de recevoir à l'embouchure de la vallée.

Il suffirait, en effet, de rassembler ces eaux dans la partie la plus étroite du dernier défilé, de les y soutenir à une hauteur convenable par une chaussée de maçonnerie, et de les distribuer aux différens lieux où elles seraient nécessaires, au moyen d'aqueducs qui partiraient de ce réservoir commun.

J'ai dit plus haut que nous avions été obligés de nous rendre à Suez sans avoir pu parcourir le rivage compris sur toute la largeur de la vallée, à son embouchure : voulant cependant compléter cette partie importante de notre reconnaissance, nous obtînmes de l'officier de marine qui commandait dans ce port, deux bâtimens sur l'un desquels il voulut bien lui-même nous accompagner.

Après avoir retrouvé le mouillage indiqué sur une carte anglaise de la mer Rouge, publiée en 1781, nous débarquâmes à la pointe méridionale de la baie ; nous suivîmes d'abord le pied de la montagne qui court à l'ouest, et nous y observâmes quatre fours à chaux, où l'on fabriquait anciennement celle que l'on employait aux constructions de la ville de Suez.

Nous nous rapprochâmes ensuite du bord de la mer, où nous reconnûmes une source d'eau, légèrement saumâtre, qui nous avait été indiquée. Elle est environnée de roseaux fort élevés, et forme une espèce de marais, autour duquel nous remarquâmes beaucoup de traces de chameaux.

En remontant de cette fontaine vers le nord, la plage est couverte d'une terre jaunâtre et d'efflorescences salines ; elle est aussi sillonnée de petites criques, où les eaux de la mer pénètrent à marée haute, ce qui la rend alors impraticable. Nous l'avons parcourue avec d'autant plus d'attention, que nous désirions retrouver les ruines de *Clysma;* mais nos recherches ont été complètement infructueuses, et nous nous sommes rembarqués pour Suez, vis-à-vis les puits d'*el-Touâreq*, sans avoir rien aperçu qui annonçât d'anciens établissemens sur toute cette partie de la côte.

§. II. *Conjectures géologiques sur les causes qui ont amené à leur état actuel la vallée de l'Égarement et les déserts qui bordent l'Égypte.*

Après avoir donné la description topographique de la vallée de l'Égarement, et l'indication des avantages que pourrait offrir cette communication, entre la mer Rouge et l'intérieur de l'Égypte, si jamais le gouvernement de ce pays entreprenait de rouvrir au commerce de l'Inde une des anciennes routes qu'il a suivies, il me reste à exposer quelques réflexions sur deux faits particuliers que la reconnaissance dont nous venons de rendre compte a donné lieu d'observer.

La première observation porte sur les amas de cailloux roulés que l'on trouve aux deux embouchures de la vallée de l'Égarement, du côté du Nil et du côté de la mer Rouge.

La seconde observation a pour objet les coquilles marines amoncelées vers le point culminant de cette vallée, et la salure du sol sur quelques-uns des plateaux qui la bordent.

Ce n'est pas seulement à ses deux embouchures que nous avons remarqué des monticules de cailloux roulés. Tous les débouchés des gorges qui descendent dans le

DESCRIPTION

bassin du Nil transversalement aux deux chaînes de montagnes qui l'enferment à l'orient et à l'occident, sont également marqués par de semblables dépôts : si l'on pénètre à quelque distance au-delà de la limite du désert, à droite ou à gauche de ce bassin, on voit le sol couvert de graviers ou de cailloux plus ou moins volumineux, dont les angles arrondis indiquent évidemment que ces matières ont été transportées par les eaux.

Nous en avons vu des amas considérables au nord et à l'est de la ville de Qené dans la haute Égypte[1]; à l'entrée de la vallée qui conduit au port de Qoçeyr, et qui a son débouché sur la côte de la mer Rouge; au pied de la montagne Arabique, près du lieu appelé *Gebel Selseleh*; et à l'embouchure d'une vallée au nord-est de la ville de Syène.

De l'autre côté du fleuve et au pied de la montagne Libyque nous en avons observé entre Edfoû et Esné, au pourtour intérieur de collines peu élevées, qui forment une espèce d'anse où l'on recueille du natron. On en remarque à l'embouchure de la gorge qui conduit aux tombeaux des rois, et sur toute la lisière du désert, à l'ouest des dunes de sable qui bordent le canal de Joseph. La plaine de *Saqqârah*, où sont bâties les pyramides, en est couverte. Enfin, si l'on entre dans le Fayoum par la gorge d'el-Lahoun, et que l'on fasse le tour de cette province de l'Égypte, on reconnaît, au débouché de toutes les gorges qui y aboutissent de l'intérieur des dé-

---

[1] Ces observations ont été faites au mois de prairial de l'an VII, pendant notre séjour à Qoçeyr et à Qené, et les 24 messidor, 2 et 10 thermidor de la même année, en remontant et en redescendant le Nil.

DE LA VALLÉE DE L'ÉGAREMENT.

serts dont elle est environnée, des monticules de cailloux roulés. Il en est ainsi de tout le pays qui borde le pied de la montagne Arabique, à son extrémité septentrionale où commence l'isthme de Suez, entre le Nil, la mer Méditerranée, et la mer Rouge[1].

Tous les lieux de l'Égypte que nous avons visités à l'entrée du désert nous ont toujours semblé remarquables par les mêmes amas de cailloux; et nous pouvons avancer que toutes les observations nouvelles que l'on sera dans le cas de recueillir confirmeront le même fait.

Ces cailloux roulés sont de différentes natures; et les roches dont ils montrent les fragmens ne se trouvent pas toujours voisines des lieux où ces matériaux sont amoncelés : d'ailleurs leurs formes sphéroïdales prouvent incontestablement qu'ils ont été transportés par des courans d'eau animés d'une vitesse considérable.

Lorsque des torrens qui doivent leur origine, soit à des fontes de neiges, soit à des pluies abondantes, roulent sur le revers de montagnes escarpées, les débris de ces montagnes sont charriés dans les plaines, et y forment des attérissemens, dont les crues de ces torrens fournissent une explication facile. Mais les mêmes causes ne peuvent servir à expliquer la formation des monticules de cailloux roulés que l'on observe le long de la vallée d'Égypte. En effet, si, dans des cas excessivement rares, il tombe quelques pluies sur le sommet des montagnes qui la bordent, ces pluies s'écoulent de

---

[1] Faits observés les 20 et 24 thermidor de l'an VII; les 10, 14, 15, etc., vendémiaire, le 26 frimaire, les 20 floréal, 18, 21 et 29 prairial, les 29 ventose de l'an VIII, et les 12 et 13 pluviose an IX.

part et d'autre, en laissant à peine sur le sol la trace des courans qu'elles ont formés; ces courans parviennent rarement jusqu'à la vallée du Nil; et, quand ils y parviendraient, ils n'atteindraient jamais à la hauteur de plusieurs mètres, à laquelle s'élèvent quelquefois les monticules de cailloux dont il est question : d'où il suit évidemment que ces dépôts doivent leur origine à des courans d'eau qui ont existé dans un état de cette contrée différent de son état actuel.

Il fallait qu'à cette époque des courans rapides descendissent du sommet de la chaîne arabique à l'est vers la mer Rouge, au nord sur le plateau dont le prolongement forme l'isthme de Suez, et à l'ouest dans la vallée du Nil; tandis que des courans semblables descendaient de la montagne Libyque sur la rive gauche de la même vallée, et des hauteurs qui environnent le Fayoum dans les parties basses de cette province.

Des causes qui nous sont inconnues, et sur l'existence desquelles on ne peut former que des conjectures, occasionèrent ces courans; mais, si la supposition qui paraît la plus simple est en même temps la plus probable, il est permis peut-être de nous arrêter à celle-ci pour les expliquer.

Par l'effet de quelque grand phénomène astronomique, les mers qui recouvraient une partie du globe auront été soumises à de grandes oscillations, en vertu desquelles quelques portions de nos continens auront été alternativement submergées et mises à sec[1] : ainsi

[1] On sait, par les lois de l'attraction universelle, que, si un corps planétaire d'une masse suffisante venait à s'approcher de notre terre, il

DE LA VALLÉE DE L'ÉGAREMENT.

ces marées prodigieuses se seront élevées, lors du flux, au-dessus des montagnes qui bordent la vallée du Nil, et, lors du reflux, auront laissé ces montagnes à découvert, en s'écoulant du midi au nord par la vallée

exercerait sur elle une action d'autant plus sensible, que sa masse serait plus considérable et sa distance plus petite. Or, les comètes qui se meuvent en tous sens dans l'espace, sont des corps qui peuvent s'approcher très-près de notre globe; il se pourrait donc que l'une d'elles occasionât des oscillations prodigieuses dans la masse des eaux dont la terre est recouverte: il faudrait sans doute un hasard extraordinaire pour la rencontre de deux corps aussi petits, relativement à l'immensité de l'espace dans lequel ils se meuvent. « Cependant, dit l'illustre auteur de la *Mécanique céleste*, la petite probabilité d'une pareille rencontre peut, en s'accumulant pendant une longue suite de siècles, devenir très-grande. Il est facile de se représenter les effets de ce choc sur la terre: l'axe et le mouvement de rotation changés; les mers abandonnant leur ancienne position pour se précipiter vers le nouvel équateur; une grande partie des hommes et des animaux noyée dans ce déluge universel, ou détruite par la violente secousse imprimée au globe terrestre; des espèces entières anéanties; tous les monumens de l'industrie humaine renversés: tels sont les désastres qu'une comète a dû produire. On voit alors pourquoi l'Océan a recouvert de hautes montagnes sur lesquelles il a laissé des marques incontestables de son séjour; on voit comment les animaux et les plantes

du midi ont pu exister dans les climats du nord, où l'on retrouve leurs dépouilles et leurs empreintes; enfin on explique la nouveauté du monde moral dont les monumens ne remontent guère au-delà de trois mille ans. L'espèce humaine, réduite à un très-petit nombre d'individus et à l'état le plus déplorable, uniquement occupée pendant très-long-temps du soin de se conserver, a dû perdre entièrement le souvenir des sciences et des arts; et, quand les progrès de la civilisation en ont fait sentir de nouveau les besoins, il a fallu tout recommencer, comme si les hommes eussent été placés nouvellement sur la terre. » (*Exposition du système du monde*, pag. 208.)

Si, pour rendre probable l'action d'une comète sur les eaux de notre globe, il ne faut qu'étendre indéfiniment la durée des siècles, n'est-il pas permis de supposer que cette catastrophe a déjà eu lieu dans le cours illimité des siècles passés? Whiston (*A new Theory of the earth*, London, 1725), Boullanger (*Antiquité dévoilée par ses usages, etc.*) et quelques autres, attribuent à l'approche d'une comète le déluge universel : quelques anciennes traditions nous paraissent confirmer leurs conjectures; et c'est chez les Égyptiens, c'est-à-dire chez les peuples les plus anciennement connus, qu'elles ont été conservées.

Pline rapporte (*Hist. nat.* lib. II, cap. 5) qu'un roi nommé *Typhon*

d'Égypte, et du nord au midi par le golfe Arabique. Les courans alternatifs, produits par ces marées dans les gorges transversales de ces chaînes, en auront détaché des fragmens qu'ils auront fait descendre jusqu'à

donna son nom à une comète qui parut de son temps, et qui fut reconnue funeste aux peuples de l'Égypte et de l'Éthiopie.

D'un autre côté, le nom de *Typhon*, donné autrefois à une comète, se retrouve dans les langues orientales pour signifier le déluge, طوفان *toufan*.

Ainsi, cet événement, le plus ancien dont la mémoire se soit conservée parmi les hommes, a été désigné dans les plus anciennes langues par une dénomination qui fut également attribuée à un phénomène astronomique : d'où l'on peut conclure que l'apparition d'une comète et le cataclysme dont il s'agit ne sont que deux circonstances simultanées d'une seule et même catastrophe.

Remarquons, en effet, que, si *Typhon* est le déluge, on ne peut entendre par le temps du règne de *Typhon* que celui pendant lequel le déluge inonda la terre, temps pendant lequel on dut observer la comète qui l'occasiona, et dont l'apparition fut, non-seulement pour les peuples de l'Égypte et de l'Éthiopie, mais encore pour tous les peuples, le présage funeste de leur destruction presque totale. S'il n'est question que de l'Égypte et de l'Éthiopie dans le passage de Pline, c'est parce que ces deux contrées étaient les seules dont les traditions lui fussent parvenues.

Plutarque rapporte encore (*Traité d'Isis et d'Osiris*) que la mer, sous le nom de *Typhon*, était pour les prêtres égyptiens un tel objet d'horreur, qu'ils rejetaient jusqu'à l'usage du sel qu'on en retirait, et qu'ils avaient en abomination ceux qui entreprenaient des courses maritimes.

Il me semble qu'il suffit, pour rendre raison de ces superstitions, de remonter à leur origine, et de se transporter au temps où les débris de l'espèce humaine commencèrent à se réunir après la submersion terrible à laquelle ils venaient d'échapper. Témoins récens de cette catastrophe, ils demeurèrent encore frappés de terreur à l'aspect de la mer, lors même qu'elle se trouva renfermée entre ses limites actuelles. Craignant sans cesse, malgré le calme de sa surface, qu'elle ne vînt à s'enfler pour les abîmer de nouveau, ils continuèrent de la désigner par le nom qu'elle avait porté pendant la durée de ses oscillations dévastatrices. Il était tout simple enfin que, personnifiée sous ce nom, jugée coupable de la destruction des générations passées, elle demeurât chargée des malédictions de la génération présente.

L'auteur de l'*Antiquité dévoilée*, qui avait particulièrement dirigé ses études sur les cérémonies du culte et les usages des peuples, admet les idées de Whiston sur la cause du déluge, moins convaincu par les preuves physiques qu'on en retrouve, que par la terreur univer-

DE LA VALLÉE DE L'ÉGAREMENT.

leurs embouchures, où les courans plus considérables qui avaient lieu au fond de la vallée du Nil et le long des côtes de la mer Rouge, les auront forcés de s'amonceler.

Des géologues célèbres ont attribué à des marées extraordinaires la submersion presque universelle que notre globe paraît avoir éprouvée à une certaine époque[1]; et cette explication d'une catastrophe dont on retrouve presque partout des témoignages irrécusables, est d'autant plus admissible qu'elle peut servir à expliquer un plus grand nombre de faits.

Il nous semble que la formation de l'isthme de Suez est un de ces faits les plus remarquables. Pendant que les eaux de la Méditerranée, venant de l'océan Atlantique, se portaient à l'est jusqu'au pied du mont Liban, celles de l'océan Indien, pénétrant dans le golfe Ara-

selle qu'occasiona toujours l'apparition des comètes chez toutes les nations de la terre, sans que la diversité de climats, de mœurs ou de religion y ait apporté quelque exception. D'où viendrait, en effet, l'universalité de ce préjugé, sinon de la tradition d'un bouleversement général occasioné par l'apparition extraordinaire d'un astre semblable ? N'èst-ce pas encore cette tradition qui porta les hommes à chercher à découvrir leurs destinées dans le ciel, parce que les destinées de leurs ancêtres avaient autrefois dépendu d'un phénomène céleste ?

Je terminerai cette note en observant que, si le nom de *Typhon*, par lequel on désigna dans l'antiquité une certaine comète, le déluge et les eaux de la mer, a été employé depuis dans un sens plus étendu pour signifier des tremblemens de terre, des ouragans, et généralement les divers accidens qui dérangeaient l'ordre physique d'une manière plus ou moins nuisible (*Traité d'Isis et d'Osiris*), c'est que les hommes furent naturellement conduits à faire de la dénomination propre au plus ancien phénomène dont on eût conservé le souvenir, et dont les effets avaient été les plus désastreux, un mot générique qu'ils appliquèrent à tous les météores qui faisaient craindre de pareils désastres.

[1] Mém. sur la constitution physique de l'Égypte, par Deodat Dolomieu. (*Journ. de physiq.*, 1793.)

bique, se dirigeaient du sud-est au nord-ouest sur les côtes de la Natolie. Ces courans, lors du flux, étaient animés d'une assez grande vitesse et entraînaient les débris des côtes qu'ils baignaient : mais, cette vitesse ayant été en partie détruite à leur rencontre, il s'établit entre eux une sorte d'équilibre; et les matières qu'ils tenaient suspendues se déposèrent dans tout l'espace que l'isthme de Suez occupe aujourd'hui. On sait, en effet, que cet isthme est un grand attérissement. Son gisement et son étendue se trouvèrent ainsi déterminés par l'énergie et les directions de ces deux courans dont la variation eût donné à cet isthme un tout autre emplacement et une forme différente.

Ces grandes oscillations des mers fournissent encore l'explication du second fait que nous avons observé dans notre reconnaissance de la vallée de l'Égarement; nous voulons parler des bancs de coquilles qui existent vers le point culminant de cette vallée, et de la salure du sol des plateaux qui la bordent.

Les eaux qui pénétraient de la mer Rouge et de la vallée du Nil dans les gorges de la montagne Arabique se rencontrèrent en quelques points de ces gorges, et notamment vers le sommet de la vallée de l'Égarement : les deux courans opposés se contre-balancèrent, et la stagnation de leurs eaux dans tout l'espace où ils se firent équilibre détermina la formation d'un banc composé des différentes matières qu'ils charriaient; et comme les eaux qui couvraient ce banc à marée haute éprouvaient rarement de grandes agitations, il s'y établit des familles de coquillages dont on retrouve maintenant les dépouilles presque intactes sur le plateau le plus élevé de la vallée : sa surface presque horizontale annonce en effet l'état de repos auquel il doit sa formation, tandis que les parties de la même vallée qui descendent de ce plateau, d'un côté, vers le Nil, et, de l'autre, vers la mer Rouge, sont sillonnées de ravins plus ou moins profonds dont la chute est marquée par des amas de cailloux roulés, de graviers, de débris de coquilles accumulés dans le plus grand désordre, signe incontestable de la rapidité des eaux qui les transportaient et qui couraient périodiquement et en sens contraire lors du flux et du reflux.

L'amplitude de ces marées extraordinaires diminua successivement jusqu'à ce que l'ordre actuel se fût établi. Des portions de nos continens, qui avaient été submergées par intervalles, furent définitivement mises à sec; et ces terres imprégnées plus ou moins profondément d'eau salée se trouvèrent, après l'évaporation de ces eaux, mélangées d'une certaine quantité de sel, de même que toutes les terres qui sont actuellement, sur nos côtes, exposées aux inondations périodiques des marées.

Cet état de choses eût persisté, et l'on retrouverait le sel marin à la surface de notre globe sur tous les points qui portent l'empreinte de cette ancienne submersion, si les pluies ne l'avaient point dissous dans un laps de temps d'autant moindre qu'elles ont été plus fréquentes : mais si, par une cause particulière, les eaux pluviales n'avaient point lavé le sol que la mer couvrit autrefois, il conserverait sa salure primitive et formerait une sorte d'exception au reste de la terre. Or, les déserts entre lesquels l'Égypte est placée forment cette exception. Les pluies y sont, comme on sait, excessivement rares, et le sel marin s'y trouve presque partout, tantôt cristallisé sous le sable, tantôt effleuri à sa surface. Il se trouve, comme nous l'avons dit, dans la vallée de l'Égarement, en petites couches compactes, soutenues sur des lits de gypse : on l'avait observé dès le mois de pluviose de l'an VII, dans la vallée des lacs de Natroun, à trente-deux milles à l'ouest du Nil, entre la province du Fayoum et la Méditerranée [1]; je l'ai reconnu au sud-ouest d'Esné, dans le vallon où l'on exploite le natron, et dont nous avons parlé plus haut [2]. Toute la portion du désert qui se trouve à l'ouest du canal de Joseph, au-delà des dunes qui le bordent, est couverte de cristaux de sel [3]; les rivages du lac de Qeroun dans la province du Fayoum en sont également couverts. On le retire par l'évaporation non-seulement des eaux de ce lac, mais encore de plusieurs sources de la même province [4]. Le sol de la plaine de Saqqârah est chargé d'efflorescences salines [5] : enfin le désert des lacs Amers, entre la mer Rouge et la mer Méditerranée, présente une couche presque continue de cristaux de sel [6].

---

[1] Mémoire sur la vallée des lacs de Natroun et celle du Fleuve sans eau, par M. le général Andréossy, *É. M.*, tom. XII, pag. 1re.

[2] Faits observés le 20 thermidor an VII.

[3] Observations faites le 14 vendémiaire an VIII.

[4] Observations des 11, 21 et 26 prairial an VIII. — Mémoire sur le lac de Mœris, par M. Jomard, *A. M.*, tom. VI, pag. 155.

[5] Observation du 20 frimaire an VIII.

[6] Mémoire sur le canal des deux Mers, par M. Le Père, ingénieur en chef des ponts et chaussées, *É. M.*, tom. XI, pag. 38. — Mémoire sur les anciennes limites de la mer Rouge, par M. Du Bois-Aymé, *ibid.* p. 371.

Ce n'est point seulement en Égypte que le sel marin se retrouve à la surface du sol : les anciens historiens et les voyageurs modernes font mention de masses plus ou moins considérables de cette substance que l'on retrouve en différens lieux du désert de Barbarie, depuis le Nil jusqu'à la côte occidentale de l'Afrique.

« Il existe, dit Hérodote, entre l'Égypte et les colonnes d'Hercule, à travers la Libye, une élévation sablonneuse, le long de laquelle on trouve, de dix journées en dix journées, de gros quartiers de sel : c'est dans le pays des Ammoniens et le canton appelé *Augiles*, où les Nasamons vont en automne recueillir des dattes[1]. »

L'existence du sel marin dans cette partie de l'Afrique fut, chez les anciens, l'objet d'une question qui frappa les plus célèbres géographes. « Comment se peut-il, disait Ératosthènes, qu'à deux et trois mille stades des bords de la mer on trouve, dans beaucoup de lieux, des marais d'eau de mer et quantité de coquilles, soit d'huîtres, soit de moules ? Par exemple, auprès du temple d'Ammon et sur toute la route, longue de trois mille stades, qui mène à ce temple, on rencontre encore aujourd'hui des amas d'écailles d'huîtres et de sel[2]. »

Ces témoignages, et beaucoup d'autres que l'on pourrait recueillir dans les auteurs anciens, furent confirmés par celui de Pline[3], et l'ont été depuis par les voyageurs modernes qui ont pénétré dans l'intérieur de l'Afrique.

---

[1] Hérodote, liv. iv.
[2] Strabon, tom. 1er, pag. 113 et suiv. de la traduction française de MM. Gossellin, la Porte du Theil et Coray.
[3] *Histor. nat.* lib. xxxi, cap. 7.

Le docteur Shaw parle de lacs salés situés près de l'ancienne ville de Carthage. Comme il n'y pleut que très-rarement, l'eau de ces lacs s'évapore pendant l'été, et la terre reste ensuite couverte d'une croûte de sel [1].

Browne, qui voyagea dans ces derniers temps en Afrique, reconnut, sur la route d'Alexandrie à l'Oasis d'Ammon, aujourd'hui Syouah, les mêmes plaines salées dont parlait Ératosthènes [2], et retrouva des blocs de sel fossile dans le royaume de Dârfour, où il séjourna quelque temps après [3].

Enfin, plus récemment encore, Hornemann, en décrivant le chemin qu'il suivit pour se rendre de l'Égypte dans le Fezen, rapporte qu'à dix journées du Kaire il parcourut un vaste plateau composé d'une masse saline [4], et qu'arrivé à Syouah, où il existe des sources d'eau douce et d'eau salée, il vit au nord-ouest la terre couverte d'une couche de sel, et à l'orient du même lieu deux monceaux de coquillages [5].

Le major Rennell, dans ses remarques sur le Voyage de Mungo Park, nous apprend que l'on retrouve une grande étendue de terrains salés au nord de la Gambie, sur les confins du grand désert de Sahara [6]. Ce savant géographe, rapprochant ailleurs les rapports unanimes de tous les voyageurs modernes sur l'existence du sel à la surface de quelques plaines sablonneuses de l'Afrique,

---

[1] Voyages du docteur Shaw en Afrique, tom. 1er, pag. 301.

[2] Voyage dans la haute et basse Égypte, par W. G. Browne, t. 1er, pag. 25.

[3] Ibid. tom. II, pag. 34.

[4] Voyage de F. Hornemann dans l'Afrique septentrionale, tom. 1er, pag. 15.

[5] Ibid. pag. 30 et 55.

[6] Voyage de Mungo Park, t. II, pag. 304.

des récits d'Hérodote sur le même fait, en tire la preuve évidente des connaissances géographiques de cet ancien historien [1].

Ce n'est pas seulement en Afrique que l'on a recueilli des observations analogues à celles qui viennent d'être rapportées. On savait depuis long-temps que les terrains qui entourent la mer Morte sont couverts de sel cristallisé jusqu'à quelques lieues de distance de cette mer [2].

On sait également qu'en remontant plus au nord toutes les plaines sablonneuses qui bordent la mer Caspienne, entre le Volga et le Jaïk, sont couvertes d'efflorescences salines et entrecoupées de lacs et de ruisseaux salés : d'où le professeur Pallas a conclu que cette plaine immense avait été autrefois submergée par les eaux de la mer [3]. La description qu'il en a faite indique une ressemblance remarquable entre ces steppes de l'Asie et les déserts que les voyageurs Browne et Hornemann ont parcourus en Afrique. N'est-il pas naturel de penser qu'une seule et même cause a donné la même constitution physique et le même aspect à des contrées séparées par d'aussi grands intervalles ?

On conçoit que les mers, en laissant à sec nos continens pour venir occuper leurs bassins actuels, auront continué de remplir les grandes cavités qui se trouvaient disséminées en différens points de ces continens, et auront formé de ces cavités autant de lacs salés. Dans les

---

[1] *A geographical System, of Herodotus.*

[2] Voyage d'Alep à Jérusalem, par le docteur Henry Maundrell, pag. 136.

[3] Voyages de Pallas, tom. 1er,

lieux où il se sera ouvert une communication entre ces lacs et la mer, et où ces lacs auront pu être lavés par les pluies, les eaux salées dont ils étaient remplis primitivement se seront écoulées peu à peu, et auront été remplacées par des eaux douces après un certain laps de temps; car, lorsque les pluies sont rares, le sel contenu dans les terrains qu'elles baignent ne peut être entièrement dissous qu'après une longue suite de siècles. Voilà pourquoi il existe encore dans les royaumes de Tunis et d'Alger plusieurs rivières salées[1]; singularité que Pline avait déjà citée en parlant de quelques affluens de la mer Caspienne[2], qui depuis ont été reconnus par le professeur Pallas[3].

La mer Noire offre l'exemple frappant d'un lac immense, dont les eaux primitivement salées s'adoucissent de plus en plus, suivant l'observation que les anciens en avaient déjà faite[4]. En effet, la quantité d'eau qu'elle reçoit du Danube, du Borysthène et des fleuves de l'Asie Mineure, étant plus considérable que le volume qui lui est enlevé par l'évaporation journalière, il s'est établi, de cette mer dans celle de Marmara à la Méditerranée, un courant continu dont les eaux ont précisément la même salure que celles de la mer Noire, tandis qu'elles sont remplacées par les eaux douces des fleuves qui s'y jettent : de sorte que, si l'on connaissait la dépense due à l'évaporation sur toute la surface de cette mer, le volume de ses affluens et la capacité de son

---

pag. 678; tom. v, pag. 94, 187, 198-215.

[1] Voyages du docteur Shaw en Afrique, tom. 1ᵉʳ, p. 296 et suiv.

[2] Pline, *Hist. nat.* l. xxxi, c. 7.
[3] Voyages de Pallas, tom. v.
[4] Strabon, t. 1ᵉʳ, pag. 117 et suivantes.

des récits d'Hérodote sur le même fait, en tire la preuve évidente des connaissances géographiques de cet ancien historien [1].

Ce n'est pas seulement en Afrique que l'on a recueilli des observations analogues à celles qui viennent d'être rapportées. On savait depuis long-temps que les terrains qui entourent la mer Morte sont couverts de sel cristallisé jusqu'à quelques lieues de distance de cette mer [2].

On sait également qu'en remontant plus au nord toutes les plaines sablonneuses qui bordent la mer Caspienne, entre le Volga et le Jaïk, sont couvertes d'efflorescences salines et entrecoupées de lacs et de ruisseaux salés : d'où le professeur Pallas a conclu que cette plaine immense avait été autrefois submergée par les eaux de la mer [3]. La description qu'il en a faite indique une ressemblance remarquable entre ces steppes de l'Asie et les déserts que les voyageurs Browne et Hornemann ont parcourus en Afrique. N'est-il pas naturel de penser qu'une seule et même cause a donné la même constitution physique et le même aspect à des contrées séparées par d'aussi grands intervalles ?

On conçoit que les mers, en laissant à sec nos continens pour venir occuper leurs bassins actuels, auront continué de remplir les grandes cavités qui se trouvaient disséminées en différens points de ces continens, et auront formé de ces cavités autant de lacs salés. Dans les

---

[1] *A geographical System, of Herodotus.*

[2] Voyage d'Alep à Jérusalem, par le docteur Henry Maundrell, pag. 136.

[3] Voyages de Pallas, tom. 1er,

lieux où il se sera ouvert une communication entre ces lacs et la mer, et où ces lacs auront pu être lavés par les pluies, les eaux salées dont ils étaient remplis primitivement se seront écoulées peu à peu, et auront été remplacées par des eaux douces après un certain laps de temps; car, lorsque les pluies sont rares, le sel contenu dans les terrains qu'elles baignent ne peut être entièrement dissous qu'après une longue suite de siècles. Voilà pourquoi il existe encore dans les royaumes de Tunis et d'Alger plusieurs rivières salées[1]; singularité que Pline avait déjà citée en parlant de quelques affluens de la mer Caspienne[2], qui depuis ont été reconnus par le professeur Pallas[3].

La mer Noire offre l'exemple frappant d'un lac immense, dont les eaux primitivement salées s'adoucissent de plus en plus, suivant l'observation que les anciens en avaient déjà faite[4]. En effet, la quantité d'eau qu'elle reçoit du Danube, du Borysthène et des fleuves de l'Asie Mineure, étant plus considérable que le volume qui lui est enlevé par l'évaporation journalière, il s'est établi, de cette mer dans celle de Marmara à la Méditerranée, un courant continu dont les eaux ont précisément la même salure que celles de la mer Noire, tandis qu'elles sont remplacées par les eaux douces des fleuves qui s'y jettent : de sorte que, si l'on connaissait la dépense due à l'évaporation sur toute la surface de cette mer, le volume de ses affluens et la capacité de son

---

pag. 678; tom. v, pag. 94, 187, 198-215.

[1] Voyages du docteur Shaw en Afrique, tom. 1er, p. 296 et suiv.

[2] Pline, *Hist. nat.* l. xxxi, c. 7.
[3] Voyages de Pallas, tom. v.
[4] Strabon, t. 1er, pag. 117 et suivantes.

des récits d'Hérodote sur le même fait, en tire la preuve évidente des connaissances géographiques de cet ancien historien [1].

Ce n'est pas seulement en Afrique que l'on a recueilli des observations analogues à celles qui viennent d'être rapportées. On savait depuis long-temps que les terrains qui entourent la mer Morte sont couverts de sel cristallisé jusqu'à quelques lieues de distance de cette mer [2].

On sait également qu'en remontant plus au nord toutes les plaines sablonneuses qui bordent la mer Caspienne, entre le Volga et le Jaïk, sont couvertes d'efflorescences salines et entrecoupées de lacs et de ruisseaux salés : d'où le professeur Pallas a conclu que cette plaine immense avait été autrefois submergée par les eaux de la mer [3]. La description qu'il en a faite indique une ressemblance remarquable entre ces steppes de l'Asie et les déserts que les voyageurs Browne et Hornemann ont parcourus en Afrique. N'est-il pas naturel de penser qu'une seule et même cause a donné la même constitution physique et le même aspect à des contrées séparées par d'aussi grands intervalles ?

On conçoit que les mers, en laissant à sec nos continens pour venir occuper leurs bassins actuels, auront continué de remplir les grandes cavités qui se trouvaient disséminées en différens points de ces continens, et auront formé de ces cavités autant de lacs salés. Dans les

---

[1] *A geographical System*, of Herodotus.

[2] Voyage d'Alep à Jérusalem, par le docteur Henry Maundrell, pag. 136.

[3] Voyages de Pallas, tom. 1er,

lieux où il se sera ouvert une communication entre ces lacs et la mer, et où ces lacs auront pu être lavés par les pluies, les eaux salées dont ils étaient remplis primitivement se seront écoulées peu à peu, et auront été remplacées par des eaux douces après un certain laps de temps; car, lorsque les pluies sont rares, le sel contenu dans les terrains qu'elles baignent ne peut être entièrement dissous qu'après une longue suite de siècles. Voilà pourquoi il existe encore dans les royaumes de Tunis et d'Alger plusieurs rivières salées [1]; singularité que Pline avait déjà citée en parlant de quelques affluens de la mer Caspienne [2], qui depuis ont été reconnus par le professeur Pallas [3].

La mer Noire offre l'exemple frappant d'un lac immense, dont les eaux primitivement salées s'adoucissent de plus en plus, suivant l'observation que les anciens en avaient déjà faite [4]. En effet, la quantité d'eau qu'elle reçoit du Danube, du Borysthène et des fleuves de l'Asie Mineure, étant plus considérable que le volume qui lui est enlevé par l'évaporation journalière, il s'est établi, de cette mer dans celle de Marmara à la Méditerranée, un courant continu dont les eaux ont précisément la même salure que celles de la mer Noire, tandis qu'elles sont remplacées par les eaux douces des fleuves qui s'y jettent : de sorte que, si l'on connaissait la dépense due à l'évaporation sur toute la surface de cette mer, le volume de ses affluens et la capacité de son

---

pag. 678; tom. v, pag. 94, 187, 198-215.

[1] Voyages du docteur Shaw en Afrique, tom. 1er, p. 296 et suiv.

[2] Pline, *Hist. nat.* l. xxxi, c. 7.
[3] Voyages de Pallas, tom. v.
[4] Strabon, t. 1er, pag. 117 et suivantes.

Afin d'apprécier le mérite de cette opinion, à laquelle se sont rangés quelques savans modernes, examinons ce qui arriverait si le détroit de Gibraltar et celui de Constantinople venait tout-à-coup à se fermer, de sorte qu'il n'existât plus de communication entre la mer Noire et la Méditerranée, entre cette dernière et l'océan Atlantique; et voyons si les conséquences de cet état de choses s'accorderaient avec ce qui existe aujourd'hui.

Considérons d'abord les changemens qu'éprouverait le niveau de la Méditerranée. On sait qu'un courant continuel, dirigé de l'ouest à l'est, entre dans cette mer par le détroit de Gibraltar[1]; ce qui indique évidemment qu'elle perd, par l'évaporation, plus d'eau que ne lui en rendent les fleuves qui s'y jettent. Si donc le détroit était fermé, le volume des eaux de cette mer diminuerait de plus en plus, et leur niveau s'abaisserait. Ainsi, dans cette supposition, les côtes de l'Afrique, loin d'être submergées, auraient une plus grande étendue vers le nord.

Un effet contraire aurait lieu sur les côtes de la mer Noire; car les fleuves qu'elle reçoit y versent plus d'eau que l'évaporation ne lui en fait perdre, puisqu'un courant constant les verse, de la mer Noire dans celle de Marmara, par le détroit des Dardanelles. Il arriverait donc, en supposant ce détroit fermé, que le bassin de la mer Noire, s'agrandissant continuellement, se réunirait à ceux du lac d'Aral et de la mer Caspienne jusqu'à ce qu'enfin le niveau de ce grand lac se fût assez élevé pour surmonter ou rompre l'isthme qui séparerait

---

[1] Géographie physique de la mer Noire, par M. Dureau de Lamalle fils.

l'Asie de l'Europe dans l'emplacement du Bosphore de Thrace; catastrophe qui paraît avoir eu lieu en effet, et à laquelle on attribue le déluge de Deucalion[1], parce que cette espèce de débâcle dut produire en Thessalie une inondation dont le souvenir a été conservé. Ainsi les eaux du Pont-Euxin et de la mer Caspienne se jetèrent dans la Méditerranée, laquelle, à cette époque, pouvait être ou séparée de l'océan Atlantique, ou réunie à cette mer par le détroit des Colonnes.

Dans le premier cas, le niveau de la Méditerranée, inférieur de beaucoup à son niveau actuel, se serait élevé jusqu'à ce qu'il eût pu surmonter les terres basses de l'isthme de Suez, et alors il est évident que les eaux de cette mer et celles du Pont-Euxin réunies se seraient écoulées dans l'océan Indien par le golfe Arabique; et comme l'isthme de Suez ne s'élève que de dix ou douze mètres[2] au-dessus du niveau de la Méditerranée, il s'ensuit que les eaux de cette mer n'auraient pu s'élever aussi que d'environ douze mètres.

Dans le second cas, c'est-à-dire en supposant l'existence du détroit de Gibraltar antérieure à celle du Bosphore de Thrace, le niveau de la Méditerranée aurait encore, à la vérité, acquis une élévation nouvelle; mais cette élévation aurait toujours eu pour limite celle de l'isthme de Suez dans sa partie la plus haute.

Soit qu'il existât entre l'Océan et la mer intérieure la même communication que celle qui existe aujourd'hui, soit que cette communication ne fût point encore ou-

---

[1] Géographie physique de la mer Noire, ch. xxviii, xxix et xxx.

[2] Mémoire sur le canal des deux Mers, par M. Le Père.

verte lorsque le Bosphore de Thrace se forma par la rupture des roches Cyanées, les considérations qui précèdent semblent démontrer que l'exhaussement de la Méditerranée, au moment où elle reçut les eaux du Pont-Euxin, eut nécessairement pour dernière limite le niveau du point culminant de l'isthme de Suez, et que, si jamais elles atteignirent ce niveau, elles durent s'écouler par le golfe Arabique dans la mer des Indes.

Mais cet écoulement de la Méditerranée dans le golfe Arabique a-t-il jamais eu lieu? C'est ce qui ne paraît nullement probable; car, s'il eût existé, il se serait encore établi entre l'Afrique et l'Asie un courant rapide, lequel aurait entraîné toutes les matières dont l'isthme de Suez est composé, et nous verrions aujourd'hui un détroit dans l'emplacement de cet isthme. Nous voici donc conduits à conclure que, lors de l'ouverture du Bosphore de Thrace, les eaux de la Méditerranée n'arrivèrent point à la hauteur du point culminant de l'isthme de Suez; ce qui suppose évidemment qu'elles purent s'écouler par le détroit de Gibraltar, qui, par conséquent, existait déjà.

Ce ne peut donc être à l'exhaussement du niveau de cette mer, lorsqu'elle fut grossie pour la première fois de la débâcle du Pont-Euxin, que l'on peut attribuer la submersion des déserts qui bordent l'Égypte et des plaines de l'Oasis d'Ammon, puisque ces portions de l'Afrique sont beaucoup au-dessus de l'isthme dont il s'agit.

D'un autre côté, si l'on considère que les cailloux roulés qui se trouvent à toutes les embouchures des gorges dont sont entrecoupées les deux chaînes de montagnes entre lesquelles le lit du Nil est creusé, ne peuvent avoir été amoncelés que par des courans alternatifs, ayant des directions opposées, tels que seraient ceux du flux et du reflux, on sera conduit à conclure que ces amas de cailloux roulés doivent leur origine à des marées extraordinaires, auxquelles on est également fondé à attribuer la submersion partielle de nos continens; submersion dont les déserts de l'Afrique présentent autant de témoignages irrécusables qu'on y rencontre de lacs et de ruisseaux salés, ou de plaines sablonneuses couvertes de sel cristallisé et de coquilles marines.

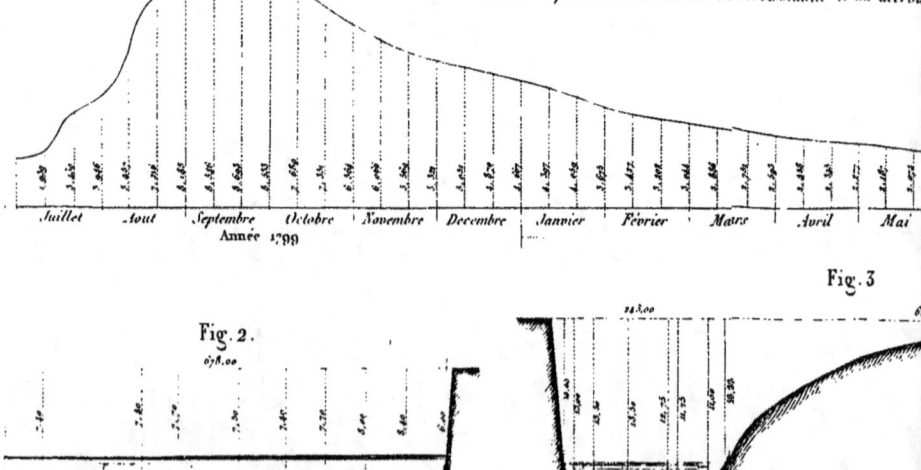

OBSERVATIONS
SUR LA VALLÉE D'ÉGYPTE

ET

SUR L'EXHAUSSEMENT SÉCULAIRE

DU SOL QUI LA RECOUVRE,

Par M. P. S. GIRARD,

Ingénieur en chef des Ponts et Chaussées, Directeur du canal de l'Ourcq et des eaux de Paris, Membre de l'Académie royale des sciences et de l'Institut d'Égypte, Chevalier de la Légion d'honneur.

SECTION Ire.

Description de la vallée d'Égypte dans son état actuel. — Variations annuelles du Nil.

Parmi les nombreux voyageurs qui ont donné des descriptions de l'Égypte, il n'en est aucun qui se soit proposé d'examiner la vallée où coule le Nil, avec assez de détails pour conclure de son état présent les changemens successifs qu'elle a subis et ceux qu'elle doit éprouver dans la suite.

Le séjour prolongé que nous avons fait sur différens points de cette vallée nous a permis de recueillir une suite d'observations à l'aide desquelles nous essaierons d'en tracer l'histoire physique. La célébrité de cette contrée, les questions importantes auxquelles a donné lieu la formation du sol qui la recouvre, et les applications plus ou moins générales que l'on pourra faire des solutions que nous allons donner de ces questions, nous font espérer que nos recherches ne seront point dénuées d'intérêt.

Le Nil, à son entrée en Égypte à la hauteur de l'île de *Philæ*, coule dans une gorge étroite, bordée sur chaque rive par des rochers de granit. Ces rochers traversent le fleuve à un demi-myriamètre environ au-dessus de la ville de Syène; et c'est en franchissant cette espèce de barrage qu'il forme la dernière de ses cataractes.

L'île d'Éléphantine, située vis-à-vis de Syène, est un atterrissement qui s'est élevé à l'abri des derniers blocs de granit que l'on rencontre dans le lit du Nil en descendant de la Nubie. Ainsi l'Égypte semble commencer en quelque sorte là où finit le sol granitique.

A partir de ce point, les deux bords de la vallée sont formés de bancs de grès presque abrupts, dans la masse desquels on remarque encore aujourd'hui d'anciennes carrières exploitées pour la construction des temples et des palais de la haute Égypte. Ces bancs de grès opposés courent parallèlement entre eux du midi au nord, à une distance de trois à quatre mille mètres l'un de l'autre; ce qui ne laisse au fond de la vallée qu'une très-petite largeur de terrain cultivable : aussi les atterrissemens du fleuve se réduisent-ils à quelques îles, dont la plus considérable est celle de Bybân, située presque vis-à-vis de l'ancienne ville d'*Ombos*, à quatre myriamètres environ de Syène.

A deux myriamètres au-dessous d'*Ombos*, les bancs de grès qui encaissent la vallée se rapprochent de part et d'autre, au point de ne laisser entre eux que la largeur occupée par le fleuve : ce lieu, appelé *Gebel Selseleh* ou *Montagne de la Chaîne*, offrait les plus grandes facilités pour le transport par eau des matériaux qu'on pouvait en extraire. On y retrouve d'immenses carrières dont les parois verticales portent les traces d'une exploitation qui semble encore récente : ces carrières fournissaient des blocs équarris propres aux constructions, et l'on y ébauchait les statues colossales destinées à l'ornement des temples et des palais de la Thébaïde, comme l'atteste, entre autres choses, une ébauche de statue de sphinx qui se voit encore sur le bord du Nil toute disposée à être embarquée. La longueur du détroit de Gebel Selseleh est d'environ douze cents mètres.

Au débouché de ce détroit la pente transversale de la vallée porte constamment le Nil sur sa rive droite qui présente dans beaucoup d'endroits l'aspect d'une falaise coupée à pic, tandis que le sommet des montagnes de la rive gauche est presque toujours accessible par un talus plus ou moins incliné.

C'est dans la plaine qui s'étend depuis le Nil jusqu'au pied de la montagne Libyque que sont bâties les villes d'Edfoû et d'Esné, autrefois *Apollinopolis magna* et *Latopolis* : la première est à dix et la seconde à quinze myriamètres de Syène.

3.

Les deux chaînes qui bordent la vallée, se rapprochant de nouveau au-dessous et à vingt kilomètres d'Esné, forment un défilé appelé *Gibeleyn,* au-delà duquel on entre dans les plaines d'*Hermonthis* et de Thèbes, plaines que le Nil traverse du midi au nord en les coupant à peu près par le milieu de leur largeur.

Ici les bords de la vallée commencent à diverger : ils laissent entre eux l'intervalle d'un myriamètre environ susceptible de culture. C'est, en descendant des cataractes, le premier point sur lequel une population nombreuse ait pu se fixer, et la nature elle-même l'avait indiqué pour être l'emplacement de la plus ancienne capitale de l'Égypte. Ses ruines sont à vingt myriamètres de Syène. La position de la chaîne libyque, au pied de laquelle était situé le quartier de Thèbes appelé *Memnonium,* est formée de bancs de pierre calcaire. On y a pratiqué les vastes souterrains connus sous le nom de *Tombeaux des Rois.* La chaîne arabique est de la même nature sans avoir été l'objet des mêmes travaux. Ces bancs calcaires continuent d'encaisser la vallée en descendant vers le nord : on ne voit qu'accidentellement reparaître le grès en rochers isolés; et encore faut-il pour cela s'avancer à quelque distance dans l'intérieur du désert.

Le Nil, parvenu à la hauteur de Denderah, l'ancienne *Tentyris,* à six myriamètres au-dessous de Thèbes, se dirige de l'est à l'ouest jusqu'à la hauteur de l'ancienne ville d'*Abydus;* il reprend là sa direction au nord à travers les provinces de Girgeh et de Syout, dont le territoire cultivable, moins resserré, est couvert d'un grand nombre de villages.

La ville de Syout, l'ancienne *Lycopolis*, est à trente myriamètres de Thèbes.

On communique de la vallée du Nil avec l'intérieur des déserts qui la bordent, par des gorges transversales, dont les unes conduisent, d'un côté, sur les bords de la mer Rouge, et, de l'autre, dans les *Oasis*.

La plus connue des premières est celle que l'on suit maintenant pour se rendre de Qené au port de Qoçeyr; on en connaît une seconde qui, se dirigeant au nord-est vers le même port, a son origine dans la vallée, vis-à-vis d'Esné.

Ces différentes gorges et celles qui entrecoupent la chaîne opposée sont habitables, parce que les pluies d'hiver y entretiennent la végétation pendant quelque temps; et forment des fontaines dont les eaux suffisent aux besoins des Arabes et de leurs troupeaux.

On remarque au débouché de ces gorges transversales, soit sur les bords de la mer Rouge, soit dans la vallée du Nil, des amas de cailloux roulés, tantôt formant une plage unie, tantôt présentant l'aspect de bancs plus ou moins élevés; matières que les eaux seules ont pu mettre en mouvement, et dont la disposition actuelle remonte à une époque antérieure aux temps historiques. Les mêmes graviers et cailloux roulés existent déposés de la même manière à l'entrée des gorges de la chaîne libyque : ils forment, sur les deux rives du Nil, la limite du désert proprement dit; car celle du terrain inculte se rapproche davantage de ce fleuve. Ce dernier sol, composé de sables légers, recouvre une étendue de terrain autrefois cultivable; et ce sol de formation nouvelle si on le compare au premier, éprouve des changemens journaliers par l'action des vents auxquels il doit son origine.

À partir de la ville de Syout, la montagne Libyque s'éloigne davantage du fleuve en se portant vers l'ouest. La plage recouverte de sables mobiles s'élargit de plus en plus partout où ces sables n'ont point rencontré de plantes ou d'arbustes qui arrêtent leur cours. Chassés par les vents d'ouest et de nord-ouest, ils poussent en quelque sorte devant eux le terrain propre à la culture; sinon ils s'accumulent en dunes, ainsi qu'on le remarque sur la rive gauche du canal de Joseph.

Ce canal commence à Darout el-Cheryf, et suit, parallèlement au Nil, le pied de la montagne sur une longueur d'environ dix-neuf myriamètres. Il reste entre ce canal et le Nil un espace de terres cultivables de douze kilomètres de largeur réduite : ces terres, pouvant être facilement arrosées, sont les plus productives de l'Égypte moyenne.

Pendant que le Nil, à partir de l'origine du canal de Joseph, prolonge son cours en s'appuyant au pied de la montagne escarpée et quelquefois coupée tout-à-fait à pic, qui forme sa rive droite, le canal de Joseph sert en quelque sorte de limite à la plaine sablonneuse par laquelle la chaîne libyque se termine. Cette chaîne se retournant au nord-est, à la hauteur de Beny-Soueyf, rétrécit la vallée d'Égypte; mais, comme elle présente dans la largeur de ce coude une ouverture dont le sol se trouve presque de niveau avec celui de la vallée, on y a fait passer une dérivation de ce canal, dont les eaux ont ainsi fertilisé une nouvelle province que le travail des hommes a conquise sur le désert. C'est l'ancien nome Arsinoïte, aujourd'hui le Fayoum; il est enfermé au nord et au midi par le prolongement des deux côtés de la gorge d'el-Lâhoun, qui forment deux grandes courbes concaves. L'espace cultivable qu'elles comprennent est à peu près de quatorze à quinze kilomètres de rayon.

Le milieu de ce terrain est une espèce de plateau séparé, au nord et à l'est, des montagnes qui l'environnent, par une longue vallée, dont une partie constamment submergée forme ce que les habitans du pays appellent *Birket el-Qeroun*, c'est-à-dire *Lac de Caron*.

Un vallon plus petit contourne aussi le même plateau à l'ouest et au midi : il est séparé du lac de Caron par un isthme au moyen duquel le Fayoum se trouve en quelque sorte attaché au désert Libyque, du côté de l'ouest.

La montagne qui borde cette province au nord et à l'est présente un escarpement continu, tandis que la montagne opposée s'incline doucement jusqu'à son sommet éloigné de quinze ou seize myriamètres du terrain cultivé.

Après avoir dépassé la gorge par laquelle une partie de ses eaux entre dans le Fayoum, le canal de Joseph continue de suivre le pied de la colline qui forme le bord occidental de la vallée. Cette colline, en se rapprochant du Nil, semble devenir plus escarpée; sa crête s'étend en formant un grand plateau horizontal qui sépare la vallée d'Égypte de la province du Fayoum.

Les premières pyramides que l'on aperçoit en descendant du Sa'yd, sont bâties sur le bord de ce plateau : elles ne se montrent d'abord que de loin en loin ; elles deviennent plus nombreuses et se groupent dans la plaine de Saqqârah, dont les hauteurs dominent l'ancien emplacement de *Memphis;* enfin les trois plus grandes couronnent une espèce de cap que présente la montagne Libyque à la hauteur du Kaire.

Le terrain cultivable renfermé entre le Nil et le prolongement du canal de Joseph dont nous venons de parler n'a guère que cinq à six kilomètres de largeur réduite; largeur qui cependant est encore plus considérable que celle du terrain cultivable qui forme sur la rive opposée la province actuelle d'Atfyeh. Les gorges dont la chaîne arabique est entrecoupée à l'orient de cette dernière province, offrent plusieurs communications faciles avec la mer Rouge; quelques monastères de chrétiens qobtes sont encore établis dans ces montagnes : on y retrouve aussi d'anciennes routes qui servaient au transport des matériaux tirés de différentes carrières qui paraissent y avoir été exploitées.

La haute Égypte et l'Égypte moyenne se réduisent, comme on voit, à une vallée étroite, au fond de laquelle le Nil est encaissé. La longueur de cette vallée, depuis l'île de *Philœ* jusqu'aux grandes pyramides, entre les 24e et 30e degrés de latitude, est d'environ quatre-vingt-six myriamètres en suivant les sinuosités du fleuve.

Au-delà du cap où sont bâties les grandes pyramides,

la montagne Libyque, qui jusque-là se dirige du midi au nord, se retourne au nord-ouest, tandis que la montagne Arabique, désignée sous le nom de *Moqattam*, c'est-à-dire *Montagne taillée*, à cause sans doute de la face abrupte qu'elle présente presque partout, se retourne carrément à l'est, immédiatement après avoir dépassé l'embouchure de la vallée de l'Égarement, la plus septentrionale de celles qui conduisent du Nil à la mer Rouge. Ainsi les directions de ces deux chaînes de montagnes forment entre elles, à partir de ce point, un angle d'environ cent quarante degrés, et comprennent une vaste baie au milieu de laquelle s'étend jusqu'à la mer Méditerranée la portion de l'Égypte appelée *le Delta*. Cette étendue de terrain, susceptible de culture, n'atteint pas le pied des montagnes qui ont été les côtes primitives de cette baie : elle en est séparée, à l'ouest, par un espace inculte que des sables transportés de l'intérieur de la Libye ont envahi depuis long-temps et continuent d'envahir, et, à l'est, par une partie de la plaine déserte de l'isthme de Suez.

Le Nil, à vingt-cinq kilomètres du Kaire, en un lieu appelé *le Ventre de la Vache*, se partage aujourd'hui en deux branches principales. La première se dirige d'abord au nord-ouest, s'incline ensuite vers le nord, et se rend à la mer au-dessous de la ville de Rosette après un cours développé de vingt myriamètres environ. La seconde, dont le développement est un peu plus considérable, coule directement au nord, sépare en deux parties presque égales le territoire de la basse Égypte, et se jette dans la mer au-dessous de Damiette.

Ces deux branches du Nil prennent le nom des deux villes où elles ont leurs embouchures.

La branche de Rosette se prolonge parallèlement à la limite du désert Libyque jusqu'à une distance de deux ou trois kilomètres du village de Terrâneh, à sept myriamètres du Kaire : c'est à ce point que se termine contre une digue le canal des pyramides ou d'el-A'sarah, qui n'est autre chose que le prolongement du canal de Joseph ; il arrête dans la partie inférieure de son cours, comme dans l'Égypte moyenne, les sables qui viennent de l'ouest ; la stérilité de toute sa rive gauche, qui en est recouverte, contraste de la manière la plus frappante avec la fertilité des campagnes de la rive opposée, qui peuvent être arrosées facilement, soit par des dérivations de ce canal, soit par des dérivations immédiates du fleuve.

A partir de Terrâneh jusqu'à l'origine du canal de la province de Bahyreh, que l'on rencontre à trois myriamètres plus bas, c'est le Nil lui-même qui s'oppose à l'invasion des sables : ils sont arrêtés par la ligne de roseaux dont sa rive gauche est bordée, et s'y amoncèlent en dunes presque abruptes.

Le canal de la Bahyreh, qui se dirige ensuite au nord-ouest jusqu'au lac Maryout, autrefois *Maréotis*, semble uniquement destiné à protéger l'Égypte contre l'invasion de ces mêmes sables ; tandis que la branche de Rosette, se portant directement au nord, traverse une vaste plaine qu'elle fertilise par de nombreuses dérivations, dont les plus considérables sont, à l'ouest, les canaux de Damanhour, de Rahmânyeh et de Deyrout.

Le premier de ces canaux, après un développement de quatre myriamètres, se termine à la ville dont il porte le nom; le second, qui arrose la partie la plus fertile de l'intérieur de la province, sert à approvisionner d'eau du Nil les citernes d'Alexandrie; enfin le troisième se jette dans le lac d'Edkoû.

La portion de l'Égypte comprise entre le désert Libyque et la branche de Rosette n'est point immédiatement contiguë à la mer; elle en est séparée, en allant de l'ouest à l'est, par l'ancien lac *Maréotis*, le lac Ma'dyeh ou d'Abouqyr et le lac d'Edkoû.

Les deux premiers ne sont séparés l'un de l'autre que par une langue de terre fort étroite, sur laquelle est établie la partie inférieure du canal de Rahmânyeh ou d'Alexandrie. Entre ces deux lacs et la mer court du sud-ouest au nord-est une chaîne continue de rochers calcaires, qui est le prolongement de la côte d'Afrique. Une des anfractuosités qu'elle présente est couverte par l'ancienne île de *Pharos* et forme le port d'Alexandrie. La même bande de rochers calcaires se prolonge de deux myriamètres au-delà de ce port, jusqu'au fort d'Abouqyr, devant lequel est situé l'îlot qui termine cette chaîne.

Le rivage d'Égypte, en se prolongeant à l'est depuis la rade d'Abouqyr, ne présente aucun banc de matière solide qui puisse résister aux efforts de la mer. Ce n'est plus qu'une plage sablonneuse, qui s'élève à peine au-dessus des eaux, et derrière laquelle le terrain plus déprimé est submergé pendant une grande partie de l'année par les dérivations du Nil depuis Rahmânyeh jusqu'à Rosette. Cette espèce de lagune est le lac d'Ed-koû dont nous avons déjà parlé.

Le Delta proprement dit, compris dans l'angle que forment les branches de Rosette et de Damiette, est arrosé par différens canaux qui sont, pour la plupart, tirés de cette dernière branche. Le plus méridional de ces canaux est celui de Menouf, qui prend son origine à un myriamètre du *Ventre de la Vache*, et se rend dans la branche de Rosette au-dessous de Terrâneh : il coupe obliquement la pointe du Delta; et comme, à partir de cette pointe, les eaux qui suivent ce canal ne parcourent qu'environ cinq myriamètres, tandis qu'elles en parcourent six en suivant la branche de Rosette entre les mêmes extrémités, elles se trouvent naturellement entraînées par l'effet de cette plus grande pente dans le canal de Menouf, qui deviendrait bientôt le seul chemin qu'elles suivraient si l'on ne prenait pas soin d'entretenir la digue de Fara'ounyeh, placée à son origine dans le Nil pour régler convenablement le volume des eaux qui doivent y être introduites.

On trouve, en continuant de descendre la branche de Damiette, à six kilomètres de l'entrée du canal de Menouf, une seconde dérivation de cette branche. Ce second canal se dirige au nord-ouest dans l'intérieur du Delta, sur la ville de Chybyn el-Koum, dont il prend le nom; et derrière laquelle il se partage en deux bras, l'un qui continue de suivre la même direction jusqu'au lieu appelé *Farestaq*, où il se termine dans la branche de Rosette après neuf myriamètres de cours; l'autre, appelé *canal de Melyg*, descend vers le nord à Mehallet el-Kebyr, et se réunit, à environ vingt-cinq kilomètres de cette ville, au canal d'el-Ta'hânyeh.

Celui-ci est la troisième dérivation occidentale de la branche de Damiette; elle a son origine entre les villes de Semennoud et de Mansourah, et se perd, à six myriamètres de cette origine, dans le lac Bourlos.

Ce lac ne reçoit pas seulement le canal d'el-Ta'bânyeh; il reçoit encore toutes les eaux qui, répandues dans l'intérieur du Delta par une multitude de petites dérivations immédiates du Nil, ou des quatre grands canaux de Menouf, de Chybyn el-Koum, de Melyg et d'el-Ta'hânyeh, ne sont point employées à l'irrigation des campagnes ou dissipées par l'évaporation.

La plus grande longueur du lac Bourlos depuis le village de Berenbâl, situé presqu'en face de Rosette, et le village de Beltym, situé à la pointe la plus septentrionale de l'Égypte, est de six myriamètres; sa plus grande largeur, de trois. Sa surface est couverte d'une multitude d'îles qui servent de refuge aux pêcheurs.

Une langue de terre, ou plutôt une simple crête de sable sur laquelle s'élèvent de petites dunes de distance en distance, sépare le lac Bourlos de la mer. Cette crête se prolonge, en s'amincissant de plus en plus, du sud-ouest au nord-est, depuis le boghâz ou l'embouchure de Rosette jusqu'à celle du lac, à six myriamètres plus loin : c'est la seule ouverture par laquelle s'écoulent à la mer toutes les eaux de l'intérieur du Delta.

Au-delà de cette embouchure, la plage sablonneuse dont la côte est formée s'élargit tout-à-coup : les dunes s'y élèvent davantage à l'abri des plants de palmiers et de vignes que cultive la population de douze ou quinze villages qui dépendent tous de celui de Beltym, autour duquel ils se groupent. Ces établissemens couvrent le cap Bourlos, la pointe la plus septentrionale de l'Égypte: quand on les a dépassés, la plaine de sable qui borde la mer court vers le sud-est sur la largeur d'un myriamètre environ ; et c'est en cheminant à travers cette plaine inculte, dont une ramification du canal d'el-Ta'bânyeh arrête l'extension dans les terres du Delta, que l'on arrive à l'embouchure de la branche de Damiette après une marche de huit myriamètres environ.

Nous venons d'indiquer les principaux canaux dérivés de la rive gauche de cette branche ; nous allons suivre le même ordre dans l'indication de ceux qui sont dérivés de la rive droite pour arroser les provinces orientales de l'Égypte.

Le premier, en remontant jusqu'au Kaire, est celui qui traverse cette ville, arrose la plaine d'*Heliopolis*, alimente le lac des Pèlerins, et vient enfin se jeter, après un cours de trois myriamètres et demi, dans le canal d'Abou-Meneggy qui sert spécialement aujourd'hui à l'arrosage de la province de Qelyoub. La prise d'eau de ce second canal est à dix kilomètres du Kaire : il se dirige d'abord vers le nord sur deux myriamètres environ de développement ; s'inclinant ensuite au nord-ouest, il passe à Belbeys et se prolonge, en bordant le désert, jusqu'à l'entrée d'une vallée qui court directement de l'ouest à l'est à travers l'isthme de Suez jusqu'au bassin des lacs Amers, où elle débouche. On retrouve dans cette vallée les vestiges d'un ancien canal auquel la dérivation d'Abou-Meneggy semble avoir été destinée autrefois à fournir des eaux : cette même dérivation se prolonge ensuite vers l'ancienne ville de Bubaste, au-delà de laquelle sa direction laisse reconnaître, jusqu'aux marais de Péluse où elle se perd, les vestiges de la branche la plus orientale du Nil que le temps a oblitérée, et dont le développement peut être environ de seize myriamètres.

Les deux canaux d'*Heliopolis* et d'Abou-Meneggy ont leur origine au-dessus du *Ventre de la Vache*. C'est à environ un myriamètre au-dessous que l'on trouve, en descendant la branche de Damiette, l'entrée du canal de Moueys : il se dirige au nord-est entre les deux provinces de Charqyeh et de Mansourah, et se termine, à douze myriamètres de son origine, dans le lac Menzaleh, après avoir baigné les ruines de l'ancienne ville de *Tanis*, à quinze kilomètres au-dessus de son embouchure.

Entre ces ruines et celles de Mendès, qui en sont éloignées de trois myriamètres à l'ouest, la plaine de Daqahlyeh est inondée communément pendant huit mois de l'année par les eaux de plusieurs canaux d'irrigation qui y aboutissent.

Le canal de Moueys supplée à l'arrosage de la plus grande partie des terres situées sur sa rive gauche, de sorte que la branche de Damiette n'est appauvrie d'aucune autre dérivation importante depuis l'entrée de ce canal jusqu'à la ville de Mansourah, située à dix myriamètres plus loin. Là commence le canal d'Achmoun, qui se dirige à l'orient sur les ruines de Mendès et ses prolonge ensuite au milieu d'une lisière de terres cultivables, de deux ou trois kilomètres de large, resserrée au sud par le marais de Daqahlyeh et au nord par le lac Menzaleh, où il se jette après un cours de six myriamètres.

A partir de Mansourah le Nil se prolonge de sept myriamètres environ jusqu'à son embouchure, à quinze kilomètres au-dessous de Damiette. La portion de l'Égypte comprise entre cette branche du fleuve et la plaine inculte de l'isthme de Suez se termine, du côté de la mer, comme le Delta proprement dit, par un grand lac dont nous avons déjà parlé et qui a reçu son nom de la ville de Menzaleh située sur sa rive méridionale. Ce lac, couvert d'un grand nombre d'îlots, s'étend du nord-ouest au sud-est, depuis Damiette jusqu'à la plaine de Péluse, sur une longueur de cinq myriamètres et demi; sa largeur moyenne est environ du double. Les eaux de l'intérieur qu'il reçoit se dégorgent à la mer par trois embouchures ouvertes dans la crête de sable qui l'en sépare. Ces trois ouvertures sont, en allant de l'ouest à l'est, celles de Dybeh, de Gemyleh et d'Omm-fâreg, et chacune d'elles correspond précisément à l'extrémité de chacun des canaux d'Achmoun, de Moueys et de l'ancienne branche Pélusiaque. Le prolongement de leur cours à travers les eaux du lac se distingue aisément, lors de l'inondation, par l'eau douce qu'on y puise, tandis que, hors de ces courans, l'eau est plus ou moins saumâtre.

L'embouchure du Nil à Damiette est, comme celle de la branche occidentale de ce fleuve, en saillie sur la côte; elle s'avance même un peu plus vers le nord. A droite de cette embouchure commence la bande sablonneuse qui forme la digue extérieure du lac Menzaleh : elle court du nord-ouest au sud-est, et ne diffère de celle du lac Bourlos qu'en ce qu'elle est beaucoup plus étroite, et que les dunes y sont beaucoup plus rares.

La basse Égypte, telle que nous venons d'essayer de la décrire, présente, comme on voit, une vaste plaine triangulaire traversée du midi au nord par le Nil, qui se bifurque vers le sommet de ce triangle : elle est sillonnée dans tous les sens par une multitude de canaux qui tous tirent leur origine du fleuve; et leurs eaux avant de se rendre à la mer entretiennent, derrière la crête sablonneuse qui en forme la côte, une suite de lacs et de marécages.

Cette côte, depuis Alexandrie jusqu'à Péluse, présente une grande courbe de trente myriamètres de développement, tournant au nord sa convexité, sur laquelle sont très-sensiblement en saillie la pointe d'Abouqyr et les deux embouchures actuelles du Nil. Précisément au milieu de la distance qui les sépare se trouve le cap Bourlos, point le plus septentrional de l'Égypte.

Il est situé sous le même méridien que les pyramides, à une distance de dix-huit myriamètres comprise entre les 29° 59′ et 31° 35′ 30″ de latitude. Ainsi l'Égypte entière, depuis la dernière cataracte jusqu'à la pointe de Bourlos, comprend en latitude un intervalle de sept degrés et demi et une superficie d'environ 2100000 hectares de terrains cultivables.

Environnée de tous les côtés de déserts privés d'eau

douce, l'Égypte n'est habitable que parce qu'elle sert en quelque sorte de lit à la partie inférieure du Nil. C'est aux débordemens périodiques de ce fleuve qu'elle doit la fertilité qui l'a rendue justement célèbre.

Ce débordement annuel fut dans l'antiquité l'objet de l'admiration des voyageurs et des historiens; et sa cause, une espèce de mystère dont ils donnèrent des explications diverses. On sait aujourd'hui que ce phénomène est dû aux pluies qui tombent en Abyssinie. Elles submergent pendant plusieurs mois de l'année un immense plateau : elles s'écoulent dans le bassin du Nil, leur dernier réceptacle; et ce fleuve, chargé seul d'en porter le tribut à la mer, les verse à son tour sur l'Égypte.

On commence vers le solstice d'été à s'apercevoir de la crue du Nil au-dessous de la dernière cataracte. Cette crue devient sensible au Kaire dans les premiers jours de juillet : c'est là que les Français ont pu en observer la marche au moyen du nilomètre établi à l'extrémité méridionale de l'île de Roudah.

Pendant les six ou huit premiers jours il croît par degrés presque insensibles; bientôt son accroissement journalier devient plus rapide : vers le 15 août il est à peu près arrivé à la moitié de sa plus grande hauteur, qu'il atteint ordinairement du 20 au 30 septembre. Parvenu à cet état, il y reste dans une sorte d'équilibre pendant environ quinze jours, après lesquels il commence à décroître beaucoup plus lentement qu'il ne s'était accru. Il se trouve, au 10 de novembre, descendu de la moitié de la hauteur à laquelle il s'était élevé; il baisse encore jusqu'au 20 du mois de mai de l'année suivante. Ces variations cessent de se faire apercevoir sensiblement jusqu'à ce qu'il recommence à croître à peu près à la même époque que l'année précédente.

Lorsque le Nil entre en Égypte, au moment de sa crue, ses eaux bourbeuses sont chargées de sable et de limon qui leur donnent une couleur rougeâtre; elles conservent cette couleur pendant toute la durée du débordement, et ne la perdent que peu à peu, à mesure qu'elles rentrent dans leur lit; elles redeviennent enfin parfaitement claires.

Nous avons représenté graphiquement la loi de l'accroissement et du décroissement du Nil tels qu'ils ont été mesurés au Kaire pendant les années 1799, 1800 et 1801 (*figure 1re de la planche jointe à ce mémoire*). On voit que cette loi est indiquée par une courbe sinueuse assez régulière. Les petites inflexions qu'elle présente en sens opposé, pendant la durée de la crue, proviennent de ce que le volume du fleuve, avant d'arriver au Kaire, est diminué de toutes les dérivations qui en sont faites pour alimenter les différens canaux de la haute Égypte. Ces anomalies sont moins sensibles pendant le décroissement, parce qu'aucune cause de la même nature n'en altère la loi. On voit aussi, en comparant les crues d'une année à l'autre, qu'il y a de grandes différences entre elles. Celle de 1799, par exemple, que l'on regarde comme une des plus faibles, parvint à sa plus grande hauteur le 23 septembre, et ne s'éleva que de 6^{m}857 au-dessus des basses eaux. Celle de 1800, qui fut au contraire comptée parmi les plus fortes, parvint, le 4 octobre, à 7^{m}961 de hauteur. On peut donc,

4.

sans erreur sensible, fixer la crue moyenne du Nil entre la crue de l'année 1799 et celle de 1800 que nous venons de rapporter; elle sera ainsi de 7^m419[1].

Si parmi les prodigieux ouvrages exécutés en Égypte les canaux d'irrigation ne sont pas ceux qui ont excité le plus d'admiration, du moins il est probable que ce sont les plus anciens; et il est certain que sans ces travaux, exclusivement consacrés à l'utilité publique, la population de cette contrée ne se serait jamais élevée au point où il paraît qu'elle s'éleva autrefois. Ces canaux sont dérivés de différens points du Nil sur l'une et l'autre de ses rives, et ils en portent les eaux jusqu'au bord du désert. De distance en distance, à partir de cette limite, chaque canal d'irrigation est barré par des digues transversales qui coupent obliquement la vallée en s'appuyant sur le fleuve. Les eaux que le canal conduit contre l'une de ces digues s'élèvent jusqu'à ce qu'elles aient atteint le niveau du Nil au point d'où elles ont été tirées. Ainsi tout l'espace compris dans la vallée entre la prise d'eau et la digue transversale forme, pendant l'inondation, un étang plus ou moins étendu. Lorsque cet espace est suffisamment submergé on ouvre la digue contre laquelle l'inondation s'appuie : les eaux se déversent, après cette opération, dans le prolongement du canal au-dessous de cette digue; et elles continueraient de s'y écouler si, à une distance convenable, elles n'étaient pas arrêtées par un second barrage contre lequel

---

[1] Cette hauteur de 7^m419 équivaut à treize coudées dix-sept doigts de la colonne du meqyâs et à quatorze coudées du nilomètre d'Éléphantine.

elles sont obligées de s'élever de nouveau pour inonder l'espace renfermé entre cette digue et la première. Quelquefois un canal dérivé immédiatement du Nil au-dessous de celle-ci rend cette inondation plus complète.

Ces digues transversales que l'on voit se succéder de distance en distance, en descendant le Nil, sont dirigées ordinairement d'un village à l'autre, et forment une espèce de chaussée au moyen de laquelle ces villages communiquent entre eux dans toutes les saisons de l'année, parce qu'elle est assez élevée au-dessus de la plaine pour surmonter les plus hautes eaux.

La vallée de la haute Égypte présente, comme on voit, lors de l'inondation une suite d'étangs ou de petits lacs disposés par échelons les uns au-dessous des autres, de manière que la pente du fleuve, entre deux points donnés, se trouve sur ses deux rives distribuée par gradins; on voit que l'on a fait pour l'irrigation de ce pays précisément le contraire de ce qu'on ferait pour opérer le desséchement d'une vallée qui serait obstruée par des barrages consécutifs.

Lorsque la largeur de la vallée est très-considérable, comme cela a lieu sur sa rive gauche depuis Syout jusqu'à l'entrée du Fayoum, le canal dérivé du Nil suit le plus près possible la limite du désert sans aucun barrage transversal; mais alors il devient semblable à une nouvelle branche du Nil, et l'on dérive de cette branche, comme du fleuve lui-même, les canaux d'irrigation qui vont porter contre des digues secondaires les eaux destinées à inonder le pays.

Ce système d'arrosement n'éprouve de modification

que dans la province du Fayoum. La configuration de son sol permet d'y conduire les eaux du canal de Joseph sur un point culminant, d'où elles sont distribuées par une multitude de petits canaux pour fertiliser le territoire de chacun des villages dont est couverte la plaine inclinée qui borde le Birket el-Qeroun à l'ouest et au midi.

Les eaux ne doivent couvrir le sol que pendant un certain temps, afin que les travaux d'agriculture puissent se faire dans la saison convenable. Le desséchement des terres s'opère naturellement alors par la rupture des digues qui soutenaient les eaux; et c'est après avoir séjourné plus ou moins dans les espèces de compartimens en échelons compris entre les digues consécutives, que le superflu de l'irrigation va se perdre dans les lacs et marécages qui servent de bornes à la partie septentrionale du Delta.

L'indication que nous venons de donner de la disposition respective des canaux et des digues de l'Égypte supérieure explique suffisamment comment on peut arroser une étendue plus ou moins considérable de pays, suivant que la crue du Nil est plus ou moins forte.

Le même système d'irrigation est suivi dans la basse Égypte. Les grands canaux dérivés des deux branches de Rosette et de Damiette alimentent à leur tour des dérivations secondaires, dont les eaux sont soutenues par des digues qui traversent la campagne dans tous les sens, en allant d'un village à l'autre; chacun d'eux s'élève au-dessus de ces digues comme une espèce de monticule qu'accroissent chaque année les dépôts d'immondices et de décombres que les Égyptiens sont dans l'usage d'accumuler autour de leurs habitations.

SECTION II.

Volume des eaux du Nil. — Nivellemens transversaux dans la vallée. — Sondes du terrain.

Ce que nous avons dit, dans la section précédente, de l'aspect extérieur de l'Égypte, pouvait être remarqué par tous les voyageurs qui ont parcouru ce pays en observateurs attentifs; mais les recherches qui nous restaient à faire sur le régime du Nil, sur le relief et la pente transversale de la vallée qu'il arrose, enfin sur la nature et la profondeur du sol qui la recouvre, exigeaient une réunion de moyens que des voyageurs isolés n'avaient jamais eue à leur disposition, et que les circonstances mettaient à la nôtre.

Je partis du Kaire, le 29 ventose an VII (19 mars 1799), avec plusieurs membres de l'Institut et de la Commission des sciences et arts, pour aller rejoindre la division du général Desaix, qui occupait la haute Égypte. Les recommandations dont nous étions munis pour ce général, son empressement à concourir à l'exploration d'une contrée dont il paraissait avoir consolidé la conquête, et surtout son vif désir de faire tourner à la gloire de la France les divers résultats de l'expédition à laquelle il était attaché, nous donnaient l'assurance de trouver près de lui toutes les ressources nécessaires à l'objet de notre mission : il réalisa nos espérances à cet égard; et MM. les généraux qui commandaient sous ses ordres[1] doivent partager ici, pour l'accueil bienveillant que nous en avons reçu, l'hommage de reconnaissance que nous rendons à sa mémoire.

Nous étions embarqués sur le Nil; mais la faiblesse du vent de nord, à l'aide duquel nous devions remonter le courant, nous permettait souvent de mettre pied à terre, et de suivre notre barque qui était tirée à la cordelle.

Les vents contraires, assez fréquens dans cette saison, nous obligèrent même plusieurs fois de nous arrêter en attendant qu'un vent favorable recommençât à souffler. Le 7 germinal (27 mars) une de ces stations forcées nous laissa, un peu au-dessous de la ville de Manfalout, le temps de lever une section transversale du Nil (fig. 2), et d'en mesurer la vitesse.

Cet endroit était d'autant plus propre à cette opération, que le lit du fleuve y est rectiligne sur plusieurs kilomètres de longueur. Les talus de ses berges furent trouvés inclinés l'un et l'autre de deux fois leur hauteur, et la vitesse superficielle du courant, au fil de l'eau, de $0^m 75$ par seconde; ce qui suppose une vitesse moyenne de $0^m 60$ environ.

Ce talus incliné de deux pour un, s'élevant depuis la surface des basses eaux jusqu'au niveau des plus grandes

---

[1] MM. les généraux Zayoncheck, aujourd'hui vice-roi de Pologne, Béliard, Davoust, Donzelot, Friant.

inondations, est évidemment celui qui convient au régime du Nil; et cette observation peut concourir à la détermination de ce régime.

La largeur du fleuve au niveau de l'eau était de 678 mètres, et sa section vive de 1129 mètres superficiels, lesquels multipliés par la vitesse de 0^{m}60 donnent une dépense de 678 mètres cubes par seconde.

Nous arrivâmes à Syout le lendemain 8 germinal (28 mars); et le séjour de près de deux mois que nous y fîmes nous permit d'y multiplier nos observations.

La largeur totale de la vallée sur ce point est de dix mille mètres, dans lesquels celle du lit du Nil est comprise pour huit cents. Il coule à trois mille mètres de la montagne Libyque, et à six mille environ de la montagne opposée. Cette plaine est coupée entre le fleuve et les deux déserts qui la bordent par plusieurs canaux, dont le principal sur la rive gauche est celui qui est dérivé du Nil à el-Saouâqyeh, au-dessous de Girgeh. Il suit le pied de la montagne occidentale où les catacombes de Syout ont été pratiquées. Sa largeur est d'environ cent soixante mètres.

Après avoir passé sur la rive droite du fleuve, on traverse à six cents mètres de distance, en allant vers la montagne Arabique, un premier canal; on en traverse un second à cinq cents mètres plus loin : ils peuvent avoir l'un cent cinquante et l'autre deux cents mètres de largeur.

Plusieurs digues transversales s'élèvent d'un mètre ou d'un mètre et demi au-dessus du terrain naturel, lequel, au surplus, est toujours d'environ 0^{m}80 ou au moins de 0^{m}60 plus élevé en amont qu'en aval de ces digues.

La plus considérable se trouve sur la rive gauche du Nil; elle est destinée à soutenir, entre ce fleuve et la montagne Libyque, les eaux du canal d'el-Saouâqyeh : elle s'élève à 1^{m}20 au-dessus du sol ; ce qui suppose que les plus hautes inondations ne parviennent point à cette hauteur.

Le 11 germinal (31 mars) nous mesurâmes, au port de Syout, la vitesse et le volume des eaux du Nil entre deux sections transversales distantes l'une de l'autre de trois cent trente mètres. La largeur de la section d'en bas fut trouvée de deux cent quarante-cinq mètres, et sa superficie de six cent quatre mètres (fig. 3); la largeur de la section d'en haut fut trouvée de cent soixante-dix-neuf mètres, et sa surface de cinq cent vingt mètres carrés (fig. 4); la section moyenne était par conséquent de cinq cent soixante-deux mètres carrés.

Un flotteur abandonné au fil de l'eau parcourut en trois minutes trente-sept secondes la distance de trois cent trente mètres comprise entre les deux sections extrêmes; la vitesse superficielle était donc de 1^{m}52 par seconde.

Si l'on diminue cette vitesse superficielle d'un cinquième, on obtient 1^{m}21 de vitesse moyenne, laquelle, multipliant la section vive de 562 mètres, donne, pour le volume des eaux du Nil au port de Syout, 679 mètres cubes, résultat qui présente, avec celui de l'expérience faite au-dessous de Manfalout, un accord singulier que l'on ne peut attribuer qu'à une sorte de hasard malgré le soin qu'on apporta aux opérations dont ces résultats sont déduits.

Le volume du Nil s'accroît considérablement lors de l'inondation; sa surface s'élève de six mètres au-dessus des basses eaux dans le plan de la section transversale où notre première jauge a été faite (fig. 2). La superficie de cette section se trouve ainsi augmentée de quatre mille soixante-huit mètres; elle est alors par conséquent de cinq mille cent quatre-vingt-dix-sept mètres carrés. Le pourtour développé du lit du fleuve est en même temps de sept cent six mètres; et comme sa pente varie des basses aux hautes eaux dans le rapport des nombres 5284 et 12863, on trouve aisément, par une application des règles de l'hydraulique, que la vitesse moyenne du Nil, à cette époque et dans cet endroit, est de $1^m 97$, et son produit, par seconde, de 10247 mètres cubes [1].

---

[1] Si l'on appelle S la section vive d'un courant d'eau, P le périmètre de cette section, h la pente de ce courant, u sa vitesse uniforme, et m un coefficient constant donné par l'expérience, la condition de l'uniformité du mouvement sera, comme on sait, exprimée par cette formule:
$$Sh = mPuu.$$
On a de même, pour un autre état du même courant,
$$S'h' = mP'u'u';$$
équation dans laquelle les lettres accentuées expriment des quantités de même espèce que celles qui sont exprimées dans la première formule par les mêmes lettres sans accens.

Supposons que ces deux formules s'appliquent à l'état du Nil lors des basses et lors des hautes eaux.

Les quantités S, P, et u ont été observées pour la section transversale du Nil (fig. 2), levée le 7 germinal; et nous avons conclu les quantités S' et P' de l'indication que nous avons eue sur les berges du Nil, de la hauteur à laquelle il s'élève lors de l'inondation.

Quant aux pentes h et h', elles n'ont point été déterminées pour cette section; mais on peut supposer, sans avoir de grandes erreurs à craindre, qu'elles suivent entre elles le même rapport que les pentes de la partie inférieure du fleuve aux mêmes époques, depuis le Kaire jusqu'à la mer. Or, ces pentes, d'après les nivellemens de notre collègue M. Le Père, sont, lors des basses eaux, de $5^m 284$, et lors de l'inondation, de $12^m 863$..

C'est au moyen de ces données

Nous avons trouvé que, lors des basses eaux, il était à peu près de 678 mètres ; ces produits varient donc, du solstice d'été à l'équinoxe d'automne, dans le rapport de 1 à 15 environ : mais il faut observer que les jauges que nous venons de rapporter ont été faites à une distance de cinquante-cinq myriamètres de la dernière cataracte, limite méridionale de l'Égypte; et que le Nil, tel que nous venons d'en calculer le volume, est appauvri de toutes les dérivations déjà faites dans toute cette étendue pour arroser ses deux rives; de sorte qu'on peut regarder le volume de ce fleuve, au moment où il est parvenu à son *maximum* d'accroissement, comme vingt fois au moins plus considérable que lorsqu'il commence à croître.

Les deux berges du Nil, comme celles de tous les autres fleuves, présentent dans le même profil transversal une inclinaison différente toutes les fois que le courant ne se dirige point en ligne droite ou n'est point encaissé entre des parois solides. Lorsque les observations que nous venons de rapporter ont été faites à Syout, la rive gauche était la plus abrupte parce que le courant s'y portait, et cependant le talus de sa berge avait encore vingt-cinq mètres de base sur neuf mètres

qu'il s'agit d'assigner la vitesse u' du Nil, correspondante au profil de la fig. 2 à cette dernière époque.

On tire des deux équations précédentes,
$$u'u' = \frac{P u u S' h'}{P' S h};$$
mais on a en valeurs numériques,
$P = 680$ mètres.
$S = 1129$ mètres carrés.
$h = 5^m 284$.
$u = 0^m 60$ par seconde.
$P' = 706$ mètres.
$S' = 5197$ mètres carrés.
$h' = 12^m 863$.

lesquelles, étant substituées dans la formule, donnent,
$u'u' = 3$ mètres carrés 8855,
et, par conséquent, $u' = 1^m 971$.

d'élévation : c'est une inclinaison d'environ trois mètres de base sur un de hauteur.

L'inclinaison de la rive opposée était beaucoup plus douce, parce que les matières charriées par le courant se déposaient sur cette rive en prenant le talus convenable à leur degré de ténuité : ainsi les sables les plus pesans formaient la base de ce talus sous l'inclinaison la plus forte ; les sables plus légers étaient placés au-dessus sous une inclinaison moindre ; enfin le limon proprement dit formait la crête de la berge, et se raccordait horizontalement avec le terrain de la plaine.

Le profil de cette berge présentait, comme on voit (fig. 3 et 4), une courbe convexe dont la pente totale vers le Nil était de dix mètres sur un développement de six cent quarante : c'est une inclinaison réduite de $0^m 016$ par mètre ; rampe extrêmement douce et l'une des moindres que l'on soit dans l'usage de donner aux grands chemins.

Quant aux talus des berges des canaux d'irrigation qui ont été creusés à bras d'homme, ils ont ordinairement 50 mètres de longueur sur $3^m 50$ environ de hauteur verticale.

Lorsque ces canaux sont remplis d'eau et que le Nil commence à baisser, on élève à leur tête un barrage en terre pour retenir les eaux qu'ils contiennent et les empêcher de s'écouler dans le fleuve ; ce qui laisserait la campagne à sec pendant une partie de l'année. On ferme de la même manière les ouvertures qui avaient été pratiquées pour l'irrigation du sol inférieur dans les digues transversales dont nous avons parlé plus haut. On conserve par ce moyen, sur plus ou moins d'étendue, les eaux nécessaires aux arrosemens des terres pendant le printemps et l'été; ces arrosemens sont d'autant moins pénibles que le niveau de l'espèce de réservoir destiné à les alimenter se soutient plus haut au-dessus du Nil. Au mois de floréal an VII (mai 1799), par exemple, la surface de l'eau dans le canal d'el-Saouâqyeh, immédiatement en aval de la digue de Syout, n'était inférieure que de cinq mètres au sol de la plaine, tandis que le niveau du Nil était descendu à neuf mètres au-dessous.

Ces eaux, réservées d'une année à l'autre dans l'intérieur du pays, se trouvent dissipées par l'évaporation ou perdues par des infiltrations souterraines, ou bien elles ont été employées utilement aux besoins de l'agriculture lorsque le Nil recommence à croître de nouveau. Les dérivations qui sont faites de ce fleuve ne sont donc pas destinées seulement à une irrigation naturelle et momentanée; elles doivent encore servir à des arrosemens artificiels, lorsque les terres ont été dépouillées de leurs premières récoltes. Ainsi le débordement du Nil n'est pas pour les Égyptiens un bienfait dont la jouissance se borne à la durée de quelques mois; elle se prolonge dans toutes les saisons.

La crainte de la stérilité à laquelle l'Égypte serait comdamnée si le Nil ne s'élevait pas assez pour entrer dans les canaux qui en sont dérivés, et les espérances qu'il fait naître quand il parvient à une hauteur suffisante fournissent, comme on voit, l'explication des fêtes et des réjouissances annuelles dont la rupture des digues qui ferment les canaux est généralement l'occasion.

Les divers renseignemens que nous venons de présenter sur la configuration extérieure du terrain sont les résultats de plusieurs nivellemens entrepris dans la plaine de Syout : ils ont appris que la surface de cette plaine était à très-peu près horizontale, et, comme nous l'avons déjà dit, élevée d'environ neuf mètres au-dessus des basses eaux du Nil. Il nous restait à reconnaître par des sondes la nature du sol dont elle est formée. Pour y parvenir méthodiquement on traça une ligne droite de 3260 mètres de longueur entre la montagne Libyque et le fleuve; on creusa sur cette ligne, de distance en distance, un certain nombre de puits verticaux où l'on pouvait aisément descendre au moyen d'entailles pratiquées dans leurs parois, et reconnaître les couches superposées du terrain fouillé (fig. 5). Pour montrer maintenant jusqu'à quel point ces sondes ont été utiles à l'objet que nous avions en vue, il est nécessaire d'indiquer le résultat de chacune d'elles.

Le puits n°. 1 a été creusé au fond du canal d'el-Saouâqyeh, qui se trouvait à sec à cette époque, en amont de la digue de Syout; on s'est enfoncé à trois mètres de profondeur dans une masse de limon noirâtre, semblable au sol cultivable : à cette profondeur, l'eau a surgi au fond du puits; ce qui a forcé d'en suspendre la fouille.

Ce puits était éloigné d'environ cent vingt mètres d'un étang formé à l'aval de la digue par la chute des eaux du canal lors de l'inondation. Cet étang, où les eaux séjournent pendant les plus grandes sécheresses de l'année, sert d'abreuvoir aux bestiaux. Le niveau de l'eau y était élevé de 0ᵐ85 au-dessus du fond de la fouille dont il vient d'être question.

Le puits n°. 2, à deux cents mètres plus loin en allant vers le Nil, fut creusé, à partir du sol, dans une couche de limon de 6ᵐ41 d'épaisseur; cette couche reposait sur une masse de sable gris quartzeux et micacé, que l'on fouilla sur une profondeur de 1ᵐ25, à laquelle l'eau commença à paraître.

A trois cent soixante mètres de distance du précédent, le puits n°. 3 fut creusé dans une couche de limon de 6ᵐ25 d'épaisseur, qui était soutenue par une couche de la même substance mêlée de sable gris micacé : on s'enfonça dans celle-ci de 2ᵐ19 avant d'être arrêté par l'eau.

En suivant la même direction, et à quatre cent trente mètres plus loin, au-delà d'un canal d'irrigation dérivé du Nil, on rencontre la digue qui couvre la ville de Syout : le puits n°. 4 fut creusé dans le massif de cette digue; on la trouva composée, à partir du sol, de terres rapportées, de décombres, de fragmens de briques et de débris de vases de terre. Ce remblai, de 3ᵐ89 de hauteur, est assis sur un massif de limon du Nil : la fouille y fut continuée de 3ᵐ36 avant de rencontrer l'eau.

A trois cent quarante mètres au-delà on traversa d'abord, en creusant le puits n°. 5, une couche du limon du Nil, très-pur, de 3ᵐ35 de hauteur; on traversa ensuite une masse de limon mêlée de sable jusqu'à 2ᵐ76 de profondeur, où l'eau commença à se montrer.

Le puits n°. 6, ouvert à quatre cents mètres du précédent dans le milieu d'une rigole de dérivation, indiqua une couche superficielle de limon de 1ᵐ30 d'épaisseur, reposant sur un lit de sable et de limon mélangés de mica : ce lit est soutenu lui-même par une masse de sable gris, dans laquelle on s'enfonça de 2^m05 jusqu'à ce que l'on fut arrêté par l'eau.

En creusant le puits n°. 7 à deux cent seize mètres, on trouva d'abord 1^m58 d'épaisseur de limon du Nil; puis une masse de sable variant de couleur et de grosseur, par bancs horizontaux : on s'y enfonça de 5^m13.

A deux cent quinze mètres de distance, toujours en descendant vers le Nil, le puits n°. 8 fut ouvert dans un petit canal d'arrosement : on trouva d'abord 1^m50 d'épaisseur de limon pur; ensuite, comme dans la sonde précédente, une masse de sable plus ou moins mélangé de limon et de mica : l'eau vint à y surgir quand on s'y fut enfoncé de 3^m95.

Le puits n°. 9 fut creusé à trois cent seize mètres du précédent; on trouva d'abord 2^m48 d'épaisseur de limon : le reste de la fouille fut ouvert dans plusieurs couches superposées de limon mélangé de sable, puis de sable pur. Les couches inférieures au sol avaient ensemble 3^m49 : l'eau se montra à cette profondeur.

A trois cent quatre mètres plus loin, on creusa le puits n°. 10 : on perça d'abord 2^m35 d'épaisseur de limon, et ensuite, jusqu'à l'eau, 3^m217 de sable gris micacé.

Le puits n°. 11, le plus rapproché du Nil, fut ouvert à trois cent soixante mètres du précédent : la couche supérieure, formée de limon, fut trouvée de 2^m24 d'épaisseur. On trouva au-dessous, avant d'arriver à l'eau, des couches successives de limon mêlé de sable, de sable pur quartzeux et plus ou moins grenu, de sable fin mélangé de mica : elles avaient ensemble 6^{m}35 d'épaisseur.

Les sondes que nous venons de rapporter ont été faites sur la rive gauche du Nil. On creusa aussi deux puits pour le même objet sur la rive opposée; nous les indiquerons en prolongement des précédens, sous les n°s. 12 et 13.

Le puits n°. 12 a été creusé au bord de la berge qui encaisse le fleuve dans ses crues : la fouille a présenté une couche de limon pur de 0^{m}694 d'épaisseur, qui reposait sur une couche de 2^{m}72 de sable micacé, mélangé d'un peu de limon; on trouva au-dessous 2^{m}16 de sable gris, 0^{m}11 de sable ferrugineux attirable à l'aimant; enfin on a été arrêté par l'eau après s'être enfoncé de 1^{m}54 dans un mélange de sable et de limon.

Le puits n°. 13 fut creusé sur le bord d'un grand canal, à huit cent quarante mètres plus loin en allant vers la montagne Arabique. On trouva d'abord 6^{m}33 d'épaisseur de limon pur; ensuite une couche de sable ferrugineux, mêlé de quartz et de mica, dans laquelle on pénétra de 1^{m}22 avant d'être arrêté.

La comparaison de ces différentes sondes donne lieu à deux remarques générales : la première, que le sol superficiel de la vallée est toujours composé, sur plus ou moins d'épaisseur, de limon noirâtre. C'est la plus légère de toutes les matières charriées par le Nil, et celle qui, troublant la transparence de ses eaux lors de ses crues, leur donne une couleur rousse. Cette couche superficielle de limon repose sur une masse de sable quartzeux gris, mélangé en certaines proportions de mica et de petites lamelles ferrugineuses attirables à l'aimant. Ce banc de sable, composé des matières les plus pesantes que le fleuve transporte, est ordinairement divisé en bandes d'épaisseurs différentes, séparées les unes des autres à peu près dans l'ordre de leurs pesanteurs spécifiques.

La seconde remarque est que l'eau n'a point surgi à la même profondeur au fond des puits qui ont été creusés. Si l'on rapporte le niveau de l'eau, dans chacun d'eux, à un plan horizontal élevé de 100^m au-dessus de la surface du Nil, prise le 16 floréal an VII (5 mai 1799), on pourra comparer ces niveaux entre eux, à l'aide du tableau suivant, qui indique aussi la profondeur des puits à partir du sol (fig. 5):

N^{os}. DES PUITS.	PROFONDEUR DES PUITS jusqu'au niveau de l'eau.	ABAISSEMENT DU NIVEAU DE L'EAU au-dessous du plan de repère.
Rive gauche.		
Surface de l'étang au pied de la montagne…		96^{m}39.
N°. 1.	3^{m}00.	97 13.
N°. 2.	7 46.	97 43.
N°. 3.	8 44.	98 68.
N°. 4.	7 15.	97 72.
N°. 5.	6 11.	98 14.
N°. 6.	3 85.	97 36.
N°. 7.	6 52.	97 70.
N°. 8.	5 45.	97 77.
N°. 9.	5 97.	97 02.
N°. 10.	5 56.	97 25.
N°. 11.	8 59.	99 46.
Rive droite.		
Surface du Nil……	9 00.	100 00.
N°. 12.	7 95.	98 89.
N°. 13.	7 54.	97 40.

Ce tableau fait voir que les eaux de l'étang en aval de la digue de Syout sont supérieures de $3^m 61$ à la surface du Nil : cela provient de ce que les eaux de l'inondation qui arrivent au pied de la montagne Libyque par le canal d'el-Saouâqyeh, y sont retenues plus de temps que le fleuve n'en emploie à descendre du terme de sa plus grande hauteur à celui de son plus grand abaissement ; de sorte qu'il est déjà descendu d'une quantité considérable, lorsque les terres de la plaine sont encore inondées. Ainsi, le 26 pluviose an IX (15 février 1801), par exemple, l'inondation couvrait encore d'environ $0^m 50$ la campagne de Syout, tandis que le Nil était déjà à la moitié de son décroissement ; de telle sorte que le niveau de l'inondation se trouvait élevé d'environ $6^m 20$ au-dessus de la surface du Nil.

Ce sont les eaux de cette inondation qui, filtrant à travers le sol, entretiennent la nappe que nous avons rencontrée au fond de nos puits, constamment au-dessous du niveau de l'eau du canal de Syout et de l'étang d'el-Saouâqyeh, mais toujours au-dessus du Nil. Cette nappe s'inclinerait par conséquent du pied de la montagne vers le milieu de la vallée avec une sorte de régularité, si l'eau qui séjourne plus ou moins de temps dans les canaux intermédiaires dont la plaine est entrecoupée ne s'infiltrait pas elle-même dans le terrain, et ne dérangeait pas l'inclinaison de la nappe dont il s'agit.

On observe cependant qu'à une petite distance du Nil ce sont ses propres eaux qui s'infiltrent latéralement à travers le terrain, et viennent alimenter les puits les plus rapprochés de ses berges : tels sont les puits indiqués sous les n°[s]. 9, 10, 11 et 12 ; les trois premiers sur la rive gauche, le quatrième sur la rive droite : ils présentent au surplus cette particularité, que, dans la saison des basses eaux, leur surface se trouve au-dessus du niveau du fleuve, parce que les eaux qui, pendant son débordement, remontent par infiltration vers l'intérieur des terres, mettent plus de temps à descendre jusqu'au niveau du Nil pendant son décroissement qu'il n'en met lui-même à décroître.

Quant à l'épaisseur du limon qui forme le sol cultivable de l'Égypte, nos sondes ont prouvé qu'elle est d'autant plus considérable que l'on se rapproche davantage des bords de la vallée : par exemple, les puits n°[s]. 2 et 3 présentent une épaisseur de $6^m 41$ et de $6^m 35$ de cette terre, tandis que le puits n°. 10, qui n'est éloigné du Nil que de quatre cent cinquante mètres, n'a montré qu'une couche de limon de $2^m 35$; et le puits n°. 11, sur les bords du fleuve, une couche de $2^m 24$ seulement.

Nous avons dit qu'on s'était arrêté, en creusant nos puits, lorsque l'eau avait commencé à y surgir. C'était toujours dans une masse sablonneuse qu'elle paraissait ; mais cette masse, qui est évidemment de la même nature que les dépôts actuels du Nil, ne forme pas le sol primitif de la vallée, à la connaissance duquel nous voulions aussi parvenir.

Je fis exécuter, à ce dessein, une sonde en fer semblable à cette espèce de tarière pointue dont on se sert pour sonder les tourbières ; on l'emmancha d'une perche de cinq mètres, et on l'enfonça de toute cette longueur dans les puits n°². 10 et 11 : les matières qu'elle rapporta firent voir qu'elle avait traversé le même banc de sable sur lequel nous avions trouvé que reposait le terrain cultivable. Il restait constant, par ces nouvelles sondes, que l'épaisseur de ce banc, vers le milieu de la vallée, descendait de plus de onze mètres au-dessous de sa surface. Les bancs calcaires qui, selon toute apparence, en forment le sol primitif, s'enfonçant beaucoup plus bas, nous devions désespérer de les atteindre et de les reconnaître à une grande distance des montagnes suivant le talus desquelles ils se prolongent, puisque nous n'avions point apporté les instrumens nécessaires, et que nous ne pouvions les faire exécuter à Syout; mais il était naturel de penser que, le sol primitif de la vallée s'inclinant de part et d'autre vers son milieu, on trouverait ce sol à une profondeur d'autant moindre que l'on se rapprocherait plus de ses bords. On a choisi, en conséquence, l'emplacement d'un puits de sonde à deux cent quatre-vingts mètres au-delà du terrain cultivable, entre sa limite et le pied de la montagne de Syout, dans une espèce d'anse qui, lorsque le régime du Nil n'était point encore établi, a dû être remplie d'alluvions anciennes de même nature que les graviers et cailloux roulés qui forment aujourd'hui le sol naturel du désert.

La bouche de ce puits était élevée de 2^m60 au-dessus de la plaine. Voici, par ordre, l'indication et l'épaisseur des différentes substances que l'on a trouvées disposées par couches les unes sur les autres :

SUR LA VALLÉE D'ÉGYPTE.

Sable et gravier.......................... 2^{m}084.
Sable jaune mélangé d'argile, formant une couche très-compacte...................... 2 435.
Marne blanchâtre...................... 0 216.
Sable jaune pur et sans liaison............ 0 567.
Marne blanchâtre...................... 0 216.
Sable et gravier mêlé de cailloux roulés..... 1 190.

TOTAL.............. 6 708.

A cette profondeur totale de 6^{m}708 on a trouvé les mêmes bancs calcaires que ceux dans lesquels les grottes de Syout sont creusées; ces bancs, à deux cent quatre-vingts mètres de distance du terrain que le Nil inonde aujourd'hui, se trouvent par conséquent enfoncés de 4^{m}10 au-dessous de ce terrain. Cette sonde, par laquelle nous déterminâmes les opérations que nous avions entreprises à Syout, fournit deux résultats importans : elle prouve d'abord que les bancs calcaires de la montagne Libyque se prolongent, en s'inclinant vers le Nil, au-dessous du terrain formé par les alluvions actuelles de ce fleuve; elle confirme ensuite la conjecture énoncée plus haut, que ces bancs calcaires ont été recouverts, avant l'existence de l'ordre actuel, de matières beaucoup plus pesantes charriées par des courans rapides auxquels la vallée servait de lit.

Nous partîmes de Syout le 29 floréal (18 mai) pour nous rendre à Qené, où nous arrivâmes le 6 prairial (25 mai) : nous séjournâmes dans cette dernière ville jusqu'au 8 messidor (26 juin); ce qui me laissa le temps de renouveler, sur ce point, les nivellemens et les sondes.

Un nivellement fait un peu au-dessus de Qené apprit

que le sol s'inclinait de 0^{m}886, en allant du Nil vers le désert, sur neuf cent quatre-vingt-onze mètres de longueur (fig. 6).

La surface du fleuve se trouvait, le 17 prairial (5 juin), à 9^{m}227 au-dessous de l'arête supérieure de sa berge; ce qui s'accorde assez avec l'observation que nous avions faite à Syout.

A cinq cent sept mètres de distance du Nil, on creusa un premier puits dans lequel on trouva une couche de limon de 2^{m}7 d'épaisseur, reposant sur un banc de sable gris, où l'on s'enfonça de 4^{m}729 avant d'être arrêté par l'eau, qui parut à cette profondeur.

Un second puits fut creusé à quatre cent cinquante mètres du premier, en descendant vers le Nil, et à cinquante-sept mètres de sa rive : on y trouva d'abord une couche de 1^{m}4 d'épaisseur de limon, et au-dessous 7^{m}559 de sable gris, profondeur au-delà de laquelle l'eau qui commença à surgir empêcha de fouiller.

On retrouve ici, comme on voit, les mêmes substances semblablement disposées que dans la plaine de Syout. La couche supérieure du sol est formée d'un dépôt de limon; la couche immédiatement inférieure est un sable gris quartzeux, mêlé de mica en plus ou moins grande proportion.

Quant à l'inclinaison de la nappe d'eau souterraine par rapport au niveau du Nil, si l'on prend pour repère un plan passant à cent mètres au-dessus de la surface de ce fleuve, les hauteurs respectives de cette nappe dans les deux puits qu'on vient de décrire seront indiquées ainsi qu'il suit (fig. 6) :

SUR LA VALLÉE D'ÉGYPTE.

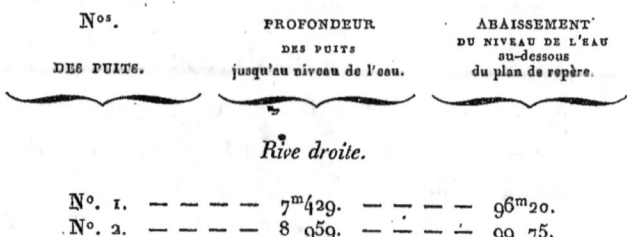

Rive droite.

N°. 1. — — — — 7^{m}429. — — — — 96^{m}20.
N°. 2. — — — — 8 959. — — — — 99 75.

Ainsi, à cette époque, la nappe souterraine s'inclinait du pied la montagne vers le milieu de la vallée.

Après avoir passé environ un mois à Qené, nous en partîmes pour nous rendre à Esné, où nous arrivâmes le 12 messidor (30 juin). Pendant notre séjour dans cette ville, on fit le nivellement transversal de la vallée, et l'on creusa trois puits sur chacune des deux rives du Nil. Voici le résultat de ces opérations (fig. 7).

La bande du terrain cultivable de la rive droite est séparée du désert par un canal de dix mètres de largeur et de deux mètres de profondeur. Le sol de la plaine s'élève d'environ un mètre, à partir du Nil jusqu'au pied des montagnes qui bordent la vallée.

Nous rappelons ici cette observation, parce qu'elle donne un résultat différent de celui auquel on était parvenu par le nivellement transversal fait à Qené. Ces deux opérations prouvent que, suivant les localités, le niveau de la plaine s'abaisse ou s'élève en allant du Nil vers le désert.

Je fis ensuite creuser trois puits sur sa rive gauche, le premier à trois mille trois cents mètres de distance, à la limite du terrain cultivable. On fut arrêté par l'eau après avoir fouillé de 5^{m}973 dans une masse de limon dont toute l'épaisseur ne fut point traversée. L'eau de ce puits était très-saumâtre.

La sonde n°. 2 fut faite à quinze cents mètres de distance en descendant vers le fleuve. On trouva une couche de 4^{m}887 d'épaisseur de limon portée sur un banc de sable gris, que l'on traversa de 1^{m}086 avant que l'eau parût au fond de la fouille.

A six cents mètres plus loin et à douze cents mètres du Nil on creusa le puits n°. 3. On traversa d'abord une couche de limon de 3^{m}80 d'épaisseur, et l'on arriva au niveau de l'eau après avoir fouillé 2^{m}315 dans un banc de sable gris.

On passa sur la rive opposée : le fleuve avait déjà commencé à croître; sa surface était de 8^{m}50 au-dessous de l'arête de sa berge.

A soixante-seize mètres de cette berge on ouvrit le puits n°. 4, dont la fouille présenta une couche de limon de 4^{m}887 d'épaisseur et un banc de sable gris, dans lequel on ne put pénétrer que de 2^{m}715 avant d'arriver à l'eau.

A douze cents mètres au-delà, en allant du côté de la montagne Arabique, on trouva, dans le puits n°. 5, 5^{m}702 d'épaisseur de limon, et au-dessous 2^{m}443 de sable gris, profondeur à laquelle l'eau commença à se montrer.

Enfin, à douze cents mètres plus loin on creusa le puits n°. 6 sur la limite des terrains cultivés. Il fut fouillé dans une masse de limon du Nil de 7^{m}330 au-dessous du sol. L'eau qui surgit à cette profondeur fut

SUR LA VALLÉE D'ÉGYPTE. 75

trouvée extrêmement saumâtre, comme celle du puits de l'autre rive le plus voisin du désert.

Ces observations furent faites pendant les six jours qui s'écoulèrent du 24 messidor au 1er thermidor (du 12 au 19 juillet).

Si l'on rapporte, comme nous l'avons fait, la surface de la nappe d'eau souterraine et celle du Nil à un plan de repère élevé de cent mètres au-dessus de celle-ci, on trouvera leurs hauteurs respectives ainsi qu'elles sont indiquées dans le tableau suivant (fig. 7) :

N^{os}. DES PUITS.	PROFONDEUR DES PUITS jusqu'au niveau de l'eau.	ABAISSEMENT DU NIVEAU DE L'EAU au-dessous du plan de repère.
Rive gauche.		
N°. 1.	5^{m}973.	95^{m}07.
N°. 2.	5 973.	95 77.
N°. 3.	6 516.	96 56.
Surface du Nil..................		100 00.
Rive droite.		
N°. 4.	7 602.	100 127.
N°. 5.	8 145.	97 415.
N°. 6.	7 330.	97 432.

On remarque, par la comparaison de ces différentes hauteurs, que la nappe d'eau souterraine s'incline sur la rive gauche, depuis le désert jusqu'au Nil, d'environ cinq mètres, tandis que cette inclinaison n'est que d'environ 2^{m}50 sur la rive opposée; il faut remarquer de plus que l'eau du puits n°. 4 de la rive droite est inférieure de 0^{m}127 au niveau du Nil. Cela vient de ce que le fleuve, qui avait commencé à croître, s'était déjà assez élevé pour s'infiltrer dans les terres ; fait que confirment d'ailleurs les observations que je recueillis de nouveau sur les puits de la vallée d'Esné à mon retour de Syène, le 14 thermidor (1er août). Voici les résultats de ces dernières observations.

N^{os}. DES PUITS.	PROFONDEUR DES PUITS jusqu'au niveau de l'eau.	ABAISSEMENT DU NIVEAU DE L'EAU au-dessous du plan de repère.
Rive gauche.		
N° 1.	5^{m}973.	95^{m}24.
N° 2.	5 973.	96 20.
N° 3.	6 516.	96, 77.
Surface du Nil		96 00.
Rive droite.		
N° 4.	» »	» »
N° 5.	» »	» »
N° 6.	7 330.	96 118.

Les terres de la paroi des puits n°. 4 et n°. 5, sur la rive droite, s'étaient éboulées au fond de ces puits, parce que les eaux du Nil, ayant commencé à s'y infiltrer avec abondance, avaient diminué la cohérence de leurs parois qui n'avaient pu se soutenir à plomb.

Le Nil, qui s'était alors accru d'environ quatre mètres à Esné, avait sa surface déjà plus élevée que la nappe d'eau souterraine sur l'une et l'autre rive, c'est-à-dire que ses eaux continuaient à s'infiltrer sous le sol de la plaine en s'écoulant vers le désert.

C'est le contraire qui arrive lors du décroissement

du Nil, comme le prouvent les sondes que nous avons faites à Syout.

Toutes les observations dont nous venons de présenter les résultats démontrent évidemment, 1°. que la surface du sol de la haute Égypte est formée du limon noirâtre déposé par le Nil;

2°. Que ce limon repose sur une couche plus ou moins épaisse de sable gris micacé, de la même nature que celui que l'on retrouve à *Philæ* et sur les bords de la mer, le long de la côte qui sépare les deux embouchures de Rosette et de Damiette;

3°. Que l'épaisseur de la couche de limon qui forme le sol cultivable est d'autant plus considérable que l'on approche davantage des bords de la vallée; de sorte qu'on arrive à la nappe d'eau souterraine dans les puits les plus voisins du désert avant d'être parvenu au banc de sable sur lequel le limon repose, tandis que, plus près du Nil, l'eau ne commence à se montrer dans les puits qu'autant qu'on s'enfonce plus ou moins dans cette masse sablonneuse;

4°. Que cette nappe souterraine est entretenue tous les ans, après l'inondation, par les eaux dont les canaux d'irrigation couvrent une partie de la vallée, tandis qu'elle est entretenue pendant l'inondation par les eaux du Nil jusqu'à une certaine distance de ses bords : d'où il résulte que le niveau de cette nappe doit osciller suivant les saisons et suivant l'état du fleuve;

5°. Que, vers le milieu de la vallée, on pénètre à des profondeurs de sonde de dix ou douze mètres à travers des couches de limon et de sable, avant de rencontrer les bancs calcaires sur lesquels ces matières ont été déposées postérieurement;

6°. Qu'en se rapprochant du pied des montagnes au-delà du terrain cultivé, on trouve ces bancs calcaires à des profondeurs de $4^m 10$ environ au-dessous du sol de la plaine, et qu'on les trouve recouverts de lits superposés de gravier, de marne et de cailloux roulés; matières qui ont été aussi charriées par les eaux, mais à une époque antérieure au régime du Nil tel qu'il existe aujourd'hui, puisque ces alluvions anciennes n'ont, par leur nature et leur volume, aucune analogie avec le sable fin et le limon dont se composent exclusivement les alluvions actuelles.

SECTION III.

Connaissances et opinions des anciens sur le sol de l'Égypte et sa formation. — Observations et opinions des modernes. — Questions élevées à ce sujet.

Les prêtres égyptiens, chargés, comme on sait, par un des priviléges de leur caste, de tenir registre des accroissemens annuels du Nil, durent étendre aux effets de ce phénomène les observations dont la vie contemplative qu'ils menaient, et surtout l'étude de l'astronomie, leur avaient rendu l'habitude familière. Héritiers exclusifs de la connaissance des faits recueillis par les générations de l'ordre sacerdotal qui les avaient précédés, ils savaient quels changemens le temps avait apportés à l'aspect de la contrée qu'ils habitaient; et sans doute nous connaîtrions aujourd'hui les détails et les époques de ces changemens, si leurs annales nous étaient parvenues.

La perte de ces annales ne nous laisse cependant pas dans une ignorance absolue de ce que savaient les prêtres égyptiens sur l'histoire physique de leur pays. Hérodote n'a fait que traduire dans sa langue ce qu'ils lui en apprirent. Son récit porte un caractère de vérité remarquable, et n'est en effet que la tradition fidèle d'une opinion devenue générale par l'accord des observations qui l'avaient déjà constatée dans le ve siècle avant notre ère.

Suivant cette opinion, l'Égypte était une terre de nouvelle acquisition, un présent du Nil, qui, par ses alluvions, avait comblé un ancien bras de mer renfermé entre la Libye et la montagne Arabique[1]. Voilà en deux mots l'histoire physique de l'Égypte. C'est aussi l'idée que l'historien grec dit s'en être formée lui-même en voyant cette contrée. Il ajoute, pour la justifier, que si, abordant par mer en Égypte, on jette la sonde à une journée des côtes, on en tire du limon à douze orgyies de profondeur[2]; preuve évidente que le fleuve porte de la terre jusqu'à cette distance.

Enfin, pour mieux convaincre les Grecs, auxquels son ouvrage était destiné, de la possibilité d'une semblable origine, il en prend des exemples dans leur propre pays, et cite les environs de Troie, de Teuthranie,

---

[1] Hérodote, *Hist.* liv. II, ch. x. [2] Hérodote, *Hist.* liv. II, ch. v.

d'Éphèse, et les bords du Méandre, tous formés par les alluvions des fleuves qui les arrosent.

Il suppose que l'emplacement de l'Égypte était autrefois un golfe de la mer Méditerranée, comme la mer Rouge est aujourd'hui un golfe de la mer des Indes[1]; le premier, dirigé du nord au midi, et le second, du midi au nord : ils ne sont séparés que par un isthme fort étroit, de sorte que, s'ils se joignaient par leur extrémité, et que le Nil, en changeant son cours, vînt à se jeter dans le golfe Arabique, rien n'empêcherait qu'en vingt mille ans il ne comblât ce golfe par le limon qu'il roule sans cesse. « Pour moi, dit l'historien, je crois qu'il y réussirait en moins de dix mille. Comment donc ne pas admettre que le golfe égyptien, et un plus grand encore, a pu être comblé de la même manière? »

Hérodote appuie son opinion sur la formation de l'Égypte, en faisant remarquer que le sol de cette contrée est un limon noirâtre apporté d'Éthiopie par le Nil et accumulé par ses débordemens, tandis que la surface des deux déserts qui bordent la vallée où il coule est couverte de sables, de graviers et de pierres de différentes couleurs[2].

Les prêtres tiraient une preuve de leur opinion sur l'exhaussement du sol de l'Égypte, d'un fait particulier de leur histoire dont ils instruisirent Hérodote : ils lui dirent que sous le roi Mœris, qui vivait neuf siècles auparavant, toutes les fois que le Nil croissait seulement de huit coudées, il arrosait toute l'Égypte au-dessous de Memphis, tandis qu'alors il ne se répandait point

---

[1] Hérodote, *Hist.* liv. II, ch. XI. [2] Hérodote, *Hist.* liv. II, ch. XII.

sur les terres, à moins de s'élever de seize coudées, ou au plus bas de quinze [1]; Hérodote en conclut que, si ce pays continue à s'élever avec la même rapidité et à recevoir de nouveaux accroissemens, il doit venir un temps où, le Nil ne pouvant plus l'inonder, il deviendra tout-à-fait stérile.

Quelque naturelle que paraisse cette conclusion, il suffit d'un léger examen pour reconnaître qu'Hérodote y fut conduit par de fausses apparences: en effet, si des dépôts de limon exhaussent le sol de l'Égypte, la même cause exhausse aussi le fond du Nil, de sorte que la profondeur de ce fleuve au-dessous de la plaine doit rester à peu près la même, et ses débordemens couvrir à peu près la même étendue de territoire.

« Dans la saison où ils ont lieu, dit cet historien [2], on n'aperçoit plus en Égypte que les villes et les villages, qui paraissent au-dessus des eaux comme les îles de la mer Égée; on ne navigue plus alors sur les différens bras du Nil, mais sur les canaux dont les campagnes sont entrecoupées. »

Hérodote termine sa description de l'Égypte par l'indication des embouchures du Nil. Après avoir coulé dans un seul lit depuis la cataracte, il se sépare en trois branches au-dessous de la ville de Cercasore. La plus orientale de ces branches se rend à la mer, à Péluse; la plus occidentale est la branche de Canope; la troisième partage le Delta par le milieu: c'est le canal Sébennitique. Deux autres branches sont dérivées de ce canal, la branche Mendésienne et la Saïtique. De l'autre côté,

---

[1] Hérodote, *Hist.* l. II, ch. XIII.   [2] Hérodote, *Hist.* l. II, ch. XCVII.

les branches Bucolique et Bolbitine sont des canaux artificiels[1].

Environ un siècle après Hérodote, à qui nous devons la conservation des plus anciennes traditions égyptiennes sur la formation du Delta, Aristote, dont les ouvrages fixent l'état auquel toutes les sciences naturelles étaient parvenues de son temps, cite l'Égypte comme un des exemples les plus remarquables des changemens qui s'opèrent à la surface du globe.

Les mêmes lieux, dit-il[2], ne sont pas toujours occupés par la terre ou par les eaux : des endroits que l'on voit aujourd'hui à sec ont été autrefois submergés, et d'autres qui sont aujourd'hui submergés ont été autrefois à découvert. Ces changemens successifs sont trop lents pour être remarqués par les hommes, auxquels la brièveté de leur vie ne permet pas d'en être témoins; d'ailleurs les traditions s'oblitèrent et se perdent par l'effet des guerres et des révolutions diverses qui amènent le déplacement des peuples.

l'Égypte, ajoute-t-il[3], offre l'exemple d'une contrée qui se dessèche de plus en plus. Elle est formée tout entière des alluvions du Nil. L'époque à laquelle cette contrée a commencé à devenir habitable est ignorée, parce que, son dessèchement s'étant opéré peu à peu, on s'est fixé successivement dans les lieux voisins des anciens marais; et comme cela se fit, pour ainsi dire, par degrés insensibles, il n'existe point de souvenir du moment où cela commença.

---

[1] Hérodote, *Hist.* l. II, ch. XVII.
[2] *Meteorolog.* lib. I, cap. XIV.
[3] *Meteorolog.* lib. I, cap. XIV.

Suivant Aristote, la branche Canopique du Nil est la seule naturelle; toutes les autres ont été creusées par la main des hommes pour accélérer le desséchement du Delta. Il remarque aussi qu'Homère n'a désigné l'Égypte que par le nom de Thèbes, comme si Memphis et ses environs n'eussent point encore existé, ou du moins n'eussent point encore été habitables au temps où il écrivait. Les lieux les plus bas, c'est-à-dire les plus voisins de la mer, exigent en effet, pour leur entier desséchement, une plus grande hauteur d'alluvions; et ce n'est qu'après être restés plus long-temps à l'état de marais qu'ils deviennent propres à recevoir des établissemens.

Ces raisonnemens, dont la justesse est incontestable, sont appuyés d'une tradition précieuse; c'est que la mer Rouge, la mer Méditerranée et l'espace occupé par le Delta, ne formaient autrefois qu'une seule et même mer [1]. Il paraît que, du temps d'Aristote, la vérité de cette tradition était généralement admise. Or, si le pays habité par les Égyptiens, que l'on regardait comme la plus ancienne nation du monde, est de formation nouvelle, ne doit-on pas admettre que des changemens semblables ont eu lieu sur d'autres points de la terre? C'est ainsi, ajoute ce philosophe, que les environs d'Argos, qui, lors de la guerre de Troie, étaient des lieux marécageux, sont aujourd'hui complètement desséchés, et que les Palus-Méotides, comblés de plus en plus par les alluvions du *Tanaïs*, ne sont maintenant navigables que pour des bateaux beaucoup plus petits que ceux qui y naviguaient autrefois [2].

---

[1] *Meteorolog.* lib. 1, cap. xiv.   [2] Aristot. *Meteor.* l. 1, cap. xiv.

Diodore de Sicile, contemporain des derniers Ptolémées, se borne à donner succinctement une description géographique de l'Égypte[1]; mais, s'il n'indique aucun des changemens que le temps avait apportés à l'état physique de cette contrée, il donne des détails curieux sur les travaux que ses anciens rois avaient fait exécuter, soit pour l'irrigation des terres, soit pour mettre les villes et les villages à l'abri des débordemens du Nil.

Pendant le temps de sa crue, qui se prolonge du solstice d'été à l'équinoxe d'automne, dit cet historien, les cultivateurs en détournent les eaux et les conduisent dans les campagnes, où elles sont soutenues à une certaine hauteur par des digues de terre que l'on coupe lorsque le sol est suffisamment arrosé[2].

Sésostris, le plus célèbre de tous les rois d'Égypte, après avoir renoncé, selon Diodore, aux conquêtes qui l'occupèrent une partie de sa vie, fit élever, dans plusieurs endroits de son royaume, des terrasses d'une hauteur et d'une étendue considérables, afin de mettre ceux qui viendraient s'y établir, eux et leurs troupeaux, à l'abri des inondations périodiques du fleuve. Ces travaux offraient tant d'avantages à la population de l'Égypte qu'ils durent se multiplier à mesure qu'elle s'accroissait. Diodore ne cite cependant, parmi les successeurs de Sésostris, qu'un autre roi, nommé *Nileus*[3], comme auteur d'ouvrages de cette nature. Il creusa des canaux, éleva des digues, et fit exécuter beaucoup d'autres travaux pour

---

[1] Diodore de Sicile, *Bibl. histor.* liv. I, sect. Ire, chap. XVII.

[2] *Ibid.* chap. XXI.

[3] Diodore de Sicile, *Bibl. histor.* liv. I, sect. II, chap. XIV.

rendre le Nil moins dangereux et plus utile. Il mérita, par ses services, de donner son nom à ce fleuve, qui jusqu'alors s'était appelé *Ægyptus*.

Un autre roi d'Égypte, nommé *Sabacos*, abolit la peine de mort, et ordonna que les criminels qui l'avaient méritée seraient condamnés aux travaux publics, et particulièrement employés à creuser des canaux et à élever des digues [1].

Ces témoignages, puisés par Diodore dans les récits des prêtres égyptiens ou dans la lecture de leurs écrits, prouvent combien les anciens rois avaient attaché d'importance à l'ouverture des canaux d'arrosage, à l'établissement des digues destinées à soutenir les eaux de l'inondation, et à celui des éminences factices sur lesquelles les villes étaient bâties. L'époque reculée à laquelle les premiers travaux de ce genre avaient été entrepris justifie ce qu'on a pu dire sur la haute antiquité de la civilisation de cette contrée.

Peu de temps après que les Romains l'eurent conquise elle fut visitée par Strabon, qui nous en a laissé une ample description géographique [2]. Il la regarde comme un présent du Nil, auquel elle doit le nom d'*Ægyptus* que ce fleuve portait lui-même autrefois; ses crues et ses attérissemens sont, dit-il, les phénomènes dont les étrangers sont le plus frappés, ceux dont les habitants du pays aiment le plus à entretenir les voyageurs, ceux enfin dont les personnes qui n'ont point été en Égypte font le premier objet de leurs questions à celles qui en reviennent.

---

[1] Diodore de Sicile, *Bibl. histor.* liv. I, sect. II, chap. XVIII.

[2] Strab. *Geogr.* lib. XVII, *passim*.

Strabon considère le Delta comme une île formée par la mer et les deux branches Canopique et Pélusiaque, entre lesquelles il en compte cinq autres, la Bolbitine, la Sébennitique, la Phatnitique, la Mendésienne et la Tanitique. Après l'embouchure Bolbitine, la côte, en allant vers l'orient, présente une plage basse et sablonneuse, qui forme un long promontoire que l'on appelle *la Corne de l'Agneau;* ensuite, en avançant vers l'embouchure Sébennitique, on trouve des lacs, dont l'un est appelé *Butique,* du nom de la ville de *Butos.*

La ville de Mendès, et celle de *Diospolis,* qui en est voisine, sont environnées de lacs. Il y en a aussi entre les embouchures Tanitique et Pélusiaque, ainsi que de vastes marais, au milieu desquels on compte plusieurs villages. Péluse est située dans un territoire de la même nature.

Nous rappelons ici cette description de la côte septentrionale de l'Égypte, pour faire voir combien elle s'accorde avec ce qui existe aujourd'hui. Nous rappellerons par la même raison que, du temps de Strabon, la ville d'*Heliopolis* était déserte, et que l'on voyait des lacs autour du tertre factice sur lequel elle avait été bâtie.

Ce géographe cite avec une sorte d'admiration l'industrie que montrent les Égyptiens dans l'emploi qu'ils font des eaux du Nil: ils ont su rendre, dit-il, par le moyen des canaux et des digues dont il est entrecoupé, leur pays beaucoup plus productif qu'il ne le serait naturellement, et donner aux irrigations une aussi grande étendue lorsque les crues sont faibles que lorsqu'elles sont considérables. Au reste, pour faire valoir apparemment les améliorations que les Romains avaient déjà faites à l'administration de cette province, il ajoute qu'avant le gouvernement de Petronius les récoltes ne pouvaient être abondantes en Égypte, à moins que la crue du Nil n'atteignît quatorze coudées, tandis que, sous sa préfecture, il avait suffi qu'elle s'élevât seulement à douze.

Les connaissances sur l'état de ce pays et sur la formation du Delta durent naturellement se répandre et se multiplier par les occasions fréquentes et les facilités qu'on eut de le visiter sous la domination romaine. Pline puisa dans les mémoires des voyageurs et les traités des géographes les renseignemens qu'il nous a transmis[1]. Il cite la partie de l'Égypte comprise depuis Memphis jusqu'à la mer, comme l'exemple le plus remarquable des terrains d'alluvion nouvellement formés, et il donne en preuve de cette opinion le témoignage d'Homère, qui, en parlant de l'île de *Pharos*, dit qu'elle était, du temps de Ménélas, à une journée de navigation de l'Égypte[2]; tandis qu'au siècle de Pline, et long-temps auparavant, elle était presque contiguë au continent. Strabon avait déjà cité le même témoignage à l'appui de la même opinion.

Les deux branches du Nil, Canopique et Pélusiaque, sont indiquées par Pline comme les principales; d'accord avec Hérodote, il place entre elles, en venant de l'est à l'ouest, la Tanitique, la Mendésienne, la Phatnitique, la Sébennitique et la Bolbitine[3].

L'époque à laquelle le Nil commence à croître était

---

[1] Plin. *Hist. nat.* l. II, ch. LXXXV.
[2] *Odyssée*, liv. IV.
[3] Plin. *Hist. nat.* l. II, ch. LXXXV.

trop généralement connue pour que Pline pût se tromper dans l'indication qu'il en donne; mais il se trompe sur le terme de l'accroissement de ce fleuve : il dit, en effet, qu'après le centième jour il commence à rentrer dans son lit[1], tandis que ce n'est réellement qu'après cet intervalle de temps qu'il parvient à sa plus grande hauteur et qu'il commence à décroître. Il indique les nilomètres au moyen desquels on observait tous les degrés de sa crue. Elle est, dit-il, de seize coudées : lorsqu'il monte moins, il n'arrose pas toutes les terres; quand il monte plus haut, il y séjourne trop long-temps et retarde les semailles. L'un et l'autre excès est à craindre. Il y a disette totale quand le Nil ne monte qu'à douze coudées; il y a encore disette quand il ne s'élève qu'à treize. La fertilité commence quand la crue est de quatorze coudées : à quinze, il y a sécurité; abondance, lorsque l'accroissement est de seize. La plus grande crue, du temps de Pline, arriva sous l'empire de Claude; elle fut de dix-huit coudées.

Aussitôt que les eaux sont parvenues à une hauteur déterminée, on coupe les digues qui ferment l'entrée des canaux; et, à mesure que les eaux abandonnent les terres qu'elles avaient couvertes, on procède à l'ensemencement de celles-ci.

En rapportant dans un autre endroit de son ouvrage[2] les divers procédés d'agriculture usités chez les Égyptiens, Pline dit qu'ils jettent le blé sur le limon déposé tous les ans par le Nil, et que ce limon repose sur du

---

[1] Plin. *Hist. nat.* liv. II, chap. LXXXV.
[2] *Ibid.* liv. XVIII, chap. XVIII.

sable. On reconnaît ici l'exactitude des renseignemens qu'il avait reçus sur la nature des différentes couches dont le sol de l'Égypte est composé.

Plutarque, presque contemporain de Pline, nous a transmis des traditions importantes sur l'histoire physique de l'Égypte. Anciennement, dit-il, l'Égypte était couverte par la mer, comme le prouvent les coquillages que l'on rencontre dans les déserts voisins, et la salure des puits que l'on y creuse [1]. C'est le Nil qui a repoussé la mer par les dépôts de limon qu'il forme à ses embouchures : des plaines autrefois submergées, s'exhaussant ainsi de plus en plus par de nouvelles couches de terre, ont été mises enfin à découvert. Ce qu'il y a de certain, ajoute-t-il, c'est que l'île de *Pharos*, qui, du temps d'Homère, était à une journée de chemin du rivage d'Égypte, en fait aujourd'hui partie : non sans doute que cette île ait changé de place et se soit approchée du continent; c'est le fleuve qui, en comblant l'espace intermédiaire, l'a jointe à la terre ferme. Plutarque répète ici, comme on voit, ce que Strabon et Pline avaient dit avant lui; mais il est le seul auteur de l'antiquité qui fasse mention des différentes hauteurs auxquelles parvenaient les crues du Nil, suivant les lieux où elles étaient observées. Il croissait, suivant lui, de vingt-huit coudées à Éléphantine, à son entrée en Égypte; de quatorze à Memphis, à l'extrémité de la longue vallée où il coule; et de six à Mendès, ville située à l'une de ses embouchures [2].

Nous citerons pour le dernier témoignage de l'anti-

[1] *Traité d'Isis et d'Osiris.*   [2] *Traité d'Isis et d'Osiris.*

quité sur la constitution physique de l'Égypte, celui d'Ammien Marcellin[1]. Il remarque que le Nil, depuis la dernière cataracte, n'est grossi d'aucun autre fleuve, mais que plusieurs grands canaux, semblables à des fleuves, en sont dérivés; que ses eaux se rendent à la mer par sept embranchemens navigables; qu'il commence à croître lorsque le soleil est parvenu dans le signe du Cancer; qu'il continue de s'élever jusqu'à ce que le soleil entre dans le signe de la Balance, c'est-à-dire pendant l'espace d'environ cent jours; qu'il décroît ensuite, et que, ses eaux s'étant écoulées, on peut parcourir à cheval les mêmes campagnes dans lesquelles on naviguait peu de temps auparavant. De trop grandes inondations sont, dit-il, aussi nuisibles que des inondations trop faibles. Dans le premier cas, le séjour des eaux sur les champs est trop prolongé; ce qui ne permet point de faire les semailles en temps convenable : dans le second cas, toutes les terres ne sont point assez arrosées pour devenir fécondes; la hauteur de seize coudées est le terme de la crue la plus favorable. Enfin il ajoute que, la côte d'Égypte ne présentant aucune éminence qui puisse la faire reconnaître aux navigateurs, ils sont exposés à échouer sur une vase sablonneuse, et que ce fut pour les garantir de ce danger que Cléopâtre se détermina à faire élever, à l'entrée du port d'Alexandrie, une haute tour qui fut appelée *le Phare*, du nom de l'île de *Pharos*, où elle était construite.

Les opinions des auteurs anciens que nous venons de rapprocher coïncident toutes sur la formation du sol

---

[1] Ammian. Marcellin. *Hist.* lib. xxii.

de l'Égypte; ils l'attribuent unanimement aux alluvions du Nil, qui ont comblé un ancien golfe de la Méditerranée, dont le Delta occupe aujourd'hui l'emplacement. Ces opinions ne sont, au surplus, que des traditions conservées dans la caste sacerdotale; et, comme les faits qui en sont l'objet n'ont pu être constatés que par une longue suite d'observations, on tire de ces traditions mêmes une nouvelle preuve de la haute antiquité de la civilisation égyptienne.

Les géographes du moyen âge et les auteurs arabes n'ont fait que répéter les mêmes faits, souvent même sans changer les termes de ceux qui les avaient précédés; ce qu'on trouve, par exemple, dans le livre de la Mesure de la terre de Dicuil, sur le Nil et son débordement, est la copie exacte du passage de Pline que nous avons cité [1].

Le Juif Benjamin de Tudèle, qui visita l'Égypte dans le XIIe siècle, et Jean Léon, qui y voyagea dans le XVe, n'avaient ni l'un ni l'autre les connaissances nécessaires pour recueillir des observations utiles sur l'état physique de ce pays : ils se bornèrent à rapporter, sur l'accroissement annuel du Nil, sur la mesure journalière de cet accroissement et les usages suivis dans la publication qu'on en fait, les particularités dont ils furent eux-mêmes les témoins, ou à répéter ce que des récits populaires leur apprirent [2].

---

[1] Dicuili *Liber de mensura orbis terræ, nunc primùm in lucem editus* à Car. Athan. Walckenaer; *Parisiis*, 1807; pag. 14.

[2] *Itinerarium* Benjaminis, cum versione et notis Constantini l'empereur, *Lugduni Batavorum*, 1633, pag. 116.

Joannis Leonis Africani *Descriptio Africæ*, lib. VIII.

Le prince Radziwill, qui écrivit la relation d'un pèlerinage en Terre sainte, ayant, à son retour, parcouru la basse Égypte au mois d'août 1583, apporta quelque attention à décrire l'aspect extérieur de cette contrée, et les travaux à l'aide desquels la main des hommes a modifié cet aspect. Ce n'est point naturellement, dit-il, mais au moyen de canaux et de barrages artificiels, que le Nil submerge les campagnes de l'Égypte[1]. Ces digues, qui pendant l'inondation servent de communication entre les nombreux villages dont le Delta est couvert, sont percées les unes après les autres pour donner passage aux eaux destinées à l'arrosement des différens territoires : mais les époques de chacun de ces percemens sont fixées ; et l'on veille avec le plus grand soin à ce que l'ordre n'en soit point interverti furtivement, tant pour éviter les querelles qui pourraient en résulter entre les villages limitrophes, que pour prévenir les dégâts qui pourraient être occasionés par l'impétuosité des courans. Il s'étonne, au surplus, de ce que l'accroissement du Nil ne soit que d'une coudée à son embouchure, tandis qu'il s'élève de dix-huit ou de vingt coudées au Kaire; fait qui n'avait point échappé aux anciens, et dont la cause toute naturelle est facile à saisir.

Prosper Alpin résidait en Égypte et y exerçait la médecine auprès du consul de Venise, dans le même temps que le prince Radziwill y voyageait. Quoiqu'il s'occupât spécialement des sciences naturelles, il n'a

---

[1] Principis Radzivillii *Jerosolymitana Peregrinatio*, epistolâ 3ª, *passim*.

recueilli aucune observation particulière sur la formation du sol de cette contrée, dont il admet néanmoins l'exhaussement progressif d'après l'opinion d'Hérodote[1].

Quelques faits isolés sur l'ensablement des deux branches principales du Nil ont été rapportés par le P. Vansleb dans sa Nouvelle Relation d'Égypte[2]; il attribue avec raison à cette cause l'avancement de leur embouchure vers la mer : mais les témoignages dont il appuie les faits qu'il cite n'ont point assez de poids, et les circonstances en sont indiquées trop vaguement pour qu'il soit possible d'en tirer quelques conclusions positives. Ce qui est certain, c'est qu'en 1672, époque à laquelle le P. Vansleb se trouvait en Égypte, le lac *Maréotis*, comme du temps de Prosper Alpin, recevait les eaux du Nil pendant l'inondation et communiquait avec la mer; état de choses qui a été changé depuis.

L'ensablement des deux branches du Nil près de leurs embouchures, cité par Vansleb, est aussi rapporté par de Maillet dans sa Description de l'Égypte[3]. Il explique la formation des deux barres ou *boghâz* qui obstruent ces embouchures, par l'action du courant du fleuve, qui charrie les alluvions, et par l'action opposée des vagues de la mer, qui les repoussent. On conçoit, au surplus, que les vents doivent exercer une grande influence sur la hauteur et la direction de ces bancs :

---

[1] Prosp. Alpin. *Rerum Ægyptiacarum libri quatuor*, l. 1, cap. 11.

[2] *Nouvelle Relation d'Égypte*, par le P. Vansleb, pag. 111 et 172.

[3] *Description de l'Égypte*, composée sur les mémoires de M. de Maillet par l'abbé le Mascrier, p. 91.

voilà pourquoi l'on éprouve plus ou moins de difficultés à les franchir.

Suivant de Maillet, la ville de Foueh, qui était, dans le xiie siècle, à l'embouchure occidentale du fleuve, s'en trouvait, à l'époque où il écrivait, éloignée de sept à huit milles; de même la ville de Damiette, dont la mer baignait les murailles, du temps de S. Louis, s'en trouvait à dix milles de distance; enfin la forteresse de Rosette, qui quatre-vingts ans auparavant était vis-à-vis la barre du Nil, en était alors éloignée de près de trois cents pas [1].

« J'ai vu moi-même, ajoute-t-il, qu'en 1692, à mon arrivée en Égypte, la mer n'était qu'à une demi-lieue de cette ville, au lieu qu'en 1718 je l'ai trouvée distante d'une grande lieue. »

Il rapporte ailleurs [2] que l'on vit en 1697, au fond d'un étang qui occupe une partie de l'emplacement de Memphis, des restes de colonnes, d'obélisques, et diverses ruines; d'où il résulte que la plaine qui environne Memphis se trouve aujourd'hui plus élevée que le sol de cette ancienne ville, qui demeure constamment submergée.

Le premier de tous les voyageurs modernes qui ait entrepris de s'assurer, par ses propres observations, de l'exhaussement du sol de l'Égypte, est le docteur Shaw: il parcourut cette contrée au commencement du dernier siècle [3]. Regardant comme incontestable l'opinion

---

[1] *Description de l'Égypte*, composée sur les mémoires de M. de Maillet par l'abbé le Mascrier, p. 91.
[2] *Description de l'Égypte, etc.*, par l'abbé le Mascrier, pag. 274.
[3] En 1721 et 1722.

des anciens sur la formation du Delta, il voulut pousser ses recherches plus loin, et déterminer la hauteur dont la surface de l'Égypte devait s'élever chaque siècle : il remplit, en conséquence, un tube de verre de trente-deux pouces de longueur, d'eau trouble du Nil, telle qu'on la voit pendant le débordement, et il trouva que l'épaisseur de la couche de limon qui s'était déposée au fond de ce tube, ayant été desséchée, n'était plus que la cent-vingtième partie de la longueur du tube; supposant ensuite que la hauteur moyenne des eaux de l'inondation annuelle au-dessus des campagnes était de trente-deux pouces, il en conclut que l'exhaussement séculaire de leur sol est d'un peu plus d'un pied.

Il tire la même conclusion de ce que dit Hérodote, que, du temps du roi Mœris, toutes les terres étaient suffisamment arrosées si les eaux s'élevaient à huit coudées, tandis que, du temps de cet historien, il fallait quinze ou seize coudées de crue pour couvrir toutes les campagnes; changement qui s'était opéré dans l'espace de neuf cents ans : de sorte qu'en supposant ces mesures exprimées en coudées grecques, le terrain se serait élevé d'environ 126 pouces dans cet intervalle de temps, c'est-à-dire d'environ un pied par siècle.

Aujourd'hui, continue le docteur Shaw, il faut, pour que les terres soient convenablement inondées, que le Nil s'élève à la hauteur de vingt coudées de Constantinople : ainsi, depuis le temps d'Hérodote, le sol de l'Égypte se sera élevé de 250 pouces, et par conséquent depuis Mœris jusqu'à l'année 1721, ce qui comporte une période de trois mille ans environ, de 356 pouces.

L'élévation aura encore été, comme on voit, à très-peu près, de douze pouces par siècle[1].

Ces derniers raisonnemens du docteur Shaw seraient sans réplique, s'ils étaient appuyés sur des données certaines : mais d'abord il n'est pas sûr qu'Hérodote ait exprimé la crue du Nil en coudées grecques; en second lieu, outre que cette crue n'a jamais été exprimée en coudées de Constantinople, la publication qui se fait au Kaire des accroissemens journaliers de ce fleuve, est falsifiée à dessein, comme nous le dirons bientôt, et l'élévation effective de la crue ne va jamais à vingt coudées; enfin le docteur Shaw paraît avoir ignoré que le fond des fleuves s'exhausse en même temps que les plaines qu'ils submergent, par le dépôt des matières qu'ils charrient.

Cet exhaussement simultané du fond des fleuves et des plaines qu'ils couvrent lors de leurs inondations n'échappa point à Richard Pococke, qui voyagea en Égypte dans les années 1737 et 1738[2]. Cette observation le mit sur la voie d'expliquer les divers passages des auteurs de l'antiquité sur la hauteur des crues du Nil : aussi les a-t-il discutés avec beaucoup d'érudition; et il est probable qu'il serait parvenu à résoudre les questions qu'ils ont fait naître, s'il eût pu établir cette discussion sur des données certaines : mais ces données lui ont manqué comme au docteur Shaw, qui l'avait précédé dans la même recherche.

---

[1] *Observat. géographiques*, etc., sur la Syrie, l'Égypte, etc., t. II, pag. 118 et suiv. de la trad. franç.

[2] Voyez ses *Voyages dans le Levant*, tom. II, pag. 267 de la traduction française.

Les opinions de ces deux voyageurs se réduisent ainsi à des conjectures plus ou moins hasardées : Pococke s'en était aperçu; et c'est à dessein d'obtenir un jour l'explication des difficultés qu'il avait rencontrées à concilier les récits des anciens historiens et des auteurs arabes, qu'il termina sa dissertation sur le Nil en donnant quelques instructions à ceux qui visiteraient l'Égypte après lui, et que cette matière pourrait intéresser [1].

Jusqu'ici il règne, comme on voit, entre tous les voyageurs et les géographes que nous avons cités, un accord unanime sur la formation du sol de l'Égypte; leurs observations justifient l'ancienne tradition de son exhaussement, que les prêtres avaient communiquée à Hérodote. Ce fait ne pouvant plus être mis en doute, la seule question qui restait à résoudre consistait à déterminer la quantité de cet exhaussement entre deux époques fixes. Le docteur Shaw et Richard Pococke se l'étaient proposée, comme on vient de le voir, au commencement du xviiie siècle; et s'ils n'en donnèrent point une solution rigoureuse, du moins ils essayèrent les premiers de tirer de la marche de certains phénomènes naturels quelques éclaircissemens pour l'histoire et la chronologie.

Les limites entre lesquelles devaient s'étendre les recherches qui restaient à entreprendre se trouvaient ainsi posées, lorsqu'en 1723 Fréret, se reportant en arrière du point où les connaissances étaient parvenues, se crut fondé, non pas seulement à mettre en doute l'exhaus-

---

[1] Voyez ses *Voyages dans le Levant*, tom. ii, pag. 267 de la traduction française.

sement du sol de l'Égypte, mais encore à contester l'exactitude de ce fait. Son mémoire, inséré parmi ceux de l'Académie des inscriptions[1], contient, sur les mesures de longueur usitées chez les anciens, une suite de recherches curieuses, mais plus propres à attester l'érudition de l'auteur que la sévérité de sa critique et son discernement dans le choix des preuves dont il appuie ses opinions à cette occasion.

En effet, il prétend qu'aujourd'hui, comme au temps de l'empereur Julien, de Pline et d'Hérodote, il faut, pour inonder l'Égypte, que le Nil s'élève de seize coudées; d'où il conclut que, pendant la suite de siècles divisée par ces époques, le sol a dû nécessairement rester au même niveau. En admettant la vérité du fait qui sert de base aux raisonnemens de Fréret, il faudrait, pour que la conséquence qu'il en tire fût légitime, admettre aussi que le fond du lit du Nil et les terres qu'il submerge ne s'exhaussent pas simultanément; et, comme cet exhaussement simultané est un résultat naturel des lois auxquelles le cours des fleuves est assujetti, on voit que la permanence du sol de l'Égypte au même niveau, et la conservation de la même coudée depuis Hérodote jusqu'à présent pour mesurer la hauteur annuelle des débordemens, ne sont que des hypothèses hasardées.

On doit être d'autant plus étonné de l'espèce de persévérance avec laquelle Fréret soutint l'opinion qu'il avait embrassée, que le phénomène de l'exhaussement

---

[1] *Essai sur les mesures longues des anciens* (Mémoires de l'Académie des inscriptions, tom. XXIV.)

du Nil, qui en prouvait la fausseté, ne lui était point inconnu [1]. Au reste, en comparant entre eux les témoignages des anciens historiens, des auteurs arabes et des voyageurs modernes, témoignages dont Fréret fait l'énumération dans une dissertation lue sur cet objet spécial à l'Académie des inscriptions en 1742 [2], on trouve de nouveaux motifs de rejeter cette opinion; car, si les auteurs anciens et ceux du moyen âge fixent à seize coudées la hauteur à laquelle le Nil doit s'élever pour assurer à l'Égypte d'abondantes récoltes, il faut, suivant les voyageurs modernes, pour que les crues soient aussi favorables, qu'elles montent au-dessus de la vingtième coudée, et même jusqu'à la vingt-deuxième. Or, cette discordance entre les anciens et les modernes, sur la hauteur à laquelle il convient que l'inondation parvienne, prouve de deux choses l'une, ou que le sol de l'Égypte s'est exhaussé par rapport à la surface moyenne du Nil, ou que les coudées dont on fait usage aujourd'hui pour en mesurer les accroissemens annuels sont plus petites que celles dont on faisait usage autre-

---

[1] « Dans les débordemens des fleuves et des torrens limoneux qui causent des atterrissemens dans les pays qu'ils inondent, la partie la plus grossière du limon, retenue par son poids dans le canal du fleuve ou du torrent, ne se répand point sur les terres inondées, mais tombe dans le canal, et en élève successivement le fond d'année en année; en sorte qu'il faut aussi élever ses bords et les soutenir par des digues : sans quoi, les débordemens deviennent de jour en jour plus fréquens et plus considérables. *Le lit du fleuve s'élevant ainsi continuellement*, il se trouve bientôt placé sur une espèce de chaussée beaucoup plus haute que les terres qui sont à droite et à gauche; et les digues ont besoin d'être sans cesse fortifiées pour soutenir *le poids* des eaux du fleuve. » *De l'accroissement ou élévation du sol de l'Égypte par le débordement du Nil*, Mémoires de l'Académie des inscriptions, tom. XVI, p. 343.

[2] *Mémoires de l'Académie des inscriptions*, tom. XVI, pàg. 352.

fois; ce qui renverse ou le système de la permanence du sol de l'Égypte au même niveau, ou celui de la conservation non interrompue des anciennes coudées nilométriques; systèmes que Fréret s'efforçait d'étayer l'un par l'autre.

Quelque erronées que soient ces diverses opinions de Fréret, elles n'en ont pas moins été adoptées par la plupart des savans qui ont écrit depuis sur la même matière; d'abord par Bailly[1], ensuite par Paucton[2] et Romé Delisle[3], et enfin par Larcher[4]. La publication de ces opinions ayant en quelque sorte remis en doute le fait incontestable de l'exhaussement du sol de l'Égypte et de l'accroissement du Delta, Savary consacra quelques-unes de ses lettres à en apporter des preuves superflues[5]. Si M. de Volney, qui voyagea en Égypte peu de temps après, releva quelques inexactitudes qui semblent affaiblir ces preuves, il était trop judicieux pour ne pas admettre aussi le prolongement du Delta vers la mer, et l'exhaussement du sol de l'Égypte[6]. Ramené, en traitant cette question, à discuter les passages de tous les auteurs anciens et modernes qui ont indiqué la hauteur à laquelle le Nil doit s'élever pour inonder convenablement les terres, M. de Volney suppose que cette hauteur est toujours de quatorze à seize coudées; il croit d'ailleurs, conformément aux opinions de Fréret, de

---

[1] *Histoire de l'astronomie moderne*, pag. 146 et suiv.

[2] *Métrologie*, Paris, 1784; p. 117 et suiv.

[3] *Métrologie*, Paris, 1789.

[4] *Histoire d'Hérodote*, traduite par Larcher, 13e et 38e remarques sur le livre II.

[5] *Lettres sur l'Égypte*, tom. 1er, pag. 13, 15, 41, 275, etc.

[6] *Voyage en Égypte et en Syrie*, tom. 1er, chap. II et III.

d'Anville et de Bailly, que la coudée du nilomètre n'a point varié de longueur, et qu'elle est de vingt pouces six lignes de notre pied de roi. Après avoir remarqué que, pendant une période de dix-huit siècles, il a fallu que le Nil montât, chaque année, à cette hauteur, il se demande comment il s'est fait que, depuis la fin du xv⁰ siècle, les crues favorables, qui parvenaient à quinze coudées seulement, se sont subitement élevées à vingt-deux. Il répond à cette question, en disant que la colonne du meqyâs a été changée; que le mystère dont les Turks l'enveloppent a empêché les voyageurs modernes de s'en assurer; mais que cette colonne parut neuve à Pococke, à qui il fut permis de la visiter en 1737.

Au reste, M. de Volney rapporte une observation importante recueillie par Niébuhr en 1762. Ce voyageur remarqua sur un mur de Gyzeh, où l'inondation de 1761 avait laissé sa trace, qu'au 1ᵉʳ juin suivant le Nil avait baissé de vingt-quatre pieds au-dessous de cette trace[1]. Mais cette hauteur de la crue totale de 1761 à 1762 était loin de s'accorder avec la somme des crues journalières, telles qu'elles avaient été publiées dans les rues du Kaire; d'où il s'ensuit évidemment que ces publications sont fausses. M. de Volney était parfaitement instruit de la fausseté de ces annonces; il cite même, à cette occasion, les tentatives infructueuses que fit le baron de Tott pour obtenir la vérité des crieurs publics, dont, malgré ses libéralités, il ne reçut que des rapports discordans[2].

---

[1] *Voyage en Arabie*, par L. Niébuhr, tom. 1ᵉʳ, pag. 102.

[2] *Voyage en Égypte*, tom. 1ᵉʳ, pag. 47.

On voit, par tout ce qui vient d'être dit, que la question de l'exhaussement du sol de l'Égypte, et de l'accroissement du Delta, avait été traitée jusque dans ces derniers temps, ou par des voyageurs qui ne faisaient pas de cette question un objet particulier de recherches, ou par des érudits qui prétendaient l'éclaircir en essayant de concilier certains passages d'auteurs anciens contradictoires entre eux, ou du moins que leur obscurité rend susceptibles d'interprétations différentes. On ne pouvait espérer d'obtenir une solution complète de cette question, que lorsque les géologues et ceux qui ont fait une étude particulière de la théorie du cours des fleuves s'en seraient emparés. Le désir de parvenir à cette solution fut probablement un des principaux motifs qui déterminèrent le célèbre Dolomieu à s'associer à l'expédition d'Égypte : personne ne pouvait mieux que cet habile observateur dissiper tous les doutes dont l'érudition de plusieurs écrivains avait malheureusement obscurci l'histoire physique de cette contrée, lui qui, par une étude approfondie, s'était préparé d'avance à l'explorer, et auquel le flambeau de la critique avait déjà fait distinguer sur quels points de la discussion les recherches qui restaient à entreprendre devaient être spécialement dirigées.

Le Mémoire qu'il publia en 1793 sur la constitution physique de l'Égypte, contient l'exposé de tout ce qu'on savait et de tout ce qu'on pouvait dire alors sur cette matière[1]. Dolomieu y prouve, par une multitude d'exemples et de raisonnemens sans réplique, que le Delta a

---

[1] *Journal de physique*, tom. XLII, janvier 1793.

dû être formé par les alluvions du Nil ; mais il.suppose qu'il existe, dans l'intérieur de cette partie de l'Égypte, des masses de rochers calcaires qui ont pour ainsi dire servi de noyau à ces attérissemens. Passant ensuite à l'exhaussement de cette contrée, il observe que, si le dépôt des matières charriées par le Nil était, chaque année, la cent-vingtième partie de la hauteur de l'inondation, ainsi que le docteur Shaw l'avait pensé, le sol de l'Égypte s'élèverait de quatorze pieds environ dans l'espace de cent vingt ans ; mais qu'en effet il ne reste pour l'exhaussement de l'Égypte qu'une très-petite partie des matières que le Nil tient suspendues, tout le reste étant porté à la mer.

D'accord avec Richard Pococke, il admet que le fond du Nil s'exhausse en même temps que les terres qui bordent son lit ; ce qui le conduit à expliquer la difficulté que présentent les diverses expressions de la crue du Nil à des époques différentes.

Il est clair, en effet, que, si la colonne nilométrique de l'île de Roudah est restée stable, tandis que le fond du Nil s'est exhaussé autour d'elle, le terme de la plus haute crue correspondante à l'époque de son érection doit se trouver au-dessous des plus hautes inondations actuelles. Pour faire coïncider les inondations données par la colonne du meqyâs avec les véritables crues du fleuve, il a fallu de temps en temps reconstruire les nilomètres ; c'est aussi ce que prouve le témoignage de tous les historiens [1].

---

[1] *Voyez* les notes et éclaircissemens sur le *Voyage de Norden*, par M. Langlès, tom. III, p. 224 et suivantes (Paris, 1798).

Quelle que soit, au surplus, la loi de l'exhaussement du lit du Nil, on conçoit que ce phénomène doit être très-peu sensible pendant la durée d'une génération; ce n'est qu'en comparant les crues publiées il y a déjà plusieurs siècles, à celles que l'on publie de nos jours, qu'il est possible de s'en apercevoir.

Il restait à traiter la question du prolongement du Delta dans la Méditerranée. Dolomieu pense, avec raison, que l'accroissement de la basse Égypte en ce sens a été autrefois plus rapide qu'il ne l'est aujourd'hui, mais qu'il ne continue pas moins de s'opérer constamment. Il cite les villes de Rosette et de Damiette, qui étaient, au temps de leur fondation il y a environ dix siècles, aux embouchures des branches du Nil auxquelles elles ont donné leur nom, et qui sont aujourd'hui reculées dans les terres à près de deux lieues du rivage. Il entreprend enfin la discussion du passage d'Homère relatif au voyage de Ménélas : mais, comme il ne fait pas attention que du temps de ce poëte le Nil était désigné par le nom d'*Ægyptus*, que l'embouchure Canopique de ce fleuve pouvait être reculée vers le sud, et que l'on pouvait en effet compter une journée de navigation entre l'île de *Pharos* et cette embouchure, Dolomieu se trouve obligé de supposer que Ménélas contourna la chaîne de rochers calcaires qui se termine à Abouqyr, et fut obligé d'aller chercher le Nil au fond de la partie de l'ancien golfe occupée depuis par le lac *Maréotis*, que des attérissemens ont recouvert.

La discussion de tous les faits qu'il rapporte conduisit notre savant collègue à conclure, 1°. qu'il faut distin-

guer dans le sol de la basse Égypte les rochers calcaires
qui font partie du fond de l'ancien golfe, les sables
qui sont apportés par d'autres causes que le Nil, et le
limon de ce fleuve qui compose les attérissemens proprement dits ; 2°. que l'exhaussement du sol de l'Égypte
est une suite naturelle des submersions annuelles qu'il
éprouve, et que la différence entre les crues anciennes
et les crues actuelles existe seulement dans la manière
de les énoncer, en les rapportant à une colonne qui se
trouve aujourd'hui enterrée au-dessous du lit du fleuve
de toute cette différence ; 3°. enfin que le Delta continue
à s'étendre de plus en plus du côté du nord.

Malheureusement tous les faits sur lesquels ces conclusions sont appuyées ne sont pas également exacts :
ainsi l'on ne rencontre dans aucune partie du Delta rien
qui atteste l'existence de ces rochers calcaires autour
desquels Dolomieu suppose que les attérissemens commencèrent à se former. De même ce n'est pas seulement
parce que le pied de la colonne nilométrique du meqyâs
de Roudah se trouve aujourd'hui enterré à une certaine
profondeur au-dessous des plus basses eaux, que la
hauteur des inondations favorables, qui était autrefois
de seize coudées, est annoncée aujourd'hui de vingt-
deux ou de vingt-trois ; c'est encore parce que l'unité de
mesure à laquelle on rapporte les crues journalières du
Nil qui sont publiées au Kaire, diffère beaucoup de la
coudée du meqyâs[1]. Dolomieu, ignorant cette particu-

---

[1] La coudée particulière du cheykh du meqyâs, en parties de laquelle on publie les crues journalières, n'est que les deux tiers de celle qui est gravée sur la colonne nilométrique. *Voyez* le mémoire de M. Le Père et celui de M. Marcel, publiés dans cet ouvrage.

larité et ne connaissant pas la véritable longueur de cette dernière unité de mesure, s'est cru fondé à avancer que le fond du Nil avait dû s'élever, dans l'intervalle de neuf cent soixante-dix ans environ, de sept coudées de vingt-un pouces six lignes chacune, ou de 3^{m}80.

Ici se termine l'exposé des opinions diverses auxquelles la formation du sol de l'Égypte a donné lieu. Des observations multipliées dans presque toute l'Europe ont indiqué aux peuples modernes la marche et les progrès des attérissemens qui se forment à l'embouchure des fleuves et sur leurs bords. Le cours du Nil, soumis à l'action des mêmes causes, a dû présenter les mêmes effets : aussi avaient-ils été reconnus dès la plus haute antiquité; et la tradition qu'Hérodote nous en a conservée sans altération, confirmée de nouveau par les récits de la plupart des voyageurs, n'aurait jamais été révoquée en doute, si Fréret n'eût point été entraîné à soutenir un autre système, qui, tout paradoxal qu'il était, trouva des partisans parmi des savans du premier ordre. Ainsi des phénomènes simples et naturels, observés partout, et dont l'existence n'était contestée pour aucun lieu du monde, furent mis en question pour l'Égypte. Dolomieu entreprit de prouver qu'elle ne pouvait être en cela l'objet d'une exception aux lois de la nature : nous lui devons le dernier et le plus beau travail qui ait été fait sur l'histoire physique de cette contrée; et nous lui devrions sans doute de l'avoir complété par un grand nombre d'observations nouvelles, s'il y eût séjourné plus long-temps : mais il en partit avant de l'avoir parcourue comme il en avait eu d'abord le projet, en nous laissant, sinon l'espérance d'obtenir le succès qu'il aurait indubitablement obtenu de ses recherches, du moins l'obligation de multiplier les nôtres et d'en faire connaître les résultats.

Il convient cependant, avant de les rapporter, d'indiquer succinctement par quelles causes les derniers écrivains qui ont voulu déterminer la quantité d'exhaussement du sol de l'Égypte ont été induits en erreur.

Depuis Hérodote jusqu'à Léon d'Afrique, qui vivait au commencement du XVIe siècle, tous les témoignages des historiens et des voyageurs s'accordent à fixer à seize coudées la hauteur à laquelle la crue du Nil doit s'élever pour que les terres de l'Égypte soient convenablement inondées. C'était aussi lorsqu'elle était parvenue à cette hauteur, que l'impôt auquel ces terres sont assujetties devait être acquitté en entier. Cet ancien usage de faire supporter l'impôt à toutes les terres, lorsque l'inondation est montée à ce terme, s'est maintenu jusqu'à présent; et voilà pourquoi la trace de la seizième coudée sur la colonne nilométrique est appelée *l'eau du sultan*, au rapport d'Abdellatif[1], et que la digue du canal du Kaire est coupée aussitôt après que le cheykh du meqyâs a fait proclamer que la crue s'élève à seize coudées.

Cette coupure de la digue, qui, comme on sait, s'exécute avec beaucoup de solennité, ne suspend pas la publication des accroissemens journaliers du Nil : elle continue d'avoir lieu pendant quelque temps; et,

---

[1] *Relation de l'Égypte*, par Abdellatif, médecin arabe de Bagdad, etc., traduite par M. Silvestre de Sacy; Paris, 1810; pag. 336.

dans certaines années, elle se prolonge jusqu'à l'annonce d'une crue totale de vingt-trois ou de vingt-quatre coudées. En 1683, par exemple, pendant que le prince Radziwill était en Égypte, on publia une crue de vingt-une coudées; et en 1801, la troisième année de notre expédition, on en publia une de vingt-trois coudées deux doigts, quoiqu'elle n'eût été véritablement que d'un peu plus de dix-huit coudées, en commençant à compter de la division inférieure de la colonne.

Il y a donc, depuis une certaine époque, une différence entre la longueur de la coudée marquée sur la colonne du meqyâs, et la longueur de celle qui est employée dans les criées publiques. Les voyageurs étrangers qui n'ont connu que les accroissemens journaliers, tels que les publications en sont faites, ont ignoré par conséquent la hauteur réelle de l'inondation mesurée au meqyâs, et n'ont pu tirer de la différence entre la hauteur de seize coudées, à laquelle le Nil devait parvenir autrefois, et celle de vingt-trois et de vingt-quatre, à laquelle on annonce qu'il parvient aujourd'hui, aucune conclusion juste sur l'exhaussement du sol de l'Égypte et du lit de ce fleuve. Nous ajouterons que c'est non-seulement sur la hauteur totale de son accroissement annuel, mais encore sur la loi de son accroissement diurne, que la plupart des voyageurs ont été induits dans une erreur que partagent tous les habitans du pays. En effet, Thévenot[1], le P. Vansleb[2] et Po-

[1] *Voyage du Levant*, t. 1ᵉʳ, p. 463.
[2] *Nouvelle Relation d'un voyage fait en Égypte*, par le P. Vansleb, pag. 68.

cocke[1] nous avaient déjà appris, et nous avons été à portée de nous en assurer, qu'au lieu de publier les accroissemens rapides qui ont lieu de vingt-quatre heures en vingt-quatre heures, quand le Nil commence à se gonfler, on en dissimule une partie, que l'on réserve pour être ajoutée aux accroissemens dont on fait l'annonce quelques jours avant celui où les digues des canaux doivent être ouvertes. Ainsi, quoique le Nil ne croisse alors communément que de cinq ou six doigts, les crieurs en publient vingt-trois ou vingt-quatre, afin d'augmenter les espérances d'une bonne récolte, et d'obtenir sous cette espérance, et par l'effet de la satisfaction qu'elle procure, des gratifications plus fortes; car ces crieurs vont annonçant l'état du Nil dans les rues, et entrent dans les maisons, où ils reçoivent quelque argent.

Les mêmes motifs qui, dans l'antiquité, avaient fait confier les nilomètres à la garde exclusive de certains membres de l'ordre sacerdotal, et qui en interdisaient l'accès au vulgaire, ferment encore l'entrée du meqyâs de Roudah au peuple actuel de l'Égypte : on tient ainsi caché sous des annonces mensongères le véritable état du fleuve pendant la durée de sa crue, parce que l'intérêt du fisc exige que l'impôt soit acquitté tout entier par les contribuables, à quelque hauteur que l'inondation s'élève. Au reste, il n'est point de notre sujet de rechercher la cause à laquelle on doit attribuer les usages suivis dans la publication journalière de l'accroissement

---

[1] *Voyages de Richard Pococke en Orient, dans l'Égypte, l'Arabie, etc.*, tom. II de la traduction française, in-12, pag. 267 et suiv.

du fleuve; il nous suffit d'avoir prouvé qu'avant l'expédition française en Égypte on manquait d'observations précises pour résoudre les questions relatives à la formation du sol de cette contrée. Celles que nous avons recueillies vont être exposées dans la section suivante.

SECTION IV.

Recherches et observations faites pour déterminer la quantité séculaire d'exhaussement du lit du Nil et du sol de l'Égypte.

Les changemens qui s'opèrent naturellement dans le lit d'un fleuve par le dépôt successif des matières qu'il charrie, sont assujettis à des lois générales, également applicables à tous les courans d'eau dont la longueur développée s'accroît par le prolongement des attérissemens qui se forment à leur embouchure. Ainsi les observations au moyen desquelles on détermine ces changemens peuvent servir à étendre la théorie du cours des fleuves, c'est-à-dire de la partie de l'hydraulique qui se lie le plus immédiatement à l'histoire physique de la surface de la terre.

L'exhaussement des plaines exposées à des submersions périodiques suivrait les mêmes lois, si les eaux s'y répandaient en s'épanchant naturellement par-dessus les bords du fleuve qui les traverse, et si, après les crues de ce fleuve, elles rentraient naturellement dans son lit :

mais lorsque ces plaines, comme celles de l'Égypte, sont entrecoupées de canaux, et traversées par des barrages qui soutiennent sur différens points les eaux d'une inondation, la marche de la nature se trouve intervertie, et les observations que l'on peut recueillir sur l'exhaussement du sol ne présentent plus que des anomalies dont les travaux des hommes peuvent seuls fournir l'explication.

On voit comment les faits relatifs à l'exhaussement du lit du Nil, et ceux relatifs à l'exhaussement du sol de la vallée, doivent se ranger en deux classes distinctes.

Les premiers peuvent servir non-seulement à constater la quantité dont le fleuve s'est exhaussé dans un certain intervalle de temps, mais encore à faire connaître la loi de cet exhaussement avec d'autant plus de certitude, que les observations ont été répétées en un plus grand nombre de lieux. Quant aux seconds, ils constatent bien, à la vérité, l'exhaussement du sol des plaines exposées aux inondations; mais on n'en peut conclure que par approximation la progression suivant laquelle il s'opère en un point déterminé.

Le Nil présente, pour la détermination des lois générales auxquelles les fleuves sont assujettis dans l'établissement de leur régime, l'avantage particulier de ne recevoir, depuis son entrée en Égypte jusqu'à son embouchure, aucun affluent qui modifie la pente naturelle de ses eaux et la figure du fond de son lit. C'est un immense courant isolé, dont il est par conséquent d'autant plus facile d'étudier les divers phénomènes, qu'ils sont dus à des causes moins compliquées. D'un autre côté, tandis que la plupart des peuples peuvent voir avec une sorte d'indifférence les fleuves qui traversent leur pays s'écouler à la mer, sans avoir besoin de remarquer les changemens que le retour des saisons fait éprouver à ces fleuves, les Égyptiens, intéressés à connaître à chaque instant l'état du Nil, puisqu'il est la source unique de la fécondité de leurs terres, avaient érigé, le long de son cours, des édifices particuliers où, comme dans autant d'observatoires, on tenait registre de ses changemens journaliers; édifices dont, après un certain laps de temps, la position, par rapport au niveau du fleuve, pouvait elle-même servir à indiquer la quantité d'exhaussement séculaire de ce niveau.

Si l'Égypte a été appelée avec raison une *terre classique*, on voit que le Nil mériterait le nom de *fleuve classique* avec plus de raison peut-être; car les observations dont il est l'objet depuis un temps immémorial, conduiraient certainement à la connaissance des lois de l'hydraulique applicables aux grands courans d'eau et aux changemens qu'ils éprouvent dans la pente et la figure de leurs lits, si les nilomètres qui furent construits dans les différentes provinces de l'Égypte avaient subsisté jusqu'à présent, et si la date de leur érection nous était bien connue.

Mais il n'existe aujourd'hui qu'un seul nilomètre que l'on consulte : c'est celui de l'île de Roudah ; et, parmi ceux dont l'histoire constate l'existence, nous n'avons retrouvé que celui de l'île d'Éléphantine. Ainsi ces deux monumens sont les seuls à l'aide desquels on puisse découvrir l'exhaussement du lit du fleuve sur les deux points où ils sont érigés.

J'ai rendu compte ailleurs de la découverte que je fis, pendant mon séjour à Syène, du nilomètre d'Éléphantine, tel que Strabon l'a décrit[1]. Il est tracé sur la paroi d'une galerie pratiquée derrière un mur de quai de cette île, ou plutôt dans l'épaisseur de ce mur. La dernière coudée de ce nilomètre porte en caractères grecs l'indication du nombre 24 : c'était en effet en coudées égyptiennes, dont l'usage se conserva, comme on sait, sous les Ptolémées, l'expression de la hauteur des grandes inondations mesurées immédiatement au-dessous de la dernière cataracte. A l'époque où ce monument fut construit, ces inondations ne devaient donc pas s'élever au-dessus de ce terme.

Le Nil ne s'était encore accru que de quelques coudées dans les premiers jours du mois de thermidor de l'an VII (25 juillet 1799), époque à laquelle je me trouvais à Syène. Je dois à cette circonstance la découverte de l'ancien nilomètre dont j'ai donné la description ; car, un mois plus tard, il aurait été entièrement enseveli sous les eaux, et la recherche en eût été impossible.

Pour comparer le niveau de la vingt-quatrième coudée du nilomètre d'Éléphantine à celui des grandes inondations actuelles, il fallait être assuré de la hauteur à laquelle elles s'élèvent ; ce dont nous ne pouvions être les témoins. Heureusement leurs traces ne se détruisent point d'une année à l'autre, et nous les retrouvâmes

---

[1] Voyez *A. M.*, tom. VI, pag. 1re et suiv.

très-distinctes sur la face du mur de quai derrière lequel le nilomètre est établi.

Il résulte du nivellement que je fis pour constater la différence de hauteur entre l'extrémité supérieure de la vingt-quatrième coudée de ce nilomètre et les grandes inondations actuelles, que cette différence est de $2^m 413$ (fig. 8). Ainsi le fond du Nil s'est exhaussé de cette quantité au moins, depuis l'époque à laquelle ce monument fut érigé; car il n'y a aucune raison de penser que la quantité d'eau qui descend de l'Abyssinie soit différente aujourd'hui de ce qu'elle était autrefois.

Une inscription tracée dans la galerie qui forme le nilomètre d'Éléphantine, porte la date du règne de Septime-Sévère[1], et semble avoir eu pour objet de rappeler une inondation qui s'éleva de plusieurs palmes au-dessus de la vingt-quatrième coudée. Ainsi, sous cet empereur, les grandes inondations dépassaient déjà la limite à laquelle elles s'arrêtaient lorsque le nilomètre d'Éléphantine avait été construit.

Il est probable, comme nous l'avons dit ailleurs, que l'inondation à laquelle se rapporte l'inscription dont nous venons de parler, n'avait rien d'extraordinaire; mais que les Romains, qui tenaient garnison à Syène sous le règne de Septime-Sévère, ignorant l'effet naturel de l'exhaussement du lit du fleuve, la remarquèrent comme un phénomène, parce qu'ils supposaient que l'extrémité supérieure de la vingt-quatrième coudée du nilomètre était un terme fixe, au-delà duquel les crues annuelles du fleuve ne pouvaient jamais s'élever. Ainsi

[1] Voyez *A. M.*, tom. VI, pag. 1re et suiv.

ce monument se trouvait déjà inférieur au niveau pour lequel il avait été construit. Admettons cependant que les grandes inondations parvinssent jusqu'à la trace gravée au-dessus de la vingt-quatrième coudée, c'est-à-dire surmontassent cette coudée d'environ $0^m 31$, à l'époque même de l'inscription dont il s'agit; il nous sera facile d'assigner la quantité dont le fond du Nil s'est exhaussé devant l'île d'Éléphantine, depuis cette époque jusqu'à ce jour. En effet, Septime-Sévère parvint à l'empire l'an 193, et mourut l'an 211 de l'ère vulgaire : si donc on admet que l'inscription ait été gravée au milieu de son règne, le fond du Nil se sera élevé de $2^m 11$ en seize cents ans; ce qui donne $0^m 132$ d'exhaussement par siècle.

Passons maintenant au meqyâs de l'île de Roudah, et recherchons comment il peut servir à assigner la quantité d'exhaussement du lit du Nil au point où ce monument a été établi.

Nous n'entreprendrons point d'en donner ici une description détaillée; cette description doit être l'objet d'un mémoire de M. Le Père, notre collègue : il nous suffira de rappeler que la pièce principale de ce nilomètre consiste en une colonne de marbre blanc érigée au milieu d'un réservoir quadrangulaire qui communique par un aqueduc avec le Nil, à la pointe méridionale de l'île de Roudah. Cette colonne est divisée, depuis sa base jusqu'au-dessous de son chapiteau, en seize coudées de vingt-quatre doigts, ayant chacune $0^m 541$ de longueur [1].

[1] *Voyez* le Mémoire sur le nilomètre d'Éléphantine, *A. M.*, tom. VI.

Lorsque ce nilomètre fut érigé, il est indubitable que la seizième coudée qui le termine (fig. 9) désignait la crue d'une année d'abondance; car il a toujours été important pour le gouvernement de l'Égypte de connaître la limite des crues qui permettaient de lever la plus grande somme de tributs. Si donc cette limite eût surmonté l'extrémité de la colonne nilométrique actuelle, il est évident que par cela même on aurait donné à cette colonne une plus grande hauteur, afin qu'elle pût indiquer les inondations les plus favorables au fisc.

Or, dans l'état actuel des choses, quand le Nil ne s'élève pas au-dessus de la seizième coudée du meqyâs, l'inondation est réputée mauvaise. Celle de 1799, par exemple, fut regardée comme une des plus faibles; et cependant elle monta à seize coudées deux doigts. L'année suivante, qui fut une année abondante, elle s'éleva à dix-huit coudées trois doigts. Il y a donc entre les indications d'une bonne inondation données par le nilomètre de Roudah, à l'époque de son érection et à l'époque actuelle, une différence de deux coudées trois doigts ou de $1^m 149$; d'où l'on est fondé à conclure qu'entre ces deux époques le lit du Nil s'est exhaussé de cette quantité. Mais on sait que ce monument fut reconstruit pour la dernière fois par le khalife el-Motaouakel[1], au milieu du IXe siècle. Ainsi l'exhaussement séculaire, que nous avons trouvé de $0^m 132$ devant l'île d'Éléphantine, n'est que de $0^m 120$ à la hauteur du Kaire.

---

[1] Vers l'année 233 de l'hégire (847 de l'ère chrétienne). *Voyez* le Mémoire sur le meqyâs de l'île de Roudah, par M. Marcel, *É. M.*, tom. xv, pag. 1re.

Quoiqu'il n'existe qu'une légère différence entre ces deux expressions de l'exhaussement séculaire du fond du Nil, il convient cependant, avant d'aller plus loin, d'expliquer cette différence par des considérations puisées dans la nature même des causes qui la produisent, et de faire voir comment ces causes tendent sans cesse à rendre ces expressions identiques.

La pente d'un fleuve, les dimensions de sa section transversale et la vitesse de ses eaux sont les élémens essentiels de son régime. Les rapports qui s'établissent entre ces divers élémens ne peuvent varier qu'autant que la résistance des parois du lit à l'action corrosive du courant vient elle-même à changer; et, dans ce cas, les modifications qu'éprouvent les élémens du régime ont toujours pour dernier résultat de rétablir l'équilibre entre l'action corrosive du courant et la résistance des parois, c'est-à-dire d'amener le régime du fleuve à un certain état permanent.

On conçoit, par exemple, que, si des causes accidentelles augmentent, pendant une certaine période, la hauteur des dépôts qui se forment sur des points déterminés de la longueur d'un courant d'eau, la pente et par conséquent la vitesse de ce courant deviennent plus grandes au-dessous de ces points. Or, il résulte nécessairement de cette augmentation de vitesse, que les dépôts sont portés plus loin qu'ils ne l'étaient auparavant; ce qui rétablit la pente primitive et ramène de nouveau les mêmes effets. Ainsi le fond du lit des fleuves qui charrient des troubles, oscille au-dessus et au-dessous d'une certaine surface qui constituerait la permanence de leur régime, si jamais le fond du lit parvenait à coïncider avec elle. Cette surface, restant toujours parallèle à elle-même, s'élève de plus en plus, de telle sorte que la quantité de son exhaussement, dans toute l'étendue de son cours, pendant un certain intervalle de temps, est égale à l'exhaussement moyen de ses deux extrémités pendant la même période.

Appliquant cette théorie à la portion du cours du Nil comprise depuis Éléphantine jusqu'au Kaire, on voit que l'exhaussement séculaire de son lit doit être représenté, à très-peu près, par l'exhaussement moyen entre ceux qui ont été observés à ces deux points, c'est-à-dire par la moitié de leur somme, ou $0^m 126$.

Quant à l'exhaussement moyen du sol de la vallée d'Égypte, il suffit d'une légère attention pour reconnaître qu'il doit être exactement le même que l'exhaussement moyen du lit du Nil; car, s'il en était autrement, il arriverait de deux choses l'une : ou le fond du fleuve s'exhausserait plus que les plaines adjacentes, ou il s'exhausserait moins. Or, dans le premier cas, il viendrait une époque où la hauteur du débordement sur les terres serait plus considérable qu'elle ne l'était précédemment; et, à dater de cette époque, l'épaisseur des dépôts de limon, qui, toutes choses égales, est proportionnelle à la hauteur des eaux troubles, deviendrait aussi plus considérable; ce que la supposition rejette : dans le second cas, les dépôts annuels qui ont lieu sur la plaine étant plus épais que sur le fond du fleuve, la profondeur de celui-ci augmenterait par rapport aux bords de son lit, et il viendrait un temps où, par suite de cette augmentation de profondeur, le fond de ce lit s'exhausserait davantage à son tour; ce qui est également contre l'hypothèse. Si donc il n'est point exact de dire qu'en un point déterminé de l'Égypte le fond du lit du Nil et la plaine adjacente s'élèvent simultanément de la même quantité séculaire, il est constant que, depuis la dernière cataracte jusqu'à la mer, le fond du fleuve et le niveau des plaines qu'il submerge se sont élevés d'une même quantité moyenne, puisque ces deux surfaces tendent sans cesse au parallélisme, et que la nature les y ramène quand des circonstances particulières ou les travaux des hommes les en ont momentanément écartées.

Nous allons rapporter maintenant les observations que nous avons faites pour reconnaître l'exhaussement du sol de l'Égypte dans les plaines de Thèbes, de Syout et d'*Heliopolis*.

Les parties inférieures de quelques-uns des monumens de Thèbes se trouvent aujourd'hui plus ou moins enfouies dans le terrain d'alluvion que les débordemens annuels du Nil ont déposé au pied de ces monumens. Si donc on pouvait connaître de combien ils s'élevaient autrefois au-dessus de la plaine à une époque déterminée, il serait aisé de déduire de la profondeur à laquelle ils se trouvent maintenant au-dessous du terrain naturel, l'exhaussement du sol de la vallée sur ce point. On voit quel devait être l'objet de mes recherches. J'eus occasion de les multiplier pendant environ trois semaines que nous résidâmes dans les différens villages qui occupent l'emplacement de cette ancienne capitale : on va voir quels en ont été les résultats.

Nous nous établîmes d'abord sur la rive gauche du Nil, où se trouve la statue colossale de Memnon. Ce colosse est placé presqu'au pied de la chaîne libyque, à deux kilomètres environ de distance du fleuve : lorsque l'inondation s'étend jusque là, ce qui arrive assez fréquemment, il paraît au milieu des eaux, et, après leur retraite, au milieu de champs cultivés.

Il est évident que ce n'est pas dans une semblable position qu'il fut primitivement érigé. Ainsi le premier coup d'œil jeté sur ce monument atteste que le sol au-dessus duquel il s'élève s'est exhaussé lui-même des dépôts successifs de limon que les débordemens du fleuve ont accumulés.

En considérant de plus près le piédestal de cette statue, on remarque distinctement sur toutes ses faces la trace horizontale que les inondations y ont laissée. Je m'assurai que cette ligne était, à très-peu près, à un mètre de hauteur au-dessus du terrain adjacent. Il fallait donc qu'à l'époque où ce monument fut établi le sol de la place qu'il occupait fût au moins inférieur d'un mètre au sol actuel : autrement son piédestal aurait été exposé à être submergé tous les ans d'une certaine hauteur d'eau ; inconvénient à l'abri duquel on serait porté naturellement à croire que ses fondateurs l'avaient mis, quand d'ailleurs l'histoire ne nous aurait pas appris que les anciennes villes d'Égypte étaient toujours bâties sur des éminences factices pour n'être point exposées aux inondations du Nil.

Une reconnaissance encore plus attentive me fit apercevoir, sur la face méridionale du piédestal de ce colosse, une inscription grecque, dont quelques lignes seulement paraissaient au-dessus du sol; ses lignes inférieures étaient déjà enterrées. Le nom d'*Antonin*, que je lus distinctement, me fit espérer que cette inscription, mise entièrement à découvert, fournirait quelque date certaine d'après laquelle on pourrait établir quelques conjectures sur l'exhaussement séculaire de cette partie de la plaine.

Je fis en conséquence découvrir par une fouille la partie du piédestal qui porte cette inscription[1]. J'en pris une copie littérale, dont M. Boissonade, membre de l'Institut, a donné cette traduction :

POUR COMPLAIRE AU DÉSIR QUE J'AVAIS D'ENTENDRE TA VOIX,
GLORIEUX MEMNON, TA MÈRE, L'AURORE AUX DOIGTS DE ROSE,
T'A RENDU VOCAL LA DIXIÈME ANNÉE DE L'ILLUSTRE ANTONIN,
LE MOIS DE PACHON COMPTANT SON TREIZIÈME JOUR.

Voilà donc une inscription qui ne remonte pas au-delà du second siècle de l'ère chrétienne, et dont les lignes intermédiaires, se retrouvant au niveau même du terrain, fournissent en quelque sorte une démonstration écrite de son exhaussement depuis cette date. Mais quelle a été la quantité de cet exhaussement? C'est une question qui ne peut être résolue qu'à l'aide de quelque hypothèse sur la hauteur du sol à l'époque où cette inscription fut gravée.

Or, on peut supposer, ce qui semble d'abord assez naturel, que la personne qui la grava se tint debout contre le piédestal pendant qu'elle faisait cette opéra-

[1] Le *fac simile* de cette inscription est gravé *A.*, vol. II, pl. 22, fig. 6.

tion, de manière que les lignes intermédiaires se trouvèrent, au moment où elles furent tracées, à environ 1^m5o au-dessus du terrain adjacent; et, comme elles sont maintenant au niveau de ce terrain, il s'ensuivrait que ce niveau s'est exhaussé au moins de 1^m5o depuis la date de l'inscription, c'est-à-dire dans une période de seize cents ans; ce qui donne un exhaussement séculaire de 0^m094 environ.

Remarquons cependant que cette supposition conduit au *minimum* de l'exhaussement séculaire; car, si l'inscription dont il s'agit a pu être gravée par un homme de taille ordinaire qui se tenait debout au pied du colosse, il a pu arriver aussi que cet homme se soit élevé par quelque moyen au-dessus du terrain naturel, pour tracer cette inscription, et la mettre, par cette précaution, à l'abri des dégradations auxquelles elle serait restée exposée si elle eût été gravée plus bas. C'est apparemment un pareil motif qui a fait placer sur les jambes, les bras et la poitrine de la statue, une partie des inscriptions dont elle est couverte, et cela à une époque où les quatre faces du piédestal présentaient, comme aujourd'hui, de grands espaces vides dans lesquels on pouvait tracer facilement ces inscriptions sans qu'on eût besoin de recourir aux échafaudages qu'on a dû nécessairement employer pour les écrire là où elles sont placées. Ce motif ne vient-il pas appuyer l'hypothèse que l'auteur de l'inscription gravée dans la xe année d'Antonin se sera aidé de quelque artifice pour l'écrire à une certaine hauteur? Or, s'il en était ainsi, l'exhaussement séculaire de la plaine serait plus grand que celui à la détermination duquel nous venons de parvenir. Les recherches que nous continuâmes de faire donnent un nouveau poids à cette conjecture.

Après avoir mis l'inscription entièrement à découvert, la fouille qui avait été commencée fut approfondie jusqu'à la base du piédestal. On trouva cette base à $1^m 924$ au-dessous du terrain naturel, posée sur des blocs de grès qui probablement formaient le pavé de la place où la statue était érigée (fig. 10). Ce piédestal est d'un grès quartzeux, extrêmement dur; il est poli sur toutes les faces, et se termine inférieurement par un socle de trente centimètres de haut, qui se raccorde avec ces faces par une moulure appelée *cavet*. Cette espèce d'ornement et le poli de tout l'ouvrage attestent que, lors de l'érection du colosse, son piédestal était destiné à être vu dans toute sa hauteur : il y a donc eu un temps où la statue de Memnon et son piédestal entier s'élevaient au-dessus d'un pavé de blocs de grès, qui probablement recouvrait le sol de la place où elle fut originairement placée; il ne s'agit plus que d'assigner, s'il est possible, une époque à laquelle le champ où elle se trouve aujourd'hui présentait l'aspect d'une place publique.

Entre tous les auteurs de l'antiquité qui, depuis Strabon, ont parlé de ce colosse et qui en ont décrit l'emplacement comme un lieu environné d'anciens édifices dont ils attribuent généralement la dévastation à Cambyse[1], Philostrate est le dernier et celui dont le témoignage semble le plus positif. Il raconte, dans la

---

[1] Diodore de Sicile, *Bibl. histor.* — Pausanias, *Descr. de la Grèce*, liv. I. — Strabon, *Geogr.* liv. XVII. liv. I.

Vie d'Apollonius de Tyane[1], « que le lieu où paraît la statue ressemble à une place publique, telle qu'on en voit dans les villes anciennement habitées, où l'on trouve encore des fragmens de colonnes, des vestiges de murailles, de siéges, de chambranles de portes, et des statues de Mercure, dont une partie a été détruite par le temps, et l'autre par la main des hommes, etc. »

Qu'antérieurement au voyage d'Apollonius de Tyane en Égypte, le colosse de Memnon ait été situé dans l'intérieur d'un temple ou sur une place publique, il demeure toujours constant, s'il est permis d'en croire son historien, qu'à l'époque de ce voyage les édifices au milieu desquels on remarquait ce colosse étaient déjà tombés en ruine, et paraissaient avoir formé l'enceinte d'une place publique : mais, pour caractériser cet aspect, il fallait que le sol de cette place, c'est-à-dire le pavé de blocs de grès sur lequel le monument repose, fût encore à découvert; car, s'il eût été enseveli sous le limon comme il l'est de nos jours, ce lieu aurait ressemblé à un champ, et non pas à une place publique, comme le dit Philostrate. Ceci s'accorde au surplus avec le témoignage de Strabon, qui, lorsqu'il visita les ruines de Thèbes à peu près dans le même temps, retrouva les grandes avenues de sphinx de Karnak pavées de dalles de pierre[2], qui sont aujourd'hui cachées sous les dépôts du Nil. On est donc suffisamment fondé à croire que le sol de la place du *Memno-*

---

[1] *Voyez* la Description générale de Thèbes, par MM. Jollois et Devilliers, *chapitre IX*, pag. 178, où ils ont rapporté le passage de Philostrate.

[2] Strab. Geogr. l. XVII, p. 805.

nium n'avait point encore été recouvert d'alluvions lors du voyage d'Apollonius de Tyane; et, comme la date de ce voyage peut être fixée au milieu du premier siècle de l'ère chrétienne, il s'ensuivrait que le sol du quartier de Thèbes où la statue de Memnon était placée, se serait exhaussé de 1^m924 dans l'intervalle de dix-huit cents ans; ce qui donnerait un exhaussement moyen de 0^m106 par siècle. Mais il faut bien remarquer que l'emplacement sur lequel cet exhaussement séculaire de 0^m106 est mesuré, n'a pas toujours été exposé aux submersions annuelles, soit parce que c'était le dessus d'un monticule factice, soit parce que c'était le prolongement du talus de la montagne Libyque. Ainsi les inondations dont le niveau s'élevait de plus en plus par l'effet naturel de l'exhaussement de la plaine, n'ont couvert d'abord la place du *Memnonium* que de très-petites hauteurs d'eau, et n'y ont laissé par conséquent pendant un certain temps, que des dépôts de limon d'une épaisseur presque insensible; de sorte que la somme de ces dépôts successifs, dont l'épaisseur annuelle augmentait de plus en plus suivant une certaine loi, est nécessairement moindre que la somme des dépôts d'épaisseur constante qui s'accumulaient pendant le même temps dans la plaine. Voilà pourquoi, tandis que l'exhaussement de la vallée d'Égypte peut être porté à 0^m126 par siècle, si on le conclut de l'exhaussement même du lit du Nil, on ne trouve que 0^m100 environ pour l'exhaussement séculaire de la place du *Memnonium*. On voit comment ces deux faits, qui semblent d'abord s'infirmer mutuellement, se confirment l'un par l'autre.

Nous venons de dire que la place du *Memnonium* pouvait être le dessus d'un monticule factice. Cette conjecture est en effet d'autant plus probable, que toutes les villes d'Égypte étaient, comme on sait, bâties sur de semblables éminences. On forma d'abord ces monticules des déblais qui provinrent du creusement des canaux dont le pays fut entrecoupé. Ces déblais, composés de différentes matières d'alluvion que le fleuve avait déposées naturellement les unes sur les autres, à peu près dans l'ordre de leurs pesanteurs spécifiques, ainsi que nos sondes l'ont indiqué, furent amoncelés en désordre pour former ces éminences artificielles, qui depuis continuèrent de s'exhausser et de s'étendre par l'accumulation des décombres que l'on déposa autour des habitations dont elles se couvrirent, de même que cela se pratique encore aujourd'hui.

Le sol des villes et des villages de l'Égypte se trouva par conséquent composé, jusqu'à une certaine profondeur, de matières hétérogènes, tandis que la couche du limon du Nil qui formait le terrain naturel sur lequel on fit primitivement ce remblai, a dû nécessairement conserver sa couleur, son homogénéité, et l'horizontalité de sa surface : en creusant des puits verticaux dans un pareil remblai, on est toujours sûr de parvenir à cet ancien sol; et, comme il est facile à distinguer par la réunion de ses caractères, il est également facile d'assigner son niveau par rapport à la surface actuelle de la plaine.

Or, cette détermination conduirait, soit à la connaissance de l'exhaussement séculaire de la vallée, en supposant connue l'époque de la formation de ces remblais, soit à déduire cette époque même de la quantité d'exhaussement séculaire qui aurait été assignée par des observations préalables.

Je sentais toute l'importance des fouilles que l'on aurait pu entreprendre autour des colosses du *Memnonium*, pour obtenir de nouvelles données sur ces questions : mais les circonstances nous obligèrent d'abandonner momentanément ce quartier de Thèbes ; nous passâmes sur la rive droite du Nil le 2 fructidor de l'an VIII (19 août 1799) : heureusement cette rive est également couverte de monumens, et nous pûmes y reprendre la suite de nos recherches au point où elles avaient été laissées de l'autre côté.

L'isolement des monumens rend les fouilles plus faciles à faire autour d'eux, et cette considération peut souvent déterminer le choix des emplacemens où elles doivent être entreprises.

On a vu, dans la Description de Thèbes publiée par MM. Jollois et Devilliers, ingénieurs des ponts et chaussées[1], que près de la porte occidentale du grand palais de Karnak se trouvaient deux sphinx, qui sont aujourd'hui presque entièrement enfouis sous le sol cultivable. Je fis creuser autour de l'un d'eux jusqu'au-dessous du socle sur lequel son piédestal est posé. Il se trouva précisément inférieur de $1^m 64$ au niveau moyen de la plaine (fig. 11). Le dessous du piédestal de la statue de Memnon, sur la rive opposée, avait été trouvé inférieur de $1^m 92$ au terrain adjacent. Il y a trop peu de diffé-

[1] Description générale de Thèbes, *A. D.*, tom. II, pag. 405 et suiv.

rence entre ces deux quantités d'encombrement pour ne pas admettre que le sol de la ville de Thèbes était à peu près au même niveau sur les deux rives du fleuve, ou, ce qui est la même chose, que ses différens quartiers étaient à peu près contemporains.

Je me disposais à approfondir la fouille que j'avais fait commencer près de ce sphinx, pour arriver au terrain vierge sur lequel repose le remblai qui supportait ces anciens monumens de Thèbes, lorsqu'en parcourant les environs du village de Karnak je remarquai, à l'est de ce village et dans le massif même du prolongement de ce remblai, une tranchée qui y avait été ouverte. Je reconnus aisément, à la coupe de ce remblai, qu'il était composé de terres rapportées et de décombres jusqu'à six mètres en contre-bas du sol actuel de la plaine, profondeur à laquelle le terrain d'alluvions naturelles, formé d'une couche de limon du Nil parfaitement horizontale et d'une épaisseur indéterminée, tranchait avec les terres du remblai de la manière la plus évidente. Il s'ensuivrait de là que, depuis l'époque de l'établissement du monticule factice sur lequel la ville de Thèbes fut bâtie, le sol de la vallée se serait exhaussé de six mètres.

Il convenait de répéter cette observation importante sur un autre point, et au pied de quelque monument dont on pût atteindre la fondation. L'extrémité méridionale du palais de Louqsor, à l'angle de ce palais le plus rapproché du Nil, me parut offrir un emplacement commode pour une nouvelle fouille. Une corniche égyptienne qui sert de soubassement à cet édifice s'élève sur une assise de fondation, laquelle se trouve aujourd'hui à 2^{m}76 au-dessous du niveau de la plaine (fig. 12). Cette assise est elle-même posée sur un ancien remblai, comme il nous fut aisé de le reconnaître[1]. Nous continuâmes la fouille jusqu'à 3^{m}248 de profondeur, où se montra le sol vierge de l'ancienne plaine; de sorte qu'ici, comme à Karnak, il y a environ six mètres de différence entre le niveau actuel de la vallée et celui de sa surface lorsqu'elle fut couverte du remblai de Louqsor.

Si l'histoire ne nous a rien appris de certain sur l'époque de la fondation de Thèbes, qui fut au temps de sa splendeur le chef-lieu d'un puissant royaume, on conçoit qu'à plus forte raison elle ne doit rien nous apprendre sur l'époque nécessairement antérieure où l'on forma, avec des terres rapportées, l'éminence artificielle destinée à recevoir dans la suite les constructions colossales dont nous admirons aujourd'hui les restes.

Nous disons que la formation de ce remblai est nécessairement antérieure à la fondation de Thèbes : car une telle ville ne s'élève point tout-à-coup au rang qu'elle doit tenir; elle s'accroît par degrés, à mesure que les avantages de sa situation y attirent une population plus nombreuse. De nouvelles habitations vinrent donc se grouper successivement autour de celles qui s'étaient établies les premières dans la plaine de Thèbes, et le nombre s'en accrut jusqu'à ce que les richesses qui s'accumulèrent dans cette capitale eussent excité la cupidité de Cambyse, et provoqué la dévastation à laquelle il la livra. Mais il s'était écoulé un long intervalle entre

[1] Voyez *A.*, vol. III, pl. 8.

l'époque des premiers établissemens qui n'avaient fait que marquer en quelque sorte l'emplacement futur qu'elle devait occuper, et l'époque de la dévastation que nous venons de rappeler. Tout porte à croire que la plus ancienne de ces époques se confond avec celle où les habitans de la haute Égypte devinrent cultivateurs, de pasteurs qu'ils avaient été jusqu'alors : elle se perd dans la nuit des temps, et cependant ce serait celle que nous aurions besoin d'assigner.

Par suite de l'ignorance où nous sommes à cet égard, la différence que nous avons observée à Karnak et à Louqsor entre le niveau de l'ancienne plaine et celui de la plaine actuelle ne peut nous servir à déterminer l'exhaussement séculaire du sol. Il ne nous reste qu'à employer les résultats de nos précédentes observations, pour rechercher l'époque probable de l'établissement des monticules factices sur lesquels la ville de Thèbes fut bâtie.

Nous avons expliqué plus haut comment, dans une période d'une certaine durée, l'exhaussement moyen de la vallée d'Égypte doit être égal à l'exhaussement moyen du lit du Nil. Nous avons été conduits à fixer ce dernier à $0^m 126$ par siècle; et, comme la différence de niveau dont il s'agit ici est de six mètres, il s'ensuit que l'époque cherchée doit remonter à 4760 ans de la date de nos observations, c'est-à-dire à 2960 ans avant notre ère, 418 ans environ après le dernier cataclysme que notre globe a éprouvé, suivant la chronologie des Septante.

Il ne faut pas perdre de vue, au surplus, que cette

époque est celle d'une révolution qui, changeant les mœurs des premiers habitans de l'Égypte et leur donnant les besoins de la vie agricole, les amena au milieu de la vallée et sur les bords du Nil, où, pour se mettre eux et leurs troupeaux à l'abri de ses inondations périodiques, ils furent obligés de construire leurs demeures sur des éminences artificielles : or, cette révolution dans les mœurs des Égyptiens précéda nécessairement de plusieurs siècles la fondation de Thèbes, que les progrès rapides de l'agriculture et de la civilisation contribuèrent sans doute à agrandir, mais qui ne dut ses richesses et sa célébrité qu'au commerce immense dont elle devint postérieurement l'entrepôt.

D'autres observations nous ont appris à quelle hauteur au-dessus de la plaine actuelle se trouvent le plafond de l'une des salles situées à la partie méridionale du palais de Louqsor, et le pied des obélisques qui décorent l'entrée de cet édifice du côté du nord.

Nous trouvâmes ce plafond supérieur de $0^m 65$ seulement au terrain naturel de la campagne adjacente. Quant aux obélisques, nous reconnûmes qu'ils étaient posés sur des blocs de granit, dont l'un, qui sert de base à l'obélisque oriental, se trouve également élevé de $0^m 65$ au-dessus de la plaine : or, on se rappelle que cette plaine est aujourd'hui plus haute de six mètres que l'ancien sol de la vallée; celui-ci se trouve par conséquent inférieur de $6^m 65$ au plafond du temple de Louqsor et au soubassement de l'un de ses obélisques.

Après avoir ainsi déterminé la hauteur de ce plafond et de ce soubassement par rapport à l'ancien et au nouveau sol de la vallée, nous nous sommes assurés que l'obélisque oriental de Louqsor était enfoui jusqu'à sa base, de 3^m941, dans le sol de décombres qui forme aujourd'hui la petite place de ce village, et que le niveau de cette place s'élevait de 4^m585 ou de 4^m60 au-dessus de la plaine actuelle (fig. 13).

Cette hauteur de 4^m60 est à peu près celle des éminences factices sur lesquelles sont bâtis la plupart des villes et des villages modernes de l'Égypte : si donc on supposait, ce qui est très-vraisemblable, que, dans l'antiquité, les divers lieux de la vallée où les habitations s'étaient concentrées avaient la même élévation au-dessus des campagnes voisines, il s'ensuivrait qu'au temps de la fondation des monumens de Louqsor, la plaine de Thèbes s'était déjà exhaussée de deux mètres depuis l'époque des premiers remblais qui y avaient été faits : or, cet exhaussement ayant exigé un intervalle de seize siècles environ, la date de la fondation des monumens de Louqsor remonterait à quatorze cents ans avant notre ère. Mais la ville de Thèbes, dans l'enceinte de laquelle ils étaient compris, existait nécessairement avant cette époque : nous rappellerons même ici que l'on voit aujourd'hui, dans des massifs de murs qui se rattachent aux ruines actuelles, des pierres taillées qui sont couvertes de sculptures hiéroglyphiques; ce qui prouve évidemment que ces matériaux proviennent de la démolition de constructions plus anciennes.

On sent bien que nous ne prétendons pas ici attribuer une précision rigoureuse à la détermination des différentes époques que nous venons d'indiquer; ce sont de simples conjectures, renfermées dans des limites de probabilité assez rapprochées, que de nouvelles recherches rapprocheraient encore : aussi n'avons-nous laissé échapper aucune occasion d'ajouter de nouveaux faits à ceux que nous avions déjà recueillis.

Lorsqu'on eut établi pour la première fois, dans la vallée de l'Égypte supérieure, les digues destinées à soutenir les eaux de l'inondation, il se forma de ces digues et des canaux qu'elles traversent un système général d'irrigation auquel les circonstances n'ont depuis apporté aucun changement notable, du moins quant aux emplacemens que ces ouvrages occupent. Cette opinion est d'autant mieux fondée, que la moindre modification dans ce système aurait augmenté la valeur de quelques terrains, en diminuant la valeur de quelques autres; ce qui aurait occasioné entre les cultivateurs des querelles sanglantes et interminables, semblables à celles qui s'élèvent aujourd'hui pour les plus légers intérêts, de village à village, quand il s'agit de la répartition des eaux d'arrosement. Tout porte donc à croire que les digues dont l'Égypte est entrecoupée transversalement se retrouvent encore sur les mêmes emplacemens où elles furent établies dans leur origine : les seuls changemens qu'elles ont éprouvés consistent dans l'exhaussement progressif qu'elles ont reçu à mesure que le sol de la vallée s'est exhaussé lui-même.

Une de ces digues, qui traverse la plaine de Syout, sert de chemin pendant l'inondation; on emploie pour l'exhausser et l'entretenir les décombres qui proviennent de la ville et des villages voisins, matières qu'il est extrêmement facile de distinguer du terrain naturel formé des alluvions du fleuve.

Ayant fait creuser à travers cette digue le puits qui est indiqué sous le n°. 4 (fig. 5), je ne retrouvai le limon du Nil qu'à $3^m 89$ au-dessous de la plaine actuelle; ce qui indique la quantité d'exhaussement du sol de cette plaine depuis la construction de la digue dont il s'agit. L'époque de cette construction remonterait ainsi à plus de trois mille ans, c'est-à-dire à douze cents ans au-delà de notre ère, si l'accroissement séculaire était de $0^m 126$, ainsi que, par les observations précédentes, on est fondé suffisamment à le conclure.

Pendant notre séjour à Syout nous remarquâmes à l'angle d'une petite rue, et en saillie au-dessus du sol, l'extrémité supérieure d'une colonne de granit rouge poli; comme elle était érigée verticalement, il était probable qu'elle n'avait point été déplacée. Je fis faire une fouille qui justifia cette conjecture : cette colonne était enfouie de $6^m 279$ dans les décombres; sa base reposait sur un plafond en stuc, ce qui prouve qu'elle ornait l'intérieur d'un édifice. Enfin on trouva que la surface de ce plafond était de $1^m 503$ au-dessous du sol de la plaine actuelle, lequel est par conséquent lui-même inférieur de $4^m 776$ à celui des rues de Syout (fig. 14). Malheureusement on ne peut tirer de cette observation d'autre conséquence, sinon que le niveau des campagnes qui environnent cette ville se trouve aujourd'hui supérieur de $1^m 503$ au plafond d'un édifice qui, lors de sa construction, fut indubitablement établi au-dessus des inondations.

Mais, si le monticule artificiel sur lequel fut bâti l'ancienne ville de *Lycopolis*, dont il paraît que Syout occupe aujourd'hui la place, avait été formé, comme on peut le croire, à la même époque que la digue qui traverse la plaine, alors la fondation de *Lycopolis* ne remonterait pas à plus de douze cents ans au-delà de notre ère : elle serait ainsi beaucoup plus moderne que Thèbes ; ce qui s'accorde avec l'opinion générale, que les parties supérieures de l'Égypte ont été peuplées et civilisées les premières.

Une circonstance particulière à la localité explique au surplus comment le monticule factice de Syout peut être d'une formation plus récente que la plupart de ceux sur lesquels ont été fondées les autres villes de la haute Égypte. En effet, la largeur de l'espace compris entre le Nil et le pied de la montagne Libyque n'est ici que de quinze cents mètres ; de sorte que les anciennes peuplades qui avaient fixé originairement leurs demeures sur le penchant de cette montagne, purent changer leurs mœurs et embrasser la vie agricole, sans être obligées de venir s'établir dans la plaine sur des éminences artificielles : aussi remarque-t-on au nord des grottes de Syout, et à la même hauteur au-dessus de la vallée, une suite de petits plateaux couverts de fragmens de vases de terre, de stuc, et d'autres décombres provenant d'anciennes habitations abandonnées, vestiges que nous n'avons pas retrouvés ailleurs semblablement placés.

Les monumens anciens sont, comme on sait, beaucoup plus rares dans la basse Égypte que dans l'Égypte supérieure. Cependant l'obélisque d'Héliopolis, qui se trouve maintenant dans une plaine cultivable, exposée aux inondations du Nil, à environ un myriamètre du Kaire, offre un moyen de reconnaître l'exhaussement de cette plaine au-dessus de l'ancien sol. Je m'y rendis le 21 frimaire de l'an VIII (12 décembre 1799); je fis creuser au pied de l'obélisque, et je reconnus qu'il reposait sur un bloc de grès jaune rectangulaire, dont la surface est à 1^m88 au-dessous du niveau actuel de la plaine (fig. 15).

Nous fîmes, à cent cinquante mètres de distance de l'obélisque et dans la même enceinte où il est placé, une deuxième fouille qui nous apprit que le limon du Nil recouvrait, sur une épaisseur de $1^m 732$, un sol factice, composé de terres rapportées et de décombres. La surface de ce terrain factice, qui se trouve à très-peu près au même niveau que le bloc de grès qui sert de soubassement à l'obélisque, représente le sol de l'ancienne place où l'obélisque fut érigé. Ainsi, depuis l'époque où les plus grandes inondations ont commencé à atteindre le sol de cette place, le terrain s'est exhaussé de $1^m 80$ environ.

On se rappelle que l'exhaussement de la plaine de Thèbes, près du colosse de Memnon, est de $1^m 924$ au-dessus du soubassement de cette statue : nous avons trouvé l'exhaussement de la plaine d'Héliopolis de $1^m 88$ au-dessus du soubassement de l'obélisque. Ces deux quantités d'exhaussement sont donc, comme on voit, à très-peu près égales entre elles.

Des témoignages historiques, et notamment celui de Strabon, prouvent cependant que la ville d'Héliopolis était encore habitée lorsque celle de Thèbes était détruite. Ainsi la quantité d'exhaussement du sol de la première devrait être moindre que la quantité d'exhaussement du sol de la seconde, si quelque cause particulière n'avait pas interverti la marche naturelle des alluvions. Or, cette cause est facile à découvrir par le simple examen des circonstances de l'inondation sur ces deux points de l'Égypte.

On remarque, sur les faces du piédestal de la statue de Memnon, la trace des inondations actuelles à un mètre au-dessus de la surface du sol (fig. 10), tandis que, dans la plaine d'Héliopolis, la trace de ces inondations sur les faces de l'obélisque est à $1^m 524$ au-dessus du terrain (fig. 15). Il est donc constant qu'aujourd'hui la hauteur de l'inondation dans la plaine d'Héliopolis est plus grande que dans la plaine de Thèbes; et, comme l'épaisseur des dépôts annuels en un point déterminé est, toutes choses égales, proportionnelle à la hauteur de l'inondation sur ce point, il s'ensuit évidemment que les épaisseurs de ces dépôts, ou les exhaussemens séculaires du sol mesurés à Thèbes et à Héliopolis, doivent être dans le rapport de 1^m à $1^m 50$: de sorte que cet exhaussement séculaire, étant supposé d'environ $0^m 10$ près de la statue de Memnon, sera de $0^m 15$ près de l'obélisque d'Héliopolis; et il aura fallu l'intervalle de douze siècles pour la formation du dépôt de limon qui recouvre aujourd'hui, sur $1^m 73$ d'épaisseur, le soubassement de cet obélisque.

Mais pourquoi l'épaisseur des dépôts séculaires de la plaine d'Héliopolis est-elle plus grande que l'épaisseur séculaire des dépôts de la plaine de Thèbes? Cela tient à la disposition des lieux où les observations ont été faites par rapport aux digues destinées à soutenir les eaux de l'inondation. En effet, la vallée d'Égypte, au lieu de présenter dans sa longueur une plaine unie, inclinée vers la mer, suivant la pente du fleuve, présente au contraire une suite de plans inclinés irrégulièrement et séparés les uns des autres par les digues transversales qui s'étendent du Nil au désert. On conçoit que, lorsqu'un espace renfermé entre deux de ces barrages consécutifs est submergé lors du débordement, la plus grande hauteur d'eau de cette espèce d'étang doit se trouver immédiatement au-dessus de la digue inférieure, tandis qu'il n'y a au-dessous de la digue supérieure qu'une hauteur d'eau d'autant moindre que la pente de la plaine vers l'embouchure du Nil est plus considérable. Les dépôts séculaires doivent par conséquent varier d'épaisseur, suivant que les points où on les remarque sont placés à des distances plus ou moins éloignées des digues qui traversent la plaine. Au surplus, ces différences d'épaisseur dans les dépôts séculaires observés en différens points de l'Égypte ne sont, pour ainsi dire, que temporaires; car les mêmes causes qui les ont produites, tendant ensuite à les faire disparaître, concourent sans cesse, comme nous l'avons démontré plus haut, à ramener à l'identité l'exhaussement moyen du lit du Nil et celui de la vallée.

Les observations que nous avons rapportées dans cette section prouvent que cet exhaussement moyen est, à très-peu près, de $0^m,126$ par siècle. Ainsi, non-seulement elles ont confirmé l'opinion des anciens sur la formation du sol de l'Égypte, mais encore elles nous ont conduits à assigner, avec le degré de précision qu'on peut espérer d'atteindre dans une pareille matière, la quantité séculaire dont il s'exhausse. Toutes les fouilles que l'on entreprendra désormais sous quelques-uns des nombreux monumens antiques qui subsistent dans cette contrée ajouteront de nouveaux faits à ceux que nous avons rassemblés. C'est aux voyageurs qui viendront après nous d'en augmenter le faisceau; les emplacemens ne manqueront point à leur curiosité : qu'ils ne craignent point de se livrer à de nouvelles recherches ; il serait encore avantageux de les entreprendre lors même que les conclusions qu'ils en tireraient se réduiraient à de simples conjectures : car ces conjectures acquerront plus de poids par leur réunion ; et, si elles ne sont point de nature à nous donner le plus haut degré de certitude historique, elles pourront du moins concourir à l'éclaircissement de quelques points encore obscurs de la chronologie égyptienne.

SECTION V.

Des différentes causes dont l'action modifie continuellement l'aspect de la vallée d'Égypte. — Des changemens qu'il pourra subir dans la suite. — Résumé de ce mémoire.

Nous avons expliqué, dans les sections précédentes, comment le sol de la vallée d'Égypte s'exhausse de plus en plus par les dépôts que laisse le Nil sur les terres qu'il submerge : mais les débordemens annuels de ce fleuve et les changemens de direction auxquels il est sujet, ne sont pas les seules causes qui tendent à modifier l'aspect de cette contrée; les vents qui y règnent n'exercent pas une moindre influence pour en faire varier les limites et en dénaturer la surface.

En effet, les déserts qui bordent la vallée d'Égypte à l'ouest, dépourvus de toute végétation, reçoivent presque d'aplomb, une partie de l'année, les rayons du soleil, et les réfléchissent dans une atmosphère qui n'est jamais rafraîchie par les pluies. Le thermomètre de Réaumur, plongé dans le sable qui recouvre la surface de ces déserts, s'élève jusqu'à 56 degrés; et ceci a lieu dans toute l'étendue de l'Afrique, en descendant de l'Atlas, au nord, vers la Méditerranée, et, au sud, vers le bassin des grands fleuves dont l'Océan occidental reçoit les eaux.

Ainsi une atmosphère enflammée enveloppe en quelque sorte ces régions, tandis que l'évaporation continuelle des eaux de la Méditerranée entretient à une température beaucoup plus basse l'atmosphère qui s'élève au-dessus de cette mer. Ainsi, par une conséquence naturelle de cette différence de température et par la tendance à l'équilibre qui se manifeste dans toutes les couches d'air d'inégale densité, un vent de nord règne presque constamment sur la bande septentrionale de l'Afrique. Ce courant d'air, arrêté par le mont Atlas, se réfléchit, vers l'est, dans une partie de son étendue. Cette direction et la direction générale suivant laquelle l'atmosphère de la Méditerranée afflue du nord au sud vers les déserts de la Libye, se composent entre elles pour donner naissance aux vents de nord-ouest qui soufflent en Égypte une partie de l'année; ces vents tournent directement au nord à l'époque du solstice d'été, parce qu'alors, l'atmosphère se trouvant plus fortement dilatée au-dessus des plaines sablonneuses de l'Afrique, le courant d'air qui tend à maintenir l'équilibre atmosphérique en se portant de la Méditerranée dans l'intérieur de ces déserts, devient assez fort pour franchir les montagnes qui pourraient lui opposer quelque obstacle, et pour conserver sa direction primitive.

La chaîne de montagnes qui sépare la vallée d'Égypte de la mer Rouge est presque aussi aride que le désert Libyque; mais, comme elle a fort peu de largeur, le courant d'air qui tendrait à s'établir de la mer Rouge vers l'Égypte en passant par-dessus cette chaîne n'a point assez d'intensité : aussi le vent d'est ne souffle-t-il dans cette contrée que pendant dix ou douze jours de l'année.

Les vents d'ouest et de nord-ouest, dont nous venons d'expliquer l'origine, chassent devant eux les sables de la Libye, qui auraient depuis long-temps envahi l'Égypte, s'ils n'avaient pas été forcés de s'accumuler en dunes sur sa limite occidentale. Certains arbrisseaux servent de point d'appui à ces dunes, et opposent au progrès des matières pulvérulentes dont elles se forment le seul obstacle qui puisse en arrêter le cours. Ces arbrisseaux croissent sur les bords des canaux dérivés du Nil. Ainsi le premier bienfait de ce fleuve est, comme on voit, d'empêcher que le pays qu'il arrose ne soit à jamais rendu stérile par les sables qui tendent à s'en emparer.

Le canal de Joseph dans l'Égypte moyenne, et celui de la Bahyreh dans la basse Égypte, sont les digues que l'art semble avoir opposées depuis long-temps à cette irruption.

On peut juger de l'avantage de cette défense en observant que, partout où de semblables canaux n'arrêtent point les sables amenés du désert, des terrains anciennement cultivés en ont été envahis.

Tous les sables qui, poussés par les vents, arrivent sur les bords du Nil ou des canaux qu'il alimente, ne s'arrêtent pas sur leurs rives pour y former des dunes; une partie est jetée dans leur lit, et est entraînée par le courant avec ceux que le fleuve amène chaque année des parties supérieures de son cours. Les sondes dont nous avons rendu compte dans la seconde section de ce mémoire montrent que le limon qui recouvre le sol de la vallée d'Égypte repose sur des bancs de sable quartzeux, gris et micacé; bancs d'épaisseur variable, suivant les localités. Ainsi les matières charriées par le Nil sont de deux espèces, le sable et le limon; elles viennent également de l'Abyssinie, ou plus généralement du pays que parcourt le Nil au-dessus de la dernière cataracte. Entre Syène et l'île de Philæ, et probablement au-dessus de cette île, les bords de ce fleuve sont couverts de sables de la même nature que ceux dont le fond de son lit est composé. On y remarque les particules de mica, et les lamelles ferrugineuses attirables à l'aimant, que l'on retrouve à ses embouchures; le fleuve les y entraîne lors de ses crues, après avoir détruit les bancs qui se forment dans son lit pendant la saison des basses eaux.

Quant au limon argileux qui contribue à changer la couleur des eaux du fleuve, il vient probablement de plus haut; car, immédiatement au-dessus de la première cataracte, il n'y a point de sol de cette nature que le Nil puisse détruire et transporter ailleurs.

En considérant les pesanteurs spécifiques du sable et du limon dans le mouvement qui leur est imprimé, on voit que le Nil ne peut tenir suspendue la première de ces substances qu'autant que ses eaux sont animées d'une vitesse suffisante. Lorsque, par une cause quelconque, cette vitesse vient à diminuer, les matières les plus pesantes se déposent et préparent la formation d'un banc sur lequel les eaux, se mouvant plus lentement à mesure qu'il acquiert plus d'élévation, déposent de nouvelles matières de plus en plus légères, jusqu'à ce qu'enfin cet atterrissement se trouve recouvert de limon et puisse être livré à la culture.

C'est ainsi que se formèrent les bancs dans le lit du fleuve lorsqu'il commença à couler dans la vallée d'Égypte ; il déposa successivement, sur toute la largeur de cet espace, les sables fins qu'il charrie, et forma lui-même de ces sables un sol que les eaux peuvent facilement sillonner : aussi l'ont-elles en quelque sorte remanié à plusieurs reprises, quoique la pente transversale de la vallée attire constamment le fleuve au pied de la montagne Arabique, vers laquelle le repoussent également, quand elles peuvent arriver jusque sur sa rive, les matières légères que les vents d'ouest et de nord-ouest amènent du désert Libyque.

Le Nil ayant établi son lit dans la masse de ses propres alluvions, on conçoit qu'il peut aisément corroder ses berges. Quand, pendant le temps de la crue, le courant se porte avec violence sur l'une d'elles, on voit des blocs de sable et de limon, minés par ce courant, s'ébouler dans le fleuve : ils sont aussitôt divisés ; la transparence des eaux en est troublée, et ces matières, entraînées par le courant, vont s'étendre à quelque distance sur la rive opposée. Elle se forme ainsi d'un nouvel attérissement. Les graviers dont la pesanteur spécifique est la plus considérable se déposent les premiers, et, à raison de leur volume, ils se soutiennent sous un talus plus roide ; des sables plus légers se placent au-dessus sous un talus plus incliné : voilà comment s'opère le dépôt successif des matières d'alluvion, dont le talus, à mesure qu'il s'élève, s'incline davantage jusqu'à ce que les eaux qui le surmontent, animées d'une très-petite vitesse, ne tiennent plus suspendu que du limon argileux, lequel tombe à son tour et recouvre les sables inférieurs en formant une surface convexe qui se raccorde horizontalement avec celle de la plaine adjacente. Voilà comment s'engendre le profil transversal des rives du Nil, et généralement celui des rives de tous les fleuves lorsqu'elles se forment des matières mêmes qu'ils charrient. On voit, par les figures 3 et 4, que ce profil transversal est une courbe convexe vers leur lit; courbe telle, que, par l'inclinaison variable de ses élémens et la pesanteur spécifique des substances dont ils sont recouverts, la stabilité de ces substances dans le lieu qu'elles occupent, c'est-à-dire leur résistance à la corrosion, est précisément égale à la force corrosive du courant.

Lorsqu'une rive du Nil se forme, comme on vient de le dire, par de nouvelles alluvions, elle s'allonge en dedans du fleuve en présentant une sorte de cap ou d'*épi*, dont l'effet naturel est de reporter l'effort des eaux du côté opposé : les nouvelles corrosions qui en résultent donnent naissance à de nouveaux attérissemens. Ainsi le fleuve agit sur ses berges par des ricochets successifs, et déplace continuellement, en les portant vers la mer, les matières qu'il a lui-même déposées autrefois : ainsi, modifiant son propre ouvrage dans l'intervalle d'une certaine période, il a successivement labouré, pour ainsi dire dans toute sa largeur, la vallée de la haute Égypte. Ceci explique pourquoi les puits que nous y avons fait creuser ont montré partout une couche de limon reposant sur un massif de sable de la même nature que celui que l'on trouve dans le lit du fleuve et sur ses rives;

mais il est digne de remarque que l'épaisseur de la couche superficielle de limon est partout d'autant plus grande que l'on s'approche du désert. Une légère attention conduit facilement à saisir l'explication de ce fait.

Avant que la vallée d'Égypte fût couverte des établissemens où sa population se fixa dans la suite, les débordemens du Nil la submergeaient naturellement, c'est-à-dire que les eaux n'en étaient point dirigées sur des points déterminés par des canaux artificiels, ni soutenues par des barrages au-dessus des plaines dont l'agriculture s'est emparée depuis.

Lorsque le fleuve s'était accru au point de submerger les campagnes adjacentes, les eaux, immédiatement à la sortie de leur lit, déposaient sur ses bords, où elles étaient animées de leur plus grande vitesse, les matières les plus pesantes qu'elles transportaient; puis, s'étendant indéfiniment, leur vitesse diminuait de plus en plus, et les dépôts qu'elles laissaient sur le sol étaient composés de matières plus légères jusqu'à ce que, devenues presque stagnantes lorsqu'elles étaient parvenues à la limite du désert sur l'une et l'autre rive, elles ne déposaient plus que du limon. On voit comment cette substance, qui est la plus ténue de toutes celles qui sont transportées par le Nil, doit former un dépôt plus épais à mesure que l'on s'éloigne du lit de ce fleuve.

Le creusement des canaux d'arrosage dont l'Égypte est entrecoupée n'a rien changé à l'ordre que les différences de pesanteur spécifique ont établi dans la disposition des attérissemens du Nil. Il est aisé de concevoir, en effet, que les eaux conduites artificiellement et arrêtées contre les barrages ne peuvent y déposer que du limon, la seule matière qui trouble encore leur transparence lorsqu'elles y arrivent.

Si, par ce qui précède, on s'est formé une idée précise de l'action du Nil sur ses berges, et si l'on a bien saisi la marche de ses alluvions, on se trouve conduit naturellement à distinguer, dans la vallée d'Égypte, sa partie la plus profonde ou plutôt la plus éloignée des montagnes qui la bordent, et la partie la plus rapprochée de ces montagnes. La première est exposée à être sillonnée par le fleuve, qui a tracé son lit tantôt dans un endroit et tantôt dans un autre; cette partie de la surface de la vallée a pu être, à diverses reprises, déblayée et remblayée par le courant : la seconde portion, qui est voisine des déserts, se trouve en quelque sorte à l'abri de son action depuis que l'ordre actuel est établi; le sol qui la recouvre est composé de couches horizontales superposées dans un ordre successif qui n'a jamais été interverti.

En débouchant de la longue vallée où il coule depuis l'île d'Éléphantine jusqu'à la vue des pyramides, le Nil, dans les premiers temps de son régime, commença à remplir d'attérissemens le golfe dont le Delta occupe aujourd'hui l'emplacement : leurs progrès naturels déterminèrent la configuration à laquelle cette partie de l'Égypte doit le nom qu'elle a porté jusqu'ici. En effet, c'est au milieu du courant d'un fleuve que se meuvent les matières les plus pesantes qu'il charrie ; tant que la vitesse de ce courant est assez considérable, elles continuent à se mouvoir; mais, au moment où les eaux peuvent s'étendre dans un plus grand espace, leur vitesse diminue tout-à-coup, et le dépôt de ces matières commence à s'opérer dans le prolongement du courant qui les transportait. Le fleuve, obligé de contourner le banc qu'elles forment, se partage nécessairement en deux branches, au milieu de chacune desquelles s'établit, par les mêmes causes, un banc secondaire qui, prenant journellement de nouveaux accroissemens, finit par se réunir au premier. Les attérissemens trouvent ainsi, entre les deux branches du fleuve, un point d'appui qui, sous la forme d'un triangle ou du *delta* grec, s'étend de plus en plus par l'écartement de ces branches. Outre les deux principales, il s'en forme d'intermédiaires qui, suivant les circonstances, se comblent ou s'approfondissent, et qui jettent leurs eaux dans des lagunes ou des marécages; état par lequel passent toujours les attérissemens des fleuves avant d'être rendus propres à la culture par un desséchement suffisant.

D'après l'explication que nous donnons ici de l'origine de la basse Égypte, on conçoit comment quelques historiens de l'antiquité n'ont admis que deux branches naturelles du Nil; la Canopique à l'occident, et la Pélusiaque à l'orient. Ils regardaient les cinq autres comme des canaux artificiels, parce qu'en effet le travail des hommes dut s'opposer à ce que les rameaux intermédiaires s'obstruassent par des attérissemens, puisqu'ils pouvaient servir de canaux d'irrigation, et porter les eaux du Nil sur les terres de nouvelle formation dont l'agriculture s'était emparée.

Par cela seul que les branches Canopique et Pélusiaque portaient à la mer le volume presque entier du Nil, c'est à leurs embouchures que dut se former presque exclusivement le dépôt des alluvions qu'il charriait.

Les rives de chacune de ces branches se prolongèrent ainsi vers le large, entre deux plages sablonneuses qui étaient leur propre ouvrage; leurs embouchures s'avancèrent dans la Méditerranée plus au nord que le reste de la côte; leur développement devenant plus considérable, leur pente diminua proportionnellement, et les eaux du Nil se jetèrent dans les canaux intermédiaires les plus voisins, suivant lesquels elles pouvaient s'écouler à la mer avec plus de rapidité. Une partie du fleuve se porta à l'est en descendant de la branche Canopique dans la Bolbitine, tandis que les eaux de la branche Pélusiaque descendirent dans la Sébennytique. Ce changement eut lieu graduellement; car, s'il eût été produit tout-à-coup, on aurait conservé le souvenir de l'époque à laquelle il s'opéra. Ce qu'on peut affirmer, c'est que le rétrécissement du Delta par le rapprochement des bras du Nil qui le renferment, est postérieur au siècle de Pline, puisque cet auteur désigne encore comme les plus considérables les anciennes branches Canopique et Pélusiaque, qui sont aujourd'hui oblitérées.

Celles qui s'enrichirent de leur appauvrissement, les branches Bolbitine et Sébennytique, ou, comme on les appelle aujourd'hui, celles de Rosette et de Damiette, ont, à leur tour, étendu leurs embouchures en saillie sur la côte d'Égypte, de sorte qu'elles présentent maintenant, dans le système hydrographique de ce pays, un état semblable à celui où se trouvèrent autrefois les branches Canopique et Pélusiaque, quand les eaux cessèrent d'y couler pour se porter vers l'intérieur du Delta.

Que l'on compare, en effet, le développement actuel de la branche de Damiette au développement de l'ancienne branche de Péluse jusqu'au lac Menzaleh, qui peut, sans beaucoup d'erreur, être supposé de niveau avec la Méditerranée, et l'on trouvera que les longueurs de l'ancienne branche Pélusiaque et de la branche actuelle de Damiette sont entre elles, à très-peu près, dans le rapport de 17 à 18; d'où l'on voit que, si les eaux du Nil étaient abandonnées à leurs cours naturel entre le Kaire et le *Ventre de la Vache*, elles se porteraient aujourd'hui dans la branche de Péluse, qui redeviendrait ainsi, comme autrefois, l'une des deux principales branches du Nil.

Les eaux de la branche de Damiette tendent également à se jeter dans le canal de Menouf, parce que, suivant la remarque que nous en avons déjà faite, le développement de ce canal entre son embouchure et le *Ventre de la Vache* est moindre que le développement de la branche de Rosette entre ces deux mêmes points.

La digue de Fara'ounyeh, située à l'origine du canal de Menouf, s'étant rompue il y a quelques années, il fallut entreprendre des travaux considérables pour la réparer : on se rappellera long-temps dans le pays la violence avec laquelle les eaux se portèrent par cette voie dans la branche occidentale du Nil. Celle de Damiette, que cet accident avait considérablement atténuée, fut envahie par les eaux de la mer : elles y remontèrent jusqu'au-delà de Fâreskour, inondèrent les terres cultivables, et les rendirent stériles pour plusieurs années.

Les effets qui suivirent la rupture de la digue de Fara'ounyeh se manifesteraient de la même manière, si l'on cessait d'entretenir les barrages à l'aide desquels on règle l'entrée des eaux dans les canaux de Moueys et d'Achmoun, qui correspondent aux anciennes branches Tanitique et Mendésienne, et qui ont leurs embouchures dans le lac Menzaleh. Si, par la destruction ou le défaut d'entretien de ces barrages, la branche de Damiette venait à s'appauvrir, les eaux de la mer y reflueraient; la petite langue de terre qui sépare cette branche du lac Menzaleh se romprait en quelques points; et comme les bords du Nil, près de son embouchure, sont plus élevés que la campagne voisine, il suffirait aussi que ce fleuve s'ouvrît une issue à travers l'une de ces berges, pour que ces campagnes se transformassent d'abord en lagunes et ensuite en lacs semblables à ceux de Menzaleh et de Bourlos. On pourra, à force de travaux, retarder l'époque de ce changement; mais l'ordre de la nature le rend inévitable. Il viendra un temps où l'allongement des deux branches de Damiette et de Rosette sera si considérable, que les eaux qui y coulent maintenant se rendront à la mer en suivant des canaux plus courts, jusqu'à ce que l'allongement de ceux-ci, occasioné par de nouveaux dépôts à leurs embouchures, oblige les eaux qu'ils auront reçues à reprendre plus tard les routes qu'elles suivent aujourd'hui.

Ainsi les eaux du Nil, sillonnant successivement la basse Égypte en différentes directions, oscillent sans cesse pour se rendre dans la Méditerranée par les lignes de plus grande pente; et cette tendance continuelle modifie nécessairement l'étendue du Delta, sans altérer sensiblement sa forme. Il nous reste à indiquer la marche des sables qui en couvrent la côte.

Nous ferons remarquer d'abord que la bande de rochers calcaires, qui forme le rivage de la mer depuis la tour des Arabes jusqu'à la pointe d'Abouqyr, est presque constamment battue par les vents régnans de nord et de nord-ouest. L'action des vagues poussées contre cette côte en occasione la destruction. On retrouve, en la parcourant au sud-ouest d'Alexandrie, les vestiges d'anciens ouvrages creusés dans le roc, parmi lesquels on distingue celui que les voyageurs ont désigné sous le nom de *bains de Cléopâtre*, et les catacombes pratiquées sous l'ancien quartier d'Alexandrie appelé *Necropolis*.

Parallèlement au rivage, et à trois mille mètres de distance, règne une ligne de rochers sous-marins, ouverte par quatre passes, qui servent d'entrée au port occidental de cette ville; il est formé, comme on sait, par le prolongement de la côte et par l'ancienne île de *Pharos*, dont la pointe qui regarde le sud-ouest porte le nom de *cap des Figuiers*, à cause des arbres de cette espèce que l'on y cultive. Ce cap, continuellement attaqué par les flots, n'a pu résister à leur action. On aperçoit vers le large, sur son prolongement, une suite de catacombes qui avaient été creusées au-dessous du niveau de la mer : elle a envahi l'espace qu'elles occu-

partie des matières dont elle est composée. Celles qui passent sur la rive gauche viennent se ranger à l'ouest de cette embouchure, et courent du nord-est au sud-ouest, le long de la côte orientale de la baie d'Abouqyr : elles se mêlent avec celles qui en parcourent la plage, et reviennent encore sur le bord du Nil, où elles sont projetées de nouveau après être restées quelque temps stationnaires sur les dunes de Rosette et d'Abou-Mandour. On voit que ces sables circulent en quelque sorte dans l'espace circonscrit par la mer, le lac d'Edkoû et la partie inférieure du cours du Nil; et l'on ne doit point être étonné que cet espace éprouve peu de changemens dans son aspect, puisqu'une partie des matières qui le recouvrent y est rejetée du boghâz, où elle revient quelque temps après.

Le même effet n'a pas lieu sur la rive opposée. Les matières détachées du boghâz et rejetées sur la droite du Nil forment la pointe de cette rive et la bande étroite qui sépare le lac Bourlos de la mer. La direction de cette bande et la figure qu'elle affecte s'expliquent naturellement par l'action combinée des vents et des courans auxquels elle est soumise; car, pendant que les vents d'ouest, de nord-ouest et de nord tendent à faire pénétrer dans l'intérieur de l'Égypte les sables poussés sur la côte, les canaux alimentaires du lac Bourlos, qui ont leur embouchure dans la partie occidentale de son pourtour, ne pouvant jeter leurs eaux à la mer qu'après avoir contourné le rivage de ce lac, il arrive qu'un courant continuel de ces eaux en balaye, du sud-ouest au nord-est, la côte intérieure; la plage sablonneuse qui le sépare de la mer se trouve ainsi pressée en quelque sorte par le courant littoral intérieur et par les vents d'ouest et de nord, qui soufflent du large. Aussi voit-on cette langue de sable se prolonger sous cette double action, en s'amincissant de plus en plus jusqu'au pertuis de Bourlos, seule issue par laquelle s'évacuent les eaux du Delta, lesquelles y entretiennent, suivant les saisons, un courant plus ou moins rapide.

Les sables de l'embouchure de Rosette, parvenus à la pointe de Bourlos, sont jetés par les vents dans le pertuis dont cette pointe est l'une des rives; ils y forment, comme aux embouchures du Nil, une barre dont les matériaux traversent le courant et passent sur la rive opposée; la partie la plus saillante de cette rive est le cap Bourlos. Une tour en pierre, élevée sur ce cap, sert à le faire reconnaître, et procure aux sables qui lui servent de soubassement une sorte de stabilité. Au surplus, comme au-delà de ce cap, en allant du côté de l'est, il n'y a plus, derrière la plage, de lac intérieur qui arrête la marche des sables, ces matières, obéissant à la seule action des vents régnans, couvrent un espace de douze cents mètres de largeur jusqu'aux bords de l'une des dérivations du canal de Ta'bânyeh, où elles sont obligées de s'arrêter. Cette côte sablonneuse s'incline du nord-ouest au sud-est, à partir du cap Bourlos; et, comme les eaux douces du lac peuvent aisément filtrer au-dessous, elles y entretiennent des espèces de cultures qui sont particulières à ce territoire.

La direction suivant laquelle nous venons de dire que la côte de la basse Égypte s'inclinait vers le sud-est, à partir du cap Bourlos, se prolongerait indéfiniment, si la saillie que l'embouchure de la branche de Damiette présente sur ce rivage, à quatre myriamètres au-delà, n'obligeait pas cette partie de la côte à changer de direction et à se retourner vers le nord-est.

La branche de Damiette, qui traverse le milieu du Delta, ne charrie que des sables de la haute Égypte, jusqu'à la prise d'eau du canal d'Abou-Ghâlyb, qui en est dérivé, et qui se dirige du sud-est au nord-ouest, à deux myriamètres environ au-dessus de cette ville. Ce canal sert de limite aux sables qui viennent de Bourlos et qui couvrent la plage : ils se trouvent ainsi maintenus entre ce canal, la partie inférieure de la branche orientale du Nil, et la mer.

Poussés par les vents de nord et de nord-ouest, ces sables, après avoir stationné quelque temps sur les dunes qui bordent la rive gauche du Nil, y sont enfin précipités en partie : il les entraîne à la mer avec ceux qui viennent de plus haut; et la barre qui obstrue l'embouchure de cette branche se forme de leur accumulation.

On conçoit que, produit par les mêmes causes, ce banc doit présenter les mêmes effets que celui de la branche de Rosette. Les deux courans qui le contournent en détachent les débris, qui sont portés, les uns à gauche du côté de l'ouest, les autres à droite du côté de l'est. Les premiers forment une ligne de dunes le long de la côte, et, s'ajoutant avec ceux qui sont amenés de Bourlos, ils reviennent au bord du Nil pour y être jetés de nouveau.

Telle est l'espèce de circulation des sables qui couvrent la rive gauche de ce fleuve près de l'embouchure de Damiette. On voit que, par un mouvement absolument le même que celui des sables dont nous avons décrit la marche à l'ouest de l'embouchure de Rosette, ils avancent également vers le large, en décrivant de l'est à l'ouest et du nord au sud, une suite de courbes qui rentrent continuellement les unes dans les autres.

Une autre partie des sables que le courant enlève du boghâz de Damiette est rejetée sur la rive droite de cette embouchure. Les vagues de la mer et les vents régnans tendent à les jeter dans le lac Menzaleh, qui finirait par en être comblé si le courant littoral entretenu dans ce lac, le long de la plage qui le sépare de la mer par les eaux des anciennes branches de Mendès, de Tanise et de Péluse, ne repoussait pas ces matières; de sorte que, pressées d'un côté par la mer; et de l'autre par le lac Menzaleh, elles se réduisent en une petite langue étroite, bordée intérieurement de quelques arbustes, et par conséquent de quelques dunes. Mais ces dunes s'élèvent peu au-dessus du sol, parce que les plantes qui leur servent de point d'appui, et dont la végétation n'est entretenue qu'avec des eaux saumâtres, sont faibles et rabougries. Cette espèce de digue sablonneuse qui part de l'embouchure même du Nil, descend du nord-ouest au sud-est : elle est percée de trois pertuis qui correspondent aux trois embouchures des branches Mendésienne, Tanitique et Pélusiaque. Chacune de ces trois ouvertures, qui servent ensemble à l'évacuation de toutes les eaux de cette partie du Delta, est elle-même obstruée par un banc de sable contre lequel se porte

l'action du courant; ce courant rejette les débris de ces bancs sur sa droite, où les vents régnans les reprennent à leur tour et les étalent, en prolongement de cette digue étroite, jusqu'à l'ancienne plaine de Péluse, à laquelle elle se rattache. Ces sables, dont la marche s'étend au-delà de l'emplacement de cette ancienne ville, se réunissent à ceux qui viennent de l'intérieur de la Syrie, et forment les dunes qui couvrent la partie septentrionale de l'isthme de Suez.

Les déserts de cet isthme, à l'orient du Delta, diffèrent par leur aspect de ceux qui bordent l'Égypte à l'occident. Ces derniers, à leur limite, n'offrent que des sables légers qui y ont été transportés par les vents : la surface de l'isthme est, au contraire, une plage unie composée de graviers et de cailloux, dont la masse ne laisse aucune prise aux vents d'ouest et de nord-ouest. Ces vents ont depuis long-temps balayé cette surface, et emporté vers l'est toutes les matières pulvérulentes qui pouvaient recouvrir le sol. Il suffit, au reste, de le fouiller à une très-petite profondeur, ou plutôt d'en labourer légèrement la surface, pour s'assurer qu'il est composé de cailloux roulés, de graviers et de sables fins, matières qui se sont accumulées en désordre à une époque où, comme nous l'avons dit ailleurs, deux courans qui venaient, l'un de la Méditerranée, et l'autre de la mer Rouge, se choquant avec violence sur l'emplacement actuel de l'isthme de Suez, s'y mirent en équilibre, et y déposèrent les débris des côtes dont ils avaient sapé la base, et le long desquelles ils s'étaient dirigés jusque là.

Les observations que nous avons recueillies sur la

vallée d'Égypte, et que nous venons de rapporter, rendent maintenant évidentes les causes qui l'ont amenée à son état actuel, et qui en modifient continuellement l'aspect. Les débordemens annuels du Nil en exhaussent le sol par le dépôt de limon qu'ils y laissent. Sans cesse rajeunie, pour ainsi dire, par le bienfait de l'inondation, cette terre, présent du fleuve, s'avance de plus en plus dans la mer, et offre à ses habitans, sur une plage qui n'a pas cessé de s'accroître depuis une longue suite de siècles, les produits d'une fertilité sans exemple; tandis que, par une inondation d'une autre nature, les sables que transportent les vents du fond des déserts de la Lybie, tendent à envahir cette terre et à la frapper de stérilité. Ainsi s'expliquent naturellement ces continuels efforts dans lesquels, suivant l'ancienne fable égyptienne, Osiris et Typhon, alternativement vainqueurs et vaincus, se disputent un terrain où ni l'un ni l'autre ne peut exercer un empire exclusif, et que la nature a disposé pour être entre eux l'objet d'un éternel combat.

APPENDICE.

ANALYSE DU LIMON DU NIL,

Par M. REGNAULT.

L'INFLUENCE du limon du Nil dans la végétation, et ses usages dans les arts, m'ont engagé à le soumettre à l'analyse chimique.

Chaque année, après l'inondation, le sol de l'Égypte est couvert d'une couche plus ou moins épaisse de limon : sa couleur, d'abord noire, se change en brun jaunâtre par la dessiccation à l'air; alors il se divise et présente des fentes dans lesquelles on reconnaît que le limon a été déposé par couches horizontales, disposition ordinaire de l'argile, dont il offre les autres caractères : il a une forte affinité pour l'eau, et éprouve la retraite par le feu.

En lavant le limon, on n'en sépare qu'une très-petite quantité de sels; car 100 parties de limon n'en tiennent que 1,2 : ces sels sont composés de muriate de soude, de sulfate de soude, et de carbonate d'ammoniac.

Le limon séché à l'air, et réduit en poussière très-fine, donne à la distillation de l'acide carbonique et de l'eau; la quantité d'eau qu'il perd est de 11 parties sur 100 : il a alors une couleur noire; mais si, dans cet état, on le chauffe dans un creuset avec le contact de l'air, il prend une couleur rouge, et perd le onzième de son poids. Présumant que cette perte de poids, jointe au changement de couleur, était due à la combustion d'une partie charbonneuse, j'ai distillé le limon avec du nitrate de potasse, et la quantité d'acide carbonique, dégagée par cette opération, ne m'a laissé aucun doute sur l'existence du carbone dans la proportion indiquée.

Le limon dont on s'est servi a été pris, à cinq cents toises du Nil, dans un canal servant à conduire les eaux de l'inondation : il a été séché à l'air.

Cent parties pondérales de ce limon, chauffées au creuset d'argent avec trois cents parties de potasse caustique, ont donné une masse verdâtre qui a été presque entièrement dissoute par l'acide muriatique; quelques flocons blancs restaient dans la liqueur; on a filtré et séparé 4 grains de silice.

La dissolution muriatique séparée en deux portions égales, l'une a été décomposée par l'ammoniac, l'autre par le carbonate de potasse.

Le précipité formé par l'ammoniac était composé d'alumine et de fer; il ne pouvait y avoir de magnésie, car la dissolution muriatique tenait excès d'acide, et cet excès, en s'unissant à l'alcali, avait formé du muriate d'ammoniac, qui a donné, avec le muriate de magnésie, un sel triple non décomposable par une plus grande quantité du même alcali. Pour séparer le fer de l'alumine, on a fait dissoudre cette terre dans une dissolution de potasse caustique; et, en doublant les quantités, on a trouvé,

Oxide de fer...................... 6 parties.
Alumine.......................... 48.

Avant de décomposer l'autre portion de la dissolution du limon, on avait chassé l'excès d'acide : le précipité obtenu par le carbonate de potasse a été fortement chauffé dans un têt à rôtir, pour oxider le fer, et le rendre, ainsi que l'alumine, inattaquable par l'acide acéteux. Cet acide, tenu en digestion sur le précipité, a formé, avec la chaux et la magnésie, des sels qui, séparés et convertis en carbonate, ont donné, en doublant les quantités,

Carbonate de chaux............... 18 parties.
Carbonate de magnésie............ 4.

Ainsi, sur 100 parties, le limon du Nil tient,

11 d'eau,
9 de carbone,
6 d'oxide de fer,
4 de silice,
4 de carbonate de magnésie,
18 de carbonate de chaux,
48 d'alumine.

Total...... 100 parties.

Il faut observer que les quantités de silice et d'alumine varient selon les lieux où l'on prend le limon. Sur les bords du Nil le limon tient beaucoup de sable; et, lorsqu'il est porté par les eaux de l'inondation dans les terres éloignées, il perd en chemin une quantité de sable proportionnelle à sa distance du fleuve; de manière que, lorsque cette distance est très-considérable, on trouve l'argile presque pure : ainsi le sol de l'Égypte présente l'argile dans les différens états de pureté dont les arts ont besoin.

Nous trouverons dans le limon les principes qui servent à la végétation : les cultivateurs le regardent comme un engrais suffisant dans les terres ; et ils en sont tellement persuadés, que, lorsqu'une terre a besoin d'engrais, ils la couvrent du limon du Nil, réservant à d'autres usages l'engrais qu'ils ont dans les étables : ainsi ils font sécher les excrémens des animaux, et les brûlent au lieu de bois, qui est rare en Égypte.

Prosper Alpin justifie leur opinion; il a dit en parlant du limon : *Agri ita pinguefiunt, ut stercoratione non egeant.* Nous adoptons nous-mêmes cette opinion, n'y trouvant aucune objection ; car, si la lenteur de la végétation que l'on remarque dans quelques parties de l'Égypte en était une, il resterait à décider si cette lenteur doit être attribuée au défaut d'engrais, ou au défaut de culture.

Le limon est employé dans plusieurs arts ; on en fait de la brique excellente et des vases de différentes formes ; il entre dans la fabrication des pipes ; les verriers l'emploient dans la construction de leurs fourneaux, et les habitans des campagnes en revêtent leurs maisons.

DESCRIPTION

MINÉRALOGIQUE

DE LA VALLÉE DE QOÇEYR,

Par M. DE ROZIÈRE,

Membre de la Commission des sciences et arts d'Égypte, et Ingénieur en chef des Mines.

La chaîne du Moqattam, plus connue sous le nom de *chaîne arabique*, borde la rive orientale du Nil, depuis le Kaire jusqu'au-delà de la première cataracte; mais elle ne se prolonge pas sans interruption dans toute cette étendue. Elle est coupée à divers intervalles par plusieurs grandes vallées qui, se dirigeant généralement vers l'est, traversent dans toute leur largeur les déserts compris entre l'Égypte supérieure et la mer Rouge.

La plus intéressante de toutes ces vallées a son embouchure vis-à-vis l'ancienne ville de Coptos, à sept lieues au nord des ruines de Thèbes, et porte dans le pays le nom de *vallée de Qoçeyr*. Elle a fourni aux anciens Égyptiens les matériaux de plusieurs monumens remarquables. C'est aujourd'hui la voie par laquelle se fait principalement le commerce de l'Égypte avec l'Arabie; et, sous le rapport de l'histoire naturelle, elle présente des motifs particuliers d'intérêt.

Les troupes françaises partirent de Qené le 8 prairial an VII, sous les ordres des généraux Belliard et Donzelot, pour aller s'emparer du port de Qoçeyr. Nous profitâmes de cette occasion, MM. Denon, Girard, Schouani et moi, pour parcourir cette grande vallée depuis le Nil jusqu'à la mer Rouge, et l'observer chacun sous des rapports différens.

En me préparant à présenter les résultats des recherches dont je me suis occupé, les premières qu'on ait encore faites sur la constitution physique de cette contrée, j'ai senti combien il était à regretter pour l'intérêt de la science que cette tâche n'ait pas été remplie par le naturaliste célèbre qui devait s'en trouver chargé (M. Dolomieu)[1] : il aurait ajouté à l'exactitude de ses observations l'intérêt qu'il a toujours répandu sur ces

---

[1] Le commandeur de Dolomien, dont le nom, les travaux et les malheurs sont si connus, avait fait partie de l'expédition d'Égypte en qualité d'ingénieur des mines. Depuis long-temps il désirait voir de ses propres yeux cette contrée célèbre que n'avait encore visitée aucun minéralogiste. Déjà même, bien des années avant l'expédition, l'Égypte avait été le sujet de ses méditations : il avait entrepris, avec le seul secours des relations des voyageurs, de résoudre l'intéressant problème de l'influence des attérissemens du Nil sur le sol cultivable ; et il reste de lui, sur ce sujet, un ouvrage assez étendu, qui a excité l'attention des géologues et des antiquaires.

Dans son voyage il se proposait principalement de parcourir les déserts qui environnent la Thébaïde, et d'où les anciens peuples civilisés ont tiré les matériaux d'un grand nombre de leurs plus curieux monumens. Par ses rapports avec l'ancienne histoire des arts, cette contrée avait un intérêt tout particulier pour lui ; car il avait entrepris déjà de grands travaux pour déterminer la nature et l'origine des roches employées dans les monumens antiques.

Contrarié dans ses projets par les circonstances de la guerre, M. Dolomieu se détermina malheureusement à quitter l'Égypte à l'instant où l'entière conquête de la Thébaïde permit enfin d'en parcourir les environs avec quelque liberté ; et il laissa aux ingénieurs des mines qui l'avaient accompagné le soin de recueillir les observations qui avaient si vivement excité sa curiosité.

matières naturellement arides. Il eût pu, appuyé d'une longue expérience, entreprendre de tracer dès à présent le tableau des états successifs des lieux qu'il aurait parcourus. J'ai pensé qu'il me convenait de suivre une marche différente. J'exposerai succinctement les observations que j'ai recueillies; j'insisterai sur celles qui peuvent avoir quelque utilité directe, fussent-elles, à certains égards, étrangères à l'objet dont je m'occupe spécialement : mais j'écarterai avec soin de ces premiers travaux toutes discussions géologiques, pour ne présenter actuellement que des faits fournis immédiatement par l'observation.

§. I. *Description de la vallée depuis l'Égypte jusqu'aux puits de la Gytah.*

C'est à Byr-a'nbar que l'on quitte ordinairement l'Égypte pour entrer dans la vallée de Qoçeyr. Cet endroit, situé à près de quatre heures de marche au sud de Qené, se trouve déjà sur la limite du désert, quoiqu'à peine éloigné d'une demi-lieue du Nil. On y trouve un puits dont l'eau, très-désagréable au goût, exhale une forte odeur hépatique (ce qui n'a pas lieu cependant lors des débordemens du Nil). Les caravanes en complètent souvent leurs provisions, parce que l'on ne peut espérer d'en trouver avant d'arriver aux puits de la Gytah, situés à neuf heures de marche, à l'est de Byr-a'nbar.

L'endroit par lequel on entre dans la vallée est une gorge resserrée entre des monticules, recouverts et peut-être entièrement formés de fragmens de pierres calcaires de diverses variétés, et de silex d'un tissu grossier : on reconnaît le plus grand nombre de ces fragmens pour avoir appartenu à la chaîne du Moqattam, dont les couches voisines contiennent les mêmes variétés, et paraissent bien évidemment avoir régné autrefois, sans interruption, sur toute cette partie de la rive droite du Nil, où débouche actuellement la vallée; ainsi que règne encore la chaîne libyque sur toute la partie opposée de la rive gauche.

On s'avance, en se dirigeant vers l'est-sud-est[1]. La gorge par laquelle on était entré s'élargit bientôt; les monticules qui la resserraient disparaissent entièrement; et, à quelques lieues de Byr-a'nbar, la vallée se trouve si étendue qu'on distingue à peine d'autres chaînes basses et arrondies qui la bornent au sud et au nord. Derrière ces premières montagnes on aperçoit, du côté du sud, une portion de la chaîne calcaire du Moqattam : quoique située beaucoup plus loin, elle se distingue plus aisément par sa grande blancheur, par sa hauteur et par ses formes escarpées.

La vallée conserve à peu près le même aspect pendant plusieurs lieues. On ne voit, dans tout ce trajet, qu'une plaine immense et aride, dont les limites échappent souvent à la vue. Le sol qui la constitue, dénué de tout vestige de végétation, est formé d'une couche plus ou moins épaisse d'un sable partie calcaire et partie quartzeux, recouvert de silex et de fragmens calcaires. On a occasion de remarquer, un peu plus loin, que ce

[1] Et vers l'est, quand on part de l'ancienne Coptos, ou de Benhout.

sable provient de la destruction de montagnes de grès friable : la base solide du terrain est aussi formée de couches du même grès, dont les tranches viennent se montrer au jour dans plusieurs endroits.

Quelques lieues avant la Gytah, la chaîne qui borde la vallée, du côté du sud, se rapproche beaucoup de la route suivie par les caravanes; elle la touche même dans quelques points. On y reconnaît alors le grès calcaire et quartzeux dont nous venons de parler; et il est facile de remarquer l'identité de ses *detritus* récens avec le sable qui recouvre le sol de toute cette partie de la vallée : cette observation s'est représentée constamment dans tous les points où la route est bordée par des montagnes de grès.

On voit ici les traces distinctes de plusieurs courans qu'ont formés les pluies, bien moins rares dans ce désert que dans la haute Égypte. Les Arabes *Abâbdeh*, qui parcourent habituellement ces lieux, assurent que pendant l'hiver elles y tombent quelquefois avec abondance.

La Gytah, distante de treize heures de marche de Qené, est une station habituelle des caravanes : on y trouve trois puits, dont l'eau fort abondante a un goût plus désagréable encore que celle de Byr-a'nbar; mais elle n'est pas sensiblement salée, et n'incommode pas. Ces puits, tous très-larges, sont maçonnés intérieurement, et paraissent encore en bon état; un ou deux ont une rampe douce par laquelle les chameaux descendent jusqu'au niveau de l'eau, où se trouvent des espèces de réservoirs destinés à les abreuver. On est ainsi dispensé d'élever l'eau jusqu'à l'orifice des puits, qui peuvent encore, par cette disposition, servir à abreuver à-la-fois un plus grand nombre d'animaux.

L'eau que l'on trouve ici provient des pluies qui s'infiltrent avec lenteur dans les sables, et ensuite dans les grès spongieux qui existent dessous : aussi, en faisant dans tous les environs des trous de quelques pieds de profondeur, on est sûr d'y rencontrer l'eau plus fraîche et moins désagréable au goût que celle qui est prise dans les réservoirs; c'est une preuve qu'elle ne doit qu'au séjour qu'elle y fait ses mauvaises qualités.

L'existence de ces puits, plusieurs ruines encore reconnaissables, quelques monticules de décombres épars aux environs, annoncent assez que ce lieu fut anciennement très-fréquenté. Nous n'avons rencontré dans le reste de la route aucune construction de ce genre; mais les Arabes, qui servent ordinairement d'escorte aux caravanes, nous assurèrent qu'il en existait plusieurs dans l'une des quatre ou cinq routes par lesquelles ils prétendent qu'on peut aller de la Gytah à Qoçeyr. Leurs renseignemens étaient d'ailleurs fort vagues, et ne méritaient que peu de confiance; mais M. Bachelu, chef de bataillon du génie, ayant eu dans la suite occasion de suivre cette route, a constaté l'existence de ces monumens[1]. On remarque encore dans cette route des constructions plus multipliées, mais d'un autre genre : ce sont de petits massifs de maçonnerie, de forme cu-

---

[1] On peut voir les observations que M. Bachelu a recueillies, exposées dans un Mémoire sur la géographie comparée de la mer Rouge, et dans un Mémoire de M. Du Bois-Aymé, sur les mœurs des Arabes Ababdeh.

bique, placés dans tous les endroits où la route a besoin d'être indiquée ; ce qui prouve assez qu'ils ont été construits dans la vue de servir de termes.

Quand même l'histoire ne nous aurait conservé aucun souvenir, ni de l'objet de ces monumens, ni de l'époque où ils ont été élevés, il n'y aurait personne sans doute qui ne reconnût là l'ouvrage d'une nation policée, à qui l'importance du commerce de l'Inde et de l'Arabie aura fait sentir l'utilité d'une communication commode entre l'Égypte et la mer Rouge, à une hauteur où les dangers de la navigation deviennent beaucoup moindres que dans le fond du golfe, et où la bande des déserts qui séparent cette mer de l'Égypte se trouve tellement rétrécie qu'elle a mérité le nom d'*isthme*. Mais après les détails que nous ont laissés les anciens écrivains, et notamment Strabon, il me paraît difficile de douter que ce que nous retrouvons ici ne soit l'ancienne voie par laquelle on se rendait de Coptos à la ville de Bérénice, et par suite au port de Myos-hormos, jadis très-fréquentés, et qui furent successivement l'entrepôt de tout le commerce que les anciens ont fait par la mer Rouge. Aucun voyageur moderne n'avait encore eu occasion de remarquer les monumens qu'on rencontre sur cette route ; et leur existence était restée ignorée. Le défaut de cette donnée importante me paraît avoir fait tomber plusieurs géographes, et le célèbre d'Anville lui-même, dans une méprise d'autant plus grave qu'elle a dû entraîner un grand nombre d'erreurs dans la détermination des points connus par les anciens sur les bords de la mer Rouge. Il serait hors de mon sujet d'entrer ici dans ces discussions : je l'ai fait avec détail dans un écrit particulier qui a pour but la détermination de tous les points connus des anciens sur les côtes de cette mer[1].

§. II. *De la Gytah aux fontaines d'èl-Haoueh.*

En s'éloignant de la Gytah, on se dirige vers le nord-est. A une lieue de là les chaînes de montagnes se rapprochent des deux côtés, et resserrent tellement la vallée, qu'au lieu de l'immense largeur qu'elle avait précédemment, il est des endroits où il ne lui reste pas deux cents mètres. Ces deux chaînes sont généralement et plus élevées et plus escarpées que les précédentes. Leur couleur extérieure est d'un noir très-sombre : elles sont coupées fréquemment par d'autres vallées, qui viennent, sous différentes directions, se jeter dans celle que l'on suit.

M. Bruce, le seul voyageur qui ait écrit avec quelque détail sur ces lieux, assure que tout ce qui existe dans cette partie de la route ressemble aux pierres qui recouvrent les flancs du mont Vésuve, et qu'on sait être de nature volcanique. Je ne sais s'il a examiné avec soin ces montagnes; mais je puis assurer que rien ne ressemble moins à des matières volcaniques que les couches de grès friable dont elles sont uniquement formées. Ce voyageur est tombé plusieurs fois dans cette sorte d'erreur. Il dit être de basalte tous les sphinx qui

[1] *Voyez* la partie des *Antiquités*, Mémoire sur la géographie comparée de la mer Rouge.

forment les avenues des monumens de Thèbes ; cependant ces sphinx sont tous du même grès que les édifices de cette ancienne ville. Cette seconde méprise, qu'ont pu constater toutes les personnes qui ont visité la haute Égypte, confirme assez ce que nous rapportons de la première.

Après s'être avancé pendant six lieues par une vallée très-sinueuse, on commence à remarquer dans les montagnes des variations d'aspect, qui font présager un changement prochain dans leur composition. En effet, on voit bientôt se terminer ces uniformes montagnes de grès, qui vont se lier presque insensiblement à des montagnes de brèches et de pouddings quartzeux : leur grain grossit rapidement à mesure qu'elles s'en approchent, et devient de plus en plus siliceux. Les couches prennent beaucoup plus de consistance : leur couleur, qui ne variait communément que du gris au jaunâtre, prend des nuances très-nombreuses, souvent assez vives ; les plus communes sont le violet, le jaune, le noir très-foncé, quelquefois aussi le vert. Rarement ces couleurs règnent sur une grande épaisseur : les couches de couleurs différentes alternent ensemble ; et une épaisseur de trois ou quatre pieds les réunit souvent toutes. Ce sont probablement ces grès colorés que quelques voyageurs ont désignés sous le nom de *marbres rouges*, de *marbres jaunes*, et de *porphyres mous et imparfaits* ; car l'on ne trouve rien de tel dans cet endroit : il n'existe d'ailleurs de marbre en aucun point de la vallée de Qoçeyr, et nulle part des porphyres mous et imparfaits.

Après les brèches siliceuses à petits fragmens, on

rencontre plusieurs montagnes de nature et d'époques très-différentes, mais qui cependant alternent ensemble, ou plutôt sont mêlées sans affecter d'ordre bien apparent.

Elles peuvent être réduites à trois genres principaux, savoir :

1°. MONTAGNES GRANITIQUES.

Ce sont les moins fréquentes. Leur aspect extérieur ne décèle nullement leur nature : c'est seulement lorsque le hasard conduit à en briser quelques blocs qu'on les reconnaît pour granitiques. MM. Descostils et Dupuis, dans un voyage fait peu de temps après, ont eu principalement occasion de les observer. Ces granits sont généralement à grains fort petits, et tels quelquefois qu'à peine on les distingue à l'œil nu ; ils forment, dans ce cas, une masse d'apparence presque homogène, assez semblable, pour l'aspect, à la pâte de l'espèce de poudding qui va être décrite.

2°. MONTAGNES DE BRÈCHES OU DE POUDDINGS.

La matière qui compose ces montagnes est d'une espèce particulière que l'on connaît en Italie sous le nom de *breccia verde d'Egitto*. Elle est formée de fragmens roulés et arrondis de roches primitives de toutes variétés, parmi lesquels abondent principalement les granits, les porphyres, et une roche particulière de couleur verte, qui a beaucoup de rapport avec le pétrosilex de Dolomieu, dont elle diffère cependant à plusieurs égards. Ces fragmens, dont le volume varie beaucoup, sont liés entre eux par une pâte qui n'est elle-même qu'un poudding à grain très-fin, et communément de même nature que la roche verte que nous venons d'indiquer.

Il serait trop long de décrire avec détail les différentes substances qui composent cette brèche. Je me bornerai à l'indication des principales.

Les roches granitiques sont les plus nombreuses; j'en ai compté neuf ou dix sortes très-distinctes : elles font prendre aux masses où elles se trouvent un aspect particulier. Les taches arrondies, de diverses grandeurs, communément grises, roses ou blanchâtres, qu'elles forment au milieu des fragmens de différentes nuances de la matière verte, donnent à cette brèche une richesse et une variété de couleurs qu'on ne pourrait trouver dans aucune autre roche.

Tous ces granits, à l'exception d'un ou deux, sont uniquement composés de quartz, de feldspath et de mica. Le quartz y domine. La couleur rose de quelques-uns est toujours due au feldspath, comme les couleurs noires ou grises plus ou moins foncées des autres, aux lames plus ou moins abondantes de mica. Leurs élémens sont d'une grosseur médiocre et fort inférieurs à celui de Syène, dont sont formés presque tous les monumens en granit qu'on retrouve en Égypte.

Quelques fragmens de brèche nous ont offert une roche granitique d'un aspect tout-à-fait différent : elle est composée de quartz, de feldspath, et d'actinote[1] ou

---

[1] L'identité de cette substance, connue depuis peu d'années, avec la hornblende, a déjà été soupçonnée par quelques naturalistes. Des

hornblende verte. Le quartz y domine aussi; il y est en grains irréguliers, transparens. L'actinote, quoique moins abondante que le feldspath, est beaucoup plus apparente : elle s'y trouve répandue assez uniformément en lames de diverses grandeurs, de forme rhomboïdale et d'un vert sombre.

Les roches porphyritiques observées dans cette brèche sont au nombre de cinq ou six très-distinctes : leur base, ordinairement grise ou violette, offre un tissu assez grossier. Les cristaux blancs et rhomboïdaux de feldspath qu'on y voit épars sont tantôt rares et fort allongés, tantôt très-petits et très-denses. On remarque souvent, parmi les premiers, des grains de quartz transparens, isolés, semés dans la pâte de la roche à la manière des cristaux de feldspath. C'est un fait qu'on observe également dans des roches venues de plusieurs autres endroits de l'Égypte.

Plusieurs variétés de brèche égyptienne sont totalement exemptes de fragmens de porphyre; quelques-unes le sont encore de granits : ces dernières ne présentent à la vue qu'une masse de couleur verte, mais dont les nuances varient à l'infini; ce sont les plus connues. Ce sera probablement d'après elles qu'on aura donné à cette matière le nom de *breccia verde*, nom assez impropre : car, outre que la couleur verte n'appartient qu'à quelques variétés, le mot de brèche ayant été consacré par l'usage à désigner les pierres agrégées secondaires, seu-

faits assez nombreux, recueillis dans cette contrée, nous ont démontré la vérité de cette conjecture, ou prouvé du moins que ce sont deux substances extrêmement voisines, et très-susceptibles de se lier l'une à l'autre par des passages gradués.

lement quand elles sont formées de fragmens anguleux, ici où tous les fragmens sont roulés et arrondis, le terme de poudding eût été plus convenable.

On peut facilement juger, par la diversité des roches dont se compose la brèche égyptienne, par la grande variété de leurs couleurs et de leur contexture, combien des morceaux pris avec choix pourraient être avantageusement employés dans les arts : mais cet emploi doit rencontrer deux obstacles; le premier tient à sa grande distance des lieux habités, qui s'oppose à ce qu'on puisse aisément s'en procurer des masses considérables; le second, à la difficulté de la travailler. Lorsqu'on la frappe avec violence, il arrive souvent que quelques fragmens moins adhérens que les autres, au lieu de se briser comme le ciment, s'en détachent, sortent des espèces de loges ou alvéoles qui les contenaient, et ne laissent à leur place, au lieu d'une cassure fraîche, qu'une cavité plus ou moins profonde, dont la superficie toujours terne est souillée dans beaucoup d'endroits par un enduit terreux gris ou jaunâtre, qui contraste très-désagréablement avec les couleurs vives du reste de la pierre.

Souvent, comme nous l'avons déjà observé, on rencontre des blocs considérables, tout-à-fait exempts de fragmens assez gros pour être distingués de la pâte : ces masses ont, avec certains granits à petits grains, une ressemblance si grande, que, sans le secours des circonstances locales, on aurait quelquefois beaucoup de peine à prononcer si tel fragment est de pâte de brèche, ou s'il est d'un granit à grains fins. Dans quelques endroits cette pâte a pour couleur le gris ou le jaunâtre, mais dans beaucoup d'autres le vert sombre ou un vert foncé, assez beau : c'est là probablement ce qui aura donné lieu à l'opinion adoptée, sur le rapport de Bruce, qu'il existait des carrières de marbre vert antique dans la vallée de Qoçeyr. Cette matière pourrait à la vérité le remplacer dans quelques cas, et même avec avantage; mais on voit assez que par sa nature elle n'a rien de commun avec lui.

Les anciens Égyptiens ont connu et exploité les différentes variétés de ce poudding, dont ils ont tiré parti pour leurs arts. Malgré l'extrême difficulté qu'ils ont dû rencontrer dans ce travail, ils sont parvenus à en former beaucoup d'objets monolythes que l'on compte parmi les plus intéressans qui nous reste d'eux. Plusieurs ont été transportés à Rome, où on les voit encore. Ferber, dans ses Lettres sur la minéralogie de l'Italie, décrit cette substance d'une manière fort reconnaissable, et la désigne aussi sous le nom de *breccia verde d'Egitto*. Il en cite un vase dans le jardin de la ville Albane, ajoutant qu'on en trouve des colonnes entières dans les ruines des anciennes villes. Winkelman, dans son Histoire de l'art chez les anciens, en indique à la ville Albane plusieurs autres morceaux très-remarquables, dont le principal représente un roi étranger, captif chez les Égyptiens[1].

Nous avons rencontré en Égypte plusieurs monumens

---

[1] Les auteurs des notes critiques ajoutées à son ouvrage décrivent cette substance, ou du moins quelques-unes de ses variétés, avec exactitude; ils regardent seulement, à tort, les fragmens de la roche verte comme des fragmens de basalte.

de cette matière : quelques-uns, à en juger par leurs formes, paraissent avoir été consacrés chez les anciens Égyptiens à des usages religieux. Les Turks, sans s'inquiéter de leur destination première, les ont fait servir, comme beaucoup d'autres monumens antiques de ce genre, à l'ornement des édifices de leur culte : le principal et le mieux conservé est un grand sarcophage qui était placé dans une mosquée ruinée d'Alexandrie, et qui a été emporté en Europe. On voit les autres au Kaire dans des mosquées, des tombeaux, et quelques maisons particulières. Ces divers objets sont exempts de fragmens de porphyre; à peine y trouve-t-on quelques fragmens de granit. Il paraît qu'il en est de même de la plupart de ceux qui ont été transportés à Rome et dans d'autres villes d'Italie. La préférence que les anciens Égyptiens semblent avoir donnée à ces variétés vient probablement de ce que, leur dureté étant plus uniforme, elles présentaient moins de difficulté pour être travaillées.

3°. MONTAGNES SCHISTEUSES.

Aux montagnes de brèche égyptienne succède une substance de contexture schisteuse, qui paraît d'une formation contemporaine à la leur, puisqu'elle se lie avec elles par des passages gradués, et contient quelques fragmens roulés de même nature que ceux que nous y avons indiqués. Sa contexture est assez semblable à celle qu'affectent certains schistes magnésiens; ses feuillets ne sont nullement parallèles; leur épaisseur est très-inégale, et ils sont infléchis de différentes manières : ces blocs se délitent en fragmens irréguliers ou cunéiformes, souvent recouverts d'un léger enduit blanc, magnésien, fort onctueux, que le toucher enlève facilement. Outre les noyaux arrondis, ce schiste renferme encore une très-grande quantité de grains blancs, de forme indéterminée, tantôt de spath calcaire, tantôt de quartz. Généralement ils sont comprimés et tranchans vers leurs bords ; ce qui prouve suffisamment que leur formation doit être contemporaine de celle des schistes. Ils contiennent en outre dans leur intérieur quelque trace de la matière qui les renferme.

Ces montagnes règnent pendant environ douze lieues des deux côtés de la vallée ; mais elles éprouvent de fréquentes variations. Ici les schistes ont un toucher doux et onctueux ; ailleurs il est simplement lisse et poli, mais le plus généralement il est très-rude et très-âpre. Leur couleur passe plusieurs fois du vert sombre au bleuâtre. Tantôt ils se brisent facilement, et tantôt ils ont une assez grande solidité. Quelques variétés sont exemptes de toutes espèces de noyaux intérieurs ; leurs feuillets, dans ce cas, sont ordinairement plus réguliers, plus minces, plus parallèles : quelques autres donnent des étincelles par le choc du briquet ; alors elles s'écartent déjà de l'aspect commun des principales variétés de schiste, et se rapprochent de celles qu'on a désignées quelquefois sous le nom de *schistes pétrosiliceux*.

Dans tout l'espace qu'occupent ces montagnes, la vallée est généralement beaucoup moins large : il existe même quelques défilés où l'on ne peut faire passer que deux ou trois chameaux de front. Elle est très-sinueuse, et toujours encaissée entre des montagnes fort élevées. Il serait difficile de donner une idée exacte de l'aspect plutôt bizarre que pittoresque de ce désert, et du tableau qu'offre aux yeux du voyageur la succession de ces diverses montagnes. Les formes sans cesse variées de leurs sommets; leurs flancs nus, qui n'offrent pas la plus légère trace de végétation; les ravins nombreux qui les sillonnent; les fréquens filons de quartz et de spath calcaire dont la blancheur tranche vivement sur les diverses couleurs des schistes; et surtout l'effet singulier des crêtes de ces filons qui s'élèvent souvent de plusieurs pieds au-dessus des flancs des montagnes, comme autant de murailles qui les diviseraient en divers sens, forment un spectacle particulier à ce désert, assez varié à la vérité, mais par-tout morne, inanimé, et dont sont loin de donner une juste idée nos chaînes de montagnes les plus arides, parmi lesquelles au moins l'œil découvre toujours quelque trace de culture ou quelques pentes habitées.

Quoique formé des débris des montagnes voisines, et de ceux qu'entraînent les torrens qui descendent des environs, le sol de la vallée est uni et très-ferme : il n'offre jamais de pentes pénibles; et l'on peut assurer, sans exagération, que cette longue route, uniquement l'ouvrage de la nature, est aussi commode pour les voyageurs que les chemins les mieux entretenus de l'Europe. Depuis Qené jusqu'à Qoçeyr on n'a rencontré qu'un seul pas un peu difficile pour le passage de l'artillerie; et il est aisé d'y remédier.

Ce que l'on voit avec le plus de surprise, au milieu

d'un désert aussi aride, ce sont plusieurs acacias très-beaux et très-vigoureux, qui croissent isolés dans quelques coudes de la vallée : nous en avons compté douze ou treize dans l'espace de deux lieues. On remarque aussi quelques plantes aux environs, mais jamais sur les montagnes, et uniquement dans les lieux les plus bas : la plus commune est la coloquinte, assez répandue dans les déserts. Il paraît que les lieux où ces plantes existent reçoivent et gardent long-temps les eaux qui s'écoulent des montagnes voisines. C'est à peu de distance de là que se trouvent les fontaines d'el-Haoueh, éloignées de Qené de vingt-cinq heures et demie de marche continue, et de dix-sept heures du port de Qoçeyr.

§. III. *Des fontaines d'el-Haoueh à Lambâgeh.*

Ces fontaines, dont l'eau est assez pure, consistent en une douzaine de trous de peu de profondeur, pratiqués dans les angles de la vallée, et en quelques crevasses que présente naturellement le rocher. Une lieue plus loin, on en trouve encore de semblables, mais moins nombreuses.

Les diverses sortes de schistes déjà décrites se continuent fort loin dans l'espace qui nous reste à parcourir : il s'en présente aussi de nouvelles. Pour éviter des détails fastidieux, j'en indiquerai une seule qui s'éloigne plus que les autres du caractère des précédentes. Elle peut être rangée dans la classe des schistes tégulaires, c'est-à-dire susceptibles d'être divisés en lames assez étendues et de peu d'épaisseur. Elle diffère des ardoises, dont elle offre l'aspect et la couleur, en ce qu'elle a moins de solidité, paraît plus argileuse, a le grain plus grossier, le toucher moins onctueux, et ne serait pas susceptible de fournir des feuillets à-la-fois aussi minces et aussi étendus.

Les chaînes schisteuses sont souvent interrompues par des substances de nature différente, dont nous allons faire connaître les principales.

La première est une roche particulière qui se rapproche beaucoup, pour l'aspect, de la variété de pétrosilex, appelée par Saussure *pétrosilex jadien;* mais elle paraît moins magnésienne. Quoique fort compacte, elle ne donne, par le choc du briquet, que des étincelles rares : son toucher est doux et lisse sans être onctueux; sa couleur est d'un assez beau vert dans les surfaces anciennes; les cassures fraîches sont d'un vert tournant au bleuâtre. Elle donne au chalumeau, comme le pétrosilex, un émail blanc, quelquefois cependant d'un blanc sale ou un peu verdâtre. Ces masses se délitent en fragmens prismatiques irréguliers, très-allongés, et sans apparence de couches.

La seconde se rapproche du trapp par sa couleur sombre et par l'émail noir qu'elle donne au chalumeau : comme lui, elle étincelle très-vivement au briquet; mais sa contexture est plus écailleuse, son toucher beaucoup plus âpre et plus rude.

La troisième est une roche stéatiteuse, assez tendre, feuilletée. irrégulièrement à la manière de certains schistes ou de certains gneiss : sa poussière est blanche et onctueuse; la couleur de la masse est d'un vert pâle. On y remarque en beaucoup d'endroits des points brillans, qu'on reconnaît à la loupe pour de petits cristaux de fer oxidulé; leur forme, difficile à saisir, paraît être l'octaèdre régulier. Les mêmes cristaux se retrouvent aussi dans quelques-uns des schistes qui contiennent des fragmens roulés; ce qui me paraît contrarier les remarques faites jusqu'ici sur leur gisement.

Ainsi se continue long-temps la vallée, présentant toujours les substances qui viennent d'être décrites, mais offrant dans leurs nuances une diversité très-pittoresque : elle ne laisse voir de changement bien prononcé qu'à trois lieues de Qoçeyr. Là, elle s'élargit tout-à-coup considérablement, et les montagnes qu'on aperçoit au loin ont une autre nature et une autre disposition. Une grande partie sont gypseuses ou calcaires; leurs couches, toutes bien apparentes et très-régulières, sont quelquefois horizontales, mais très-souvent inclinées du nord au sud, et rarement dans d'autres sens : fait qui n'a d'importance qu'en ce qu'il peut concourir à faire juger quelques opinions énoncées sur la formation de la vallée et dont nous parlerons ailleurs.

Les premières couches calcaires qu'on atteint au nord de la route ont éprouvé un renversement qui les a fait avancer hors de la chaîne dont elles faisaient autrefois partie. Elles sont formées par l'accumulation de grandes coquilles bivalves fossiles, de huit à onze centimètres (trois à quatre pouces) de longueur, très-bien conservées. Ces coquilles, désignées en minéralogie par le terme assez vague d'*ostracites*, sont connues des zoologistes sous le nom plus précis d'*ostrea diluviana*. Elles sont si abondantes dans ces couches, qu'il n'y existe d'autre matière qu'une terre argileuse qui paraît s'être introduite postérieurement à leur accumulation dans les interstices qu'elles laissaient entre elles.

Vers le sud, de hautes montagnes de pierre calcaire compacte, à couches horizontales, reposent immédiatement sur le granit : elles sont coupées à pic, et remplies de silex disposés avec une certaine régularité.

On retrouve plus loin, parmi les montagnes calcaires, de nouveaux schistes, et diverses roches dont quelques-unes peuvent être regardées comme des porphyres peu prononcés. Leur base est le plus souvent d'une couleur grisâtre, ou tirant sur le brun. Les grains de feldspath cristallisé y sont si rares, que souvent des blocs d'un volume considérable en sont tout-à-fait exempts : aussi, par le nom donné à ces roches, n'avons-nous voulu qu'indiquer leur tendance à l'état porphyritique.

Ce mélange singulier de montagnes de nature et d'époques nécessairement si différentes, qui se succèdent brusquement et sans être liées par des passages gradués, est un fait géologique digne de remarque. Il peut servir à prouver qu'entre chacune des époques où se sont formés les terrains de différentes sortes, il s'est

[1] Il se trouverait expliqué (que l'on me permette une supposition), en concevant ce terrain, composé actuellement de substances si peu analogues, originairement uni sans coupures, et formé des seules substances qui paraissent les plus anciennes. De nombreuses vallées auront été ouvertes par les causes qui les produisent encore aujourd'hui; et, si l'on suppose que dans cet état leur sol ait été recouvert par les eaux, ou, pour n'entrer dans aucune supposition systématique particulière, qu'il ait été soumis à l'action des causes qui ont produit successi-

écoulé de longs intervalles, pendant lesquels agissaient des causes analogues à celles qui font effort journellement pour modifier la surface actuelle du globe.

Le sol de la vallée, ici comme dans les endroits précédemment décrits, est couvert d'une immense quantité de fragmens de roches de différentes espèces, qu'ont charriés les torrens qui tombent des gorges voisines. On y distingue plusieurs variétés de serpentine; quelques roches composées, où domine l'actinote; des schistes, des gneiss; une espèce particulière de stéatite, qui renferme des nœuds de la substance nommée par les Allemands *schieferspath*; des variétés nombreuses de porphyres et de granits, et diverses autres roches dont quelques-unes ne paraissent pas se rapporter parfaitement aux espèces connues en Europe. Ces fragmens peuvent procurer quelques données sur la constitution physique des lieux voisins qu'il est très-difficile de parcourir. Mais comme ils n'appartiennent pas précisément

vement les pouddings à fragmens antiques, les schistes, les terrains calcaires, gypseux, etc., alors les excavations ou vallées qu'il renfermait auront dû toutes être remplies par ces matières de formation de plus en plus récente.

On concevra aisément qu'ouvert ainsi à plusieurs reprises par des vallées nouvelles, et rempli à chacune par une seule de ces matières, ce terrain sera redevenu autant de fois un plateau continu, mais chaque fois composé de substances de plus en plus nombreuses, tout-à-fait étrangères les unes aux autres, et sans liaison entre elles.

Traversé enfin par les vallées actuelles, dont les directions se croiseront avec celles des anciennes, il devra nécessairement offrir à l'œil de qui les parcourra ces alternatives brusques et fréquentes de montagnes de nature et d'époques si diverses, remarquées en ces lieux.

Peut-être ce que nous donnons comme une supposition eût pu se déduire comme conséquence nécessaire des observations déjà rapportées; mais notre but était moins d'expliquer le fait que de fournir un moyen facile de se le représenter avec les circonstances qui l'accompagnent.

à la vallée, leur examen serait étranger à sa description, et il formera l'objet d'une notice particulière.

Parmi les substances trouvées seulement en petite quantité dans les montagnes qui bordent la vallée, il en est une qui présente beaucoup d'intérêt pour la minéralogie. Elle paraît former une espèce particulière, ou au moins une variété nouvelle d'une substance déjà connue.

Nous l'avons rencontrée, dans plusieurs endroits, presque toujours faisant partie constituante des granits, des porphyres ou des roches qui leur servent de base. Quelquefois elle y est si disséminée qu'elle semble n'y servir que de substance colorante : alors elle teint toute la masse où elle se trouve en fort beau vert; d'autres fois elle est étendue comme un léger enduit sur les surfaces des fissures renfermés dans l'intérieur des roches.

Elle ne s'est montrée nulle part en cristaux bien prononcés; mais, lorsqu'elle se trouve accumulée en certaine quantité, sa contexture est cristalline, sa cassure vitreuse.

Sa dureté est un peu inférieure à celle du quartz; cependant elle raie aisément le verre.

Quand elle est pure, elle jouit d'une demi-transparence, et son éclat est assez vif; mélangée avec les autres élémens des roches, elle devient terne et opaque.

Elle a pour couleur le vert, tantôt vif, bien décidé et très-agréable, comme celui de l'émeraude, tantôt sombre ou livide, comme dans la thallite, et quelquefois le vert jaunâtre ou plutôt le jaune verdâtre de la chrysolite.

Je ne rapporterai pas ici les épreuves faites pour s'assurer de ses autres caractères : sa petite quantité ou son état de mélange ne permettait pas de les constater avec une suffisante précision [1].

De toutes les substances qu'on peut lui comparer, l'épidote de Haüy (ou schorl vert du Dauphiné) est la seule avec laquelle elle ait de véritables traits de ressemblance. Les caractères bien constatés qui l'en éloignent sont les états particuliers qu'elle affecte, son gisement bien différent de celui de l'épidote, et la variété de ses nuances, dont quelques-unes paraissent étrangères à cette pierre; différences assez importantes, mais fondées cependant sur des caractères trop susceptibles de varier pour qu'elles soient décisives. Il se pourrait que, malgré ses états si différens de ceux de l'épidote, cette matière n'en fût qu'une variété nouvelle.

§. IV. *Des fontaines de Lambâgeh au port de Qoçeyr.*

C'est à deux lieues et demie de Qoçeyr qu'on rencontre la dernière source; elle est entourée d'une végétation fort abondante, comparée à la nudité absolue des environs. Ce lieu, connu sous le nom de *Lambâgeh*, est un des plus remarquables de la vallée, et le seul qui offre un site agréable. La végétation y est cependant bien languissante : elle consiste en douze ou quinze dattiers peu élevés, quelques mimosas et un grand

---

[1] Cette substance vient d'être rencontrée récemment en divers points des déserts du mont Sinaï, et en beaucoup plus grande quantité que dans la vallée de Qoçeyr; et, soumise à toutes les épreuves propres à constater sa nature, elle a été reconnue pour une variété d'épidote.

nombre de plantes et d'arbustes réunis dans un très-petit espace. Au milieu coule un ruisseau d'une eau très-limpide, mais qui, dans la saison des pluies, se change quelquefois en un torrent considérable. Diverses sortes d'oiseaux fréquentent cet endroit, le seul de la vallée où ils pourraient exister, si les caravanes ne laissaient pas toujours dans les lieux de leurs stations une grande quantité de grains. On aperçoit aux environs quelques gazelles : ces animaux, comme tous ceux des déserts, sont assez communs dans le voisinage des sources. Nous en avons également remarqué près des fontaines d'el-Haoueh et de la Gytah : aussi c'est dans ces lieux que tâchent de les surprendre les Arabes qui s'occupent à les chasser.

L'eau de Lambâgeh sert à abreuver les chameaux des caravanes; mais les hommes se gardent bien d'en boire, car elle passe pour très-malsaine : elle m'a paru seulement douceâtre et un peu pesante à l'estomac; qualités qu'elle doit au terrain gypseux sur lequel elle coule.

Au nord-ouest de ces fontaines on aperçoit de hautes montagnes granitiques. Leur base est entourée d'un rideau de montagnes schisteuses, qui en rend l'accès difficile; mais on peut juger de leur nature d'après des blocs considérables qui, détachés de leurs sommets, ont roulé par-dessus les schistes.

Le granit le plus remarquable, et dont les blocs sont les plus abondans, est de couleur grise mêlée de rose. Ses élémens sont d'une grosseur médiocre; la plus grande partie, de quartz transparent; le reste, de feldspath, tantôt blanc, tantôt rose : des lames rares et brillantes de mica noir, sont distribuées entre eux assez uniformément. Cette variété paraît absolument la même qu'une de celles qui ont été remarquées dans la brèche égyptienne.

La plupart de ces blocs ont une forme prismatique, assez régulière pour qu'au premier coup d'œil on puisse penser qu'elle leur a été donnée à dessein : ce sont des divisions naturelles, très-fréquentes dans les granits qui existent en bancs épais. Il est fort probable que ce sont des blocs divisés de la même manière, mais plus considérables encore, que l'auteur du Voyage aux sources du Nil a rencontrés dans la vallée de Ter-fâouch, voisine de celle-ci, et qu'il a pris pour des fragmens d'obélisques commencés.

Sans doute il existe, dans les carrières des anciens Égyptiens, plusieurs de ces monumens seulement ébauchés; on en remarque un fort reconnaissable dans celle de Syène : mais au sein de ces déserts, à plus de trente lieues de la vallée du Nil, et avec les dimensions que cet auteur leur accorde, leur existence n'est rien moins que vraisemblable. En effet, un des fragmens de ces immenses obélisques n'a pas moins de six mètres (dix-neuf pieds environ) selon un des côtés de sa base. Comme ce n'est qu'un fragment, il se pourrait que la base véritable en eût même davantage : ainsi, supposant le monument entier, dans les proportions ordinaires, il eût été lui seul plus pesant que vingt obélisques, tels que ceux qui existent encore sur les ruines de Thèbes ou d'Alexandrie. Quand on prouverait que les Égyptiens auraient jamais tenté d'en faire de semblables, il serait encore bien difficile d'expliquer comment ils eussent pu leur faire franchir trente ou quarante lieues de désert[1], ou seulement comment ils eussent pu se déterminer à les aller prendre à cette distance, ayant près du Nil des matériaux beaucoup meilleurs.

Cette partie de l'ouvrage de M. Bruce, la seule que je me permette de juger, est remplie d'assertions aussi peu fondées. Il avance, entre autres choses, que l'immense fût de la colonne de Pompée (où colonne de Sévère) doit avoir été tiré des environs de Qoçeyr, et que les défilés de cette vallée sont les résultats des excavations pratiquées pour se procurer les matériaux dont sont construits presque tous les monumens égyptiens.

Je passe sous silence ses méprises en minéralogie. La manière dont il s'exprime prouve suffisamment qu'il était peu versé dans cette partie de l'histoire naturelle; mais j'ai regardé comme indispensable de relever les autres méprises, beaucoup de personnes ayant cru, séduites par la confiance avec laquelle il l'avance, que c'était en effet du fond de ces déserts qu'avaient été tirés la plupart des obélisques, et des matériaux des anciens monumens de l'Égypte. Cette opinion eût pu d'ailleurs acquérir d'autant plus de crédit, qu'elle vient d'être

---

[1] Il est vrai que, pour lever une partie des difficultés, l'auteur a soin d'ajouter, « qu'on pratiquait en pareil cas des chemins inclinés, destinés à conduire ces masses énormes, par une pente douce, depuis leurs carrières jusqu'au Nil; » ce qui aurait pu être d'un grand secours, si ces carrières n'eussent été distantes du fleuve que de quelques toises. M. Bruce aurait dû remarquer d'ailleurs que ces blocs étant beaucoup plus voisins de la mer Rouge que du Nil, la pente générale du terrain se trouve précisément inverse de celle qui conviendrait pour ce transport. La plus légère réflexion eût suffi pour le détromper : mais il regardait ces obélisques comme des monumens consacrés à l'astronomie, science

émise de nouveau par un voyageur recommandable[1] qui visitait ces lieux peu de temps avant l'expédition.

Les voyageurs qui ont décrit quelque partie des déserts voisins de l'Égypte sont souvent tombés dans des erreurs de ce genre. Remplis de l'idée que tout devait être gigantesque dans les opérations des anciens Égyptiens, ils ont cru voir partout les traces des travaux les plus extraordinaires; et les apparences les plus équivoques leur ont suffi pour annoncer en cent endroits, ou d'immenses carrières de marbre et de granit, ou des voies pratiquées de main d'homme au travers des montagnes. Nous avons les preuves de ces erreurs; l'observation nous a montré constamment que les Égyptiens n'ont été chercher au loin que ce qu'il leur était impossible de trouver près d'eux : c'est dans les deux chaînes de montagnes qui bordent la vallée du Nil que se trouvent toutes leurs carrières de granit, de pierres calcaires, et de grès de différentes sortes; seules matières généralement employées dans la construction des anciens monumens. Celles qui n'existent que dans le fond des déserts ne l'ont été qu'en petite quantité, et le plus souvent pour des monumens monolythes d'un volume médiocre : tels sont l'albâtre, les porphyres, la brèche égyptienne, différentes sortes de stéatites ou de pierre ollaire, la substance nommée improprement *basalte égyptien*, etc. Ces

qu'il aimait; et il était naturel que, préoccupé de cette idée, il se laissât séduire par les plus légères apparences : c'est ainsi que, cédant aux mêmes impulsions, il a vu dans une couche de décombres, épaisse de douze pieds, où est engagée la base des obélisques de Louqsor, un sol destiné autrefois, et même propre encore actuellement, aux observations astronomiques.

[1] M. Browne, auteur du Nouveau Voyage en Égypte, en Syrie et dans le Dârfour.

indications suffisent ici; mais on trouvera un grand nombre de faits à l'appui de ce que nous avons avancé, dans la Description minéralogique de l'Égypte supérieure et des parties du désert que nous avons visitées.

En quittant Lambâgeh, on côtoie plusieurs montagnes schisteuses ou pétrosiliceuses, dont la base est enveloppée dans des couches de gypse, remplies de cristaux de même nature.

C'est dans cet endroit que se trouve le passage incommode déjà indiqué : après l'avoir franchi, on découvre la mer Rouge, et bientôt après le fort de Qoçeyr.

Les montagnes qu'on aperçoit en s'avançant, et qui de part et d'autre s'écartent de plus en plus de la route, sont toutes gypseuses ou calcaires. On aperçoit dans ces dernières les carrières d'où l'on a tiré les matériaux du port.

La route est bordée jusqu'auprès de Qoçeyr par des ravins larges et profonds qu'ont creusés les torrens. Ces ravins étaient à sec, lorsque nous avons fait le voyage; mais, à l'époque des pluies, les eaux qui s'y rendent de toutes les montagnes voisines y coulent à pleines rives.

Le port de Qoçeyr occupe le fond d'un golfe très-étendu, ouvert à l'est, et dont la navigation est réputée dangereuse à cause de ses écueils. Le port se trouve formé, dans sa partie méridionale, par un crochet que fait la côte en s'avançant brusquement de l'ouest à l'est; au nord, par un immense rocher de corail et de madrépores, dont le milieu, relevé en arête, forme une barre dirigée vers l'est-sud-est, qui reste entièrement découverte à marée basse. Elle s'avance assez loin au large, et rompt en partie la violence des vents de nord. La portion du rocher, au sud de la barre, demeure constamment submergée; elle se prolonge très-loin horizontalement dans l'intérieur du port, où elle est coupée à pic. C'est auprès que mouillent les bâtimens.

Ce rocher, dans sa partie submergée, s'exhausse encore par l'accumulation des coraux qui s'y attachent ou qui s'y forment journellement; la partie méridionale du port est garnie, ainsi que les côtes voisines, de petits récifs de même matière. C'est en partie en briques crues et en partie avec des fragmens de ces rochers, qu'est construit le petit nombre de maisons auquel on donne le nom de *ville de Qoçeyr*.

Je sais quel intérêt doivent avoir des détails, soit sur la ville et le fort, soit sur le port et le commerce qui s'y fait; mais les travaux de MM. Girard et Denon ne peuvent manquer d'offrir tout ce qu'on désirerait à cet égard. J'ajouterai seulement, dans une notice séparée, quelques remarques sur divers objets qui me paraissent propres à compléter les renseignemens que devait procurer ce voyage, pour lequel nous avons eu (j'en dois l'hommage à l'intérêt particulier qu'y ont pris les généraux Belliard et Donzelot) tous les secours que pouvaient permettre les circonstances dans lesquelles il a été fait.

DISCOURS

SUR LA

REPRÉSENTATION DES ROCHES

DE L'ÉGYPTE ET DE L'ARABIE

PAR LA GRAVURE,

ET SUR SON UTILITÉ DANS LES ARTS ET DANS LA GÉOLOGIE;

Par M. DE ROZIÈRE,

Ingénieur en chef des Mines.

L'art de représenter par le dessin et la gravure les objets d'histoire naturelle, quoique pratiqué depuis long-temps, n'a atteint que récemment un certain degré de perfection; et l'on doit son avancement aux ouvrages de luxe publiés depuis un petit nombre d'années[1]. La minéralogie et la géognosie surtout ont tiré peu de parti jusqu'ici de ces progrès de la gravure : on a très-bien rendu, il est vrai, des pierres herborisées,

---

[1] Les collections de quadrupèdes, et surtout celles d'oiseaux, publiées par Buffon, ont été regardées comme un chef-d'œuvre de gravure à cette époque; et il y a bien loin de là aux belles planches coloriées des ouvrages sur les singes, sur les colibris, sur les oiseaux d'Afrique, etc. La même différence se remarque entre les plantes gravées il y a trente ans, et la collection des liliacées publiée par Redouté.

diverses sortes de pierres figurées; et le premier volume de l'ouvrage de Knorr est un chef-d'œuvre en ce genre : mais ces objets, qui peuvent flatter la vue par leur singularité, sont en eux-mêmes d'une médiocre utilité pour les sciences; et d'ailleurs ils ne présentaient aucune difficulté pour l'exécution.

Buc'hoz, Schmidel, Dagoty, ont essayé, à diverses époques, de vaincre les obstacles qui s'opposaient à la représentation des minéraux proprement dits. Hamilton, dans son ouvrage sur le Vésuve, a rendu, à l'aide de gravures coloriées, les principales espèces de laves de ce volcan. Je ne veux point rabaisser le mérite de ces ouvrages, dont j'ai pu apprécier la difficulté; mais il me semble que tous sont restés fort loin du terme où l'on pouvait arriver. Au surplus, personne n'avait gravé des collections de roches primitives, et surtout de roches granitiques. L'ouvrage sur l'Égypte est le premier où l'on ait tenté de le faire; et l'occasion en était peut-être unique.

L'ouvrage que l'on publie sur l'Égypte a pour but de donner une connaissance complète de cette contrée, la plus intéressante de toutes pour l'histoire des sciences. Sa constitution physique, ses monumens, l'industrie de ses anciens habitans, ont été les principaux objets des recherches de la Commission, comme ils seront long-temps ceux de la curiosité générale : on sent assez, sans que je m'arrête à le prouver, qu'il n'était pas inutile, pour un pareil but, de faire connaître d'une manière précise les roches qui constituent le sol de cette contrée, celles surtout dont on a construit ses anciens édifices, et sur lesquelles s'est exercée pendant tant de siècles l'industrie égyptienne.

On demandera peut-être si les seuls moyens du discours n'auraient pas pu en donner une idée suffisante, c'est-à-dire qui permît de se les représenter avec toutes leurs circonstances, et qui en laissât dans la mémoire des impressions assez nettes, assez durables, pour qu'on se les rappelât facilement au besoin. On demandera si les géologues n'ont pas établi entre les roches des distinctions précises, une classification invariable et une nomenclature détaillée, de manière à y rapporter toutes les roches que renferment les montagnes de chaque contrée. Nous examinerons, plus bas, si les moyens du discours suffisent à cet égard aux naturalistes; mais il est évident au moins que, pour la plupart des antiquaires, des architectes, des géographes, des historiens, et pour une multitude d'autres personnes fort instruites d'ailleurs, mais qui ne connaissent pas même les termes de minéralogie, les descriptions que l'on pourrait faire avec ces termes ne leur donneraient point des idées bien nettes. Cependant ces personnes désireront prendre quelque connaissance des montagnes de l'Égypte, de ses cataractes, des anciennes carrières, des déserts environnans; elles désireront connaître d'une manière précise les matières dont sont construits les temples, les palais de la Thébaïde et les pyramides, ces statues colossales célébrées depuis tant de siècles par les voyageurs, telles que le fameux colosse de Memnon, sur la nature duquel on a hasardé tant de conjectures et tant d'explications bizarres, faute de données précises sur la matière dont il était formé, les sarcophages, les colonnes, les obélisques, et cette multitude de monumens de toute espèce que l'on rencontre à chaque pas en Égypte.

Les roches de l'Arabie, celles du mont Sinaï, du mont Oreb, exciteront une autre sorte de curiosité, non par leur emploi dans les arts, mais par leur rapport avec des faits célèbres de l'Histoire sacrée. Ces lieux sont assez connus par le séjour des Israélites. Les religieux grecs, qui les ont constamment habités depuis les premiers siècles du christianisme, passent pour avoir conservé par tradition la connaissance de tous les lieux, de tous les points dont font mention les histoires juives; et c'est surtout cette connaissance profonde du local qui a excité envers cette contrée la vénération des chrétiens de l'Orient, et la ferveur des pèlerinages. Le voyageur de toute secte, de toute communion, visite encore aujourd'hui, avec une admiration respectueuse, ces mêmes endroits où la puissance de Dieu s'est manifestée jadis par tant de miracles[1]. Ces monumens seront envisagés sans doute très-différemment, en raison de la diversité des opinions religieuses; mais ils inspireront à tous les hommes éclairés un certain intérêt : on voudra prendre quelque idée, non-seulement de leur forme, mais de leur nature; et les échantillons détachés de ces

---

[1] Ici c'est le rocher que Moïse frappa de sa verge, et d'où jaillirent des torrens d'eau douce pour abreuver le peuple de Dieu; là est celui où ce peuple infidèle fondit et moula le veau d'or qu'il adora dans le désert; vers le sommet du Sinaï, on montre encore la roche d'où furent détachées ces tables de la loi que Dieu grava de sa propre main, et qu'il remit à Moïse, etc., etc.

monumens mêmes, et gravés avec toute l'exactitude possible, satisferont à cet égard la curiosité en même temps qu'ils nous serviront à faire connaître la constitution physique de cette contrée.

Les rochers du *Gebel el-Mokatteb*, ou Montagne écrite, qui offre, dans une étendue de plusieurs lieues, de nombreuses inscriptions phéniciennes ou samaritaines, les plus anciennes peut-être qui existent aujourd'hui après celles de l'Égypte, n'intéresseront guère moins les savans qui voudront connaître d'une manière précise la nature de ces montagnes. Ces exemples font sentir assez qu'il existait, pour graver les roches de l'Égypte et des lieux voisins, des motifs particuliers d'intérêt, tout-à-fait étrangers à la géologie, motifs qui n'auraient pas également lieu pour toute autre contrée.

Par rapport aux géologues et aux minéralogistes, il est naturel de penser que des dénominations et des descriptions, si on les suppose exactes, seraient suffisantes; mais elles ne peuvent que rappeler le souvenir des roches déjà connues : encore cela n'est-il pas toujours sans quelque difficulté; et il faut me pardonner d'entrer, pour le faire sentir, dans quelques détails minutieux.

Il n'existe point, entre les roches, d'espèces proprement dites; elles n'offrent rien de fixe dans leur composition comme dans leur aspect : une suite de passages gradués et insensibles unit les roches les plus différentes; et quelquefois les variations ont lieu dans le même bloc. Ainsi, faute de limites naturelles, faute de points fixes que l'esprit puisse saisir, l'étude des roches et leur classification deviennent très-difficiles. Pour ne pas s'exposer à tout confondre, il a fallu suppléer à ce que la nature n'avait pas fait, et choisir arbitrairement, dans cette série continue, certains points, comme des types auxquels on pût rapporter toutes les roches intermédiaires. C'est ainsi, à peu près, que s'est trouvée formée la nomenclature géologique, si toutefois l'on peut donner ce nom au petit nombre de termes dont on se sert pour dénommer un nombre infini d'objets différens. Il est aisé de juger par-là que les naturalistes qui s'entendent sur les points principaux ne sont guère d'accord, et souvent ne s'entendent pas entre eux sur les détails, et que le lecteur qui lit un fait géologique ne sait presque jamais, d'une manière certaine, de quelle substance on lui parle si on se borne à la dénommer.

Pour suppléer à cet inconvénient, l'on prend le parti de décrire toutes les roches au lieu de les dénommer; mais cette méthode, longue et difficile, n'atteint pas toujours parfaitement le but qu'on se propose.

Supposons que l'on trouve dans un ouvrage les descriptions suivantes, qui, très-bien faites, ont surtout le mérite de l'exactitude et de la concision :

1°. Roche feldspathique rougeâtre, avec quartz translucide et mica noir [1].

2°. Roche résultant du mélange d'un quartz transparent, de feldspath jaunâtre, et de schorl noir en lames médiocrement dures [2].

3°. Roche feldspathique, avec quartz gris, en cris-

[1] Haüy, *Traité de minér.*, t. IV.   [2] Saussure, tom. Ier, chap. 5.

taux irréguliers, dont les coupes forment, sur les surfaces des lames de feldspath, des figures anguleuses.

4°. Roche granitique à gros grains, à quartz blanchâtre, à feldspath, en petite partie, d'un blanc laiteux, et, pour la plus grande partie, d'une couleur de chair assez relevée, cristallisé en rhombes, d'une grosseur médiocre; enfin à mica d'un noir très-intense, et à contexture serrée [1].

5°. Roche cornéenne dure, rouge, avec feldspath granuliforme, et souvent des parcelles d'amphibole.

Je choisis ces exemples parce qu'ils ont quelque rapport à mon sujet, et je les choisis parmi les descriptions les mieux faites que nous ayons.

Toute entreprise nouvelle est sujette à éprouver d'abord des contradictions; et je ne serais pas étonné que plusieurs personnes fort éclairées blâmassent celle-ci. Pour toute réponse, je les engage à réfléchir sur les descriptions que je viens de citer, et qui sont, je puis l'assurer, les plus exactes, les plus précises que l'on trouve dans les meilleurs ouvrages qui traitent de ces matières. Je demande si, trouvant ces descriptions, elles se représenteraient d'une manière fort nette les roches dont il est question, le granit de Syène, le granit graphique, le porphyre rouge antique. Je demande si elles reconnaîtraient que la même roche est décrite ici deux fois. Je demande si la connaissance d'une roche, acquise de cette manière, se conservera bien fidèlement dans la mémoire. Je demande enfin si, dans le cours d'un long ouvrage, il est possible de donner toute son

[1] Wad, *Description du musée Borghèse.*

attention à une suite d'idées présentées d'une manière si abstraite. Si cette difficulté a lieu pour les roches les plus connues, que penser des descriptions de roches tout-à-fait inconnues?

Qu'on ne croie pas que l'extrême concision des descriptions que j'ai rapportées soit l'unique cause de la difficulté qu'on éprouve à se représenter l'objet décrit; plus on les complétera en multipliant les détails, plus l'effort d'attention deviendra grand. L'esprit réunit toujours mal les circonstances dès qu'elles sont nombreuses; vingt personnes différentes se feraient vingt tableaux différens d'une même roche, d'après sa description détaillée. On n'a qu'un moyen de donner, par le discours, des idées nettes d'un objet physique un peu composé; c'est de rappeler les sensations qu'il a produites. Si l'objet est nouveau, il faut marquer son rapport avec un ou plusieurs objets connus; encore, pour peu que les différences soient grandes, il restera toujours dans l'esprit du lecteur quelque chose de vague et d'incertain. Voilà pourquoi il est si facile, par les moyens du discours, de donner une image de ce qui est composé d'objets connus et familiers au lecteur, tels qu'un site, un paysage; et si difficile, au contraire, de peindre ce qui a dans toutes ses parties une manière d'être particulière. On ne donnerait jamais, avec des paroles, l'idée d'un cheval ou d'un bœuf à celui qui n'aurait pas vu ces animaux; de même on ne donnerait jamais l'idée d'une roche particulière à qui n'aurait rien vu de semblable : mais, en joignant aux descriptions une représentation fidèle, on lèvera les plus grandes difficultés.

Si ce que je dis est fondé, il en résulte qu'en géologie, comme dans toute autre science naturelle, rien ne peut suppléer parfaitement à la vue de l'objet lui-même.

Le meilleur moyen de parer à tout serait celui qu'ont adopté quelques naturalistes allemands, de former des collections de roches qui soient exactement conformes entre elles, de les accompagner d'indications précises, et de les répandre dans les divers pays : mais ce moyen, excellent en soi, n'est pas d'une exécution facile; on sent qu'il n'est pas généralement praticable : c'est pour y suppléer que nous avons fait graver la collection des roches de l'Égypte.

A ne considérer que la nomenclature, on m'objectera peut-être que les monumens nombreux formés avec les roches que l'on appelle *antiques*, et qui sont répandus dans presque toutes les parties de l'Europe, fournissent une ressource pour établir quelque concordance entre les idées des naturalistes; mais il en résulte souvent des équivoques assez graves : en voici un exemple.

Cette nécessité dont nous avons parlé, d'établir quelques distinctions dans cette série de roches que l'on confond sous le même nom, a été bien sentie par le célèbre professeur Werner, qui, plus que personne, a mis de la précision dans la nomenclature : entre autres changemens heureux qu'il a introduits, après avoir montré l'importance de restreindre le nom de granit aux seules roches composées de trois élémens, quartz, feldspath et mica, nettement cristallisés, roches qu'il faut absolument distinguer de toutes les autres, parce qu'elles sont les plus anciennes, les premières de toutes dans l'ordre de leur formation, et qu'elles constituent la base solide des montagnes et de tout le globe, il en sépara, et il désigna, par un nom particulier, une autre classe de roches primitives, n'ayant qu'imparfaitement la contexture granitique, renfermant, au lieu de quartz et de mica, une quantité assez grande de hornblende (amphibole de Haüy), roches qui d'ailleurs diffèrent essentiellement des granits par leur gisement, puisqu'elles se trouvent liées dans la nature aux roches porphyritiques.

Cette distinction, dis-je, est très-juste et très-utile; mais M. Werner appliqua à ces roches un nom emprunté des auteurs anciens, celui de *syénite*, donné par Pline à la roche de Syène en Égypte, dont sont formés tant de monumens anciens. Cette roche est, comme toutes les autres, assez variable dans sa composition. Quelques blocs renferment, avec beaucoup de feldspath, une certaine quantité d'amphibole; et sans doute c'est d'après un de ceux-ci que M. Werner s'est déterminé dans l'application du nom, et qu'il a fait de la roche de Syène le type de son nouvel ordre. Mais cette conformité entre la roche ancienne et les nouvelles roches est purement accidentelle; et je puis assurer qu'elles diffèrent sous tous les rapports. L'amphibole y est assez rare : le mica, au contraire, fort abondant, s'y présente dans des états variés, et il est vraiment essentiel à sa composition; le quartz, quoique moins abondant, y manque rarement; le feldspath s'y montre toujours en cristaux très-nets, très-grands et très-bien formés ; la roche a entièrement la contexture granitique, et nullement celle des syénites de M. Werner : et ce qu'il faut surtout considérer, c'est que son gisement n'est pas du tout le même ; elle n'appartient point à la formation porphyritique : on ne rencontre même aucun porphyre dans les environs de Syène ni dans les déserts voisins, mais, comme on pourra le voir dans les planches de minéralogie, une multitude de granits à petits grains, des granits veinés, des gneiss, des roches feldspathiques semées de grenat, et toutes espèces de roches étrangères à la formation porphyritique[1].

On voit par-là comment les monumens peuvent induire en erreur, parce que la même roche s'y présente sous divers états, et qu'un accident peut être pris pour sa manière d'être constante; ajoutons que d'ailleurs on ne connaissait nullement jusqu'ici le gisement des roches antiques. On voit aussi qu'il faut avoir recours à d'autres moyens pour établir, d'une manière certaine, de nouvelles idées sur la nomenclature des roches.

Ce n'est pas que je me propose d'entrer dans de très-grands détails sur la nomenclature des roches ; ce travail s'écarterait trop du but de notre ouvrage ; je me

---

[1] Je puis invoquer, à l'appui de ce que je dis, plusieurs témoignages qui ne seront pas suspects. M. de Humboldt, si célèbre par ses travaux et par les connaissances minéralogiques qu'il a recueillies à Frayberg, a examiné avec attention les diverses roches prises à Syène ; il a reconnu qu'elles appartenaient à un système de montagnes tout-à-fait différent de celui qui renferme les syénites de Werner. M. Daubuisson, ingénieur des mines, dont le zèle pour la doctrine de M. Werner est bien connu, et qui d'ailleurs a composé, d'après les leçons et sous les yeux de ce professeur, un Traité des roches, dont un extrait est inséré dans l'ouvrage de Brochant, a partagé la même opinion, et m'a autorisé à le déclarer.

bornerai à ce qui sera indispensable; mais d'autres, plus capables que moi d'ailleurs de remplir cette tâche, l'entreprendront peut-être, et ils pourront trouver pour cela quelques secours dans une collection de roches assez nombreuses, dont les figures sont représentées avec toute la fidélité possible : notre collection leur offrira quelques-uns de ces points qu'il faut choisir par convention pour en faire les types des dénominations, et y rapporter les roches intermédiaires. Ces mêmes figures, répandues dans les diverses contrées de l'Europe, pourront être consultées par tous les naturalistes ; et les exemplaires en étant tous parfaitement conformes entre eux et accompagnés d'indications précises suppléeront jusqu'à un certain point aux collections des roches elles-mêmes, qu'il serait impossible de multiplier autant, et peut-être de choisir de manière qu'elles fussent toutes parfaitement semblables.

Nous venons d'exposer quelle pouvait être, par rapport à la géologie, l'utilité de la représentation des minéraux ; nous avons indiqué également l'intérêt qui pouvait en résulter, à ne les envisager que sous leurs rapports avec la connaissance de l'Égypte, de ses monumens et de certains faits historiques ; et nous avons fait sentir la convenance particulière que l'ouvrage sur l'Égypte offrait pour une telle entreprise. Tout cela suppose que cette représentation aura été exécutée avec un certain degré de précision. Ce sont les gravures que nous présentons qui peuvent mettre à portée de juger si cette condition est remplie.

Sans doute ce genre de figures n'offre pas à l'inspection le même intérêt que celui des figures d'animaux, de plantes, de coquillages et de beaucoup d'autres objets qui peuvent plaire à la vue par leurs formes, et dont il suffirait souvent de tracer les contours extérieurs pour en donner une idée assez nette : mais il ne faut pas oublier que les gravures offertes par nous ne sont qu'un moyen auxiliaire pour faire connaître les objets représentés; que leur principal objet est, comme dans les plans et quelques autres genres de dessins, de suppléer à l'insuffisance du discours, et de fixer dans la mémoire les idées que l'on se sera faites en lisant les descriptions; que souvent même on n'a eu en vue que de rendre quelques circonstances importantes à remarquer, et sur lesquelles on appellera particulièrement l'attention du lecteur dans les descriptions qui accompagneront chaque roche.

Du reste, on se convaincra, je crois, en examinant les planches, que l'exécution de cet ouvrage, eu égard aux difficultés qu'il présentait, n'est pas inférieur à ce qui a été exécuté jusqu'ici avec le plus de précision dans toute autre partie de l'histoire naturelle.

Les imperfections que peuvent renfermer les gravures seront d'ailleurs scrupuleusement indiquées.

Au fond, voici à quoi tiennent les difficultés que nous venons de remarquer, et comment on peut les surmonter.

La première chose à rendre, dans les roches composées, est la nature de leurs divers élémens; et le discours, j'en conviens, remplit très-bien ce premier objet, beaucoup mieux même que la représentation par la peinture ou par la gravure : mais les proportions de ces élémens ne peuvent être exprimées, par le discours, d'une manière précise; et la peinture le fait très-bien, dès que l'on a levé, par une indication écrite, les incertitudes qui peuvent exister à cause de l'analogie d'aspect qu'ont certaines matières.

La forme particulière et le volume de chacun des élémens ne peuvent être rendus d'une manière détaillée qu'en les figurant tous : il y a d'ailleurs, dans la structure des roches, une infinité de circonstances curieuses qu'on n'est pas même conduit à observer lorsque l'on se borne à des descriptions; et il serait impossible de les rendre, à moins d'entrer dans une multitude de détails qui deviendraient très-fastidieux, inconvénient qui n'existe point dans la représentation, parce qu'en examinant un dessin on est toujours le maître de borner son attention aux circonstances qui peuvent intéresser pour l'instant.

Comment rendre, sans le secours de la peinture, les couleurs et jusqu'aux nuances différentes qu'offrent souvent les divers cristaux de même espèce ? Cela n'est jamais indifférent par rapport aux arts, et ne l'est pas toujours en géologie.

Les accidens particuliers que présente chacun des élémens ne peuvent être rendus, par des paroles, avec quelques détails; mais rien de plus facile par le dessin. Les cristaux de feldspath, par exemple, sont souvent sujets à renfermer des cristaux d'une matière étrangère, des lames de mica : on verra, du premier coup d'œil, dans une gravure, la quantité, la grandeur de ces lames, et d'autres circonstances semblables dont la connaissance est utile pour servir à résoudre certaines questions.

Mais ce qu'il y a de plus important à faire connaître dans les roches, c'est la disposition respective des divers caractères, ou ce que l'on nomme la contexture de la roche; et à cet égard il n'y a aucune comparaison à établir entre les moyens du discours et ceux de la gravure. Chaque formation de roches a une contexture qui lui est propre, et qui peut la faire distinguer de celle des roches appartenant aux formations antérieures ou postérieures : c'est donc là le point le plus essentiel pour la géologie, et cela ne peut être révoqué en doute par ceux qui ont réfléchi sur le but de cette science[1].

La position relative des diverses sortes de roches dans la nature peut très-bien être rendue par le discours (dans la supposition toutefois que ces roches seraient d'avance bien indiquées); mais la gravure peut encore être utile pour cet objet, en réunissant et plaçant, sous un même coup d'œil, les roches qui ont entre elles des rapports de position intéressans.

De tout cela il faudra conclure que, pour bien connaître les roches, les seuls moyens du discours, ou de

---

[1] Beaucoup de personnes cependant croient que l'on a tout fait quand on a indiqué la nature des substances qui entrent dans une roche; et, parce que la chimie n'envisage que ce seul point, on a pensé qu'il devait en être de même en minéralogie et en géologie, comme si ces diverses sciences avaient le même objet, et que les mêmes moyens pussent également leur convenir. C'est une erreur qui ne peut entrer que dans l'esprit des personnes qui n'ont aucune idée du véritable but de la géologie.

la représentation par le dessin, seraient insuffisans, pris chacun à part; mais que, réunis, ils rempliront très-bien cet objet. Or, c'est uniquement ce que nous nous sommes proposé.

DE LA
CONSTITUTION PHYSIQUE
DE L'ÉGYPTE,
ET DE SES RAPPORTS
AVEC LES ANCIENNES INSTITUTIONS DE CETTE CONTRÉE;

Par M. DE ROZIÈRE,
Ingénieur en chef au Corps royal des Mines.

> « Le souvenir des premiers inventeurs dans les sciences et les arts s'est entièrement effacé. De grands peuples, dont les noms sont à peine connus dans l'histoire, ont disparu du sol qu'ils ont habité. Leurs annales, leurs langues, leurs cités même, tout a été anéanti; et il n'est resté, des monumens de leurs sciences et de leur industrie, qu'une tradition confuse et quelques débris épars dont l'origine est incertaine. »
>
> *Exposition du système du monde*, par M. LAPLACE, t. II.

INTRODUCTION.

§. I.

Un recueil d'observations sur la constitution physique d'une contrée lointaine, étendue et variée dans son sol, peut intéresser les naturalistes, quelle que soit cette contrée : il leur promet, ou des données nouvelles sur la théorie du globe, ou des moyens de vérifier les inductions générales tirées des faits observés plus près d'eux; il peut encore occuper l'attention sous le rapport du commerce et des besoins réciproques des peuples; et le voyageur chargé de ce travail aurait sans doute rempli sa tâche en exposant ses observations, sans se livrer à aucune recherche, à aucne considération étrangère à l'histoire naturelle.

Mais si cette contrée, maintenant peu connue, a été le berceau des sciences et des arts; si on lui doit les monumens curieux qui, des temps les plus reculés, soient parvenus jusqu'à nous; si, sous un ciel conservateur, elle garde encore l'empreinte des premiers travaux des hommes; si ce pays, enfin, décrit ou célébré par les grands écrivains de l'antiquité, présente, avec une disposition géographique toute particulière, de grands phénomènes naturels, qui en modifient d'une manière régulière l'état physique, et qui aient jadis exercé une puissante influence sur son état moral, et déterminé le caractère de ses primitives institutions, source de toutes les autres; alors de simples recherches sur sa constitution physique se trouveront liées à beaucoup de branches importantes de nos connaissances, surtout à l'histoire de leur origine, encore si peu connue; elles deviendront par-là d'un intérêt plus général : il conviendra donc, en les présentant, de se diriger d'après ces considérations, et de ne pas perdre de vue ce que pourront exiger, sur le même sujet, les naturalistes, les philosophes et les antiquaires.

La contrée que le Nil arrose, dont l'Égypte forme une partie importante, réunit ces conditions. S'il n'est pas universellement reçu que la civilisation y ait pris naissance, du moins l'est-il qu'elle s'y est développée dès la plus haute antiquité, qu'elle y a reçu des formes particulières de la nature du pays, du sol, du climat, et des phénomènes physiques; formes qui de là ont passé dans d'autres contrées de l'Orient et dans la Grèce pour se répandre dans le reste de l'Europe. Quelques modifications qu'elles aient éprouvées dans ce long trajet et sous des climats si différens de leur climat natif, cependant elles n'ont pu être entièrement dénaturées : comparées avec les institutions primitives, elles laisseraient voir encore des traits de ressemblance faciles à saisir. Mais comment faire ce rapprochement? comment retrouver ces institutions primitives, si ce n'est en examinant, dans les lieux où elles se sont développées, ce qu'il y a de plus important et qui peut exercer une forte influence sur des esprits neufs et sur une société naissante? Ce n'est donc pas seulement, comme on se le persuade trop communément, les antiques monumens des arts, les faits de l'histoire, les relations des anciens voyageurs, qu'il convient de consulter; c'est autant et peut-être plus que tout cela encore l'état physique du pays, parce que c'est là ce qui a impérieusement dicté les usages premiers, ce qui en a déterminé le caractère; et c'est là peut-être aussi ce qui s'altère le moins.

Il pourra sembler étrange de supposer la connaissance de l'état physique de l'Égypte utile à l'intelligence des usages de l'Orient, et surtout de ceux de la Grèce et des anciens peuples de l'Europe. Quels rapports, dira-t-on, avec la théogonie de ces peuples, avec leurs arts, leurs connaissances physiques, médicales, géographiques, astronomiques, leurs systèmes de mesures, etc. ? Il en existe pourtant de bien réels; et l'examen approfondi de ce sujet peut conduire à des résultats d'un grand intérêt pour l'histoire des sciences, et détruire bien des préventions relatives à leur origine : c'est ce que nous essaierons de démontrer.

Les changemens survenus dans le sol de l'Égypte depuis les premiers temps où elle fut habitée offrent des questions mixtes d'histoire naturelle et d'archéologie, dont la solution dépend de la connaissance exacte de l'état actuel du pays, et de la marche des phénomènes qui tendent à le modifier. Il serait impossible de traiter ces questions avec succès sans avoir recours aux données de la géologie, qui doit s'allier ici avec les recherches historiques, et avec celles de la géographie comparée et de la métrologie.

Les monumens nombreux qui subsistent encore en Égypte, et dont l'origine remonte au-delà de tous les temps connus par l'histoire, peuvent faire juger quel était, à l'époque de leur construction, l'état du sol où ils sont placés. Agrandissant, pour le naturaliste, la période des temps historiques, ils présenteront des moyens plus sûrs qu'on n'en pourrait obtenir en tout autre pays pour déterminer les lois de certains changemens qui s'opèrent d'une manière insensible, mais continue, à la surface du globe. Ils fourniront ainsi des données sur l'ancienneté de l'état actuel de notre continent, question souvent agitée parmi les naturalistes comme parmi les philosophes.

Ce travail offrira donc une marche particulière. Simple exposé des faits naturels et de leurs conséquences géologiques, il serait dépouillé de sa principale utilité. Ce doit être aussi le développement des rapports du sol de l'Égypte avec les anciens peuples qui l'ont habité, l'ont couvert de leurs monumens, qui, dans les temps les plus reculés, l'ont creusé, traversé, modifié, par leurs travaux dont les vestiges existent encore; de ses rapports avec certains faits de l'histoire, avec les relations des anciens voyageurs, qui par-là, se trouvant quelquefois éclaircies, deviendront plus curieuses. Alors bien des questions abordées sans succès jusqu'ici pourront être résolues.

De ces premiers résultats déduits de l'état du sol comparé avec l'histoire et les monumens anciens, on sera conduit à des questions nouvelles relatives à ce qui fut jadis institué. Cette seconde partie, purement archéologique, formera un ouvrage distinct, qui aura pour objet la recherche des institutions primitives de l'Orient, surtout de celles qui sont fondamentales pour les sciences, la religion et l'administration du pays : mais, les bases principales de cet ouvrage devant être établies dans celui-ci, c'est un motif qui me fera insister particulièrement sur certains faits, sur certaines questions.

D'après l'exhaussement séculaire du sol de l'Égypte, on pourra déterminer l'époque de l'érection de plusieurs monumens, confirmer celle de plusieurs usages anciens, justifier la découverte de la coudée nilométrique employée sous les Pharaons, l'un des points fondamentaux du système métrique de l'Égypte. Les rapports généraux du Nil avec le sol forment la troisième partie de cet ouvrage.

Par un motif semblable je me suis attaché spécialement à déterminer les limites anciennes de l'Égypte, fondement principal de sa géographie comparée. Cette détermination essentielle pour plusieurs questions géologiques offre aussi un moyen de vérifier les mesures itinéraires de la contrée et tout son ancien système métrique : c'est l'objet de la seconde partie.

Ces deux exemples donnent déjà une idée des relations du sol de l'Égypte avec son état ancien. Pour les mieux apprécier, arrêtons nos regards sur cette contrée, et tâchons de saisir l'influence de ses antiques usages sur les nôtres.

§. II.

Les habitans de l'Égypte se vantaient d'être les plus anciens des hommes. C'est en effet dans la vallée du Nil que l'histoire semble nous montrer pour la première fois les hommes réunis en société réglée. Les premières lois y sont établies. L'agriculture y prend naissance : Osiris en est l'inventeur. Par les soins de Thoth et d'Hermès, les arts utiles s'y développent, le flambeau des sciences s'allume, et les beaux arts commencent à briller.

La philosophie et la science du gouvernement, dirigées vers le même but, font des progrès constans. Elles ne sont pas là, comme ailleurs, de vaines théories : tout y est en application. La nature est soigneusement observée; les mouvemens des astres sont reconnus, appréciés et distingués de leurs apparences : l'homme surtout devient un sujet inépuisable d'étude. Les lumières s'augmentent, et fournissent des moyens pour les augmenter encore. Les sciences morales et les sciences physiques, étendues, développées, perfectionnées de plus en plus, jettent un éclat que les peuples voisins contemplent avec ravissement, mais sur lequel, dans ce grand éloignement, l'esprit exact et défiant de notre siècle craint de s'abuser.

De là elles se répandent, comme d'un foyer, dans tout l'Orient. Elles éclairent, rapprochent et civilisent le monde entier : aussi tous les peuples du monde, différens sous tant de rapports, ont-ils dans les sciences, et jusque dans l'usage ordinaire, des institutions communes dont l'origine se perd dans la nuit des siècles.

Considérons-nous le système de numération, partout il est décimal. Se serait-on rencontré partout sur ce point, qui est fondamental pour les sciences? Supposez qu'on voulût faire adopter par tous les peuples un système de numération nouveau; quelles difficultés! Pour une seule nation, combien seraient-elles grandes! y réussirait-on par la simple persuasion? Je me borne à indiquer cette vue au lecteur : ses propres réflexions l'éclaireront plus que les développemens où je pourrais entrer. Il jugera bien que la communication des coutumes fondamentales dans les sciences, telles que celle-ci, doit remonter à la plus haute antiquité; qu'elle a dû précéder, chez presque toutes les nations, le développement des lumières par les propres moyens de chacune; précéder, dis-je, tout état de choses régulièrement établi, tout système d'idées développées, liées entre elles, et fortifiées par l'habitude.

Déjà il pourra soupçonner, non-seulement cette communication universelle et sa haute antiquité, mais aussi l'unité de sa source; car les hommes ne se rencontrent pas d'une manière constante sur ce qu'ils établissent séparément, même dans les choses simples et naturelles. C'est un problème curieux, sans doute, que la recherche de cette source première. Sa solution ne serait pas sans utilité pour l'histoire des sciences et des progrès de l'esprit humain : la connaissance de la marche que l'esprit a suivie dans les premiers temps ne saurait l'être non plus pour ses progrès futurs.

Mais, pour arriver à cette source, il ne faut pas prendre la voie trop commune et trop infructueuse des hypothèses : cette voie si battue n'aboutit à rien. Il faut observer d'abord un petit nombre de faits bien constans, et voir ce qu'on peut en déduire : je dis un petit nombre, car c'est leur certitude, non leur quantité, qui importe, contre l'opinion de beaucoup de personnes qui, en outrant les principes les plus féconds, finissent par les rendre stériles.

De ce que les faits sont des fondemens nécessaires au raisonnement, pour qu'il n'édifie pas en l'air, il ne s'ensuit pas qu'une multitude accablante de faits vaguement observés soit un préliminaire indispensable pour tirer quelques conséquences et arriver à quelques résultats. A les entendre cependant on ne saurait jamais les multiplier assez; on n'en peut trop accumuler, avant d'oser en rien déduire, avant de se permettre quelques vues sur leur cause, sur leur liaison. Des faits! crient-elles de toutes parts dès qu'on veut raisonner : des faits! Sans doute les faits sont indispensables; mais il ne faut pas oublier pourtant que des faits isolés, en quelque nombre qu'ils soient, ne sont pas la science, pas plus que des fragmens ou des molécules de marbre ne sont des statues : ce qui la constitue, ce sont les rapports des faits entre eux, c'est leur dépendance d'un principe commun, c'est la connaissance de ce principe, et de ses conséquences essentielles, qui dispensent quelquefois du reste. Les faits existent dans la nature aussi bien que dans les livres. Ils y sont plus précis, souvent plus clairs, toujours plus exacts et plus complets. Si vous les accumulez au-delà d'un certain terme sans avoir trouvé entre eux aucun lien, bientôt vous aurez mêlé nécessairement une foule d'observations vagues à des observations exactes sans doute, mais qu'il ne sera pas facile de distinguer les unes des autres; vous vous serez consumé dans un travail peu utile : le parti le plus court sera de fermer les livres, et de recommencer les observations avec un autre esprit et de meilleures vues. Ce que je dis là s'applique au genre de recherches qui nous occupe, comme à plusieurs branches des sciences naturelles, et trouvera surtout son application à certaines questions de géologie, que nous aurons occasion de traiter par la suite.

Dans les sciences de raisonnement, dans toutes celles dont les parties ont quelque liaison et une mutuelle dépendance, un petit nombre de faits certains et bien observés suffit communément pour mener à tout le reste; et les conséquences qu'on en déduit guident dans les observations dont le besoin se fait successivement sentir. Observés dans une vue déterminée, les faits prennent un tout autre caractère d'exactitude; envisagés par leur côté utile, ils deviennent d'une tout autre importance; et, si la prévention fausse le jugement d'un observateur, il est bientôt redressé par d'autres : on n'admet aveuglément que les faits qui ne se rattachent à rien, que les résultats partiels et qui n'ont pas de liaison; la critique a bien plus de prise sur ceux qui sont liés. Les exemples pour justifier ce que je dis ne manqueront pas; notre sujet en fournira assez. Le point essentiel est donc ici, comme dans les recherches sur les sciences physiques, de choisir des faits constans, bien avérés, et d'en suivre, sans aucune prévention, les conséquences qui nous mèneront aussi loin que nous pourrons désirer, si nous ne les forçons pas, et si nous vérifions sans cesse nos aperçus.

Remarquez d'abord l'uniformité qui existe chez presque tous les peuples de la terre dans la manière de diviser le ciel : partout elle a lieu en 360 parties [1]. Serait-ce le hasard qui l'aurait fait établir partout, dans l'Europe, dans l'Asie, aussi bien que dans l'Afrique? Comment a-t-on pu s'entendre pour l'adopter si généralement? Quelle cause l'a fait prévaloir? Sa commodité. Mais la commodité, l'utilité même d'un usage, d'une pratique, suffisent-elles communément pour les faire recevoir? On sait assez quelles peines occasione l'éta-

[1] La division en 720 parties offre avec celle-ci un rapport trop simple pour en être distinguée ici.

blissement des usages les plus utiles chez une seule nation : or celui-ci se trouve chez presque toutes.

La division de la terre, uniforme chez les divers peuples, est, comme la précédente, en 360 parties. D'où peut naître cet accord ? Que faut-il en conclure ?

La division du cercle est aussi partout la même, et, comme les précédentes, en 360 parties. L'application de ce mode de division à des choses de nature différente est remarquable; et, puisque l'universalité de cet usage en prouve la communication, il y a donc eu, dans la plus haute antiquité, chez un certain peuple, des institutions raisonnées, bien liées, bien régulières. Quel est ce peuple ?

Ce nombre 360 est précisément celui des jours dont les Égyptiens composaient le cercle de l'année, mettant à part les cinq jours restans ou épagomènes, qui composaient une petite période distincte (forme reproduite depuis dans notre calendrier métrique[1], tant cette idée est naturelle). Je ne dis pas pour cela que l'Égypte soit cette contrée où les institutions communes des divers peuples aient pris naissance; je fais seulement un rapprochement propre à diriger l'attention; et, puisque le temps était soumis aussi à ce même mode de division par 360, ce système était donc bien étendu. C'est encore une considération qui ne doit pas être perdue de vue.

Chez les peuples qui ont compté le jour et la nuit comme deux unités distinctes, le cercle s'est trouvé par-

[1] Ce n'est pas le seul point dans lequel on se soit rencontré. Il a existé aussi, dans l'Orient, un système métrique fondé sur la division du cercle en 400 parties, et une subdivision toujours décimale. Ce fait sera prouvé dans tous ses détails dans un mémoire particulier.

tagé en 720 parties. Cette méthode commune dans l'Asie et ailleurs n'a pas toujours été étrangère à l'Égypte; j'omets à dessein les preuves de ce dernier fait. Cette division de l'unité principale par un nombre aussi élevé, appliqué à des objets divers, et partout le même, rend indubitable son ancienne communication; car, je le répète, on ne peut supposer, ni qu'il y ait eu partout des institutions raisonnées formant un système étendu, ni qu'on se soit rencontré constamment. Mais pourquoi cette légère différence et ces deux divisions par 360 et 720? Pourquoi cette double forme, si l'origine est une? Il faut bien qu'elle existe à la source même de l'institution, et qu'elle y ait une cause. Ce sera une donnée de plus pour vérifier par la suite si l'on a rencontré juste à l'égard de cette origine.

Considérons maintenant la division du ciel en 12 parties; l'écliptique avec les douze signes du zodiaque; ce zodiaque semblable presque par toute la terre; ses signes portant les mêmes noms et représentés par les mêmes figures, en apparence assez bizarres, et inexplicables chez toutes les nations par les phénomènes de leur état physique, à l'exception d'une seule. La communication ici n'est-elle pas incontestable [1] ? Si l'on arrive jusqu'à la source de ces institutions communes dont le zodiaque fait partie, ce monument si important pour l'astronomie ancienne, et sur lequel on n'a encore que des conjectures plus ou moins spécieuses, s'expliquera d'une

---

[1] Le zodiaque, lié étroitement à la division du cercle en 360 parties, achèverait de démontrer la communication de celle-ci, si elle pouvait être douteuse.

manière naturelle, précise et complète. Ses figures accessoires s'expliqueront de même, ainsi que leurs modifications dans les monumens des diverses époques. Les rapports du zodiaque avec toutes les autres institutions primitives et l'ancien système de division deviendront plus manifestes : cela servira à justifier la solution de cette grande question.

Les cercles de la terre, chez les Orientaux, étaient divisés en 12 parties, comme l'écliptique; il en reste des preuves historiques et des traditions. Mais ce qu'il y a de plus remarquable, la double forme rencontrée à l'égard des nombres 360 et 720 se reproduit ici. Le ciel, la terre, le cercle, se divisent aussi en 24 parties, de même que l'année. Ces quatre choses étaient donc liées autrefois, puisque cette liaison est encore reconnaissable.

On commence à voir l'homogénéité des vues et des usages de l'antiquité. Les années de 24 mois ou de 15 jours sont célèbres. Leurs mois contiennent trente divisions, si l'on compte pour autant d'unités chaque jour et chaque nuit, comme divers peuples de l'Asie. Nous, qui avons reçu nos usages astronomiques par différens intermédiaires, nous avons mélangé et confondu les deux formes : tantôt nous comptons pour le jour une révolution complète du soleil, tantôt la moitié; nous disons que la semaine est composée de 7 jours; et le mois de 3o. Il est visible cependant que l'institution principale et vulgaire comptait les nombres doubles : nos horloges marquent deux révolutions complètes de 12 heures chacune dans une seule révolution du soleil, 14 dans la semaine, 60 dans le mois, 720 dans l'année : tout cela mériterait bien d'être examiné avec soin et sans prévention.

Le cercle des instrumens de mathématique et d'astronomie avait également cette seconde division en 24 parties. Nous en citerons un exemple peu connu du public, mais beaucoup des minéralogistes ; c'est le cercle de la boussole des mines. En tout pays il est divisé en 24 parties, comme l'année, le jour, et l'orbite du soleil; et ses 24 divisions, partagées de même en deux séries de 12, portent aussi le nom d'*heures*, comme les divisions du jour. Les directions qu'on détermine par la boussole sont rapportées au cercle de l'équateur. Elles se désignent par le nom de l'heure correspondante : le cas de la perpendicularité avec l'équateur étant le midi; et celui du parallélisme, les six heures. Ceci offre un exemple de la nécessité de considérer, dans certains cas, les relations du cercle avec l'équateur et avec ses degrés; nécessité que d'autres circonstances rappelleront. Cette division de la boussole ne saurait être sans doute un usage ancien; c'est seulement l'application d'un usage ancien, et c'est tout ce qui importe ici. Si l'on prétendait qu'au lieu d'usages antérieurs, de pures raisons de convenance ou de commodité ont fait adopter ce mode de division du cercle, à cause de son rapport avec la division de l'année et du jour, on nous accorderait implicitement un principe fort important et qui forme le nœud principal de notre système.

Cette division universelle en 12 et en 24 parties n'est pas, plus que celle en 360 et en 720, l'effet du hasard :

c'est une institution communiquée, et qui doit par conséquent appartenir au peuple le plus anciennement civilisé. Le choix du nombre 360 pour la division du cercle n'est pas dû davantage, quoiqu'on le répète perpétuellement, à sa commodité pour le calcul et au grand nombre de ses diviseurs. Il ne faut pas se livrer à de longues méditations pour reconnaître qu'il a son type dans la nature; dans les 360 révolutions du soleil pendant le cours de l'année[1]. On verra par la suite que ce n'est pas un simple motif d'analogie, mais une cause, pour ainsi dire, forcée, qui l'a fait adopter.

La plupart des faits que je viens d'exposer sont bien connus, bien avérés : il y a peu de mérite sans doute à les remarquer; néanmoins on n'a jamais essayé d'en rien déduire, touchant l'origine et la communication des connaissances. On pouvait cependant aborder la question par cette face, et remonter, par une suite d'inductions, jusqu'à cette origine; mais, en toutes choses, les faits les plus familiers, et qu'on a toujours sous les yeux, sont ceux qu'on remarque le moins. D'ailleurs le fil des conséquences, facile à suivre quand le terme est signalé, échappe aisément à l'observateur qui, au milieu du labyrinthe, ne voit pas le point vers lequel il doit se diriger. Aussi ce n'est pas par cette voie que nos résultats ont d'abord été trouvés. On va voir comment l'examen du sol de l'Égypte a pu y conduire.

---

[1] Les révolutions excédantes ont été séparées, comme on a déjà vu, pour former la petite période des jours épagomènes, que nous avions reproduite sous le nom de *jours com-* *plémentaires*. Cette circonstance bien constatée des jours épagomènes semble déceler le peuple où s'est établie, dans l'origine, la division par 360.

§. III.

Les observations sur la constitution physique d'un pays, quand elles sont sans rapport à quelques questions importantes, ont en général aussi peu d'intérêt que d'utilité. Il est rare même, comme je l'ai indiqué, qu'elles aient alors une parfaite exactitude; et trop communément, au milieu d'une foule de circonstances stériles, la seule vraiment utile à considérer se trouve négligée. L'Égypte pouvait, comme tout autre pays, fournir une grande masse d'observations isolées et sans but; mais l'extrême antiquité de ce pays, les relations faciles à apercevoir entre les travaux de ses premiers habitans et la marche postérieure des phénomènes naturels, conduisaient à tirer parti de cette circonstance pour déterminer, soit l'étendue des changemens du sol dans un temps donné, soit la durée des effets dans une étendue connue; et de la grande antiquité des points de repère devait résulter une vaste échelle pour remonter plus haut, et apprécier plus sûrement la marche de la nature dans de longs intervalles.

D'après ces vues j'avais conçu l'idée de résoudre diverses questions de géologie par les seuls secours que pouvaient fournir l'histoire et la géographie comparée, afin d'arriver par-là à un degré de certitude et de précision que ne comportent pas toujours les seuls moyens de la science naturelle; moyens un peu vagues, et qui ont fait décrier quelquefois ses résultats avec une apparence de raison. Mais j'ai vu qu'en bien des cas aussi les considérations de la géologie pouvaient, à leur tour, suppléer aux données insuffisantes de l'histoire, diriger utilement dans l'examen de plusieurs faits obscurs, et corriger certains résultats fautifs de la géographie comparée. N'eussent-elles servi qu'à écarter d'anciennes préventions, c'était déjà beaucoup. J'ai donc repris plusieurs questions avec des moyens qui avaient manqué jusque-là, et auxquels des connaissances très-étendues d'ailleurs et toute la sagacité possible ne pouvaient suppléer. Quelques exemples expliqueront mon idée : les faits qu'ils rappelleront serviront pour la suite.

L'examen de l'isthme de Suez, parcouru dans cinq directions différentes, et des renseignemens qui méritaient la plus grande confiance [1], m'ont fait reconnaître que les grands changemens supposés par d'Anville dans l'état du pays et dans l'extrémité du golfe Arabique, étaient contre toute vraisemblance, pour ne pas dire physiquement impossibles. Les preuves du séjour de la mer dans l'intérieur de l'isthme depuis les temps historiques, malgré des apparences séduisantes, sont sans valeur pour le géologue; et, par leur état actuel, les lacs Amers, qui occupent le centre de l'isthme [2], quoique chargés d'une énorme quantité de matières salines, n'ajoutent à cette hypothèse aucune probabilité. Leur état n'a rien de particulier. Ainsi le lac Mœris ou lac Karoun, autrefois lac d'eau douce, se trouve maintenant chargé de six ou sept fois autant de matières salines que les eaux de la mer; et, si les canaux qui y portent les eaux du Nil étaient trois ou quatre ans sans y affluer,

---

[1] Principalement ceux de MM. Le Père et Du Bois-Aymé.

[2] Ces lacs ont été décrits avec beaucoup de soin dans d'excellens

il ne différerait point des lacs Amers par ses circonstances physiques et par la composition chimique de ses eaux. On ne verrait pas là des preuves de la communication de la mer depuis les temps historiques; car il est constaté historiquement qu'à cet égard rien n'a changé. En Égypte et dans tous ses environs, la salure d'un lac d'eau douce, après un grand laps de temps, est un phénomène universel, un effet nécessaire, dont on peut donner les raisons. Elle ne prouve donc rien pour la communication de ce lac avec la mer; et l'on ne pourrait pas l'inférer de là, quand même l'histoire et les circonstances du local n'y seraient pas contraires.

Prémuni par ces considérations, on se trouve conduit par les auteurs anciens à des résultats fort différens de ceux de d'Anville; et l'on voit clairement que tous leurs renseignemens sont d'accord avec les circonstances du local pour prouver que l'extrémité du golfe Arabique n'a presque pas changé depuis les temps historiques[1]. Des autorités modernes fort recommandables appuient aussi cette opinion[2]. De là se déduit la permanence du niveau de cette mer depuis les premiers temps historiques, et quelques autres conséquences assez importantes que la géologie indique également, mais qu'elle ne suffirait peut-être pas à démontrer.

Le prolongement du golfe Arabique, supposé par d'Anville, était d'environ 17 lieues. C'était déplacer de 17 lieues les anciennes villes situées à son extrémité.

mémoires. *Voyez* la Description de l'Égypte (*État moderne*) et la Décade égyptienne.

[1] J'ai tâché de le démontrer dans le premier Mémoire sur la géographie comparée de la mer Rouge.

[2] Notamment celle de M. Gosselin. Cette situation de l'extrémité

On conçoit que les anciennes mesures de l'Égypte, ajustées à de telles hypothèses, devenaient un peu suspectes. Plusieurs rencontres semblables nous firent sentir la nécessité de chercher leur valeur sans rien supposer, et sans rien accorder aux autorités modernes. La découverte du vrai système de mesures, pouvant vérifier beaucoup d'autres résultats, ne devait pas être négligée. L'extrémité de la mer Rouge, exactement déterminée, offrait déjà un moyen d'y arriver. Mille stades de 60 au schœne comptés par Hérodote d'une mer à l'autre, et dans un intervalle de vingt-trois lieues [1], indiquaient une division du degré en 1080 stades, et non pas en $1111\frac{1}{9}$, comme l'admettait d'Anville [2]. Par conséquent le grand stade égyptien de 30 au schœne devait être de 540 au degré, et non pas de 600, ni de 500, comme plusieurs habiles géographes l'avaient pensé.

Le schœne de 30 stades communs ou de 60 petits stades égyptiens se trouve donc la dix-huitième partie du degré, et il le divise exactement; ce qui n'a pas lieu suivant l'évaluation de d'Anville, ni suivant plusieurs autres. Cette considération de la division exacte du degré par le schœne est de la plus grande importance dans la question : à cela se rattachent les données les plus essentielles pour la métrologie, la géographie et l'astronomie de l'Égypte.

du golfe Arabique dans les anciens temps paraît avoir été adoptée aussi par M. Walckenaer et plusieurs autres géographes.

[1] À partir de l'ancienne ville d'*Heroopolis*, dont les vestiges se remarquent encore aujourd'hui vers l'extrémité des lagunes qui terminent le golfe Arabique.

[2] Ce stade est bien une mesure ancienne, que l'on retrouve effectivement employée en Asie et ailleurs, mais qui n'avait été appliquée que conjecturalement à l'Égypte.

La géographie entière de cette contrée, surtout la détermination de ses limites, confirmeront l'évaluation de ces trois mesures si utiles à bien connaître, le schœne et les deux stades. De plus, les étalons de ces deux stades égyptiens subsistent. Ils sont indiqués par les anciens voyageurs; par Diodore de Sicile et par Hérodote, dont les témoignages avaient semblé inexplicables tant qu'on avait été dans l'erreur sur la valeur des mesures. L'un de ces étalons est le côté de la base de la seconde pyramide, le *Chephren;* l'autre, le côté de la troisième pyramide, le *Mycerinus.* Voilà des moyens précis de vérification. Les mesures de ces bases, prises avec soin par un géographe très-versé dans ces opérations, mais qui ne se doutait pas qu'elles représentassent les véritables stades de l'Égypte, ne sauraient être suspectes. Ces mesures sont données aussi par Pline. Elles déposeront pour ou contre notre système : contre, je l'abandonne; pour, c'est une preuve qui méritera d'être pesée. Hérodote et Diodore tenaient ces renseignemens des Égyptiens. Ainsi la question se réduit à savoir si les prêtres égyptiens devaient connaître leurs stades. La grande pyramide ne fournira pas des renseignemens moins directs.

La détermination de l'exhaussement du sol de l'Égypte nous ayant fait reconnaître l'ancienne coudée nilométrique employée sous les Pharaons, changée et raccourcie sous les khalifes, mais dont l'étalon subsiste, nous avons pu constater que le grand stade égyptien, qui est de 6 plèthres et de 240 pas, suivant Héron et S. Épiphane, contient exactement 360 de ces coudées; le petit stade de 1080 au degré contient 360 pieds égyptiens. Ces rapports, qui sont prouvés dans la seconde partie, attireront l'attention par leur conformité avec cet ancien mode de division dont il existe de si nombreuses traces.

§. IV.

La division de l'unité en trois parties, si générale dans l'Égypte et un point fondamental de ses anciens usages, fournit d'utiles indications pour les mesures voisines de celles qu'on vient de voir. Ce stade de 1080 au degré ne peut être qu'une division secondaire, une tierce partie de l'unité principale : la mesure triple est remarquable pour notre sujet; car elle se trouve précisément la 360ᵉ partie du degré, et renferme 360 de ces mêmes pas dont le stade contient 240. Sur ce point remarquable et qui décèle la marche du système, il faut des preuves directes; mais elles existent et laisseront peu de doute. Censorin nous montre déjà cette mesure dans son stade pythique de mille pieds olympiques, qui a paru si difficile à comprendre, qui pourtant est si clairement évalué, et qui se trouve précisément la 360ᵉ partie du degré et le double du stade de 720 [1]. Il existe des étalons authentiques et nombreux de ce stade pythique de mille pieds olympiques : l'Égypte et la Grèce en renferment également.

Le cercle entier divisé en 360 degrés, le degré en

[1] Il n'y a pas dans l'antiquité un passage plus clair que celui de Censorin : il n'y en a pas cependant sur lequel on ait fait plus de commentaires. Cet auteur, voulant donner, d'après Pythagore, le rapport de 2 stades, dit que le stade olympique est de 600 pieds, et le stade pythique de 1000 pieds. Quel autre éclaircissement peut-on désirer?

360 parties, et d'autres mesures encore par 360 ! tout cela annonce une institution raisonnée, régulière, la même sans doute dont les débris se retrouvent chez tous les peuples civilisés. Cela doit tenir de près à l'origine des connaissances.

La division du ciel et de tout cercle en 24 parties a, comme celle en 360, son motif et son type dans la nature : le nombre des révolutions que fait dans l'année l'astre le plus important pour les hommes après le soleil, et qui, comme lui, fut l'objet du culte de l'Égypte. Suivant que l'on compte pour le mois la révolution complète de la lune, ou bien l'intervalle compris depuis son commencement jusqu'à l'instant de la pleine lune, et depuis ce moment jusqu'à la lune nouvelle, comme font les Asiatiques, on a la division en 12 ou en 24 parties et les mois de 30 jours ou ceux de 15. Ce second mode n'est peut-être pas suffisamment justifié ici dans son motif; je le cite seulement comme une vérité de fait. J'ai déjà prévenu que des causes particulières ont fait adopter la division redoublée en 720 parties, et celle en 24 qui s'y rattache, aussi bien que celles en 12 et en 360. Au surplus, le rapport très-simple de ces deux modes permet de les considérer comme une même institution : ce que nous dirons de l'un s'appliquera facilement à l'autre.

Ces révolutions de la lune, faciles à apprécier pour les hommes qui commencent à tenir compte des phénomènes célestes, ont d'abord servi seules à mesurer le temps avant l'établissement de l'année solaire. « Les Égyptiens, dit Diodore, avaient des années d'un mois avant d'avoir leurs années de quatre mois¹. » Toutes les provinces n'ont pas abandonné cet usage en même temps. Thèbes est citée par Strabon² pour ses années solaires de 360 jours, lorsque la province voisine réglait encore la division du temps sur le cours de la lune, qu'elle honorait d'un culte particulier.

Les premières institutions ont influé sur celles qui les ont suivies : elles y ont laissé leurs traces ; car il n'est pas au pouvoir des hommes de faire disparaître jusqu'aux derniers vestiges de ce qu'ont établi leurs prédécesseurs. Nous en avons une preuve dans notre nouveau système métrique. Ajoutons que ces premières vues des hommes, qui ont ordinairement des causes naturelles et des rapports trouvés par expérience avec les facultés et les besoins des peuples, ont une force et une convenance que la raison perfectionnée n'imprime pas toujours aux siennes. Après les avoir changées, on est forcé souvent de revenir sur ses pas, et d'avoir recours à des raccordemens qui troublent l'ordre régulier et la marche symétrique que l'esprit se plaît à établir dans les produits de ses méditations. Ainsi ce primitif emploi des révolutions lunaires, ce partage du mois en quatre parties ou semaines de sept jours, réglé sur les quatre phases de la lune, bien que discordant avec la forme et la division de l'année solaire, y fut conservé ou rétabli chez les Égyptiens, et il s'y maintient encore chez nous. Diverses combinaisons furent employées pour unir dans une division commune les divisions différentes qui résultaient du mouvement de ces deux astres. De là

---

¹ Diod. Sic. *Bibl. hist.* lib. I.   ² Strab. *Geogr.* lib. II.

en partie la diversité des calendriers des peuples de l'antiquité; de là en partie ces périodes si célèbres dans l'histoire de l'astronomie, sous le nom de *grandes années*.

Le nom des jours de la semaine, dérivé de celui des planètes et des anciens dieux, est encore le même chez tous les peuples modernes; l'ordre de ces jours, qui fut jadis établi dans l'Égypte, n'a pas changé davantage.

Nos résultats sur les mesures des anciens nous ont conduits à quelques notions curieuses sur les connaissances des Égyptiens, relativement aux planètes. Ils plaçaient la plus éloignée de toutes, Saturne, à environ 300000000 de lieues de la terre; ce qui ne s'écarte pas extrêmement de l'évaluation des astronomes de notre temps. Divers résultats semblables montrent que les connaissances des Égyptiens étaient beaucoup plus avancées qu'on ne le suppose communément. J'indique celui-ci, non pour être cru sur parole et avant d'en donner des preuves, mais comme un motif de plus pour qu'on examine les bases qui serviront à établir ces résultats. Les observations des Égyptiens n'étaient pas moins exactes pour les autres planètes. Des hommes qui avaient évalué exactement le diamètre du soleil et divers degrés de la terre ne pouvaient avoir sur les distances des planètes des idées aussi grossières qu'on l'a quelquefois supposé.

§. V.

On voit se manifester de plus en plus la communication des connaissances entre tous les peuples; d'autres sujets montreraient des rapports généraux qui l'appuieraient encore. Je ne parlerai pas des langues, malgré certains rapprochemens singuliers qu'il est possible de faire, et qu'on n'a peut-être déjà que trop multipliés. Il est naturel qu'il y ait eu plusieurs langues primitives : néanmoins la communication des connaissances a dû introduire dans toutes un certain nombre d'expressions communes, dont il serait possible de reconnaître les traces; mais ce point délicat ne peut être traité avec succès que par des hommes consommés dans l'étude des langues orientales [1].

Il n'en est pas de même tout-à-fait à l'égard de l'écriture, quoique ce sujet ait bien aussi ses causes de méprises. L'invention de l'écriture alphabétique n'a rien de naturel. En considérant la longue suite d'opérations concertées par lesquelles l'esprit a dû passer pour y arriver, on peut douter que les hommes se soient trouvés plusieurs fois dans des positions assez favorables pour inventer complètement cet art merveilleux d'exprimer toutes les pensées, de peindre toutes les affections de l'âme, avec un si petit nombre de caractères. Cet art, qui paraît si simple quand il est trouvé, est un des produits les plus étonnans de l'intelligence humaine.

La première fois que l'on considère la prodigieuse diversité des caractères en usage chez les peuples d'aujourd'hui et ceux d'autrefois, on est frappé de leurs dif-

---

[1] C'est à nos habiles professeurs des langues de l'Orient qu'un travail semblable pourrait convenir. Les recherches philologiques exigent, outre le raisonnement, une expérience, un tact et la connaissance d'une multitude de détails que la longue pratique des langues de l'Orient peut seule faire acquérir; sans cela, on est exposé à des méprises perpétuelles : l'expérience journalière ne le montre que trop.

férences; toute idée de communauté d'origine répugne d'abord : mais, lorsqu'on vient à examiner en détail les divers alphabets, à les comparer deux à deux d'après leur plus grande conformité et les relations connues des différens peuples, on est surpris des rapports nombreux qu'on y découvre. Passant de l'un à l'autre, et laissant à part quelques exceptions, on reconnaît une chaîne continue, une communication progressive, et qui s'est étendue de la zone torride à la zone glaciale.

Les anciennes religions du paganisme n'offrent pas des rapports moins concluans. Sans doute des altérations graves, dues aux différences des pays, des climats, des mœurs, et peut-être à des usages antérieurs, ont établi de fortes dissemblances entre des termes un peu distans; néanmoins, à travers ces dissemblances, on distingue des rapports et des conformités incontestables; et, après un mûr examen, il n'est guère possible de se refuser à l'idée d'une origine commune. Il en est à cet égard comme des êtres organisés, dont l'espèce s'altère, dégénère, et devient méconnaissable hors de son climat natif, et privée du régime qui lui convenait : long-temps on rapporte à des types différens les variétés formées par altération; mais l'observation attentive et l'anatomie comparée parviennent à démontrer l'identité de la race, et indiquent son type premier.

Bien des personnes rapportent encore à l'ancienne Grèce l'origine des connaissances, et voudront y rapporter sans doute ces institutions communes dont nous rapprochons ici les vestiges : c'est une idée assez naturelle; mais, malgré quelque apparence de réalité, elle s'évanouit, comme une ombre, devant le flambeau de l'histoire et de la critique.

Dès le premier âge, et long-temps avant Homère, ces hommes presque divinisés, qui font entendre à la Grèce encore inculte et sauvage des sons harmonieux et persuasifs; qui lui enseignent l'histoire de ses dieux, et le cours régulier des astres et l'ordre des saisons; un Linus, un Orphée, un Musée, ne font que répéter les chants que l'Égypte savante leur apprit : les annales de l'Égypte en ont fourni les preuves, et les Grecs eux-mêmes en rendent témoignage [1].

La poésie embellit et transforme les faits; mais elle n'en détruit pas la réalité. Ces faits poétiques de la théogonie ancienne; ces voyages d'Hercule Thébain, ses travaux singuliers en même nombre que les douze signes de l'écliptique; Minerve disputant à Neptune, armé de son trident, la gloire d'imposer un nom à la ville d'Athènes; le dieu faisant sortir de la terre un coursier fougueux, et la déesse l'emportant sur lui par le don de l'olivier, arbre chéri d'Athènes reconnaissante; Phaéton guidant le char enflammé du Soleil, et ses coursiers, épouvantés à l'aspect du signe horrible du Scorpion, sortant de l'orbite accoutumée; le fils d'Apollon égaré, au-dessus de la Libye, dans les déserts du ciel, et précipité sur cette terre qu'il allait embraser [2]; les dieux, les déesses, leurs métamorphoses diverses, en un mot

---

[1] Diod. Sic. *Bibl. hist.* lib. 1.

[2] Je cite à dessein ce fait, qu'on serait porté à prendre, plus qu'aucun autre, pour une pure création des poëtes; mais il a des rapports avec la mythologie égyptienne : c'est un des faits les plus curieux de l'ancienne astronomie, dont il concourra à vérifier une des institutions les plus importantes. Le but de cette indica-

toute cette brillante mythologie, ingénieuse image de l'antique science de l'Orient, des faits célestes qu'elle avait consacrés, des aspects nouveaux qu'ils offrirent dans ses migrations, révèlent les obligations de la Grèce envers l'Égypte.

Cela pourrait être développé dans un grand détail; mais, sans chercher ici nos preuves à travers ce voile transparent, et en même temps plein d'illusions, dont la fable revêt tant de vérités importantes, l'histoire suffit et nous éclaire assez. Ne montre-t-elle pas Inachus, Danaüs, Cécrops, quittant les bords du Nil et ses plaines depuis long-temps cultivées, portant sur les plages de l'Attique et dans les montagnes de l'Argolide leurs dieux, leurs lois, leurs usages, et les arts de Minerve, et l'olivier de Saïs qui lui est consacré [1]? Si l'on rap-

tion ne peut être saisi maintenant : c'est un jalon placé vers l'extrémité d'une longue route, et qui attestera qu'elle avait déjà été parcourue en entier.

Quelques circonstances de ce fait ont été interprétées d'une manière vicieuse par les poëtes des âges suivans, qui ont cherché à adapter les fables mythologiques à leur pays. Telle est la chute de Phaéton dans l'Éridan. Les poëtes romains ont donné le nom d'*Éridan* au fleuve du Pô. Mais, observe très-bien M. Mongez dans son article *Éridan* de l'Encyclopédie, « c'est un nom générique des fleuves, du primitif *R* : *rhé*, rouler, couler, courir; et voilà pourquoi il y a plusieurs Éridans chez les anciens. Le Nil surtout, des bords duquel sont venues les histoires astronomiques, portait le nom d'*Éridan*. » Il faut remarquer qu'Ovide dit expressément que Phaéton s'égara au-dessus des déserts de la Libye.

[1] Personne n'ignore que l'Attique avait été, sinon peuplée, au moins civilisée par une colonie égyptienne partie de Saïs. La divinité qu'honorait Athènes, Minerve, n'était que l'Isis armée qui recevait un culte particulier à Saïs. Non-seulement la culture de l'olivier, mais celle du lin, et l'art de faire des tissus de toute espèce, poussé si loin dans l'ancienne Égypte, furent aussi transportés de Saïs dans l'Attique avec le culte de Minerve : c'est pourquoi ils lui furent spécialement consacrés. Les sculpteurs de la Grèce, en ennoblissant les statues des divinités originaires de l'Égypte, en ont sans doute beaucoup altéré le caractère;

proche cette dernière circonstance, qui est bien constatée, de la dispute poétique de Minerve et de Neptune, on concevra comment la fable peut servir quelquefois à vérifier l'histoire.

Minos, parti des mêmes bords, donne des lois à la Crète. Plus tard, Solon, Lycurgue, ces grands législateurs d'un siècle éclairé, vont méditer les lois de l'Égypte et de la Crète, et rapportent encore à leur patrie des lois et des institutions plus perfectionnées : et l'on penserait que ceux qui les instruisirent étaient ignorans et grossiers! Singulière manière d'envisager les faits!

Si nous regardons les sciences et la philosophie, nous voyons, sans parler d'Homère, Thalès, Pythagore, Eudoxe, Méton, Démocrite, Platon, Archimède même, et tant d'autres personnages célèbres, quitter leur pays pour aller s'instruire en Égypte, et la Grèce qui s'éclaire de plus en plus par les fruits de leurs voyages.

L'origine des connaissances rapportée à la Grèce est donc une supposition détruite en tout point par l'histoire : elle ne doit plus nous arrêter. Abandonnons-nous entièrement aux conséquences des faits, sûrs de trouver ensuite des moyens de vérification.

---

mais les attributs sont restés les mêmes, et c'est à ces circonstances principalement qu'on peut encore reconnaitre leur identité. Ainsi la chouette, consacrée à Isis, est restée l'oiseau de Minerve. Isis armée, qui se rapporte à une importante institution astronomique de l'Égypte, la même que j'ai indiquée dans la note précédente, était représentée tantôt un arc à la main, comme dans le zodiaque de Denderah postérieur à cette institution, tantôt portant une simple flèche ou un javelot, comme on le rapporte de la statue de cette déesse à Saïs. De ce javelot le ciseau des Grecs en a fait une lance.

§. VI.

L'observation du mouvement des astres, qui a guidé dans les grandes divisions de l'espace et du temps, les a fait soumettre à un régime commun; l'année, partagée en 12 mois et en 360 ou 720 jours, a déterminé un semblable partage de l'écliptique et de tous les cercles. Ce principe va nous diriger encore.

Le cercle de la terre et celui de l'année étant pris pour unité, l'un de l'espace, et l'autre de la durée, le jour correspondait au degré : ceci ne souffre pas de difficulté. Reste à voir quelle fut la division du jour et du degré. Dans ces deux unités secondaires, a-t-on suivi la même marche et le même mode que dans l'unité première? L'analogie porte à le conjecturer; mais des conjectures ne suffisent pas.

Nous remarquons d'abord que la division du jour complet en 24 heures a lieu aujourd'hui chez presque tous les peuples. Dès la plus haute antiquité les Égyptiens en faisaient usage : outre les preuves directes que fournissent les passages de Dion et d'autres écrivains, il en est une qui se tire de l'ordre des jours de la semaine. Les Égyptiens donnaient à chaque heure le nom d'une des planètes, suivant l'ordre de leur distance à la terre, et à chaque jour le nom de l'heure par laquelle il commençait, d'où résultait l'ordre établi chez eux comme chez nous dans les sept jours de la semaine. Cet arrangement est assez bien développé dans le passage suivant d'un ouvrage déjà ancien [1] :

[1] *Idée du gouvernement de l'Égypte*, pag. 4. Voyez aussi l'*Exposition*

« L'ordre que les Égyptiens ont observé dans le rang que ces jours gardent entre eux n'est pas un effet du caprice, ni du hasard; au contraire, il est fort naturel qu'on appelle la première heure d'un jour, quel qu'il soit, du nom de *Saturne*, la seconde de celui de *Jupiter*, la troisième de *Mars*, la quatrième du *Soleil*, la cinquième de *Vénus*, la sixième de *Mercure*, et la septième de *la Lune*, selon l'ordre apparent des planètes. Que l'on continue ainsi pendant les vingt-quatre heures, il arrivera que la première heure du jour suivant sera celle du Soleil; la première heure du jour d'après, celle de la Lune; puis viendra Mars, et ainsi des autres, suivant l'arrangement que gardent entre eux les sept jours de la semaine. »

Or, cet ordre ne peut résulter que d'une division du jour en 24 heures. D'autres faits indiquent aussi une division en 12 parties, qui, je crois, a eu lieu dans l'usage particulier des prêtres de Thèbes. On disait que le cynocéphale, symbole du temps, urinait douze fois dans un jour; ce fait ne peut pas être pris à la lettre. Ce cynocéphale, ayant des habitudes si régulières, n'est qu'un emblème de la division du jour au moyen des horloges ou clepsydres en usage alors, et qui portaient la figure du cynocéphale, comme ces anciens vases appelés *canops*, encore si communs en Égypte. L'écoulement du liquide contenu dans la clepsydre durait une heure : on le renouvelait douze fois par jour; c'est douze heures dans un jour. Quand on n'admettrait, au

du système du monde, troisième édition, et l'*Annuaire du bureau des longitudes*, année 1817.

surplus, qu'une de ces deux divisions en 12 ou en 24, cela suffirait pour ce que nous voulons établir. Le degré était également partagé en 12 parties; Ptolémée et d'autres auteurs en renferment des preuves.

Pour établir complètement l'analogie de la division du jour et du degré avec celle de l'année et du cercle, il reste à montrer leur partage en 360 parties. Déjà diverses mesures avaient été déterminées par des moyens particuliers : la coudée, comme on le verra dans la troisième partie; les stades, en recherchant l'ancien niveau des mers; d'autres mesures par leurs étalons encore subsistans. Toutes ces mesures concouraient à montrer un système métrique ordonné sur un plan régulier, ayant pour base la division du degré en 360 parties, semblable à celle du cercle; mais c'était précisément cette division immédiate principale du degré, qui restait sans preuves directes, lorsque je me rappelai une mesure en usage chez les Arabes, sur les confins de l'Égypte. Elle est peu remarquable; aussi n'a-t-on jamais songé à en rien déduire : on l'appelle *deraga* ou *dérage*. L'analogie de ce mot avec celui de *degré* semble indiquer déjà quelque rapport entre eux. En effet, le dérage est au degré ce que le degré est au cercle. Ces rapports de noms pour des mesures semblablement situées dans l'échelle métrique ont d'autres exemples dans le système égyptien.

Le dérage, chez les Arabes, est l'espace parcouru par une marche ordinaire dans l'intervalle de quatre minutes, sans aucune limitation d'étendue. Ce renseignement paraît d'abord assez vague; sa facilité à se prêter aux évaluations arbitraires peut faire craindre qu'on n'en déduise rien de satisfaisant. Nous prendrons l'évaluation la plus commune, et qu'on peut le moins contester; notre heure de chemin, ou lieu de marche militaire. Cette lieue, en usage en France de temps immémorial, était fixée, d'une manière authentique, à 2400 toises : elle n'a pas deux évaluations, et n'offre rien d'équivoque. Quatre minutes, ou la 15ᵉ partie de l'heure, égalent donc $\frac{2400}{15}$ toises ou 160 toises. Ce qu'il y a de remarquable, c'est que cette étendue se trouve la 360ᵉ partie du degré, évalué comme le suppose notre ancien système de mesures françaises.

Mais d'où vient cette lieue ou heure de marche militaire ? et d'abord, quel est son rapport précis au degré ? Vingt-quatre, si c'est une mesure ancienne, puisqu'il y a 24 heures dans le jour, et que, dans l'antiquité, le jour correspondait au degré. Les Orientaux estimaient aussi l'heure de marche à la 24ᵉ partie du degré, puisqu'ils disaient qu'un homme qui pourrait marcher toujours devant lui sans jamais s'arrêter se trouverait, au bout d'un an, au même point d'où il était parti, ayant achevé, avec l'année, le tour du monde : il est clair qu'il aurait parcouru un degré dans un jour, et dans une heure un 24ᵉ de degré, ou une parasange de 22 $\frac{1}{2}$ stades de 540 au degré, ou de 30 stades de 720, ou trois milles orientaux de 72 au degré.

Toute parasange était de trois milles. *Ogni farsanga è di tre mile*, dit Pietro della Valle. Si l'on démontre *à priori* qu'il a existé un mille oriental de 72 au degré, ou de 7 $\frac{1}{2}$ stades égyptiens, ou de 8 $\frac{1}{2}$ stades olym-

16.

piques, par conséquent plus grand d'un 24ᵉ que le mille romain, l'origine orientale de la lieue de 24 au degré se trouvera en même temps bien justifiée.

Du temps nécessaire pour parcourir la circonférence de la terre, suivant les anciens, se déduit donc immédiatement la valeur du dérage ou chemin de 4′, qui se trouve aussi de cette manière la 360ᵉ partie du degré; mais il était important de la trouver encore par une autre voie qui fît connaître la valeur absolue du degré chez les anciens.

Reste à chercher maintenant l'ancienne division du jour en 360 parties : mais, puisque la division de l'espace était liée à celle du temps, nous n'aurons pas loin à aller pour la rencontrer; le dérage doit la fournir. Effectivement c'est cette petite période elle-même : le jour entier contient 1440 minutes; la période de 4 minutes en est donc la 360ᵉ partie. Ainsi plus de doute sur l'uniformité de l'ancienne division de la durée et de l'espace.

En continuant de descendre vers les mesures inférieures, on verra reparaître une troisième fois les divisions par 12, 24 et 36, comme celles par 360, 720 et 1080.

La 360ᵉ partie du dérage est le pas égyptien d'une coudée et demie, ou de 3 pieds égyptiens. Le pas double (βῆμα διπλοῦν), ou orgyie, brasse, toise égyptienne de 6 pieds ou demi-coudées, que les anciens nous représentent comme une mesure égale à la taille naturelle de l'homme, se trouve de 5 pieds 3 pouces $\frac{8}{10}$. Nous arrivons donc de la circonférence de la terre jusqu'à de très-petites mesures qui ont encore leur type naturel et immédiat, par conséquent leur moyen particulier de vérification. Ainsi, tandis que, par leur rapport avec le cercle de la terre, avec le degré et le dérage, toutes les petites mesures se trouvent déjà déterminées avec une extrême précision, il faut encore que, vers l'autre extrémité, elles coïncident dans leur longueur, non-seulement avec les proportions du corps humain qu'elles représentent, mais en même temps avec les étalons fixes et précis qui, de l'antiquité, sont parvenus jusqu'à nous; condition fort rigoureuse, et qui, bien remplie, devient tout-à-fait concluante. Pour l'entière évidence, il faut que cette rencontre des mesures de notre système avec les divers étalons authentiques de l'antiquité ait lieu, non pas d'une manière approchée, mais avec une parfaite exactitude : or, c'est ce que l'on pourra voir dans la seconde partie.

Quoique nous appréhendions de fatiguer par cette longue suite de détail, nous devons encore faire observer, chez tous les peuples anciens et modernes, une circonstance tout-à-fait digne d'attention ; c'est la discordance de leurs systèmes de mesures avec le système de numération, qui partout est décimal : il était cependant naturel que ces deux choses fussent réglées l'une sur l'autre. Nul motif dans notre Europe au moins pour qu'il n'en fût pas ainsi; on n'y aurait pas manqué, si un seul de ces systèmes y eût été imaginé : il faut bien que leur origine lui soit étrangère. Cette condition a été remplie dans la seule institution de ce genre qui, à la connaissance des hommes et de l'histoire, y ait jamais été fondée : le système métrique de la France. C'est le désir d'y satisfaire, outre celui de faire disparaître la prodigieuse diversité de mesures de tout genre, si gênante pour les relations de ses habitants, qui a déterminé à entreprendre cette grande et difficile opération.

Au milieu de cette multitude de mesures dont l'imagination s'effraie, et dont la simple nomenclature remplirait, pour la France seule, plusieurs volumes, on saisit pourtant certains traits communs dans les valeurs des mesures comparées d'une contrée à l'autre, et dans leur coupe : on y remarque principalement, et c'est ce qui importe le plus ici, la division duodécimale, ou celles qui la supposent, et qui sont en rapport simple avec elle; celles par 6, par 24, 36, 60 et 72. Toutes ces divisions existent dans les mesures comme dans les parties du temps, et par les mêmes causes : c'est qu'elles dérivent d'une même source, malgré leur différence presque infinie. Ce dernier résultat, un des plus inattendus que nous ayons rencontrés, a été l'objet d'un long examen. Tout étrange qu'il paraît, nous espérons le bien établir.

Cette grande diversité dans les mesures ne tient pas à des altérations fortuites. En général, les mesures des peuples s'altèrent très-peu en vieillissant; on verra les causes qui ont trompé à cet égard, et les méprises où l'on est tombé en voulant, dans les temps modernes, rectifier quelques mesures. La filiation des faits indique qu'il doit y avoir trois mesures différentes dans ce qu'on prend pour des étalons du pied ou du mille romain; et si l'on examine, dans cette vue, ces nombreux étalons, on verra bien aussi qu'ils concourent vers trois termes. Comme la mesure du système commun est la mesure moyenne, ceux qui l'ont évaluée d'après la totalité des étalons se sont peu écartés de la vérité.

D'habiles géographes ont beaucoup insisté sur l'opinion que les mesures romaines, aussi bien que les mesures grecques, étaient déduites de la division de la circonférence de la terre. Cette belle et grande idée mérite sans doute l'attention : mais on veut que ce soit du degré moyen du méridien; et, en cela, cette opinion nous semble hypothétique : il faudrait des preuves positives du choix de ce degré. Si les peuples méridionaux sont auteurs de cette opération, on conçoit aisément qu'ils n'ont pas dû venir dans les plaines de la Gaule ou de la Germanie pour y déterminer la valeur du degré, type de leurs mesures.

Ce choix du degré moyen se concilierait assez bien, il est vrai, avec l'opinion qui place le berceau des connaissances dans des climats plus septentrionaux et vers le grand plateau de la Tartarie; mais, quoique émise par des hommes du plus grand mérite, et appuyée de suffrages illustres, cette opinion est-elle autre chose qu'une hypothèse ingénieuse? Quels fondemens positifs lui a-t-on donnés, et qu'a-t-elle expliqué jusqu'ici? La vraie solution de cette question doit être une des clefs principales de l'antiquité, le nœud de ce qu'il y a de commun chez les diverses nations du globe, le lien d'une foule de notions éparses dans l'histoire, et qui semblent aujourd'hui sans rapports, le mot de bien des énigmes, le moyen de conciliation entre bien des opinions qui, contradictoires en apparence, reposent pourtant sur quelques faits constans, et pèchent les unes et les autres plutôt par trop d'extension que par défaut de bases solides. De cette origine enfin doit découler, comme de sa source naturelle, l'explication, non-seulement des usages de l'antiquité, mais des monumens qui ont d'intimes rapports avec eux; explication que l'histoire ne manquerait pas de confirmer. Chaque pas dans cette carrière procurerait alors de nouveaux moyens pour aller plus loin, et résoudre les questions subordonnées. Ces conditions, aussi difficiles à remplir que multipliées, seront encore de nouveaux moyens de vérification pour la solution de ce grand problème de l'origine des connaissances : c'est sous ce point de vue que je les indique.

Si la Grèce a reçu de l'Égypte toutes ses connaissances, toutes ses institutions scientifiques, son système métrique doit provenir de cette contrée comme tout le reste. En effet, Hérodote dit positivement que la coudée de Samos était la même que la coudée égyptienne de 400 au stade; elle était donc la 400e partie du côté de la base de la seconde pyramide, égal à un stade, suivant Diodore; elle était donc de 19 pouces, cette base étant de 206 toises $\frac{2}{3}$ (207 mètres) : or, 360 de ces coudées forment le stade olympique, ou la 600e partie du degré; mais ce stade est composé aussi de 600 pieds ou de 400 coudées olympiques. Voilà donc deux coudées grecques, l'une de 400 au stade olympique, l'autre de 360. Le stade égyptien de 540 au degré (dont l'étalon est la deuxième pyramide) se compose aussi de

400 coudées égyptiennes égales à celle de Samos. De plus, une seconde coudée, dont nous parlerons fort au long dans la seconde partie, et qui, de temps immémorial, est en usage dans toute l'Égypte, est de 21 pouces 4 lignes, et précisément la 360ᵉ partie du stade égyptien de 540 au degré de l'écliptique, lequel se trouve aussi avec le stade olympique dans le rapport de 400 à 360. Il ne faut pas m'objecter la différence des degrés qui forment le type des deux systèmes métriques; on verra pourquoi par la suite. Je prie seulement de remarquer cette analogie, dont on dira plus tard la cause : je n'en tire ici qu'une conséquence; c'est qu'il y a une certaine connexion entre le système métrique des Grecs et celui des Égyptiens, et qu'une vue commune doit avoir présidé à l'origine de tous deux.

Ce rapport de 9 à 10, ou de 360 à 400, entre les mesures des deux systèmes, et de plus entre les diverses mesures d'un même système, est digne d'attention : il est perpétuel, et c'est le nœud de plusieurs difficultés. On sentira d'après cela combien il serait facile de s'abuser, si l'on venait à se persuader que les mesures olympiques étaient en usage dans l'ancienne Égypte, et qu'on s'appuyât, pour le prouver, sur de simples rapports de mesures, ou sur la division constante des dimensions des monumens égyptiens par les mesures olympiques. Sans doute ces rapports existent, nous sommes loin de le nier; et tout ce qu'on pourra dire à cet égard ne fera que confirmer notre opinion. C'est par la détermination de la valeur absolue des mesures qu'il faudrait prouver leur identité; mais cela est impossible. Partout, en

Égypte, le schœne est la 18ᵉ partie[1] du degré; et le stade, la 540ᵉ, la 720ᵉ ou la 1080ᵉ, et ainsi des autres mesures. Je répondrai, à cet égard, à toutes les objections qu'on voudrait bien me faire; et, sur ce point comme sur tous les autres, je ne prends pas un engagement que je ne puisse tenir.

Notre but actuel ne nous permet pas de nous arrêter à montrer des rapports analogues entre les divers systèmes métriques de l'antiquité et la plupart de ceux qui sont encore en usage chez les différens peuples de l'Europe et de l'Asie; mais nous croyons utile de développer davantage, dans la suite de ce travail, l'esprit qui a présidé à la formation du plus important de ces systèmes, celui dont les mesures étaient spécialement en usage dans l'Égypte. Dans un écrit subséquent, nous montrerons les rapports et l'origine de tous les autres.

La recherche de l'origine des connaissances présente une cause séduisante de méprises qu'il est bon de signaler. Sur quelques aperçus, une contrée devient, dans l'opinion d'un auteur, le berceau de la civilisation : il cherche aussitôt à confirmer ses conjectures, et pense n'avoir rien de mieux à faire pour cela qu'à constater des rapports entre les faits, les monumens, les antiques usages de ce pays et ceux des contrées qui passent pour les plus anciennement civilisées. Mais, sans vouloir parler des écarts de l'imagination, ni de la pente de l'esprit à s'abuser sur ces sortes de rapports, et sans contester leur réalité, je dis seulement qu'ils n'in-

---

[1] Le schœne double ou de 120 petits stades est simplement indiqué par Strabon.

diquent pas du tout que ce pays soit le premier foyer de la civilisation : ils indiquent seulement qu'il a des relations avec lui. Ils montrent bien qu'il fait partie de la chaîne de communication, mais non pas qu'il en soit le premier anneau : ces rapports se remarqueraient également dans tous les points de cette chaîne, même dans les points extrêmes. Qu'un Suédois vienne à se persuader que la Scandinavie est l'ancienne Atlantide, ce berceau tant célébré des sciences et des arts; il réussira à montrer, à l'appui de son opinion, une foule de rapports surprenans entre les peuples anciens de son pays et ceux de la Grèce et de l'Orient : c'est ce qu'a fait Olaüs Rudbeck dans son Atlantide. La singularité de son hypothèse a fait regarder ces rapports comme un pur jeu d'esprit, comme un exemple curieux de ce que peut l'imagination dans un pareil sujet. Cependant la plupart des rapports qu'il indique sont justes : c'est l'ordre de transmission qui est faux.

Les preuves ici ne doivent donc pas porter sur de simples conformités dans les usages; mais directement sur les convenances exclusives de la contrée dont il s'agit avec l'origine des institutions communes, sur les faits positifs qui établissent l'ordre de transmission, sur l'explication précise des monumens primitifs d'après l'état physique du pays originaire. Toutes les institutions dérivées de la source première doivent y ramener lorsqu'elles dépendent de circonstances qui lui appartiennent exclusivement; les mesures, par exemple, si elles sont déduites de certains degrés particuliers : mais il est clair qu'on ne pourrait employer, dans cette recherche, des évaluations modifiées par des considérations hypothétiques. Il ne faut donc pas régler la valeur des mesures romaines, ni des mesures grecques, d'après leurs rapports supposés *à priori* avec aucun degré ; mais, au contraire, d'après des faits positifs, bien constatés, et par des personnes qui n'avaient sur ce point aucune vue systématique, telles que d'Anville.

Romé de l'Isle, l'abbé Barthélemy, Barbié du Bocage, et beaucoup d'autres antiquaires, s'accordent avec d'Anville pour évaluer le mille romain à 756 ou tout au plus à 757 toises, le pied romain à environ 130 lignes $\frac{6}{10}$ ou $\frac{7}{10}$ (comme l'étalon qui est gravé au Capitole), et le pied olympique à environ 136 lignes $\frac{1}{5}$. Nous reconnaissons avec eux que des moyens variés et scrupuleusement appréciés coïncident pour donner ces résultats : mesures itinéraires, petites mesures de longueur, mesures de capacité, édifices anciens grecs et romains, tout fournit également des faits nombreux qui s'accordent avec cette évaluation. Augmenter le pied d'un quart de ligne serait déjà sortir des limites assignées par ces faits. Si certains faits semblent le porter beaucoup au-delà, et d'autres beaucoup en-deçà, ce sont des anomalies, importantes sans doute, et dont il peut être utile de rechercher les causes, mais qui s'écartent trop des cas ordinaires pour être confondues avec eux. Le mille romain se trouverait augmenté ou diminué de 8 à 9 toises : bien certainement les étalons d'une même mesure ne varient pas de cette manière. Ces différences sont trop considérables pour n'avoir pas une cause particulière, et même une cause fixe, puisque beaucoup de faits concourent vers les termes précis de 130 lignes et 132 lignes. Nous examinerons les conséquences qu'on doit tirer de là; et, si elles conduisent à reconnaître plusieurs types pour les mesures anciennes, romaines et grecques, il ne faudra pas se prévenir trop contre ces résultats; tout extraordinaires qu'ils peuvent sembler, ils seront peut-être suffisamment justifiés par d'autres moyens. Je rejette seulement toute mesure mixte, en me fondant uniquement sur les faits observés jusqu'ici.

Si, d'après les évaluations faites par d'Anville et M. Barbié du Bocage, des mesures grecques et romaines, on cherche avec quel degré elles peuvent concorder, on voit que c'est avec un degré de 56700 ou de 56800 toises au plus (suivant le seul rapport admissible de 75 milles romains ou de 600 stades olympiques au degré); or, ce degré est sensiblement plus court que le degré moyen du méridien : ce ne pourrait être tout au plus qu'un degré du méridien pris entre les tropiques; conclusion qui serait encore assez juste, quand on augmenterait la mesure du pied romain d'un quart de ligne, et qu'on le porterait jusqu'à 130 lignes $\frac{9}{10}$. Mais, suivant les antiquaires qui n'ont consulté que les faits, on ne peut pas aller tout-à-fait jusque-là. Ainsi il faudra ne rien déduire des mesures romaines, ou il faudra admettre que le degré du méridien dont elles sont dérivées a été mesuré sous l'écliptique; cette conséquence ne peut pas être rejetée.

Prenons d'autres faits. Les pyramides de Memphis sont des étalons des stades égyptiens. Hérodote, Ératosthène, Diodore de Sicile, Strabon, etc., nous l'apprennent. Le périmètre de la grande pyramide était de 6 stades, et le degré de l'équateur ou de l'écliptique, de 720, suivant Ératosthène (on le verra avec plus de détails dans la seconde partie) : six de ces stades, ou le périmètre de la grande pyramide, forment donc la 120e partie du degré ; le côté de la base de ce monument, ou un stade et demi, en forme la 480e partie. Si l'on a des doutes sur la nature de ce degré, ils seront faciles à dissiper ; car cette base a été mesurée très-exactement. Le degré de l'équateur est de 57260 à 57280 toises, suivant les calculs modernes ; sa 480e partie est de 119 toises 2 pieds : or, le côté de la grande pyramide est de 119 toises 2 pieds 6 pouces ; elle est donc encore en excès de 6 pouces sur le rapport qui lui est assigné avec le degré de l'équateur ; par conséquent nulle possibilité de rapporter la mesure de ce monument au degré moyen ou à tout autre degré du méridien. Quand on prendrait un degré vers le pôle, il serait encore insuffisant ; supposer d'ailleurs que les Égyptiens aient été mesurer un degré vers le pôle pour régler la mesure de leurs pyramides, ce serait pousser un peu trop loin la liberté de faire des conjectures. Il faut donc s'en tenir au degré de l'écliptique, ou ne rien déduire de la mesure de la pyramide.

Si, au lieu de la première pyramide, nous eussions pris la seconde, le *Chephren*, le résultat eût été le même, et plus direct encore. Ainsi les conséquences de faits fort différens nous conduisent à la même conclusion, quant à la latitude du pays où les divers systèmes de mesures ont pris naissance. Nous voyons, il est vrai, une particularité qui d'abord surprend ; c'est qu'on y ait déduit des mesures de deux degrés différens : mais ce double emploi n'a rien d'absurde ni de contradictoire ; si l'on y réfléchit, il paraîtra naturel. Le second système était même, dans une géographie astronomique, une conséquence indispensable du premier, par la nécessité où l'on était d'employer aux observations astronomiques toujours les mêmes cercles, soit dans la mesure des arcs de l'écliptique, soit dans celle des arcs du méridien. D'une division unique résultaient donc nécessairement deux ordres de mesures itinéraires un peu différentes, toutes deux regardées comme fixes et constantes, parce que les degrés du méridien ne varient pas très-sensiblement dans des arcs peu étendus. Lors de la transmission des connaissances, ces mesures fixes ont dû être conservées, si les peuples qui les ont reçues n'étaient pas très-versés dans l'astronomie ; et cette circonstance peut déjà se supposer, puisque nous trouvons les mesures de la zone torride à des latitudes si différentes. Mais pourquoi cette préférence donnée aux mesures déduites du méridien ? Elle n'est pas universelle, et ne paraît pas même exclusive dans un même pays ; nous verrons d'autres peuples en Asie et en Europe dont les systèmes de mesures se rapportent évidemment au degré de l'équateur ou de l'écliptique.

Les prêtres égyptiens avaient adopté pour certains usages ces dernières mesures, comme on en pourra juger par l'ancienne coudée nilométrique, et comme l'indique la mesure de la grande pyramide. Leurs nombreuses colonies ont dû en conserver au moins le type. Les mesures dérivées du méridien convenaient mieux comme mesures géographiques aux peuples de la zone tempérée : ils ont dû les préférer quelquefois dans la mesure des distances. De là, dans le même pays, l'usage de mesures assez rapprochées et dérivées de deux types : diversité très-naturelle au moins pour des provinces voisines. Il ne serait donc pas extraordinaire que l'Italie et les provinces limitrophes conservassent des traces d'un mille, d'un pas et d'un pied qui fussent au mille, au pas et au pied romains ordinaires dans le même rapport que le degré de l'écliptique au degré correspondant du méridien, évalués tous deux comme on le voit chez les Égyptiens. Or, c'est précisément comme nous venons de le dire, ce que les faits et les observations positives semblent indiquer : voilà pourquoi Cassini, Paucton, Petit, Fréret, etc., ont également évalué, chacun de son côté, le pied romain à environ 132 lignes; ce qui ferait admettre un mille romain de 764 toises, comme ceux qui ont été mesurés par Cassini. Cette longueur suppose précisément la même évaluation du degré que la mesure de la grande pyramide, tandis que la troisième pyramide, ou le *Mycerinus*, en supposerait une tout-à-fait semblable à la plus petite évaluation qu'on ait faite des mesures romaines ordinaires. Cette conformité est remarquable, et n'a rien d'hypothétique; elle se trouve constatée par le simple rapprochement des faits. Les mesures grecques, quoique d'une manière moins marquée, semblent présenter cette pluralité de types. Les inductions à tirer de cette circonstance, je le fais observer, devront être confirmées par d'autres voies. On aurait tort sans doute d'arrêter trop légèrement son opinion, soit dans un sens, soit dans l'autre, sur des questions aussi délicates. Affirmer ou nier sans raisons suffisantes, c'est également commettre une erreur, et porter un faux jugement. Dans le cas où les raisons se balancent, il faut alors suspendre sa décision : bientôt les observations se multiplient, deviennent plus précises, et la vérité finit par s'établir.

La manière dont le système de mesures est parvenu jusqu'aux Romains, la route par laquelle il est arrivé dans l'Italie, les modifications admises dans la coupe des mesures sans que l'intégrité du type ait été altérée, sont un sujet de recherches assez curieux, et qui n'est pas sans utilité. Il est vraisemblable, pour ne rien dire de plus, que ce système métrique existait en Italie antérieurement aux Romains, et qu'il était en usage chez ces anciennes nations dites *Aborigènes*, dont les Toscans ou les Étrusques ont fait partie. Ces peuples possédaient des connaissances assez avancées à une époque fort reculée, et qui paraît antérieure à la guerre de Troie, quoiqu'alors ils aient reçu de nouvelles colonies de la Grèce et de l'Asie. Ils ont possédé des mesures déduites du cercle équatorial ou de l'écliptique, et qui sont encore en usage chez d'autres peuples de l'Europe et chez des peuples de l'Asie. La toise de France, comme il sera démontré par la suite, est une de ces mesures. D'anciennes relations qu'on ne soupçonnait guère unissent les nations de l'Asie, de l'Italie, des Gaules et du nord de l'Europe; et ce fil, qu'il est encore possible de suivre, guidera dans des recherches subséquentes.

Les développemens où nous sommes entrés dans cette introduction feront sentir que la comparaison de l'état actuel du sol de l'Égypte et de son état ancien tient aux questions les plus importantes qu'on ait agitées sur l'histoire des sciences, et peut conduire, à cet égard, à quelques résultats utiles ; et quand bien même dans ce travail, dont le mode et les élémens sont nouveaux, nous ne serions pas toujours arrivés à la vérité, peut-être serait-il encore utile à ceux qui, par la suite, aborderont le même sujet avec des lumières et des moyens qui nous ont manqué.

§. VII.

Il faut compter aussi parmi les causes qui doivent donner une direction particulière à ces recherches le goût des anciens Égyptiens pour l'emploi dans les arts de certaines substances minérales. Dans cette contrée, où, malgré les progrès de la civilisation, les relations extérieures furent long-temps négligées ou proscrites, l'industrie s'exerça uniquement sur les matières et les productions du pays. On chercha jusqu'au fond des déserts les substances minérales qui pouvaient avoir quelque emploi avantageux ; et en cela, comme dans tout le reste, il semble que rien de ce que la contrée renfermait d'utile n'ait échappé à l'infatigable curiosité de ses habitans.

Les Égyptiens avaient toujours en vue, dans leurs travaux, la postérité la plus reculée : c'est pourquoi ils recherchèrent avec une prédilection particulière les matières d'une grande dureté, surtout celles dont on pouvait tailler des blocs considérables, et former d'une seule pierre des monumens de grandes dimensions et en quelque sorte impérissables. Je ne parle pas des grands édifices, tels que les temples, les palais, les pyramides, dont il n'y eut jamais qu'un très-petit nombre construits ou revêtus avec des matériaux d'une certaine dureté, tels que les granits, les porphyres, les basaltes, les marbres : ce que racontent à cet égard certains voyageurs renferme beaucoup de méprises et d'exagérations. Il s'agit ici des monolithes : c'est un genre de travail dans lequel les Égyptiens ont surpassé tous les peuples de la terre, non-seulement par les proportions gigantesques des blocs, par la beauté et la dureté de la matière, mais surtout par le nombre de ces monumens, qui est incroyable. On peut s'en faire une idée d'après ce qui existe encore aujourd'hui en Égypte, et par les renseignemens des écrivains anciens, qu'on ne saurait lire sans étonnement quand on connaît l'immense difficulté de ce travail. Tel est le passage où Pline nous apprend qu'il existait, dans la seule ville de Rome, quatre mille grandes cuves d'une seule pierre chacune, employées chez les particuliers aux usages du bain, et qui toutes étaient des sarcophages apportés de la Thébaïde. Or, il n'est pas un seul de ces sarcophages qui chez nous, malgré le perfectionnement des arts mécaniques, n'exigeât plusieurs années de travail et le secours de machines puissantes et ingénieuses. On se refuserait à croire ce fait, et d'autres semblables que rapportent les anciens écrivains, s'ils n'étaient justifiés par ce que l'on voit encore dans l'Égypte après tant de siècles de dévastation. Cent générations se sont écoulées depuis que cette industrie est éteinte; presque toutes, par différens motifs, ont travaillé à anéantir les antiques ouvrages des beaux siècles de l'Égypte; aujourd'hui encore ses habitans, ignorans et barbares, les mutilent, les défigurent de toute manière pour les adapter aux usages les plus grossiers : malgré cela, leur nombre étonne encore. La seule ville d'Alexandrie renferme, entre autres monolithes remarquables, plusieurs milliers de fûts de colonnes de granit et de porphyre, dont le plus grand nombre ont dix à douze pieds de longueur, et quelques-unes beaucoup davantage. Alexandrie, Thèbes, Héliopolis, possèdent des obélisques en granit de près de cent pieds égyptiens de hauteur. Thèbes renferme des colosses du poids de plusieurs milliers de quintaux. Nous tâcherons de donner une idée précise de ce qui reste en ce genre, dans le pays, des travaux des Égyptiens.

Les constructions antiques que l'on retrouve encore, temples, palais, pyramides; les excavations sans nombre que renferment les montagnes, carrières, grottes, hypogées, catacombes, déjà si intéressantes sous les rapports des arts, de l'histoire, de la mythologie et des coutumes de l'ancienne Égypte, comme on peut le voir par les travaux de nos collègues, présentent aussi des observations curieuses pour le physicien qui étudie la constitution de cette contrée, et seront, de notre part, l'objet de quelques recherches.

§. VIII.

Quoique nous ne pensions pas que nos travaux sur la constitution physique de l'Égypte puissent être tous réunis dans cet ouvrage, il nous semble néanmoins que c'est le lieu d'en exposer le plan et l'ensemble, afin que cette indication puisse servir de lien aux diverses portions déjà publiées et à celles qui pourront l'être par la suite.

Après avoir décrit, dans la première partie, la disposition générale de l'Égypte et du terrain qui l'avoisine, ainsi que ses rapports, sous le point de vue de la géographie physique, avec les contrées voisines, nous tâcherons de déterminer, dans la seconde partie, quelles ont été, dans l'antiquité, les limites de la contrée, bases essentielles de la géographie comparée et de la métrologie égyptienne.

La troisième partie traitera de la nature et de l'origine des matières qui forment le sol cultivable, et des phénomènes relatifs au débordement du Nil.

L'examen des montagnes qui règnent des deux côtés de l'Égypte formera les trois parties suivantes [1], division conforme à la nature du sol, qui est successivement granitique, de grès, ou calcaire.

Dans la septième et la huitième partie se rangent les relations des diverses incursions faites dans les déserts [2]

---

[1] Déjà quelques sections de ces troisième et quatrième parties ont été insérées dans l'ouvrage en appendice aux descriptions des monumens anciens.

[2] Un mémoire appartenant à la septième partie, contenant la Description minéralogique de la vallée de Qoçeyr, a été publié dans ce volume, pag. 165.

à l'orient et à l'occident de l'Égypte, les observations recueillies dans ces voyages sur la constitution de ces contrées, et quelques notions sur les peuples nomades qui les habitent.

Diverses questions relatives à la mer Rouge[1] et aux côtes de la Méditerranée, principalement celle de la permanence du niveau de ces mers depuis les premiers temps historiques, occuperont les neuvième et dixième parties. Nous y compléterons l'exposé de nos observations sur l'intérieur de l'isthme de Suez, dont quelques parties se trouvent déjà insérées dans un travail sur la géographie comparée des bords de la mer Rouge.

Les deux dernières parties seront consacrées à certaines considérations générales, et au développement de quelques faits particuliers qui ne pourraient être complètement exposés dans les parties précédentes.

Un autre travail entrepris depuis long-temps, et qui a quelque relation avec celui-ci, renfermera ce qu'il nous a été possible de démêler des connaissances des anciens sur la minéralogie de l'Égypte dans les différens âges, et sur l'emploi des substances qui appartiennent à cette contrée[2]; nous nous proposons d'y joindre quelques notions sur l'industrie ancienne considérée dans ses applications aux substances minérales de l'Égypte.

---

[1] Quelques-unes de ces questions ont été discutées dans un Mémoire sur la géographie de la mer Rouge, qui se trouve dans le tom. VI, *A. M.*, pag. 251.

[2] Un mémoire extrait de ce travail, relatif aux vases murrhins des anciens, a été publié parmi les Mémoires d'antiquités, t. VI, p. 227.

PREMIÈRE PARTIE.

Géographie physique.

CHAPITRE PREMIER.

Disposition générale du sol de l'Égypte.

§. I. *Figure et limites de l'Égypte proprement dite.*

Le Nil, qui arrose l'Égypte, formait pour les anciens la séparation de l'Asie et de l'Afrique. Aujourd'hui l'on considère l'Égypte comme appartenant tout entière à l'Afrique. Elle embrasse dans ses limites politiques une étendue de terrain considérable, parce qu'on y comprend une partie des déserts qui s'étendent à l'orient et à l'occident. D'un côté, le golfe de la mer Rouge, et, de l'autre, les Oasis, si célèbres par leur temple de Jupiter Ammon, et par le contraste de leur fertilité avec le pays qui les renferme, furent, dès la plus haute antiquité, des dépendances de son gouvernement. Mais, dans ses limites naturelles, l'Égypte proprement dite, c'est-à-dire le pays cultivable, n'est qu'une simple vallée, où coule les eaux du Nil, et qui sépare deux vastes contrées inhabitables.

Cette grande vallée du Nil, dont l'Égypte n'est qu'une

portion, parcourt, avant d'arriver à la mer, un arc de 24 degrés, ou la 15ᵉ partie du méridien. Elle a son origine dans les montagnes de la zone torride, à quelques degrés de l'équateur, pays sujets à des pluies longues et périodiques. Les vallées nombreuses qui s'y rendent, les sources, les rivières qui s'y jettent, enferment, entre leurs branches multipliées, une vaste étendue de pays cultivés désignée sous le nom d'*Abyssinie*. Toutes ces rivières, réunies en deux branches principales, forment deux grands fleuves [1] qui viennent se joindre au-dessous de l'île célèbre de Méroé. Ici la vallée, sous un ciel toujours serein et un climat constamment sec, présente un caractère nouveau. Aucun rameau fertilisé ne s'y rattache; aucune source nouvelle ne grossit plus ses eaux. Réduite ensuite à un tronc unique, elle descend en formant de vastes replis au milieu des déserts, et s'avance ainsi, sous le nom de *Nubie*, jusqu'au 24ᵉ parallèle boréal, qui jadis marquait le tropique. Le Nil franchit en mugissant sa dernière cataracte, et coule pendant l'espace d'une heure sur un sol granitique, entre des îles et des rochers sans nombre qui entravent et embarrassent son lit.

Arrivé entre Syène et Éléphantine, lieux célèbres dans l'antiquité, situés à l'opposite l'un de l'autre, son cours redevient libre. La vallée, plus régulière, prend alors le nom d'*Égypte*. Elle conserve le même caractère qu'elle offrait dans la Nubie; et, sans jeter à l'orient

---

[1] J'ai hasardé le mot de *fleuve* d'après les anciens, qui le donnent quelquefois à l'Astaboras, dont les eaux se réunissent à celles du Nil au-dessous de Méroé.

ou à l'occident aucune ramification, sans recevoir dans tout son cours ni rivière ni ruisseau, sans liaison quelconque avec d'autres pays cultivés, elle traverse, comme un long ruban de verdure, les déserts qui s'étendent depuis le tropique jusqu'à la Méditerranée.

Elle se dirige du sud au nord, déclinant un peu vers l'ouest. Sa longueur, rapportée à un même méridien, est de 7° 12′, et, en mesures anciennes du pays, de 129 schœnes $\frac{3}{5}$, de 60 petits stades, ou de 30 stades ordinaires [1] : cette étendue forme exactement la 50ᵉ partie de la circonférence de la terre, comme l'ont annoncé les anciens, d'où résulte déjà un moyen précis d'évaluer leurs mesures itinéraires.

Dans sa partie supérieure, resserrée entre deux chaînes de montagnes, sa largeur est peu considérable; mais vers son extrémité septentrionale, à quinze myriamètres environ de la Méditerranée, elle s'élargit subitement, et se termine par une grande plaine triangulaire, que le Nil enveloppe, se divisant en plusieurs branches principales, jadis au nombre de sept. L'étendue de sa base le long de la mer était, suivant les anciens, de 60 schœnes, valant 3600 petits stades ou 1800 stades communs, en y comprenant quelques terrains à l'extérieur des deux bras du Nil. Cette base se mesure, d'après Hérodote et Strabon, à partir du mont Casius jusqu'au golfe Plinthynique [2]. Suivant les observations modernes, le même espace, à partir des mêmes points, renferme trois degrés $\frac{1}{3}$ de longitude, ou la 108ᵉ

---

[1] Hérodote, liv. II.
[2] Hérodote, liv. II. — Strabon, liv. XVII.

partie du cercle, qui forme le trente-unième parallèle. Ces rapprochemens fournissent, sur la métrologie comme sur l'astronomie de l'ancienne Égypte, des notions qui étaient restées ignorées jusqu'ici; c'est que toutes les mesures transmises sur cette contrée par Hérodote et les autres voyageurs anciens sont des résultats d'observations astronomiques faites avec toute l'exactitude que l'on pourrait y mettre aujourd'hui; que toutes les mesures égyptiennes, notamment les schœnes et les stades, sont des mesures astronomiques, c'est-à-dire des divisions et des subdivisions exactes du cercle et du degré; et, ce qui mérite une attention particulière, que le schœne est précisément la 18e partie du degré, le stade la 1080e ou la 540e; enfin, que toutes les mesures itinéraires sont susceptibles, comme les degrés euxmêmes, de valeurs diverses, suivant qu'on les prend en latitude ou en longitude [1].

La partie de la vallée qui s'étend depuis la cataracte jusqu'au point où le fleuve se divise, porte, dans le pays, le nom de *Sa'yd*, et, chez les voyageurs, celui de *haute Égypte* ou d'*Égypte supérieure*. Cette étendue, suivant Hérodote, est de 102 schœnes complets ou de 6120 stades : d'après les observations modernes, la distance des deux parallèles est de 5 degrés et 40 minutes.

Le nom de *Thébaïde*, si fréquemment employé chez les auteurs anciens, s'applique plus spécialement aux provinces méridionales, dont la ville de Thèbes semble

---

[1] Cette opinion sera sans doute contestée : mais nous croyons la pouvoir bien établir ; et, comme elle nous a conduits à des résultats qui peuvent avoir quelque utilité, nous nous attacherons, dans la partie suivante, à la développer, et à en soumettre les preuves au jugement du public.

encore la capitale. Ce nom n'a pas toujours eu une acception si restreinte; on l'a étendu quelquefois à tout le Sa'yd : mais l'acception moderne est la plus convenable aujourd'hui; et, pour désigner la seconde moitié du Sa'yd, nous nous servirons du nom d'*Égypte moyenne*[1] ou d'*Heptanomide*.

La forme triangulaire de la plaine située entre les divers bras du Nil lui a fait donner par les Grecs le nom de *Delta*, l'une des lettres de leur alphabet. Compris jadis entre les branches Canopique et Pélusiaque, le Delta avait alors plus d'étendue qu'aujourd'hui; sa base, ou la distance de Canope à Péluse, était de 1300 stades, suivant Ératosthène et Strabon : mais ces deux anciennes branches ne subsistent plus, ou, du moins, n'ont plus assez d'importance pour être comptées parmi les bras principaux du Nil. Le Delta se trouve resserré maintenant entre les branches de Rosette et de Damiette, jadis connues sous les noms de *Bolbitinique* et de *Phatnitique*[2]. Non-seulement celles-ci n'étaient pas

---

[1] Le point qui semble le plus propre à établir la démarcation des deux parties du Sa'yd serait la ville de Girgeh, remarquable par plusieurs circonstances : 1°. le Nil, qui, pendant un espace de vingt lieues, a changé sa direction, la reprend ici, et coule de nouveau du sud au nord; 2°. la vallée, dont la largeur était très-variable, en prend une assez uniforme depuis ce point jusqu'au Kaire. Girgeh était assez souvent la limite du territoire accordé aux beys réfugiés dans la haute Égypte par suite de leurs dissensions politiques.

[2] Les anciens, comme on sait, comptaient sept bouches du Nil, et par conséquent sept branches principales; c'était en allant d'occident en orient :

1°. La branche Canopique, qui aboutissait vers l'ancienne ville de Canope (près d'Abouqyr) : cette branche, que l'on ne compte plus, était jadis la principale et la plus célèbre de toutes;

2°. La branche Bolbitine, aujourd'hui la plus considérable, et qui aboutit à la ville de Rosette;

3°. La branche Sébennytique, qui se rend à la mer en traversant le lac Bourlos;

autrefois les branches extérieures, mais elles passaient pour être bien moins anciennes. La branche Bolbitine, d'après le témoignage formel d'Hérodote, n'était, dans l'origine, qu'un canal creusé de main d'homme.

Outre les divers bras du Nil, la basse Égypte est traversée en divers sens par une multitude de canaux, dont quelques-uns sont semblables à de grandes rivières.

Plusieurs lacs d'une grande étendue, semés d'îles nombreuses, bordent la base de l'Égypte vers la mer. Les plus considérables sont le lac Menzaleh et le lac Bourlos. Le premier s'étend depuis la plaine de Péluse jusque vers la rive orientale de la branche de Damiette, couvrant un espace de près de vingt lieues de longueur[1]. Le second, qui commence vers le milieu de la base du Delta, se prolonge vers l'ouest, dans une étendue de quatorze lieues, et s'approche de la branche de Rosette. Au couchant de cette branche du Nil s'étendent encore trois autres lacs assez considérables, dont nous parlerons un peu plus bas. Tous ces lacs sont séparés de la mer par de longues bandes de terrain fort étroites, formées de sable à l'extérieur, et intérieurement de limon du Nil. Ces espèces de digues sont dues principalement aux attérissemens produits par le courant littoral, qui va de l'est à l'ouest, et qui se trouve brisé par les espèces de caps que forment les diverses bouches du

4°. La branche Phatnitique ou Bucolique, aujourd'hui branche de Damiette;

5°. La branche Mendésienne, qui tirait son nom de l'ancienne ville de Mendès, et dont la bouche paraît être aujourd'hui celle de Dybeh;

6°. La branche Tanitique, dont l'embouchure porte aujourd'hui le nom d'*Omm-fáreg*;

7°. La branche Pélusiaque, la plus orientale de toutes.

[1] On peut consulter, sur le lac Menzaleh, le mémoire de M. le gé-

Nil. Il est assez vraisemblable que la formation de ces barres a été favorisée et déterminée, en partie, par d'anciens travaux des Égyptiens; conjecture qu'un certain nombre de fouilles pourrait aisément vérifier.

Ces lacs communiquent avec la mer par diverses coupures qui sont pour la plupart d'anciennes bouches du Nil. La barre du lac Menzaleh présente quatre coupures, dont deux sont les bouches des anciennes branches Mendésienne et Tanitique. La coupure unique du lac Bourlos paraît être la bouche de l'ancienne branche Sébennytique.

Il est aisé de s'apercevoir que l'état de ces lieux a beaucoup changé depuis les temps anciens. Si, d'une part, les attérissemens du fleuve et de la mer ont agrandi et prolongé la base du Delta, d'un autre côté aussi les Égyptiens, maîtres autrefois, par leurs travaux et leurs anciennes digues, de l'écoulement des eaux du Nil, dont ils disposaient d'une manière plus appropriée à l'avantage du pays, conservaient à la culture une grande partie du terrain que recouvrent aujourd'hui les eaux. On ne peut guère se refuser à croire que de grands affaissemens opérés depuis les temps historiques ont contribué à l'extension de plusieurs de ces lacs, surtout de ceux de Bourlos et de Menzaleh : sans cela, comment d'anciennes bouches du fleuve se trouveraient-elles séparées de la terre ferme ?

Le Nil ne coule point, dans le Sa'yd, à des inter-

---

néral Andréossy, qui contient, sur cette partie de la basse Égypte, d'excellentes observations géologiques et hydrographiques. *Voyez* les mémoires relatifs à l'*État moderne*, tom. xi, pag. 519.

valles égaux des deux chaînes de montagnes, surtout dans l'étendue de la région calcaire. On ne saurait s'écarter beaucoup de la vérité en évaluant à 4000 mètres la largeur moyenne de la bande de terrain cultivé située sur la rive droite du fleuve, et à 10000 mètres environ celle de la rive gauche. Si l'on ajoute une largeur de 1000 à 1200 mètres pour le lit du fleuve dans ses basses eaux, et certaines bandes purement sablonneuses dont il est fréquemment bordé, on aura, pour l'ouverture moyenne de la vallée dans la région calcaire, environ 15000 mètres.

Entre les montagnes de grès, cette largeur moyenne est d'environ 4000 mètres, ou un peu moins d'une lieue : mais, dans les parties les plus resserrées, l'Égypte n'a, ainsi que dans la région granitique, que la largeur nécessaire pour le passage du fleuve, et deux étroites lisières de terrain cultivable, qui bordent les deux rives; encore ces lisières disparaissent-elles quelquefois, et les eaux du Nil baignent le pied des montagnes.

L'Égypte sépare en deux parties les déserts de l'Afrique septentrionale : l'Arabie à l'orient, à l'occident la Libye; toutes deux, sous un ciel d'airain, également sèches et stériles; immenses et affreuses solitudes, à qui la nature n'a rien accordé, et sur lesquelles l'imagination même ne s'arrête qu'avec effroi. Dans ces déserts privés de tout vivent heureuses cependant et en pleine liberté des hordes nomades et guerrières, connues sous le nom de *Bédouins*. Redoutables à l'Égypte par leur caractère, par leurs besoins, par leur réunion, invincibles par la rapidité de leur fuite et le dénuement de leurs retraites, elles sont habituellement en état de guerre avec le reste des hommes, comme les corsaires des côtes voisines. Pour ressources, elles ont le pillage des lieux habités, et la dépouille des voyageurs et des caravanes. Ajoutons que les chevaux de race qu'elles élèvent ont un grand prix; que des troupeaux peu nombreux de chameaux et de chèvres trouvent encore dans ces lieux arides quelques plantes, quelques broussailles éparses, séparées par des heures de marche et quelquefois par des journées entières, mais qui suffisent enfin à leur subsistance.

Plusieurs de ces tribus d'Arabes se tiennent habituellement vers les confins de l'Égypte : campées sur les limites de la vallée, elles vendent leur protection aux villages voisins, ou s'emparent de terrains qu'elles afferment; et leur voisinage tient dans une condition toute particulière l'état civil du pays cultivé, déjà peu accessible pour le voyageur.

§. II. *Des montagnes qui bordent l'Égypte.*

Toute la vallée d'Égypte, à l'exception du Delta, est encaissée entre deux chaînes de montagnes médiocrement élevées, non-seulement incultes dans toute leur étendue, mais absolument nues depuis leur base jusqu'à leur sommet. La nature de leurs couches a été, comme celle des matières qui forment les monumens antiques, le sujet de plusieurs erreurs de la part des voyageurs anciens et modernes, qui rarement ont eu la faculté de les examiner de près. Depuis leur extrémité septentrionale jusqu'à dix myriamètres de la cataracte, elles sont l'une et l'autre de formation secondaire et de nature calcaire. Au-delà elles sont composées d'un grès sablonneux, légèrement micacé, de nuances variées, tendre, facile à tailler, et principalement employé dans la construction des anciens édifices de la Thébaïde. Ce n'est que vers Syène, une heure avant d'arriver à la cataracte, que paraissent, sur les bords de la vallée, les terrains primitifs et ces montagnes granitiques si renommées par la beauté des roches qui les composent, par la grandeur des blocs qui ont fourni ces temples monolithes, ces obélisques, ces statues colossales, et tant d'autres objets qui décoraient les édifices de l'Égypte ancienne, et sont encore l'ornement de bien des édifices célèbres de l'Asie et de l'Europe.

Dans toute l'étendue des deux chaînes, les montagnes opposées correspondent assez bien entre elles par la nature des matières, quoique souvent elles diffèrent par leur aspect. La chaîne orientale présente, dans sa partie septentrionale, des escarpemens semblables à de longues murailles formées d'assises horizontales. Le nom de *Gebel el-Mokattam* (montagne taillée) qu'elle porte dans le pays lui a été donné sans doute à cause de ces formes escarpées, et peut-être de la multitude de grottes et de carrières qu'on y voit de toutes parts. Après avoir accompagné le Nil sans interruption depuis son entrée en Égypte, elle se termine d'une manière abrupte, au-dessus de la citadelle du Kaire, présentant des escarpemens du côté de la ville aussi bien que du côté du fleuve.

La chaîne libyque laisse voir au contraire, dans sa partie septentrionale, un talus peu rapide, des formes mousses et arrondies, et descend quelquefois par de larges degrés ou des pentes adoucies jusqu'à la plaine cultivée. Elle ne se termine pas non plus subitement dès qu'elle est arrivée au parallèle du Kaire : mais, après avoir jeté vers l'intérieur de la vallée un dernier éperon dont la base s'avance un peu, comme pour former la plate-forme qui supporte les pyramides, elle décline vers le nord-ouest; elle s'abaisse insensiblement, se divise, et va se perdre dans les plaines sablonneuses qui se prolongent à l'occident du Delta.

Cette espèce de pente douce qui termine la chaîne libyque renferme deux vallées remarquables, dirigées presque parallèlement à la branche voisine du Nil. La première, éloignée du Delta de sept myriamètres [1], est connue sous le nom de *vallée des lacs de Natron*. La seconde, un peu plus à l'ouest, est renommée par la quantité considérable de bois pétrifiés qu'elle renferme, et qui font l'étonnement de tous les voyageurs : elle porte dans le pays le nom de *Bahr Belâ-mâ*, qui veut dire *Fleuve sans eau;* dénomination assez singulière, mais que l'aspect de cette grande dépression et quelques circonstances locales justifient jusqu'à un certain point.

En descendant vers la Méditerranée on trouve plusieurs lacs intéressans pour la géographie physique et la géologie; le plus considérable est le lac Maréotis, si célèbre à l'époque de la splendeur d'Alexandrie. Un peu à l'est se trouve le lac Madyeh ou d'Abouqyr, séparé

---

[1] Quatorze lieues.

a d'intimes relations avec la géologie de cette contrée, sera examinée dans ses rapports avec la constitution et l'état ancien du sol, et elle se présentera à la critique des savans sous des points de vue tout-à-fait nouveaux.

§. III. *Disposition du sol de la vallée.*

Pour donner en peu de mots une idée de la disposition générale de l'Égypte, nous l'avons peinte comme une vallée cultivée qui traverse les déserts ; mais elle offre, avec les vallées ordinaires, quelques différences essentielles. En général, les vallées qui servent de lit aux grands fleuves forment une espèce de berceau, au fond duquel coulent les eaux, qui n'en occupent communément qu'une portion, même à l'époque de leur plus grande élévation : l'Égypte présente une disposition inverse dans sa partie cultivable; les nivellemens donnent partout, pour sa section transversale, une courbe légèrement convexe, ayant dans sa partie supérieure, c'est-à-dire dans son milieu, une échancrure profonde, réceptacle du Nil dans ses basses eaux. De cette disposition du terrain, qui est d'accord avec les circonstances géologiques, il résulte que, dès que le fleuve s'élève tant soit peu au-dessus du niveau des berges, il peut submerger la totalité de la surface convexe dont nous venons de parler, c'est-à-dire la totalité du pays cultivé. Ainsi l'Égypte n'est rien de plus que la vallée du Nil; elle n'est même rigoureusement que le lit du fleuve; lit

---

mard sur le lac de Mœris, qui présente, sur ce point intéressant, des recherches étendues et des vues ingénieuses.

sol s'incline du côté opposé à l'Égypte; circonstance contraire à ce qui se remarque dans toutes les autres vallées. Cette coupure se trouve à près d'un degré au sud du Delta : elle s'élargit de plus en plus en s'enfonçant vers l'ouest, et donne naissance à une vaste plaine qu'arrose et fertilise une dérivation du Nil. Cette plaine cultivable, espèce d'appendice à la vallée d'Égypte, forme une province dépendante, connue, pendant la domination des Grecs et des Romains, sous le nom de province d'*Arsinoé*, et actuellement sous celui de *Fayoum* : probablement ce dernier nom est celui qu'elle portait primitivement, et qui, conservé parmi le peuple, sera redevenu le seul en usage sous le gouvernement des Arabes, comme cela est arrivé à une foule d'autres dénominations dont l'usage a été interrompu par les Grecs.

Les eaux qui ont servi à l'arrosement de la province s'épanchent dans un lac situé à l'ouest, qui n'a pas moins de douze à treize lieues de longueur, et qui, alimenté uniquement par des eaux douces, a néanmoins un degré de salure très-considérable : nous tâcherons de rendre raison de ce fait, qui se représente souvent en Égypte et dans diverses parties de l'Afrique. D'après les épreuves faites ici sur des eaux recueillies au mois de janvier, c'est-à-dire trois mois après le débordement du Nil, son degré de salure s'est trouvé six fois aussi fort que celui de la Méditerranée. Ce lac porte aujourd'hui le nom de *Karoun* ou *Keroun*. On a pensé que c'était le lac Mœris des anciens[1]. Cette question, qui

---

[1] *Voyez*, dans le tom. VI, *A. M.*, pag. 155, le Mémoire de M. Jo-

a d'intimes relations avec la géologie de cette contrée, sera examinée dans ses rapports avec la constitution et l'état ancien du sol, et elle se présentera à la critique des savans sous des points de vue tout-à-fait nouveaux.

§. III. *Disposition du sol de la vallée.*

Pour donner en peu de mots une idée de la disposition générale de l'Égypte, nous l'avons peinte comme une vallée cultivée qui traverse les déserts; mais elle offre, avec les vallées ordinaires, quelques différences essentielles. En général, les vallées qui servent de lit aux grands fleuves forment une espèce de berceau, au fond duquel coulent les eaux, qui n'en occupent communément qu'une portion, même à l'époque de leur plus grande élévation : l'Égypte présente une disposition inverse dans sa partie cultivable; les nivellemens donnent partout, pour sa section transversale, une courbe légèrement convexe, ayant dans sa partie supérieure, c'est-à-dire dans son milieu, une échancrure profonde, réceptacle du Nil dans ses basses eaux. De cette disposition du terrain, qui est d'accord avec les circonstances géologiques, il résulte que, dès que le fleuve s'élève tant soit peu au-dessus du niveau des berges, il peut submerger la totalité de la surface convexe dont nous venons de parler, c'est-à-dire la totalité du pays cultivé. Ainsi l'Égypte n'est rien de plus que la vallée du Nil; elle n'est même rigoureusement que le lit du fleuve; lit

mard sur le lac de Mœris, qui présente, sur ce point intéressant, des recherches étendues et des vues ingénieuses.

qu'il remplit et occupe en entier chaque année à l'époque de sa plus grande élévation. Là où ses eaux ne peuvent arriver, ce n'est plus l'Égypte, c'est le désert : la limite est tranchée nettement; c'est un sol absolument différent, non-seulement toujours sec et inculte, mais incapable de fécondité, quand bien même les eaux du ciel viendraient suppléer à celles du fleuve.

Cette nature, cette origine si différentes des deux sols contigus, ce caractère de fécondité exclusivement attaché aux eaux du Nil, étaient des faits bien connus des anciens habitans de l'Égypte : les poëtes du pays, c'est-à-dire les prêtres, les ont souvent célébrés; car ils formaient un des fondemens de la mythologie, qui là, comme chez tous les peuples primitifs, n'a été d'abord que l'expression des phénomènes naturels les plus importans de la contrée. Transmis par les écrivains grecs, ils sont encore reconnaissables, quoique exprimés dans le langage sacré et couverts du voile de l'allégorie. La distinction du royaume d'Osiris et du royaume de Typhon, ainsi que les natures opposées de ces deux divinités, y avaient un rapport direct.

Osiris régnait sur l'Égypte : principe de fécondité, c'était lui qui avait créé la terre cultivable, et qui maintenait l'existence des êtres animés, de la végétation et de tout ce qu'il y avait de bon et d'utile aux hommes. Typhon, au contraire, divinité aussi active que malfaisante, principe éternel de stérilité, étendait son empire sur les lieux déserts et sur toute la nature improductive. Opposé en toutes choses à Osiris, il le poursuivait sans relâche, il tâchait de l'anéantir; et si ses efforts eussent été couronnés du succès, l'Égypte, soumise à ses lois, bientôt aride et inhabitable, ne se fût plus distinguée des autres parties de son affreux domaine.

De cette lutte entre les deux divinités opposées étaient résultés divers événemens célébrés dans la plus haute antiquité, et dont l'enchaînement, qui formait une partie importante des mythes ou de l'histoire sacrée du pays, comprenait les changemens survenus dans l'état respectif des deux contrées. La limite commune des deux empires était celle des débordemens du Nil, et les deux espèces de terrains qu'elle sépare étaient aussi représentées par deux divinités. Isis, sœur et épouse d'Osiris, était cette heureuse terre que le Nil couvre et féconde de ses eaux; Nephthys, sœur et épouse de Typhon, la terre aride et déserte devant laquelle s'arrêtent les inondations du fleuve et l'influence de la divinité bienfaisante. Condamnée, dans son hymen, à une éternelle stérilité, Nephthys, disaient les prêtres égyptiens, ne pouvait devenir féconde que par son adultère avec Osiris : cela est conforme à ce principe, dont on verra bientôt la raison, que le séjour des eaux du Nil est nécessaire pour rendre féconde la terre du désert. Cette allégorie, si juste et trop claire pour avoir besoin de longs commentaires, peut déjà donner quelque idée des relations qui existaient entre les phénomènes naturels de cette contrée et les faits moraux dont se composait la mystérieuse histoire de ses dieux, ou ses dogmes religieux.

CHAPITRE II.

De l'aspect du sol de l'Égypte, et de l'impression que reçoit le voyageur.

Les environs de Syène et de la cataracte présentent un aspect extrêmement pittoresque; mais le reste de l'Égypte, le Delta surtout, est d'une monotonie dont on se fait difficilement l'idée, et qu'il serait peut-être impossible de rencontrer ailleurs.

Quand un Européen, accoutumé aux sites variés, au ciel changeant de son pays, débarque en Égypte et parcourt le Delta, c'est un spectacle qui l'étonne par sa nouveauté, mais qui bientôt le lasse et l'attriste, que l'aspect de ce vaste terrain où l'on n'aperçoit pas une éminence naturelle, pas un ravin; où l'on ne rencontrerait pas la moindre inégalité, si la main de l'homme n'y eût jadis élevé des digues et creusé des canaux.

Les champs offrent trois tableaux différens, suivant les trois saisons de l'année égyptienne. Dès le milieu du printemps, les récoltes, déjà enlevées, ne laissent voir qu'une terre grise et poudreuse, si profondément crevassée, qu'on oserait à peine la parcourir.

A l'équinoxe d'automne, c'est une immense nappe d'eau rouge ou jaunâtre, du sein de laquelle sortent des palmiers, des villages, et des digues étroites qui servent de communication; après la retraite des eaux, qui se soutiennent peu de temps dans ce degré d'élévation, et jusqu'à la fin de la saison, on n'aperçoit plus qu'un sol noir et fangeux.

C'est pendant l'hiver que la nature déploie toute sa magnificence. Alors la fraîcheur, la force de la végétation nouvelle, l'abondance des productions qui couvrent la terre, surpassent tout ce qu'on admire dans nos pays les plus vantés. Durant cette heureuse saison, l'Égypte n'est, d'un bout à l'autre, qu'une magnifique prairie, un champ de fleurs, ou un océan d'épis; fertilité que relève le contraste de l'aridité absolue qui l'environne : cette terre si déchue justifie encore les louanges que lui ont données jadis les voyageurs. Mais, malgré toute la richesse du spectacle, la monotonie du site, il faut l'avouer, en diminue beaucoup le charme; l'âme éprouve un certain vide par le défaut de sensations renouvelées; et l'œil, d'abord ravi, s'égare bientôt avec indifférence sur ces plaines sans fin qui, de tous côtés, jusqu'à perte de vue présentent toujours les mêmes objets, les mêmes nuances, les mêmes accidens.

Tout concourt à augmenter cet effet. Le ciel, non moins uniforme que la terre, n'offre qu'une voûte constamment pure, durant le jour plutôt blanche qu'azurée; l'atmosphère est pleine d'une lumière que l'œil a peine à supporter; et un soleil étincelant, dont rien ne tempère l'ardeur, embrase, tout le long du jour, cette immense plaine presque découverte : car c'est un trait du site de l'Égypte d'être dénué d'ombrages, sans être pourtant dénué d'arbres. Un arbre d'une forme élégante, mais plus remarquable encore par la monotonie de son port, est seul multiplié; c'est le palmier-dattier.

Vous l'apercevez partout, tantôt symétriquement planté en forêts claires, tantôt épars dans les champs, bordant les digues, les canaux, ou groupé irrégulièrement autour des bourgs et des villages; mais, avec sa tige élancée, et sa tête vacillante que forme en s'épanouissant une touffe de rameaux flexibles et tout découpés, cet arbre arrête peu la lumière, et ne jette sur la terre qu'une ombre pâle et incertaine.

Par une destinée singulière, les travaux des hommes présentent, aussi bien que les ouvrages de la nature, ce même caractère d'uniformité qui semble l'inviolable cachet de la contrée.

Telle qu'elle est cependant, l'Égypte plaît encore aux étrangers, et enchante ses habitans. Elle possède en effet ce que les hommes prisent le plus dans leur pays : un sol fertile et un beau ciel. Sous ce climat heureux, où l'eau n'est jamais glacée, où la neige est un objet inconnu, où les arbres ne quittent leurs feuilles que pour en produire de nouvelles, la végétation n'est jamais suspendue; et le laboureur, comblé dans ses vœux, ne compterait qu'une saison constamment productive, si les circonstances du débordement du Nil ne limitaient la culture à une partie de l'année. Aussi, quand les travaux des hommes suppléent aux inondations, la terre peut donner jusqu'à deux et trois récoltes dans un an. A ces avantages qu'elle tient de la nature, son antique civilisation ajoute pour le voyageur éclairé un charme particulier.

La haute Égypte, principalement admirée des étrangers, mérite qu'on s'y arrête un moment. Sous un ciel encore plus uniforme que celui du Delta, le sol présente un peu plus de variété et un aspect moins triste. Les deux longues chaînes de montagnes blanches qui bordent ces riches plaines, et qui, tour-à-tour voisines ou éloignées du Nil, terminent l'horizon à l'orient et à l'occident[1], tantôt montrant de près de grands escarpemens, tantôt s'apercevant au loin comme un long cordon nébuleux; ce grand fleuve qui coule avec majesté dans un seul canal aperçu de tous les points de la vallée, ses vastes sinuosités qui découpent en deux bandes inégales le terrain cultivé, ses îles fréquentes et bien détachées de la surface des eaux; les canges légères, les grosses germes qui, avec leurs grandes voiles blanches triangulaires, remontent le courant; les berges bien plus élevées que dans le Delta, offrant une épaisseur de vingt pieds de limon, presque toujours escarpées ou taillées en degrés sur une des rives; des roues à chapelet ombragées d'un napeca ou d'un sycomore; de nombreuses machines à bascule, disposées par étages pour les arrosemens, et que mettent sans cesse en mouvement, avec un chant monotone, de malheureux *felláh* nus en plein midi, et bronzés par ce soleil ardent; les digues, les tertres factices qui exhaussent les villes et les hameaux, et les soustraient aux inondations toujours plus élevées en allant vers le sud, rompent et animent un peu l'uniformité du site.

Les maisons, élevées de trente pieds au-dessus de la plaine, et qui se distinguent de fort loin malgré leur

[1] Elles modifient aussi les effets du mirage, phénomène plus ou moins prononcé, mais constant dans l'aspect de l'Égypte.

teinte sombre semblable à celle du sol, toujours basses, sans toit, et en forme de pyramides tronquées, sont terminées la plupart par quatre masses carrées et blanchies, servant de colombiers. Bâties en briques crues de limon du Nil, elles ont un aspect ruiné et presque aussi misérable que celles du Delta. Cependant les minarets légers construits en pierre qui sortent de ces habitations écrasées, de ces murs de terre bruns en talus, et qui élèvent avec élégance leurs longues aiguilles blanches, ornées d'un croissant, au-dessus des têtes verdoyantes des sycomores et des dattiers, donnent quelque chose de pittoresque à l'aspect des villages.

Le Sa'yd étale une culture plus riche encore que la basse Égypte. Ce sont bien aussi ses immenses moissons dorées de blé, d'orge, de maïs, ses champs de fèves fleuris à perte de vue, ses plaines verdoyantes de trèfle, de lupins : on y voit de même ces champs de lin et de sésame qui fournissent l'huile du pays; le henné, dont les femmes se teignent les ongles en rouge de temps immémorial; son indigo, son coton herbacé, ses pieds de tabac, et ses pastèques rampantes, qui couvrent de leurs globes verts les plages sablonneuses. Si elle a de moins les rizières, qui demandent des terrains bas et noyés, les forêts de cannes à sucre y mûrissent parfaitement, le coton arbuste s'y plaît davantage : elle a de plus le carthame, dont la fleur rouge et précieuse se recueille avec des soins tout particuliers; le bamier, qui donne un fruit vert et gluant; surtout le dourah aux longues feuilles courbées en arc, aux tiges élevées, qui peuplent les terres exhaussées de la Thébaïde, et portent, dans leurs longues panicules, la nourriture principale du pays.

Le Fayoum a ses champs de roses qui donnent l'essence la plus suave. Ici les lotus révérés des anciens, et qu'on ne trouve plus dans le Sa'yd, laissent épanouir à la surface des eaux, pendant l'inondation, ces brillantes fleurs roses, blanches ou d'un bleu céleste[1], si communes aussi dans les canaux et les terrains inondés de la basse Égypte. Le nopal ou raquette épineuse, avec ses feuilles d'un vert sombre, épaisses de plusieurs doigts, forment des clôtures semblables à de hautes murailles. On y voit l'olivier, qui a disparu du reste de l'Égypte; la vigne et le saule, presque aussi rares.

A l'exception du dattier et d'une autre espèce de palmier, les arbres sont rares dans le Sa'yd : on y rencontre cependant, plus souvent que dans le Delta, le tamarix au feuillage capillaire d'un vert bleuâtre; le *rhamnus*, qui étend au loin ses vastes branches; le cassier orné de ses riches bouquets de fleurs jaunes; le *mimosa*, surtout l'acacia du Nil, et le seyal ou acacia des déserts, au feuillage découpé, qui ne se trouve pas dans la basse Égypte. La sensitive croît spontanément aux environs de Syène, et ici, arbuste vigoureux, élève assez haut ses rameaux délicats et ses feuilles mouvantes. Le séné, qui vient aussi sans culture, n'habite que le sol pierreux des environs de la cataracte[2]. Mais ce qui frappe particulièrement la vue dans tous les

---

[1] *Voyez* la description de cette dernière espèce de lotus, *nymphœa lotus cœrulea*, par M. Savigny (*Décade égyptienne*).

[2] On peut consulter, sur cette plante intéressante, les mémoires de MM. Delile et Nectoux.

champs de la Thébaïde, c'est le palmier doum, arbre d'un port singulier : son tronc, haut de dix à douze pieds, se bifurque constamment, ainsi que ses branches peu nombreuses, courtes et inflexibles, qui portent à leur extrémité, en forme de régimes, des tubercules assez gros, durs, ligneux, d'une forme irrégulière, d'une couleur et d'un goût de pain d'épice[1], avec de larges faisceaux de feuilles longues et rigides, étalées en éventail.

Le Sa'yd offre plus de mouvement que le Delta, et paraît plus également peuplé. Le chameau, animal le plus important du pays, forme sa principale richesse. Diverses tribus arabes y amènent des déserts voisins l'éguine[2], petit dromadaire svelte et léger, propre à la course comme aux longs voyages. On y contemple avec étonnement ces grands troupeaux de buffles noirs et farouches qui, dans la chaleur du jour, descendent en mugissant les bords escarpés du fleuve, se plongent et nagent lentement dans ses parties dormantes, presque submergés; tandis que, plus loin, un Arabe, ses armes et ses vêtemens sur sa tête, fend rapidement le cours des flots, à demi renversé sur un tronc de palmier. Sur les îles de sable reposent souvent immobiles d'énormes crocodiles. Vers les confins du désert on voit errer des troupes de chiens sauvages qu'on ne cherche ni à apprivoiser, ni à détruire; et les ruines antiques sont la

---

[1] Cette analogie de saveur est frappante : ses fruits se répandent dans tout le Sa'yd; on en voit en grand nombre dans les marchés du Kaire. Si l'on a donné à un arbre le nom d'*arbre à pain*; on pourrait donner à celui-ci, avec autant de raison, le nom d'*arbre à pain d'épice*.

[2] هجين *hegyn*.

retraite paisible du chacal. L'air est peuplé de cent espèces d'oiseaux de formes et de couleurs variées; d'innombrables volées de pigeons obscurcissent le ciel, et jettent en passant des ombres comme des nuages.

Des monticules de décombres poudreux et informes, plus élevés que dans la basse Égypte, marquent la place qu'occupaient d'anciennes villes. Des grottes antiques, des catacombes sans nombre, sont creusées de toutes parts dans le rocher; et leurs ouvertures, souvent décorées par le ciseau des Égyptiens, paraissent au loin comme de grandes taches noires dans les escarpemens de ces longues montagnes blanches. Les pyramides, si remarquables par leur masse et par leur forme régulière; ces immenses carrières, ces antiques chaussées, ces quais, ces restes d'anciennes constructions hydrauliques; des débris multipliés de monumens en granit; des colonnes, des obélisques couverts de sculptures précieuses; des sphinx, des statues colossales, des ruines considérables, des édifices de la plus haute antiquité encore entiers et d'une vaste étendue, excitent perpétuellement la curiosité, et répandent sur la contrée, à mesure qu'on s'avance, un intérêt qui va toujours croissant.

La Thébaïde, riche surtout en monumens et en souvenirs anciens, semble vraiment un pays enchanté : c'est l'impression qu'elle produit jusque sur les esprits les moins cultivés. Vingt cités et beaucoup de lieux inhabités offrent au voyageur toujours surpris ces grands édifices, antiques chefs-d'œuvre de l'architecture, non-seulement par leurs masses imposantes, leur caractère grave et religieux, mais par leur belle et simple ordonnance, par l'élégante et sage disposition des sculptures emblématiques qui les décorent, et par la richesse inconcevable de leurs ornemens, qui ne sont jamais insignifians.

Thèbes, bouleversée par tant de révolutions, Thèbes maintenant déserte, remplit encore d'étonnement ceux qui ont vu les antiques merveilles de Rome et d'Athènes. Thèbes, à l'aspect de laquelle nos armées, victorieuses de tant de pays célèbres dans les arts, s'arrêtèrent spontanément, en poussant un cri unanime de surprise et d'admiration; Thèbes, célébrée par Homère, et, de son temps, la première ville du monde, après vingt-quatre siècles de dévastation en est encore la plus étonnante : on se croit dans un songe quand on contemple l'immensité de ses ruines, la grandeur, la majesté de ses édifices, et les restes innombrables de son antique magnificence, qu'on se lasse à décrire [1].

Tous ces grands travaux des Égyptiens, qu'on rencontre à chaque pas, mettent, pour ainsi dire, le voyageur en communication perpétuelle avec ces antiques générations qui firent tant pour la gloire de leur pays, et qui répandirent les lumières et le bienfait de la civilisation dans le reste du monde. L'administration de ces temps si éloignés; sa sagesse, élevée si haut par les contemporains et par ces Grecs que nous élevons tant nous-mêmes; ses grandes et utiles conceptions; ses immenses travaux pour sa religion, ses lois, ses princes, pour

---

[1] *Voyez* l'intéressant Voyage de M. Denon, et surtout la grande Description de Thèbes, *A. D.*, t. II, chap. IX.

l'amélioration du pays et l'irrigation des terres, pour la conquête de nouvelles provinces sur les déserts, l'embellissement et la sûreté des villes, pour la communication des diverses parties du pays et celle des mers; en un mot, ses sciences, ses arts, son ancienne industrie, sont encore empreints dans la contrée, et percent à travers la barbarie qui l'oppresse.

Ainsi, malgré sa misère et sa dégradation actuelle, l'Égypte retrace l'image d'un sort jadis brillant et prospère; et ce contraste, toujours présent, de ce qu'elle fut, de ce qu'elle est, bien qu'affligeant en lui-même, n'est pas sans un grand intérêt pour l'observateur. Il se demande pourquoi cette antique prospérité a cessé; et, trouvant la nature la même en toutes choses que par le passé, il voit dans la différence des institutions sociales la cause d'un si prodigieux changement : vaste et digne sujet de méditation pour ceux qui retracent l'histoire des peuples, et pour ceux qui sont appelés à la tâche si glorieuse et si difficile de les régir.

Une réflexion s'offre d'elle-même à l'esprit; c'est que parmi la multitude de gouvernemens qui, dans trente siècles, se sont successivement remplacés, ceux qui ont produit les résultats les plus opposés pour le pays, celui qui a fait le plus de bien et celui qui a fait le plus de mal, étaient de même sorte. C'étaient deux monarchies étroitement limitées par un corps administrant, ou plutôt, malgré l'existence d'une autorité suprême en principe, le nœud des pouvoirs plutôt que le pouvoir lui-même; c'étaient au fond deux espèces d'aristocraties : mais la moderne n'avait de règle que la volonté propre des individus, et quelques usages sans garantie; l'ancienne, au contraire, avait en tout point des lois précises, imposantes et sacrées pour les chefs eux-mêmes, et invariables dans leur application [1].

Ce ne sont pas seulement les anciens Égyptiens dont ce pays ramène toujours l'idée, qui lui donnent un si puissant attrait; ce sont aussi tant de nations fameuses qui l'ont occupé, et semblent s'y montrer tour-à-tour comme sur un théâtre. Quels grands souvenirs se rattachent à cette terre! Quelle branche de notre ancienne histoire ou sacrée ou profane n'y est pas liée? Quel peuple célèbre est resté sans rapports avec elle? Quelle nation, dans l'Occident ou dans l'Orient, peut dire : Je ne lui dois aucune de mes institutions? Dans tous les genres, combien de grands hommes l'ont visitée, parcourue, célébrée, et mêlent à son histoire une partie de leur propre histoire! Dans la politique, que de monarques, que de princes illustres! Dans la guerre, que de grands capitaines, que de conquérans fameux!

Mais, si l'Égypte offre un grand intérêt pour tous les peuples, combien plus encore pour les Français! Depuis huit siècles, combien la France y compte de brillans, de sublimes, de douloureux souvenirs! Que de victoires éclatantes, d'actions héroïques, de traits magnanimes! Quels travaux! quels périls! Combien de fois les ondes rapides du Nil, ses plaines fécondes et le sable ardent des déserts furent rougis de son sang!

[1] On nous pardonnera cette digression en songeant que le but principal de notre travail sur l'état physique de l'Égypte est de faire servir par suite quelques-unes de ses données à la recherche de ses anciennes institutions, dont son gouvernement, son administration, si vantés

DE LA CONSTITUTION PHYSIQUE

Depuis les plages de Péluse et de Damiette jusqu'aux plages d'Abouqyr, depuis les rivages de la Méditerranée jusqu'au cercle lointain du tropique, tout retentit sans cesse du bruit de ses combats.

Elle s'est montrée là comme ailleurs, inconsidérée peut-être, il faut l'avouer, dans ses expéditions lointaines et hasardeuses, mais toujours portant avec elle les idées généreuses de son temps ; malgré son humeur aventureuse, faisant constamment honorer son caractère, et jusqu'au sein de ses désastres forçant à l'estime ses ennemis provoqués : c'est sa destinée constante ; des peuples lointains et vaillans en rendent d'éclatans témoignages. Voyez aussi, dans les temps anciens, ceux de l'Égypte frappés d'étonnement, au milieu de leur fureur, à-la-fois menaçans et supplians, présenter leur diadème à un Français sans appui, à un prince qui, dans vingt combats, s'était enivré de leur sang, à un agresseur vaincu et chargé de leurs fers[1] : mémorable exemple de l'ascendant d'un grand et noble caractère !

Alors la religion sincère, la foi chrétienne, touchante et sublime dans les grandes âmes, la brillante

des anciens, si peu connus des modernes, ne sont pas les moins importantes.

[1]. Dans sa captivité, S. Louis n'illustra pas moins son courage que pendant ses succès. Sa fermeté et sa constance étonnaient ses ennemis et lui attiraient leur respect. Ils l'auraient élu pour leur roi, assure-t-on, après le massacre de Tourân-châh, s'il eût été disposé à embrasser ou seulement à favoriser l'islamisme. La cause de sa captivité le rendait encore plus respectable à leurs yeux. Les historiens arabes sont d'accord avec Joinville, que ce prince eût pu se sauver s'il eût voulu, et se réfugier à Damiette. « Il eût pu éviter, dit l'Arabe Gemâl ed-dyn, de tomber entre les mains des Égyptiens en prenant la fuite, soit à cheval, soit dans une cange ; mais ce roi, aussi généreux que brave, uniquement touché du danger où il avait engagé son armée, ne voulut jamais l'abandonner. »

chevalerie, ignorante et naïve, craignant le blâme plus que la mort, pleine de nobles sentimens et d'illusions magnanimes, guidaient loin de leur pays les enfans de la France[1].

Ils ont reparu de nos jours sur les mêmes plages. On vit alors une élite de guerriers nourrie dans la victoire, éprise des hautes destinées de son pays et de ce fantôme attrayant qu'on nomme liberté, ne connaissant ni obstacles ni dangers à ces mots sacrés de gloire et de patrie; au milieu des périls et du tumulte des armes s'occupant des arts paisibles, de la prospérité future d'une contrée lointaine, et des communs intérêts de la

[1] Un ou deux traits donneront une idée des mœurs et de la tournure d'esprit de ces temps aux personnes qui lisent peu notre ancienne histoire.

Joinville et quelques chevaliers s'étaient réfugiés dans une maison écartée, après la fatale affaire de Mansourah. S'y étant défendus quelque temps, blessés pour la plupart et n'espérant plus d'être secourus, ils allaient être accablés par la multitude des ennemis, lorsqu'un des chevaliers, dont l'histoire a conservé le nom, Érard de Severey, déjà blessé d'un large coup de sabre au visage et perdant tout son sang, leur dit : « Chevaliers, donnez-moi votre parole que moi et mes descendans seront, quoi qu'il arrive, à couvert de tout reproche, et j'irai demander du secours au comte d'Anjou, que j'aperçois là-bas dans la plaine. » Sur leur parole, il les quitte, il monte à cheval, il part, traverse toutes les troupes ennemies, et arrive jusqu'au prince, qui, à cette nouvelle, marche aussitôt, et, parvenant jusqu'à la maison où les chevaliers se défendaient encore, les délivre d'une mort qui semblait inévitable.

Lorsque la nouvelle de la prise du roi et du désastre de l'armée arriva à Damiette, la reine était sur le point d'accoucher. Accablée de tous ces malheurs et menacée de malheurs nouveaux, elle devint en proie à des agitations et à des terreurs inexprimables. Un vieux chevalier, blanchi dans les guerres, lui servait d'écuyer. Il ne la quittait ni jour ni nuit; il lui tenait la main pour la rassurer, jusque pendant son sommeil; et, lorsqu'elle se réveillait en sursaut, croyant voir entrer les soldats égyptiens dans sa chambre, il lui serrait la main et lui disait : « Madame, ne craignez rien, vous êtes en sûreté. » La reine, ne pouvant supporter plus long-temps sa douloureuse situation, fit sortir tout le monde de son appartement, hors son écuyer; elle se jette à ses genoux : « Chevalier,

civilisation; sans retour secret sur soi-même, sans calculs bas ou perfides; étrangère à la ruse et à cette politique envieuse qui empoisonne jusqu'aux bienfaits; ardente, impétueuse, et pourtant modérée; élevant à l'égal de ses propres exploits la bravoure ou le cœur généreux de ses ennemis; sans excès d'orgueil dans ses triomphes, et se consolant, après ses grands travaux, d'avoir perdu tout, hormis l'honneur.

Telle s'est montrée la France à ces époques différentes. L'Égypte garde la mémoire fidèle de ses fortunes diverses et de son courage, toujours le même. Le tranquille habitant des cités, sur ses fastueux tapis; le fellâh, près de ses huttes de terre, s'en entretient souvent, et, comme dans les temps anciens, il vante avec enthousiasme ces chefs dont la justice égala le courage.

Dans ses camps oisifs, l'Arabe vagabond et guerrier se plaît à raconter les faits d'armes dont il fut témoin, et ceux qu'ont déjà racontés ses pères. Le soir, assis devant ses tentes, entouré d'un cercle silencieux, un cheykh, élevant sa voix respectée, redit longuement ses marches rapides, ses surprises, ses attaques inopinées; les guerriers, à la vue d'une armée entière, enlevés ou abattus dans sa course aussi prompte que l'éclair; ses rapines surtout et son riche butin; tantôt sa fuite heureuse, tantôt le choc sanglant des cavaliers, ou le feu mortel et prolongé des bataillons, et ces décharges foudroyantes qui le renversaient au loin.

lui dit-elle, par la foi que vous m'avez jurée, promettez que, si les Sarrasins prennent la ville, vous me couperez la tête avant qu'ils s'emparent de moi. » Le vieux chevalier lui répond avec une candeur barbare : « Madame, tranquillisez-vous, je le ferai; j'y avais déjà songé. »

Il rappelle en son souvenir, avec terreur encore, ces escadrons nouveaux parcourant les déserts qui, tant de siècles, furent son rempart; actifs, intrépides, bravant les fatigues et les privations, bravant les surprises, bravant le nombre des combattans : il peint leurs marches longues et soutenues, leur vigilance, leurs manœuvres semblables à celles du chasseur, leur attaque impétueuse, leur vive poursuite, et leurs éguines légers et infatigables, qui ne lui laissent plus de refuge; alors les alarmes perpétuelles, les pertes multipliées, les plaies profondes, les camps entiers enlevés ou détruits; leurs traités; leurs tribus réduites et étonnées, marchant sous nos étendards, et leurs nombreux essaims de cavaliers légers guidant nos bataillons, ou protégeant ces riches convois qu'ils pillaient naguère.

Quelquefois il peint aussi le Français curieux et voyageur, qui s'abandonne à sa foi, et parcourt, sous l'abri de sa lance, ses profondes solitudes, mesurant ses plaines et ses vallées désertes, gravissant sur ses rochers nus, jadis inaccessibles; ou guidés par lui vers des lieux révérés, et, jusqu'aux mers lointaines, rencontrant avec sécurité, sur leurs bords inconnus, d'autres tribus encore plus sauvages, surprises d'apercevoir les vêtemens de l'Occident et d'entendre des sons qu'elles ne sauraient comprendre : il dit avec orgueil comment, fidèles à son antique alliance, elles accueillent, protégent comme lui-même l'étranger, et, dans ces lieux brûlans, séparés du monde entier, sans ressource, comme sans abri, s'empressent à partager, avec ces hôtes si nouveaux, et leur frugal repas et leur tente hospitalière.

L'Arabe, avide de vengeance, implacable dans son ressentiment, mais équitable et prompt à oublier les calamités de la guerre, prononce le nom de la France sans colère et sans haine, ne lui refuse pas ses éloges, et, dans ses narrations graves et figurées, souvent applaudies, il élève jusqu'au ciel sa vaillance et sa foi.

Guerriers qui avez porté si loin la gloire du nom français, qui avez combattu pour l'honneur, les lois et l'indépendance de votre pays, et qui sauriez encore les défendre; dont la valeur et le dévouement l'ont consolé si long-temps dans ses maux secrets, l'ont environné d'éclat jusqu'en ses temps de deuil ; la vraie gloire ne s'éteint pas dans le malheur; la vôtre sera immortelle : les cœurs droits, les esprits généreux, applaudiront à vos travaux. Que faut-il de plus?

Le voyageur qui traverse les déserts rencontre avec joie, dans ces âpres solitudes, un site favorisé du ciel. La nature, morte à ses yeux, semble renaître pour lui; il laisse errer, avec enchantement, ses regards long-temps attristé sur le vert feuillage des arbres, sur les eaux vives et limpides; il s'arrête pour savourer le parfum des fleurs : ranimé par de riantes images, il oublie l'ennui, les fatigues du trajet; il continue avec un courage nouveau son pénible voyage.

CHAPITRE III.

Du terrain qui environne l'Égypte, et de ses rapports avec cette contrée.

---

§. I. *Du pays situé au sud et au couchant.*

Au-delà de Syène, d'Éléphantine et des rochers qui forment la dernière cataracte du Nil, la vallée, encore étroite et sinueuse, bordée de hautes montagnes granitiques, sombres et dépouillées, mais majestueuses et imposantes; arrosée par un fleuve entrecoupé d'îles couvertes de verdure et de rochers arides; offrant elle-même, au milieu de sa nudité, tantôt sur une rive, tantôt sur l'autre, quelques traces de culture et d'habitation, conserve encore quelque temps le même aspect sauvage et pittoresque qu'elle avait entre Syène et Philæ : mais, en remontant davantage vers le sud, sa largeur, qui devient considérable et se maintient plus égale, rend son aspect plus uniforme. Nous nous bornerons à dire ici qu'en général cette contrée, assez imparfaitement connue, que parcourt le Nil au sud de la cataracte, et qui porte le nom de *Nubie*, présente, dans son état physique, et dans les nombreux monumens qui attestent son ancienne civilisation, à peu près les mêmes circonstances que la Thébaïde.

Au couchant de l'Égypte et derrière la longue chaîne

de montagnes qui bordent la rive gauche de la vallée s'étendent les déserts, tantôt montueux, tantôt sablonneux, de la Libye, au sein desquels se trouvent, à peu de journées du Nil, quelques terres plus heureuses et de tout temps cultivées : les Oasis, que les Grecs comparaient à des îles de verdure au sein d'une mer de sables. On en compte trois. Les Égyptiens leur donnent collectivement le nom d'*el-Ouah*.

Par leur position, les Oasis se trouvent dans une certaine dépendance de l'Égypte; elles lui ont été soumises dès les temps les plus reculés ; elles participaient à son régime ancien, et possèdent encore des monumens analogues à ceux de la Thébaïde et de la Nubie. Par suite des troubles perpétuels du gouvernement moderne et de son extrême incurie, elles n'ont plus avec elle que des relations de commerce. Ce sont les stations, les lieux de rafraîchissement des caravanes qui partent chaque année de l'intérieur de l'Afrique, et traversent ce grand désert pour se rendre en Égypte.

L'état des Oasis indique assez que ce sont les points les plus bas de la contrée, les fonds des bassins où se rend la petite quantité d'eau qui tombe, à certaines époques, dans cette partie de la Libye; et, ce qu'il importe de remarquer, ces trois bassins sont, comme l'Égypte et la mer Rouge, dirigés du sud au nord : par conséquent il doit exister, suivant cette direction, une longue dépression presque parallèle à la vallée du Nil; ce qu'effectivement les habitans de l'Égypte et ceux de l'intérieur de l'Afrique reconnaissent très-bien, puisqu'ils donnent à cette partie du désert le nom de vallée des *el-Ouah*. Comme nous ne l'avons pas visitée, et que nous n'en jugeons que sur les rapports vagues des gens du pays; nous ne saurions prononcer si le nom de *vallée* peut être proprement donné à une excavation de cette sorte. Cette dépression paraît se continuer très-loin dans la partie méridionale, tandis qu'à son extrémité septentrionale elle se divise et s'efface en approchant de la Méditerranée.

La chaîne de montagnes qui sépare l'Égypte de ces déserts emprunte d'eux le nom de *chaîne libyque*, comme la chaîne opposée, qui termine les déserts de l'Arabie, en a reçu le nom de *chaîne arabique*.

§. II. *Disposition du terrain situé à l'orient de l'Égypte.*

Lorsqu'on pénètre par quelque vallée dans l'intérieur de la chaîne arabique, on trouve, à quelque latitude que ce soit, une succession continuelle de montagnes jusqu'à la mer Rouge, qu'elles bordent souvent d'assez près. La partie de ces déserts montueux voisine de la mer, et opposée à la Thébaïde, est désignée, chez les anciens écrivains, par le nom de *Troglodytique* : c'était la patrie de peuples nomades ou ichthyophages qui habitaient, comme le nom l'indique, des grottes creusées dans les rochers. Ce nom ancien, qui n'a été remplacé par aucun nom moderne, peut servir encore à distinguer ce désert de la partie plus voisine de l'Égypte, et de celle qui s'étend vers le nord.

La mer Rouge, anciennement la mer Érythrée, n'est qu'un golfe étroit qui sort de l'océan Indien, et se prolonge en ligne droite dans une étendue de cinq cents lieues, dirigé comme l'Égypte, mais déclinant seulement un peu davantage vers le nord-ouest. Le parallélisme de ces deux grandes excavations avait fait conjecturer à M. Dolomieu que leur origine avait une même cause, l'affaissement subit de l'espace qu'occupe aujourd'hui la mer Rouge. Cette catastrophe aurait, selon lui, déterminé un mouvement de bascule dans le terrain compris entre cette mer et l'Égypte, et donné naissance à celle-ci, en soulevant les montagnes de la chaîne arabique au-dessus de leur ancien niveau, et les séparant de celles de la Libye, avec lesquelles elles étaient autrefois contiguës. La simplicité apparente de cette hypothèse, la sagesse de son auteur dans ses conjectures, aussi bien que la célébrité de son nom, imposent le devoir d'examiner attentivement celle-ci : c'est pourquoi nous insisterons, à mesure que l'occasion s'en présentera, sur les faits qui peuvent y avoir rapport.

C'est ce grand golfe de la mer Rouge qui marque, pour les modernes, la séparation de l'Afrique et de l'Asie. Son extrémité, où est le port de Suez, s'arrête au parallèle du Kaire, un peu plus au sud qu'Héliopolis ou que l'origine du Delta. Sa distance du Nil n'est ici que d'environ un degré; mais, en remontant vers le sud, elle devient toujours plus grande, et, sous le parallèle de la cataracte, elle se trouve presque double.

La distance de la mer Rouge à la Méditerranée est également d'un degré. Elle était un peu moindre dans l'antiquité; car Hérodote ne la porte qu'à mille stades égyptiens, au lieu de mille quatre-vingts que renferme le degré : les attérissemens qui se continuent encore sur les rivages des deux mers ont produit cette différence. Héroopolis, qui marquait autrefois l'extrémité du golfe, s'en trouve éloignée aujourd'hui de près de quatre-vingts stades; son emplacement se distingue encore, et l'ancien état de choses peut être constaté. Cet intervalle est encore tout rempli de lagunes et de flaques d'eau de mer[1].

Une dépression bien marquée traverse l'intérieur de l'isthme, d'une mer à l'autre; et son milieu, où elle a une grande profondeur, forme, au sein de ce désert, de grands lacs salins, allongés du nord au sud, et connus depuis une haute antiquité sous le nom de *lacs Amers*.

L'élévation des eaux de la mer Rouge au-dessus du niveau de la Méditerranée a été trouvée, par une opération exacte[2], de cinq toises et demie; elle n'était pas inconnue des Égyptiens au temps d'Hérodote. Plusieurs écrivains anciens l'ont indiquée, et Pline offre un passage qui pourra servir à apprécier quelle était cette différence dans l'opinion des Égyptiens. C'est le motif qui a empêché l'achèvement du canal de la mer Rouge sous les Pharaons et sous les rois persans. En constatant par une opération précise la différence du niveau des deux mers, les modernes n'ont donc fait ici, comme dans plusieurs autres circonstances, que justifier une opinion des anciens qui paraissait d'abord peu vraisemblable.

[1] *Voyez* le Mémoire sur la géographie comparée et l'ancien état des côtes de la mer Rouge, *A. M.*, tom. VI, pag. 251.
[2] Mémoire sur le canal de Suez, par M. Le Père.

DE LA CONSTITUTION PHYSIQUE

Le bassin du golfe Arabique, qui, dans sa direction, présente quelque analogie avec le lit du Nil, se divise, comme lui, en deux bras à son extrémité septentrionale. L'espace triangulaire renfermé entre ces deux bras, connu sous le nom de *déserts de Sinaï*, appartient à l'Arabie Pétrée. Sa partie méridionale, qui est la moins dénuée d'habitans et de végétation, renferme une espèce d'Oasis : c'est une petite vallée arrosée par les eaux des montagnes environnantes, et peuplée de cinq à six mille dattiers. Éloignée des directions que suivent ordinairement les voyageurs, son existence était restée ignorée jusqu'à l'époque où quelques membres de la Commission des sciences furent chargés de visiter ces déserts [1]. La partie septentrionale de la presqu'île, et celle qui se prolonge au nord-est, sont les plus arides ; c'est le désert absolu : il porte particulièrement le nom de *Tyeh*, ou *lieu vide*, parmi les Arabes qui habitent le centre de la presqu'île. Ils regardent leur pays, par comparaison avec l'autre, comme une terre fertile et favorisée de la nature : ils redoutent de s'engager dans le Tyeh ; et, pendant un assez long séjour parmi eux, je n'ai pu obtenir d'être conduit dans cette partie.

Ces déserts sont célèbres dans l'histoire sainte par le séjour de Moïse et des Israélites. Les conformités qu'ils présentent encore avec les indications de l'histoire la plus ancienne que nous possédions, à part même le

---

[1] Il existe une espèce de petite Oasis dans la partie méridionale de la Troglodytique, vers le parallèle de Syène ; mais nous n'avons pas vu celle-ci : elle n'est connue que par quelques renseignemens obtenus des Arabes *Bycharyeh*, qui habitent la partie de ces déserts la plus voisine de la mer Rouge.

caractère sacré qui la rend si respectable, sont dignes de fixer l'attention. De longs voyages et un séjour prolongé nous ont mis à même de recueillir beaucoup de renseignemens sur cette partie de l'Arabie, qui mérite d'être plus connue.

Sous le rapport de la géologie, elle offre un intérêt particulier. La partie méridionale, au milieu de laquelle s'élèvent les monts Horeb et Sinaï, présente un espace de près de douze cents lieues carrées, couvert de montagnes primitives, principalement porphyritiques. Toutes les roches qui appartiennent à cette formation s'y montrent avec une abondance et une diversité qu'on trouverait difficilement ailleurs. De toutes les chaînes de montagnes de la France et des environs, celle des Vosges présente avec elle le plus de rapports : nature des roches, disposition, accidens, passages, transitions des terrains, formes et élévation des montagnes, tout présente les analogies les plus frappantes. Les sommités du mont Sinaï, du mont Horeb, du mont Sirbal, qui sont au nombre des plus remarquables, s'élèvent à une hauteur de près de cinq mille pieds au-dessus du niveau des vallées voisines, qui doivent être déjà élevées de plus de cinq à six cents pieds au-dessus des mers qui entourent la presqu'île. Dans la partie septentrionale, les montagnes calcaires succèdent aux montagnes primitives, dont elles sont séparées par de longs intervalles de montagnes de grès.

L'espace compris entre le Delta, l'extrémité de la mer Rouge et la Méditerranée, renferme, dans le nord-ouest, quelques portions de terrain cultivées, telles que la vallée de Seba'h-byâr, qui sont arrosées par des dérivations du Nil; le reste, absolument aride, forme ce qu'on appelle les déserts de l'isthme de Suez : vers le sud-est, de vastes plaines sablonneuses s'étendent le long de la Méditerranée jusqu'en Syrie, et vont se lier à celles qui avoisinent la mer Morte et la Palestine.

On se retracera facilement la disposition générale de ces contrées, si l'on se représente la vallée d'Égypte et le bassin de la mer Rouge comme figurant, au milieu d'immenses déserts, deux espèces de fourches ou d'YY disposées presque parallèlement, dont l'une, la vallée d'Égypte, appuie ses deux branches sur la Méditerranée, tandis que l'autre, dont les deux branches sont inégales, termine la plus longue à vingt-cinq lieues de cette mer; et, pour compléter le tableau, on peut ajouter à ces deux grandes cavités encore une troisième, de forme à peu près pareille, mais moins nettement prononcée, qui est la grande vallée des *el-Ouàh*, dans la Libye, à l'occident de l'Égypte. Ces trois cavités convergent un peu en allant vers le nord; de sorte que les queues des trois Y s'écartent de plus en plus en remontant vers le sud.

§. III. *Conséquence relative à l'origine de la population de l'Égypte.*

On voit que, bordée au nord par la Méditerranée, à l'orient et à l'occident par de vastes contrées inhabitables, l'Égypte, isolée de tous les côtés, ne tient aux pays cultivables que vers le sud, où elle se rattache par le Nil aux terrains fertiles de l'Abyssinie, dont elle n'est qu'un appendice, et auxquels elle doit entièrement son existence comme pays cultivable[1]. On pourrait de là tirer la conséquence qu'originairement, et avant que les progrès de la navigation eussent rapproché les diverses parties du globe que la nature avait séparées, l'Égypte n'a eu de communication qu'avec les contrées méridionales, où se trouvent les sources du Nil, contrées les plus peuplées, les plus civilisées de l'Afrique, connues dans l'antiquité sous le nom d'*Éthiopie*. Si l'Égypte a été peuplée antérieurement au développement de la navigation, comme il est naturel de le supposer, elle n'a donc pu l'être que de ce côté; conclusion conforme aux notions que les voyageurs grecs ont recueillies jadis des anciens habitans de l'Égypte, et conforme aussi, comme nous espérons le faire voir, à ce qu'indiquent les antiques monumens du pays et les débris encore subsistans de ses anciennes institutions.

D'autres faits montreront combien cette origine de la civilisation de l'Égypte par l'Abyssinie peut recevoir de probabilité du seul examen de sa constitution physique.

[1] *Voyez* la troisième partie.

CHAPITRE IV.

Relief du terrain.

§. I. *Observations sur la correspondance des angles saillans et rentrans.*

La chaîne libyque et la chaîne arabique sont entrecoupées par un nombre infini de gorges et de vallées plus ou moins larges, plus ou moins rapides, qu'on aperçoit des bords du Nil. Toutes, à l'exception d'une seule, s'inclinent vers l'Égypte pour y verser la petite quantité d'eau qui tombe dans les déserts voisins. Elles ne s'étendent pas toujours fort avant dans l'intérieur des déserts : cependant les grandes vallées qui pénètrent jusqu'aux rivages de la Troglodytique, ou dans l'intérieur de la Libye, sont encore assez multipliées. Les incursions faites dans ces déserts, et les renseignemens des Arabes, prouvent que leur nombre surpasse de beaucoup ce qu'on en connaissait jusqu'ici.

Ainsi interrompues par une multitude d'excavations, ces deux chaînes de montagnes ne sauraient présenter une correspondance bien exacte entre leurs angles saillans et rentrans. Elles suivent assez bien le Nil, il est vrai, dans ses grandes inflexions ; mais, à un examen détaillé, toute idée de correspondance disparaît : on voit des angles saillans opposés à des angles saillans, des angles rentrans opposés à des angles rentrans; la partie méridionale de la Thébaïde présente une suite de bassins de forme allongée, que séparent des défilés étroits; et, si l'on examine cette disposition sur une carte exacte, on remarquera plusieurs points où les montagnes opposées se rapprochent tellement, qu'elles ne laissent entre elles que l'intervalle nécessaire au cours du fleuve.

Un de ces détroits se trouve dans la région granitique; un second est célèbre dans la partie moyenne des montagnes de grès, sous le nom de *Gebel Selseleh*, c'est-à-dire *montagne de la chaîne*. La tradition veut qu'effectivement le Nil ait été barré dans cet endroit par une chaîne de fer tendue d'une montagne à l'autre. Nous avons discuté ailleurs l'authenticité de cette tradition [1]; il suffit de faire remarquer ici son accord avec ce qui vient d'être dit sur le rapprochement des montagnes opposées et des angles saillans. Un troisième détroit, situé dans la région calcaire, entre la plaine de Thèbes et celle d'Esné, porte le nom de *Gebleyn*, mot arabe qui signifie *les deux montagnes*. Ces espèces de ventres et de détroits ne sont plus aussi marqués en descendant vers le nord; la vallée prend une largeur plus uniforme à mesure qu'elle s'approche du Delta.

On peut juger combien serait peu fondée l'opinion, que la vallée d'Égypte présente dans toutes ses parties une parfaite correspondance entre ses angles saillans et ses angles rentrans, puisqu'au contraire elle offre une

---

[1] Description des carrières de Selseleh, *A. D.*, tom. 1er, *chapitre IV*, sect. II, pag. 239.

suite continuelle de plaines et de détroits. J'insiste ici, à cause de l'importance que beaucoup de naturalistes ont attachée à cette sorte de faits, auxquels ils supposent les relations les plus intimes avec l'origine des vallées; mais il nous semble qu'en général on a donné un peu trop d'extension à ce principe, d'ailleurs si important pour la topographie, de la correspondance des angles saillans et des angles rentrans. Cette correspondance est communément bien marquée dans les vallées par lesquelles descendent les petites rivières à pente rapide et profondément encaissées. Elle est, comme en Égypte, quelquefois équivoque dans plusieurs des vallées où coulent les grands fleuves, et dans lesquelles elle a été modifiée par des circonstances postérieures à leur formation : mais, fût-elle mieux prononcée, il serait facile de faire voir qu'on n'en pourrait encore rien conclure de précis sur l'origine de ces grandes vallées; car la plupart des hypothèses qu'on peut former sur leur origine supposent, aussi bien les unes que les autres, cette correspondance.

§. II. *Hauteur respective des deux chaînes de montagnes de l'Égypte.*

Il paraîtra singulier peut-être que, dans une expédition scientifique, on n'ait point déterminé par des procédés rigoureux l'élévation des principaux points de la contrée : mais sa disposition, surtout celle de la haute Égypte, qui semble si favorable aux observations, y devient un obstacle, comme on a déjà pu voir, à cause de la présence des Arabes sur ses limites, et de leurs irruptions inopinées dans le pays cultivé; nombre de Français ont été surpris et égorgés par eux jusque sous les murs du Kaire et d'Alexandrie. Les facilités et les moyens de toute espèce ont toujours manqué pour ces opérations, et presque toutes nos incursions dans les déserts n'ont été que des résultats d'occasions fortuites. Ce sont, en grande partie, ces difficultés qui ont déterminé l'illustre Dolomieu à abandonner si promptement l'expédition, où ses talens pouvaient être si utiles.

A défaut d'opérations exactes, nous sommes réduits, pour déterminer la hauteur des montagnes qui bordent la vallée du Nil, à présenter les renseignemens que pouvait fournir leur aspect, ou le temps employé pour s'élever sur quelques-unes de leurs sommités. Ce qu'il y a d'important, au surplus, est moins l'élévation absolue des montagnes, qui est peu considérable, que les différences de niveau, soit d'une chaîne à l'autre, soit entre les diverses parties d'une même chaîne; différences assez faciles à apprécier à la simple inspection, et qui semblent suivre certaines lois que nous allons tâcher de faire saisir.

Le Moqattam ou la montagne Arabique, près du Kaire, est à peine élevé de cinq cents pieds au-dessus de la plaine cultivée; évaluation qui semblerait même excessive aux personnes qui, ayant observé de près cette montagne, n'auraient pas fait attention que la pente douce sur laquelle repose l'escarpement principal, est déjà élevée de plus de cent pieds au-dessus du Nil, et que cet escarpement est couronné encore par quelques gradins plus reculés, que l'on ne découvre pas dans cette position, mais qui ne font pas moins partie de sa hauteur totale.

En avançant vers le sud, la montagne s'élève d'abord de plus en plus; les exceptions à cette règle, plus apparentes que réelles, proviennent souvent, comme dans le cas précédent, de ce que, les montagnes bordant le Nil d'assez près, les dernières éminences qui forment leurs sommets ne sauraient être aperçues de la vallée, ni par les voyageurs qui naviguent sur le fleuve.

Dans la province de Syout, à soixante lieues du Kaire, la chaîne arabique atteint à peu près les quatre cinquièmes de sa plus grande hauteur, qui est de six à sept cents mètres; elle arrive à ce dernier terme un peu au-delà de Thèbes. Elle s'y maintient, à quelques petites variations près, jusqu'au-dessus d'Esné. En allant davantage vers le sud, et surtout en traversant la région des grès, elle s'abaisse de plus en plus jusqu'à Syène, où elle n'offre plus, dans le voisinage du Nil, que de simples collines; cependant au-delà de la cataracte, et vers l'île de Philæ, à l'entrée de la Nubie, son élévation n'est guère moins considérable que dans la partie moyenne de l'Égypte.

La chaîne libyque passe pour être beaucoup plus basse que la chaîne opposée; mais cette assertion, consignée dans plusieurs ouvrages et répétée par M. Dolomieu lui-même, qui n'avait pas encore vu l'Égypte à cette époque, n'est vraie tout au plus qu'un peu au sud des pyramides de Saqqârah et aux environs de Beny-Soueyf, où la grande coupure du Fayoum semble avoir produit un dérangement dans toute cette partie de la chaîne.

Derrière l'île d'Éléphantine, les montagnes de kneiss qui bordent la rive occidentale surpassent incomparablement en hauteur les rochers granitiques qui saillent çà et là sur la rive opposée. Dans toute l'étendue qu'occupent les couches de grès, les deux chaînes sont à peu près d'égale hauteur. Arrivées à la région calcaire, les montagnes Libyques l'emportent de beaucoup sur les autres, et cette supériorité est surtout bien manifeste dans le grand bassin d'Esné. Au *Gebleyn*, et généralement dans tous les détroits, il y a égalité entre les deux montagnes, qui, en général, semblent d'autant moins élevées que la vallée a moins d'ouverture. Autour du grand bassin de Thèbes, elles reprennent toutes deux une grande élévation. Un peu au-dessous, la différence, sensiblement à l'avantage de la chaîne libyque, devient plus considérable encore vis-à-vis Qené et l'ancienne Tentyris, où la grande vallée de Qoçeyr produit, au sud et au nord, un abaissement considérable dans la chaîne arabique. Cette inégalité disparaît de nouveau en descendant vers Girgeh : mais, en approchant de Syout, la chaîne libyque s'abaisse plus rapidement que l'autre; de là jusqu'à la grande lacune du Fayoum, la différence, lorsqu'on en remarque, est à l'avantage de la chaîne arabique.

De ces rapprochemens on peut conclure que la chaîne libyque, à ne considérer que la partie qui borde l'Égypte, n'est pas moins élevée que la chaîne arabique, si ce n'est depuis les environs du Fayoum jusqu'un peu au-dessus de Syout; cela est surtout manifeste dans la partie méridionale, où peu de voyageurs avaient pénétré. L'infériorité que l'on a cru remarquer dans la partie septentrionale tient à un effet d'optique dont il est facile de rendre compte. La chaîne libyque, très-distante du fleuve dans la partie inférieure du Sa'yd, est vue dans un éloignement qui la fait paraître comme un grand nuage dirigé du nord au sud et rasant la terre; illusion à laquelle se prêtent assez bien ses formes arrondies et l'horizon vaporeux qui, par une cause analogue à celle du mirage, semble terminer au loin le beau ciel de l'Égypte. Cela devait en imposer à des voyageurs qui ne voyaient que l'extrémité de la vallée, et que ce genre d'observations intéressait d'ailleurs très-faiblement. Ils devaient, au contraire, apprécier beaucoup mieux la véritable hauteur du Moqattam, qui, sur la rive opposée, laisse voir de près des formes anguleuses et de grands escarpemens. Vers les pyramides de Saqqârah et de Gyzeh, une autre circonstance concourt à cet effet. De petites montagnes qui s'élèvent en amphithéâtre masquent le plateau continu qui règne derrière elles, et dont elles forment les rameaux les plus avancés; les pyramides placées beaucoup en avant, et dont les pointes se détachent sur le ciel aux yeux des spectateurs, ajoutent à l'illusion, en paraissant s'élever au-dessus de la crête des montagnes, quoique effectivement elles soient encore plus basses [1].

---

[1] Le rocher qui supporte la grande pyramide et en forme le gradin inférieur est déjà lui-même élevé de 43 mètres (environ 130 pieds) au-dessus du niveau des plus hautes crues du Nil, et par conséquent au-dessus du sol cultivable. Depuis le pied de la pyramide jusqu'à la montagne, il

En général, l'élévation des deux chaînes de montagnes, dans la partie méridionale, est d'autant plus considérable que l'ouverture de la vallée l'est elle-même davantage, du moins à ne comparer que des portions situées à de médiocres distances [1] : aussi se trouve-t-il que les points les plus bas sont les défilés que nous avons indiqués. C'est encore une règle générale, que, toutes les fois qu'une des chaînes est coupée par une grande vallée, les parties voisines s'abaissent considérablement.

Ces observations pourront servir pour remonter aux causes qui ont donné naissance à la vallée d'Égypte, et pour juger les hypothèses fondées sur la différence des deux chaînes et la prétendue supériorité de la chaîne arabique dans sa partie voisine de l'Égypte [2].

§. III. *Pente générale du terrain qui renferme la vallée de l'Égypte.*

Plus on s'enfonce à l'orient du Moqattam, plus on trouve les montagnes élevées. Celles qui bordent la mer Rouge près de Suez et vers l'embouchure orientale de la vallée de l'Égarement ont une hauteur presque double

---

existe encore une pente considérable. Voyez le nivellement fait pour déterminer dans la base de la grande pyramide un point de repère avec le niveau de la mer Rouge et des différens points de l'isthme de Suez, *Mémoire de M. Le Père.*

[1] Cela est moins sensible dans la partie septentrionale, surtout pour les parties situées à peu de distance, au-dessus et au-dessous de Beny-Soueyf. Les faits particuliers relatifs à la grande lacune du Fayoum forment, à plusieurs égards, une exception à la continuité des règles générales que l'on peut saisir sur la disposition du sol.

[2] Si on les considérait dans des parties tant soit peu distantes de la vallée, la supériorité de la chaîne

de celles qui avoisinent le Kaire et l'embouchure occidentale de cette même vallée. Les montagnes qui bordent la rive orientale du golfe de Suez, que nous avons eu occasion d'observer dans toute la longueur de ce golfe, depuis l'isthme de Suez jusqu'au point où la mer se divise en deux bras, ont presque partout une hauteur double de celles qui leur correspondent le long de la vallée du Nil. Nous avons fait la même observation à l'égard des montagnes qui bordent la côte de Qoçeyr. Les renseignemens que nous avons obtenus des Arabes *Abâbdeh* sur celles qui se prolongent au sud et au nord de Qoçeyr, et en général tous les renseignemens et toutes les observations recueillis sur ces déserts, établissent un rapport à peu près semblable.

De l'autre côté du Nil c'est le contraire : à mesure que l'on s'écarte de l'Égypte on voit généralement l'élévation des montagnes diminuer [1].

Si, d'après ces données, on cherche à se rendre compte de l'inclinaison générale du massif dans lequel est creusée la vallée de l'Égypte, on jugera qu'outre sa pente principale du sud au nord, conforme à celle du Nil, il en existe une transversale, dirigée de l'est à l'ouest, qui est surtout sensible dans la partie supérieure et la partie moyenne; en combinant cette inclinaison avec celle qui a lieu suivant la direction du Nil, c'est-à-dire du sud au nord, la résultante ou la ligne de

arabique n'aurait plus rien d'équivoque, comme on le sentira d'après ce qui sera dit, dans le paragraphe suivant, sur l'inclinaison générale du terrain.

[1] C'est du moins la conclusion à tirer du petit nombre d'observations que nous avons pu recueillir sur cette partie, et elle se trouve confirmée par divers renseignemens.

plus grande pente sera dirigée du sud-est au nord-ouest, ou déclinera un peu vers l'ouest.

Dans un aperçu aussi général, on n'a point égard à beaucoup de circonstances locales qui feraient exception à la règle commune : on considère le terrain comme rapporté à un même plan qui passe par les principaux faîtes; ce plan, dont on examine l'inclinaison, forme ce qu'on appelle en topographie la pente générale, pour la distinguer des inclinaisons partielles dans des sens opposés, ou contre-pentes.

Si l'on eût poussé plus loin les observations, il est probable qu'en s'avançant vers le couchant on eût vu le terrain continuer de s'abaisser dans la même direction, et s'incliner jusque vers ce bas-fond formé par plusieurs grands bassins qui se succèdent dans des directions à peu près semblables, et dans lesquels sont situées les Oasis. Il paraîtrait que c'est cette vallée des *el-Ouah* que l'on peut regarder, dans le système naturel d'hydrographie, comme le lieu le plus bas de toute cette partie du désert, ou du moins celui vers lequel vont se terminer les derniers rameaux qui s'échappent de la chaîne libyque : aussi reçoit-elle des déserts environnans beaucoup plus d'eau que l'Égypte n'en reçoit des montagnes qui la bordent; et, sous un climat où les pluies seraient plus abondantes, elle formerait, à longueur égale, le lit du fleuve le plus considérable.

Je ne veux pas dire qu'il ne puisse y avoir des éminences assez considérables encore dans le voisinage des Oasis : mais, au rapport des voyageurs, elles sont beaucoup moins élevées que les montagnes de la chaîne libyque; et le cours des grandes vallées transversales qui partent de cette chaîne et vont se rendre dans la vallée des *el-Ouah*, est beaucoup plus étendu que celui des gorges qui coupent la partie orientale de cette chaîne et descendent dans la vallée du Nil.

§. IV. *Observations sur quelques conséquences de cette inclinaison générale du terrain.*

Ainsi le Nil, depuis sa dernière cataracte, coule donc dans une fente profonde, creusée à mi-côte de ce grand terrain aride qui s'incline lentement depuis les montagnes de la Troglodytique jusqu'à la vallée des *el-Ouah*. Cette situation de la vallée d'Égypte présente un phénomène qui semble s'écarter des règles les plus ordinaires de l'hydrographie, et qui forme un caractère particulier de cette contrée. En Europe, et dans tous les pays habités, les lits des plus grands fleuves se trouvent dans les parties les plus basses, et qui sont disposées de manière à recevoir la multitude de ruisseaux et de rivières qui s'y dirigent de toutes les parties voisines : aussi les fleuves deviennent-ils toujours plus considérables à mesure qu'ils approchent de la mer. Le Nil, au contraire, qui, dans un espace de plus de quatre cents lieues, ne reçoit aucune rivière, aucun ruisseau permanent pour compenser les pertes de l'évaporation, diminue à mesure qu'il s'approche de ses embouchures.

Cette disposition de l'Égypte, par rapport au terrain qu'elle traverse, est une des plus fortes preuves que le Nil n'a point creusé lui-même le lit où il coule, au moins dans sa partie inférieure, non-seulement parce que les grands fleuves tendent plutôt à exhausser leur lit qu'à le creuser, mais aussi parce qu'en supposant l'excavation encore à faire, la pente générale du sol l'appellerait plus à l'ouest : à l'appui de ceci, l'on peut citer l'endroit où la chaîne libyque se trouve interrompue; car, loin d'être une vallée qui verse ses eaux dans l'Égypte, cette grande coupure du Fayoum, comme nous l'avons indiqué, reçoit au contraire les eaux du Nil[1].

Les observations récentes et les témoignages de l'histoire confirment également cette tendance du fleuve à se porter vers l'ouest, qui résulte de la disposition du sol. Les anciens écrivains, et notamment Hérodote, assurent que le Nil coulait jadis à l'occident de Memphis. Ce ne fut que par des travaux considérables que Menès parvint à le rejeter à l'orient de cette ville; mais on n'a éprouvé aucune difficulté pour dériver de la branche Canopique un canal qui portât les eaux du Nil vers Alexandrie, au travers des déserts qui sont à l'ouest du Delta.

La tendance naturelle du fleuve à grossir aujourd'hui la branche de Rosette, l'appauvrissement de la branche de Damiette, l'entier desséchement de l'ancienne branche Pélusiaque, et d'autres faits de cette nature, pourraient être attribués à cette disposition du Nil à se porter vers l'ouest; mais d'autres causes aussi peuvent y concourir, et il ne faut pas pousser trop loin ce principe.

[1] On a soupçonné même que le Nil, ou une de ses branches, avait pris son cours autrefois par cette ouverture pour se jeter dans la grande dépression située à l'ouest, qui porte le nom de *Fleuve sans eau*, et où se trouvent si abondamment des arbres pétrifiés.

De ce que le Nil se porte vers l'ouest dans les points où la chaîne libyque supprimée le laisse obéir à la pente générale du terrain, il ne suit pas pourtant que l'influence de cette pente doive avoir lieu partout ailleurs, et que, dans toute l'étendue de la haute Égypte, le fleuve doive se rejeter naturellement vers la chaîne libyque : car la disposition du sol d'alluvion, dans l'intérieur de la vallée, n'a pas de relation nécessaire avec cette pente générale du terrain solide; elle peut même se trouver inverse, et c'est ce qui arrive effectivement dans beaucoup d'endroits, où l'on voit le Nil se porter de préférence vers la chaîne arabique, qu'il borde quelquefois d'assez près, et dont il ronge et dégrade le pied. Dans quelques endroits même, et principalement dans celui qui porte le nom de *Gebel el-Teyr,* ou montagne des Oiseaux, et à la montagne dite *de la Poulie,* on voit que ces dégradations sont postérieures aux travaux des Égyptiens. Le pied de la montagne a été tellement excavé par l'action du courant, qui se dirige de ce côté, que de grandes parties du rocher où étaient creusées d'anciennes grottes, se trouvent entièrement éboulées : on distingue seulement les vestiges du fond de ces grottes sur la paroi rase et escarpée de la montagne. Cette direction du courant tient à des causes particulières, dont quelques-unes se trouveront développées dans les autres parties de ce travail.

Notre but actuel est seulement de faire connaître la configuration du terrain au milieu duquel l'Égypte est située, afin que l'on puisse apprécier son influence sur certains phénomènes relatifs au régime du Nil, et ses rapports avec plusieurs questions générales relatives à la constitution physique de la contrée et à l'origine de cette grande vallée.

§. V. *Des contre-pentes du terrain.* — *Rapports de leurs vallées avec l'inclinaison générale.*

D'après l'angle que fait la vallée du Nil avec la ligne d'inclinaison générale du terrain, il résulte que les vallées de la contre-pente qui est tournée vers l'Égypte se trouvent dirigées presqu'à angle droit sur celles de la pente générale, c'est-à-dire que les vallées situées dans le côté oriental de la chaîne libyque, et qui s'inclinent vers l'Égypte, doivent figurer, avec celles de la pente générale qui descendent vers les *el-Ouah,* des espèces de chevrons dont le sommet se relève vers le sud, et dont les deux branches s'ouvrent et descendent, suivant un angle légèrement obtus. Il en est de même pour la contre-pente qui regarde le golfe Arabique. Cette règle, comme on sentira bien, n'a de réalité qu'en principe général; ces sortes de faits ne sont pas assujettis dans la nature à des règles mathématiques : mais il n'en est pas moins utile de considérer le principe; faute de cela, les voyageurs donnent souvent sur ces points de topographie des indications très-vagues et des idées fausses, que les dénominations vulgaires accréditent encore. Il n'existe pas, comme on le dit communément, de vallées qui aillent directement de l'Égypte aux Oasis, ou de l'Égypte à la mer Rouge : ce que l'on appelle vulgairement *vallée de Qoçeyr, vallée des Monts de pé-*

318   DE LA CONSTITUTION PHYSIQUE

trole¹, vallée de l'*Égarement* même (quoique cette dernière voie soit la moins improprement qualifiée)², ne sont pas précisément des vallées, c'est-à-dire les voies directes et continues des eaux qui tombent dans la partie la plus élevée du désert, mais des portions de vallées différentes, dans lesquelles on passe successivement par des coupures et des gorges transversales qui les mettent en communication, ce que pourront montrer plus en détail les descriptions particulières.

CHAPITRE V.

Considérations géologiques sur l'ensemble du pays.

Après avoir considéré le terrain dans ses rapports avec les grandes cavités qui le divisent dans toute son étendue, et qui y jouent un rôle si important, il convient, pour avoir une idée complète de sa disposition géologique, de l'envisager aussi indépendamment de ses relations avec ces grands accidens. Alors il se présentera dans son ensemble comme un vaste système de montagnes de nature et d'époques diverses, qui doivent être subordonnées à une chaîne principale, qu'il est d'abord essentiel de reconnaître.

On vient de voir que les montagnes vont généralement

---

¹ *Voyez* la carte de cette vallée, dressée par M. Raffeneau, d'après son voyage et celui de M. Bert, colonel d'artillerie.

² *Voyez* la carte de MM. Girard et Devilliers, ainsi que la description topographique de la vallée de l'Égarement, faite avec beaucoup de détails et d'exactitude par M. Girard, et qui est imprimée ci-dessus.

en s'abaissant du sud-sud-est au nord-nord-ouest; c'est donc dans ce sens qu'est l'inclinaison du plan de pente générale. La direction de la chaîne ne pourrait être bien connue que par l'examen du pays qui est au sud; mais, à défaut de données précises, nous considérerons comme telle la ligne que forme la succession des principales sommités qui nous sont connues, et que nous supposons parallèle à une chaîne principale. Cette ligne ne se trouve pas perpendiculaire à la ligne d'inclinaison du plan de pente générale; mais la projection de ces deux lignes sur un plan horizontal formerait un angle d'environ 75 degrés. Ainsi la chaîne principale doit marcher du sud quart sud-est au nord quart nord-ouest, et dans la direction de la cataracte du Nil à l'extrémité du golfe oriental de la mer Rouge. Si on la supposait continue, elle couperait donc très-obliquement, et sous un angle d'environ 20 degrés, la vallée du Nil et la mer Rouge, qui ne devient que de quelques degrés de la direction du méridien.

Toutes les montagnes de la chaîne principale qui ont été observées depuis le sud-ouest de la cataracte jusqu'au nord-est des déserts de Sinaï sont primitives. Dans la partie méridionale, elles appartiennent principalement à la formation granitique; dans la partie moyenne, à la formation schisteuse; et à la formation porphyritique, dans la partie septentrionale [1]. Entre ces deux dernières

---

[1] On peut consulter sur ces divers points les planches qui représentent les diverses roches de l'Égypte, et les descriptions de ces roches.

Le mot *formation* que nous employons ici d'après les minéralogistes allemands, désigne le système particulier de roches où domine l'espèce dont le nom est choisi pour

se remarquent des roches nombreuses, appartenant à cette formation très-intéressante, mais très-improprement nommée par les géologues allemands *formation de syénit*, qui comprend les roches essentiellement composées de feldspath en lames confuses, et d'une notable quantité d'amphibole (ou hornblende), sans quartz ni mica. Comme, d'une part, il est indispensable de distinguer cette grande formation, qui joue dans les terrains primitives de ces contrées un rôle si important, et que, de l'autre, elle est absolument étrangère aux montagnes de Syène et des environs (qui appartiennent sans le moindre doute à la formation granitique), tandis qu'elle constitue les principales montagnes de l'Arabie Pétrée, et particulièrement le mont Sinaï et toutes les sommités environnantes, il devenait donc impossible de lui conserver ici le nom de *syénit*, qui désigne particulièrement chez les anciens les granits de Syène. Ne serait-ce pas rentrer dans les vues des naturalistes allemands, et particulièrement du célèbre Werner, qui, le premier, a distingué les roches de cette formation, que d'en modifier légèrement la dénomination, et de la rendre conforme au nom de sa véritable patrie, en la convertissant en celle de *sinaïte ?* c'est ce nom que nous emploierons.

La transition du terrain primitif au terrain secondaire a lieu suivant une direction à peu près parallèle

---

caractériser le terrain dont il s'agit. On nous pardonnera l'emploi de ce mot et d'un petit nombre de termes analogues, si l'on fait attention à l'extrême difficulté d'écrire sur ces matières en s'assujettissant à écarter, comme nous avons tâché de faire, presque tous les termes et les locutions techniques.

à celle que nous venons d'indiquer pour la chaîne principale. On commence à l'observer dans les montagnes à l'ouest d'Éléphantine, ensuite plus au nord dans les montagnes situées de l'autre côté du Nil, et toujours à une distance d'autant plus grande de ce fleuve, que l'on descend davantage vers le nord. Elle traverse ainsi très-obliquement tous les déserts de la Troglodytique, et on la rencontre suivant la même direction dans l'Arabie Pétrée. Elle coupe l'axe de la presqu'île à environ trois journées au nord du mont Sinaï, au-dessous de la vallée de Pharan, et paraît se prolonger encore au-delà, à peu près dans la même direction, pour aller joindre les montagnes de la Syrie; mais, sur ce point, les faits positifs nous manquent.

Tout le terrain au sud de cette ligne est de formation primitive; tout le terrain qui est au nord jusqu'à la Méditerranée est de formation secondaire, et principalement de nature calcaire, à l'exception d'une bande plus ou moins large de montagnes de grès et de poudingue qui sépare presque toujours le terrain primitif du terrain secondaire.

On trouve aussi de longues collines de poudingue quartzeux au milieu du terrain calcaire; on trouve des montagnes calcaires sur les lisières de la mer Rouge dans la partie méridionale : mais c'est plus spécialement à la description minéralogique des lieux à faire connaître ces exceptions.

En traversant la vallée du Nil, la chaîne primitive devait nécessairement lui imprimer un caractère particulier, et fort différent de celui de la partie inférieure :

on ne sera donc pas surpris de l'aspect nouveau qu'elle prend subitement à Syène.

La dernière cataracte est formée par le dernier gradin de la chaîne primitive; les autres cataractes doivent être produites par des causes semblables, par les chaînes transversales que le fleuve est obligé de franchir. De là aussi sans doute ses vastes inflexions dans la Nubie. En l'assujettissant à leur allure particulière, ces chaînes le forcent quelquefois de suivre un cours perpendiculaire à celui qu'il suivrait sur un terrain libre d'obstacles. Nos meilleures cartes sur le cours moyen du Nil, et les renseignemens des anciens, d'après lesquels elles sont construites, nous montrent le fleuve dirigeant sa marche pendant de longs intervalles vers l'ouest ou vers le sud-ouest; ce qui est conforme à la direction de la chaîne principale qui lui sert de barrière, et qu'il ne traverse que par des passages forcés : mais nous manquons encore ici d'observations positives; les indications des voyageurs sont fort peu précises touchant les rapports du terrain avec le Nil; et nous n'oserions arrêter l'attention du lecteur sur des considérations aussi conjecturales, si elles n'avaient pour objet principal de signaler, au voyageur qui parcourra ces contrées si peu connues et d'un accès si difficile, l'intérêt de ce genre d'observations.

SECONDE PARTIE.

Du sol de la vallée d'Égypte[1].

Après avoir pris une idée de la configuration générale de l'Égypte et des contrées qui l'avoisinent, nous allons examiner la nature de son sol : nous commencerons par celui qui forme le fond de la vallée, et nous rechercherons quelle a été sur lui l'influence du fleuve qui l'arrose.

CHAPITRE PREMIER.

Des débordemens du Nil.

§. I. *Leur influence sur le sol.*

Puisque l'Égypte a le même climat que les contrées stériles qui l'environnent, sa merveilleuse fécondité tient donc à des causes étrangères aux influences de l'atmosphère et qui sont limitées à cette seule portion de terrain. La différence du sol n'est pas la seule : il en est une autre, dont celle-là dépend elle-même; les débordemens annuels auxquels ce terrain est assujetti.

En considérant cette situation du pays cultivable, bordé à l'une de ses extrémités par la Méditerranée, à droite et à gauche par des montagnes absolument nues,

---

[1] Cette partie avait été indiquée, dans l'introduction, comme devant être la troisième; mais l'extension donnée à celle qui traite des limites de l'Égypte a déterminé à intervertir l'ordre de ces deux parties.

entrecoupées de vallées sablonneuses et toujours sèches, déserts qui n'ont de limites au loin que les mers ou d'autres déserts d'une aridité aussi complète, on conçoit déjà que la terre végétale qui recouvre le sol de l'Égypte sous une si grande épaisseur, n'a pu s'y former. Étrangère à sa constitution comme à celle des lieux environnans, elle n'a pu être amenée que par les eaux qui arrivent des pays supérieurs, c'est-à-dire des montagnes de l'Abyssinie, d'où descendent les rivières qui forment le Nil. C'est cette contrée en effet, c'est l'Abyssinie qui a tout fourni aux contrées inférieures : fertilité, civilisation, elles lui doivent tout.

Les anciens ont bien reconnu cette vérité, que le sol de l'Égypte est l'ouvrage du Nil. Osiris n'était pas seulement le protecteur, il était le père et le créateur de la contrée. Le plus ancien des voyageurs grecs dont nous possédions les écrits, Hérodote, nous a transmis sur ce point l'opinion des prêtres de l'Égypte et la sienne, et nous ne saurions nous dispenser de rapporter son passage déjà cité bien des fois : « Les prêtres d'Héliopolis, dit-il, assuraient que Menès fut le premier roi qui régna sur l'Égypte, et que de son temps toute cette contrée, à l'exception du nome Thébaïque, n'était qu'un marais; qu'alors il ne paraissait rien de toutes les terres qu'on y voit aujourd'hui au-dessus du lac de Mœris, quoiqu'il y ait sept journées de navigation depuis la mer jusqu'à ce lac, en remontant le fleuve. »

Il ajoute : « Ce qu'ils me disaient de ce pays me paraissait très-raisonnable. Tout homme judicieux qui n'en aura point entendu parler auparavant remarquera que l'Égypte, où les Grecs vont par mer, est une terre de nouvelle acquisition et un présent du fleuve. Il portera encore le même jugement de tout le pays qui s'étend au-dessus de ce lac jusqu'à trois journées de navigation : quoique les prêtres ne m'aient rien dit de semblable, c'est un autre présent du fleuve.

« La nature de l'Égypte est telle, que si vous y allez par eau, et qu'étant encore à une journée des côtes, vous jetiez la sonde en mer, vous en tirerez du limon à onze orgyies de profondeur. Cela prouve manifestement que le fleuve y porte de la terre jusqu'à cette profondeur. »

Quoique rejetée par plusieurs savans, la narration d'Hérodote est tout-à-fait d'accord avec les observations les plus précises que nous ayons sur cette contrée; et l'on s'en convaincra, si l'on examine avec nous les effets des débordemens du Nil.

Peu de phénomènes naturels ont plus vivement excité la curiosité des hommes. C'était, en effet, un spectacle bien digne d'admiration de voir régulièrement, chaque année, sous un ciel serein, sans aucun symptôme précurseur, sans cause apparente, et comme par un pouvoir surnaturel, les eaux d'un grand fleuve, jusque-là claires et limpides, changer subitement de couleur à l'époque fixe du solstice d'été, se convertir à la vue en un fleuve de sang, en même temps grossir, s'élever graduellement jusqu'à l'équinoxe d'automne, et couvrir toute la surface de la contrée; puis, pendant un intervalle aussi régulièrement déterminé, décroître, se retirer peu à peu, et rentrer dans leur lit à l'époque où les autres fleuves commencent à déborder.

C'est à ce phénomène que l'Égypte est redevable d'être habitée. Il supplée aux pluies, très-rares dans le Delta et presqu'un prodige dans la Thébaïde. La quantité d'eau dont les terres s'imbibent durant l'inondation, jointe à l'humidité abondante que répandent, dans les mois suivans, les fortes rosées des nuits, suffit à la végétation, et l'on ne cultive rien de ce qui ne peut être arrosé par les débordemens ou par des moyens artificiels. De là, pour toute l'Égypte, l'extrême importance de ces inondations, le vif intérêt qu'elles ont excité de tout temps, et leurs rapports intimes, dans l'antiquité, avec son culte, ses lois, ses connaissances, ses usages. Rien ne mérite plus l'attention dans l'histoire de ce pays.

Les voyageurs et les philosophes anciens se sont beaucoup occupés des inondations du Nil; mais tous, à l'exception d'Hérodote, plutôt pour en expliquer ou en deviner les causes que pour en déterminer avec précision les effets. Les modernes ont pensé que ce dernier point n'était pas le moins important, et une foule de questions curieuses se sont offertes à leur attention.

§. II. *Causes des débordemens.*

On sait très-bien aujourd'hui que les pluies périodiques de l'Abyssinie sont la seule cause des inondations du Nil; mais il existe, dans la manière dont cela s'opère, des circonstances difficiles à expliquer, et nous en sommes encore aux conjectures. Ces pluies durent environ la moitié de l'année. Dès le mois de mars elles commencent à rafraîchir les contrées équatoriales. D'abord faibles, elles tombent ensuite avec une grande abondance et presque sans discontinuer pendant cinq mois entiers. Cependant, durant les trois premiers mois, elles ne produisent aucun effet sur l'état du Nil en Égypte; il n'en continue pas moins de décroître jusqu'au solstice d'été : c'est alors que ses eaux, refoulées par les eaux qui grossissent son cours en Abyssinie, commencent à s'élever dans la Thébaïde, sans perdre pourtant leur limpidité; deux ou trois jours après le premier mouvement de la crue elles se troublent, se colorent presque subitement, et les progrès de l'inondation deviennent de plus en plus rapides jusqu'à l'époque où se terminent les pluies dans les contrées supérieures.

Cet effet si tardif doit surprendre. D'après la vitesse du fleuve, trente ou trente-cinq jours au plus devraient suffire pour que la crue se manifestât à Syène, et il s'en passe près de trois fois davantage. Le temps nécessaire pour abreuver les terres desséchées dont le sein reçoit les pluies, et former les ruisseaux qui les conduisent au Nil, n'a nulle proportion avec cet intervalle. Il faut donc que des voies secrètes, des cavités souterraines, des lacs grands et multipliés, reçoivent et gardent dans leur sein les eaux des premières pluies, ou qu'enfin ce retard soit produit par quelque phénomène hydrographique, inconnu jusqu'ici.

CHAPITRE II.

Nature du sol cultivable.

Ces eaux rouges et bourbeuses qui, pendant l'inondation, couvrent la plaine, tiennent en suspension une matière principalement argileuse, qu'elles laissent déposer dans tous les endroits où leur vitesse se trouve ralentie, c'est-à-dire successivement sur toute la surface de l'Égypte [1]. D'une autre part, les vents impétueux qui règnent une portion de l'année, venant à agiter le sol sablonneux des déserts voisins, en élèvent dans l'air la partie la plus subtile, la chassent par-dessus les montagnes qui bordent la vallée, où ils en laissent précipiter une partie : cette matière, principalement quartzeuse, répandue assez uniformément sur toute sa surface, et mêlée intimement au limon que le Nil dépose, forme à la longue des couches très-épaisses, et c'est là ce qui constitue le sol cultivable. La matière quartzeuse est essentielle à sa composition ; car le limon ne suffit pas seul pour former une terre végétale d'excellente qualité.

Ce limon pur, c'est-à-dire la matière que le Nil dépose lorsque ses eaux, animées d'une médiocre vitesse, ont déjà eu le temps d'abandonner le sable qu'elles tenaient en suspension, est composé [2],

---

[1] Excepté dans le canal qui forme le lit ordinaire du fleuve.

[2] Diverses analyses du limon du Nil ont été faites au Kaire par

1°. D'alumine, qui forme les trois cinquièmes de son poids;

2°. De carbonate de chaux, qui équivaut à un peu plus d'un cinquième;

3°. De carbone libre, pour environ un dixième;

4°. De cinq ou six centièmes d'oxide de fer, qui communiquent aux eaux la teinte rouge qu'elles ont pendant l'inondation;

5°. De deux ou trois centièmes de carbonate de magnésie;

6°. De quelques atomes de silice assez divisés pour demeurer en suspension dans des eaux presque dépourvues de mouvement.

Le Nil charrie aussi, pendant les débordemens, une quantité considérable de sable quartzeux. La partie la plus grossière tombe au fond du fleuve, et produit l'exhaussement de son lit; une autre partie est très-irrégulièrement étendue sur les terres voisines; le reste est charrié jusqu'à la mer, où il concourt à produire l'allongement du Delta.

La partie des rives du Nil qui s'élève en pente douce s'exhausse ordinairement par des dépôts de sable grossier; un sable plus menu, entraîné par-dessus les berges, s'accumule le plus souvent à peu de distance, et ne peut être charrié au loin à cause de la subite diminution de vitesse qu'éprouvent les eaux en s'épanchant hors de leur lit. L'abondance du sable est parfois si grande près des bords du Nil, et la proportion du limon si petite,

M. Regnault, et publiées dans la Décade égyptienne : il serait à désirer qu'elles fussent insérées en entier dans la Description de l'Égypte.

que ces terrains, quoique les plus favorablement situés pour les arrosemens, ne sont susceptibles que de certaines espèces de culture (on les consacre principalement aux pastèques et aux plantes qui se plaisent dans un sable humide). Cet effet a lieu surtout lorsque les berges sont beaucoup moins élevées que le niveau des hautes eaux. Il se prolonge quelquefois sur une assez grande étendue de terrain quand des changemens mal entendus, ou produits par accident, dans l'état des lieux voisins et dans le système d'irrigation, ont troublé les rapports qui existaient précédemment.

En général, plus les eaux s'écartent de leur lit et se répandent au loin dans la plaine, plus la quantité de sable qu'elles charrient est faible, et plus ce sable est fin. On s'en est assuré par des expériences directes, en puisant de l'eau, pendant l'inondation, à diverses distances du Nil. Dans toutes les parties de la vallée éloignées du fleuve et des grands canaux, le dépôt ne serait communément que du limon pur, si les vents ne venaient y mélanger les sables du désert.

Les tentatives faites pour déterminer le rapport du sable au limon dans la terre végétale nous ont donné des résultats variables à l'infini, en raison des lieux où la terre avait été choisie. La matière quartzeuse formait jusqu'aux deux tiers de certains morceaux qui avaient l'aspect du limon pur, et d'autres fois à peine la quinzième partie. Dans le dernier cas, les échantillons soumis à l'examen venaient des cavités éloignées du Nil, où les dépôts du limon se font rapidement, et, dans le premier cas, des bords du fleuve. Au milieu de ces variations, il nous a semblé que le terme moyen du mélange est celui où les deux matières se trouvent en quantité à peu près égale, ou dans lequel le limon forme au plus les sept douzièmes. Ainsi la terre végétale, ou la terre d'Égypte proprement dite, serait formée de sept parties de ce limon argileux dont on a vu plus haut la composition, et de cinq parties de sable quartzeux; estimation toutefois qui n'est qu'approximative, et qui exigerait encore un examen plus détaillé et de nombreuses expériences.

CHAPITRE III.

Distribution des terrains sablonneux et du sol formé de limon.

§. I. *Plages sablonneuses.*

Les rives du Nil forment donc des plages sablonneuses toutes les fois qu'elles offrent une pente très-adoucie, et cela s'explique facilement d'après ce qu'on vient de dire de la suspension du sable dans l'eau; c'est par les mêmes raisons que tant d'îlots qui ne s'élèvent pas au-dessus du terme moyen de l'inondation sont uniquement formés de couches de sable. En un mot, le sol doit se trouver purement sablonneux toutes les fois que la vitesse des eaux a été assez grande pour emmener plus loin la totalité de leur limon, et trop faible pour entraîner la totalité de leurs sables.

Ce sont toujours les sables les plus grossiers qui se déposent les premiers. L'observation le montre aussi bien que le raisonnement. Les couches entièrement sablonneuses sont toujours formées de grains assez gros; le sable est plus fin toutes les fois qu'il est mélangé de limon.

Lorsque la plage s'élève suivant une pente uniforme, le passage du sol sablonneux à la bonne terre se fait communément par gradation. Le changement s'opère d'une manière brusque et tranchée lorsque le terrain s'élève par ressauts ou par des espèces de degrés.

Les grandes îles, dont la surface s'est élevée, à force d'arrosemens artificiels, au-dessus du niveau des moyennes inondations, jouissent, en général, d'une grande fertilité; ce sont celles où l'on cultive plus spécialement le dourah, qui exige des arrosemens fréquens[1]: mais, à moins que leurs bords ne soient escarpés, il est rare qu'elles ne soient pas entourées d'une plage sablonneuse. Les petites îles sont presque toujours formées de sable pur, et souvent elles disparaissent et se reforment d'année à autre.

Ces faits sont d'accord avec des expériences directes qui prouvent que le sable charrié par le courant ne se trouve suspendu en certaine abondance que dans la couche moyenne et dans la couche inférieure des eaux, et qu'il n'existe qu'en petite quantité dans la couche supérieure[2], à la différence du limon, qui paraît disséminé

---

[1] *Voyez* la *première partie*, chapitre II, pag. 283.

[2] C'est par suite de cela que le terrain est ordinairement de bonne

d'une manière uniforme dans toute la masse des eaux. On exprimerait cette différence en disant que l'un est dans un véritable état de suspension, et que l'autre n'est que charrié ou roulé par le courant [1].

Ces principes, trop évidens pour être contestés, présentent dans l'application plusieurs problèmes curieux, dont les Égyptiens ont résolu, par leurs antiques travaux, les plus importans pour le pays; mais ces détails tiennent plus particulièrement à la connaissance du régime du Nil, considéré sous le rapport de l'art, objet dont un de nos collègues a dû s'occuper d'une manière spéciale et avec trop d'avantages pour que nous n'évitions pas toute espèce de concurrence à cet égard. Nous nous bornerons aux observations qui tiennent immédiatement à la géologie.

§. II. *Épaisseur du limon. — Alternation des couches.*

Si l'on voulait montrer combien peu étaient exactes les données qu'on avait jusqu'ici sur l'état physique de l'Égypte, voici un fait qui pourrait y servir. M. de

qualité, quand la berge est très-élevée et dépasse le niveau où les sables sont suspendus dans le courant, tandis qu'il est sablonneux, comme nous l'avons indiqué, non-seulement sur les plages basses, mais dans le voisinage des berges dont le niveau est entre celui des basses eaux et celui des hautes eaux.

[1] D'après ce principe, on voit qu'il n'est pas exact, absolument parlant, de regarder le fond des canaux comme contenant toujours un limon plus pur que le reste de la plaine. Cela ne saurait avoir lieu vers leur embouchure, surtout lorsqu'elle a une grande profondeur, parce que les sables entraînés par les eaux s'y déposent aussitôt que leur vitesse commence à se ralentir. L'assertion est vraie seulement pour la partie des canaux la plus éloignée de la montagne; les dépôts s'y faisant plus rapidement que sur la plaine, les sables répandus par les vents ne sauraient s'y trouver en proportion aussi grande.

Pauw, qui a exercé sa critique sur la plupart des questions intéressantes qu'offrait cette contrée, recherche quelle est l'épaisseur du sol d'atterrissement qui forme le fond de la vallée. Il la fixe à trois pieds et demi pour l'emplacement de Thèbes, sur ce qu'il conclut des écrits des voyageurs, et il explique d'après cela le phénomène de la statue vocale de Memnon : une galerie souterraine creusée dans le roc, et par laquelle les prêtres s'introduisaient secrètement, avait été conduite, selon lui, de ce monument à la montagne voisine; ce qu'il trouve fort simple, vu le peu de profondeur pour atteindre le rocher. Mais cette explication, qui peut être ingénieuse, repose malheureusement, ainsi que beaucoup d'autres du même auteur, sur des faits absolument faux. Les fouilles les plus profondes que l'on ait faites ici, comme dans toute la partie inférieure du Sa'yd, n'ont jamais mis le rocher à découvert; elles ont montré qu'à Thèbes, depuis l'érection des principaux édifices, les dépôts annuels des inondations avaient exhaussé le sol de la plaine au moins de dix-neuf à vingt pieds (environ 6^{m}5), et tout porte à croire que la terre végétale descend bien plus profondément encore.

Pour expliquer ces sons émis par la statue de Memnon au lever du soleil, il n'est pas nécessaire d'avoir recours, comme le fait de Pauw et comme le soupçonna Strabon, à une fraude pieuse ni à des moyens surnaturels. En parlant de cette espèce de pierre dont est formé le colosse, nous ferons voir que le son qu'il rendait pouvait être l'effet d'une propriété de la pierre, propriété qui ne lui appartient pas même exclusivement, comme le prouvent des faits positifs. Il est arrivé plusieurs fois aux artistes de la Commission[1] qui, au lever du soleil, dessinaient les bas-reliefs des anciens monumens, d'entendre un bruit sonore tel que celui qu'on attribue à la statue de Memnon, une espèce de craquement harmonieux et prolongé que produisait la pierre à la première impression du soleil. Ce bruit partait des grands blocs formant le plafond des temples ou les architraves, placés de manière à être frappés par les rayons du soleil levant.

Les couches de sable qui alternent avec celles de limon deviennent de plus en plus abondantes dans la profondeur, et l'on finit quelquefois par ne plus trouver qu'un sable pur, ou mélangé d'un quart ou d'un cinquième de limon. On a fait quelques tentatives pour déterminer l'épaisseur moyenne de la terre végétale; mais rien n'est aussi variable : adopter sur ce point une opinion d'après un petit nombre d'observations, serait s'exposer à adopter une erreur. Si, par exemple, on voulait regarder comme un terme moyen l'état de choses observé dans des fouilles faites à Syout et à Qené, on conclurait, d'après cela, que l'épaisseur moyenne de la couche de limon qui repose sur le sable quartzeux est d'environ quatre à cinq pieds près des bords du Nil, et qu'elle va toujours en augmentant en s'approchant de la montagne[2]. Mais ces faits, exacts pour

---

[1] Je citerai en particulier M. Redouté, peintre d'histoire naturelle, et l'un des membres de la Commission qui ont dessiné le plus de bas-reliefs antiques.

[2] M. Girard a fait plus parti-

quelques points, ne le seraient pas pour tout le reste de la vallée; car, sans parler des excavations qui ont mis à découvert une épaisseur de limon infiniment plus considérable, les berges du Nil, dans leurs escarpemens, présentent souvent une hauteur de sept à huit mètres de limon pur, ou seulement entrecoupé de veinules de sable : cette épaisseur va quelquefois à plus de dix mètres dans la partie méridionale du Sa'yd. Je me borne à cette seule observation, d'une application générale et de nature à être aisément constatée. Toutes les personnes qui ont remonté le Nil jusqu'à la cataracte ont pu voir en cent endroits les couches de limon s'élever depuis le niveau des basses eaux jusqu'au gradin qui termine les berges. En creusant à leur pied, on y trouve souvent encore du limon, et il est probable qu'il s'enfonce à une grande profondeur. Quand la berge est très-sablonneuse, cela tient à des causes locales.

Il sera possible de se rendre compte de ces irrégularités dans l'épaisseur des couches de limon, si l'on fait attention aux déplacemens successifs du Nil, et aux dépôts quartzeux qui s'opèrent dans toute l'étendue de son lit, dans celui de ses grandes dérivations, et sur une partie de la plaine, à une distance plus ou moins grande des rives. Faisons une application.

culièrement des recherches sur ce point dans la haute Égypte. Quoique nous ayons long-temps voyagé ensemble dans cette partie de l'Égypte, que j'aie vu une grande partie des fouilles qu'il y a fait faire, je n'en parlerai pas; c'est à lui qu'il appartient de les faire connaître : mais ces observations ayant contribué, comme les autres cependant, à former mon opinion sur la composition du sol dans la profondeur et sur les rapports des couches successives de sable et de limon, je me fais un devoir de l'indiquer.

A Syout, la chaîne libyque n'est éloignée du Nil que d'environ quinze cents mètres : elle offre des pentes rapides, et même des escarpemens assez prononcés; circonstances qui semblent indiquer, comme dans les autres cas semblables, que les eaux ont coulé jadis près de son pied. Syout est maintenant beaucoup plus près de la montagne que du Nil : mais cette ville est très-ancienne, et, de l'aveu de tous les géographes, elle a succédé à l'antique *Lycopolis*, ou la ville du Loup[1]; on n'en saurait douter quand on a parcouru la quantité infinie de grottes creusées dans la montagne, qui renferment encore les momies de l'animal que les Grecs regardaient comme le loup de l'Égypte, et qui est le chacal. Il est naturel de penser que, dans l'origine, cette ville avait été bâtie sur les bords du fleuve ou d'une grande dérivation, comme cela avait lieu pour presque toutes les villes importantes de l'Égypte, dans les endroits surtout où la vallée n'a pas une bien grande largeur. Qu'on imagine que le Nil ou un de ses bras coulait jadis près de la chaîne libyque, et qu'il s'en soit éloigné graduellement : il aura laissé en se retirant, d'après le principe exposé plus haut, une couche de sable plus ou moins épaisse sur toute la partie de la vallée qui lui aura servi successivement de lit. Mais, l'exhaussement du sol ayant toujours eu lieu tandis que le fleuve se portait vers l'orient, cette couche de sable ira donc en s'élevant de ce côté, et se trouvera inclinée vers l'ouest ou vers la chaîne libyque. Les dépôts de

---

[1] Ou, pour parler plus exactement, *la ville du Chacal*; car le loup n'est pas connu en Égypte.

limon qui sont venus recouvrir ce sol devront donc avoir plus d'épaisseur vers les lieux les plus anciennement abandonnés, et plus par conséquent vers la montagne qu'en s'approchant du Nil. Dans le cas où le lit du fleuve aurait éprouvé une suite d'oscillations, on trouverait, en perçant le sol, une alternative de couches de sable et de couches de limon : c'est en effet ce que l'on observe ici.

Cette alternative si fréquente dans le sol de l'Égypte, et qui a paru un phénomène fort étrange et fort embarrassant, s'explique donc bien pour la localité de Syout, au moyen du déplacement du lit du Nil, indiqué d'ailleurs par d'autres circonstances. Or, ce déplacement a eu lieu dans différens points ; cela est prouvé par l'état actuel des lieux, comparé avec les renseignemens des géographes des différens âges, surtout des géographes arabes. Sans entrer ici dans des discussions étrangères à notre sujet, nous renvoyons aux mémoires que divers coopérateurs et d'autres savans qui se sont occupés de l'Égypte ancienne se proposent, comme nous, de publier sur la géographie comparée de cette contrée. Si ces faits paraissent suffisamment prouvés, on pourra généraliser davantage l'explication que nous venons de hasarder. Toutes les fois qu'une ville indiquée par un auteur ancien comme voisine du Nil s'en trouve écartée aujourd'hui, on pourrait constater l'exactitude du passage ancien et l'identité de la ville au moyen d'une fouille ou d'un sondage dans l'intervalle qui la sépare du fleuve. La rencontre d'une couche quartzeuse à grains grossiers fera connaître l'ancien cours du Nil ou d'un grand canal dans le voisinage, comme l'épaisseur de la couche de limon, depuis combien de siècles il a abandonné cet ancien lit, si, du moins, l'on a déjà déterminé la quantité séculaire de l'exhaussement pour ce point de la vallée, et l'on verra bientôt les moyens de le faire.

§. III. *Quelques observations sur le Delta.*

Le Delta ne présente à sa surface aucune couche solide, primitive ou secondaire : c'est partout un terrain uni, formé par les dépôts du Nil; et, à l'exception de certaines dunes de sable, on n'y découvre, comme je l'ai dit, aucune éminence qui ne soit artificielle. Quelques personnes cependant, sur la foi d'un naturaliste célèbre, ont pensé qu'on y voyait des aiguilles calcaires s'élever en divers endroits au-dessus du sol d'attérissement. Pendant l'expédition, le Delta a été parcouru dans bien des sens, et l'on n'y a aperçu aucune de ces sommités. J'ai voulu remonter à l'origine de cette opinion, qui n'est pas sans intérêt pour la géologie : mais, dans les écrits des voyageurs, il m'a été impossible de rien trouver qui l'autorisât; aucun ne fait mention de ces sommités calcaires [1]. Dolomieu, qui avait émis cette opinion dans un mémoire antérieur à son voyage en Égypte, a fait vainement depuis des recherches dans la vue de la vérifier, et il l'avait entiè-

---

[1] Cette opinion ne peut être rapportée qu'à quelque méprise ou quelque fausse interprétation. L'autorité de son auteur nous a fait un devoir de la discuter, et nous pensons qu'elle sera entièrement détruite par les travaux sur la géographie de cette contrée.

rement abandonnée. Je ne l'ai point revu depuis cette époque; mais l'un de nos compagnons de voyage, M. Cordier, inspecteur des mines, qui ne l'a jamais quitté et qui a partagé ses recherches, me l'a assuré. Il est convaincu lui-même, autant que moi, non-seulement qu'il n'existe pas de roches calcaires dans l'intérieur du Delta, mais que la disposition du local ne porte nullement à l'admettre; et ses observations, ainsi que son opinion en matière de géologie, seront d'un grand poids.

Loin que le rocher qui supporte ici le sol d'atterrissement élève ses sommets jusqu'au jour, il n'a été mis à découvert dans aucune des excavations faites jusqu'ici. Des fouilles de quatorze à quinze mètres n'ont traversé que des couches de terre végétale, entremêlées de couches d'un sable quartzeux semblable à celui que charrie le Nil. Les renseignemens, soit des Français qui ont visité ces excavations, soit des habitans du pays, sont d'accord avec ce que nous avons vu. La même observation a été faite sur les rivages du Nil situés en face du Delta, et nous citerons particulièrement le témoignage de feu notre collègue Lancret, lors des travaux de la redoute de Rahmânyeh.

On peut dire de la haute Égypte comme de la basse : point de rochers calcaires enveloppés dans l'intérieur de la terre cultivable; point d'excavations qui atteignent le roc solide, pour peu qu'elles soient éloignées des confins du désert. Paul Lucas cite bien une île du Sa'yd, dont la base serait formée d'*une espèce de roche calcaire*; mais Paul Lucas se trompe souvent. Sa relation, intéressante à cause de l'époque où elle a été faite, l'est beaucoup moins quant à l'exactitude des faits : les faits rapportés par lui seul sont suspects quand ils forment une anomalie; et celui-ci (autant qu'on peut nier le rapport vague d'un voyageur, sans avoir retrouvé la localité dont il parle) me paraît absolument faux. A la vérité, quelques collines calcaires se montrent dans l'intervalle qui sépare la vallée d'Égypte du Fayoum, et à peu de distance du sol cultivable; mais, comme elles se trouvent dans une lacune de la chaîne libyque et sur la direction même des montagnes qui se prolongent à droite et à gauche, cela ne peut pas former une objection relativement à l'intérieur de la vallée.

Ce n'est qu'après s'être avancé vers le sud, dans la région bordée par les montagnes de grès, que l'on commence à voir quelques rochers isolés s'élever du sein de la plaine cultivée. Les environs de l'ancienne ville d'*Elethyia* en offrent un exemple assez remarquable : c'est un rocher formé d'assises horizontales, percé dans sa partie inférieure et figurant un portique[1].

Vers Syène, dans la région granitique, ces faits se multiplient : les rochers isolés s'y trouvent en si grande quantité, qu'ils entravent jusqu'au cours du Nil. Les îles cultivables peuvent avoir ici pour noyau un rocher de granit; c'est ce qui se remarque pour la grande île d'*Éléphantine* et toutes les îles plus méridionales.

Si l'on ne considère dans l'Égypte que le roc solide, et abstraction faite des terrains d'alluvion qui en oc-

---

[1] Ce fait a fourni le sujet d'un des dessins de l'Atlas. (*Voyez* les planches d'antiquités, *Environs d'Elethyia*.)

cupent le fond, on est en droit de penser, d'après toutes les données, que la profondeur de cette longue excavation va toujours s'augmentant depuis la cataracte jusqu'aux embouchures du Nil[1], c'est-à-dire du sud au nord; disposition inverse de celle de la mer Rouge, dont la profondeur s'accroît en allant du nord au sud : ce qu'il faudra se rappeler lorsqu'on voudra rechercher la relation qui peut exister, quant à leur origine, entre ces deux grandes cavités.

La profondeur de la vallée doit donc être très-considérable dans sa partie septentrionale, et surtout dans le voisinage de la Méditerranée; mais, si faible qu'on voulût la supposer, le fond de l'excavation se trouverait toujours beaucoup au-dessous du niveau actuel de la mer : ce qui montre l'impossibilité que le Nil l'ait formée; car on sent bien qu'à un niveau beaucoup inférieur à celui de la mer il n'aurait pu exercer aucune action sur le rocher qui lui aurait servi de lit. Ce n'est donc pas ce fleuve qui a creusé la vallée d'Égypte : cette grande coupure du terrain a été ouverte par des causes étrangères, et probablement accidentelles; ce qui se trouve d'accord avec les conséquences déjà tirées de sa disposition dans le système topographique de la contrée.

---

[1] Quoique l'on ne connaisse pas, dans l'intérieur de la vallée, d'excavation qui aille au-delà de trente pieds, il est certain que sa profondeur totale est beaucoup plus considérable : elle l'est surtout dans le Delta; et une des raisons que l'on peut en apporter, c'est que les fouilles de trente ou quarante pieds n'ont pas atteint le roc solide vers les lisières mêmes du terrain cultivé et sur les rives extérieures des branches du Nil : or, il serait contre toute analogie de ne pas admettre une profondeur plus considérable dans l'espace intermédiaire.

CHAPITRE IV.

Exhaussement du sol de l'Égypte.

Le sol de l'Égypte s'exhausse et s'accroît continuellement : cette opinion, reçue dans toute l'antiquité, s'accrédita de plus en plus par les observations des voyageurs jusque vers le milieu du siècle dernier, où elle éprouva en France de grandes contradictions de la part des savans [1]. Fréret la combattit vivement. Il était manifeste, suivant lui, que l'exhaussement et même l'allongement du Delta étaient, sinon absolument nuls, du moins insensibles, après une longue suite de siècles. A l'appui de son opinion, il alléguait encore que le Delta est terminé, du côté de Rosette, au rapport des voyageurs, par des couches calcaires qui ne sont certainement pas l'ouvrage du fleuve, et qui devaient exister avant qu'il commençât de couler dans ces lieux : or, si ces limites actuelles existaient déjà avant les inondations, comment se peut-il, demande Fréret, que tout le Delta soit un présent du Nil? La réponse est toute simple; c'est que Fréret, qui connaissait l'Égypte en savant et non pas en observateur, n'avait pas des idées fort nettes sur l'état physique du pays; et il confondait ici le roc solide qui encaisse la vallée avec le sol d'alluvion qui en forme le remplissage. Le Nil n'a eu aucune

[1] *Voyez* les *Mémoires de l'Académie des inscriptions*, année 1741.

influence sur le premier; il a formé entièrement le second. Fréret, si recommandable d'ailleurs par son savoir et sa rare sagacité, eut, dans ce cas, le tort dans lequel tombaient quelquefois les érudits des temps passés, d'exercer sa critique sur des questions où les données précises lui manquaient, quant aux faits, et qui tenaient, quant aux moyens de discussion, à une science encore peu avancée et à peu près étrangère à ses connaissances. Cependant la réputation qu'il s'était acquise par ses grands travaux donnait du poids à son avis. Plusieurs des partisans de l'opinion d'Hérodote se rendirent à ses raisons, et il passa en quelque sorte pour constant, parmi les savans, que le Delta n'avait reçu aucun accroissement depuis les temps les plus reculés. Malgré cela, les voyageurs qui visitèrent l'Égypte furent toujours conduits à une opinion différente : des faits nombreux déposaient trop hautement contre les idées de Fréret pour qu'un observateur attentif pût les admettre. Toutefois, comme la plupart des voyageurs ne s'occupèrent pas d'une manière très-particulière de ce point d'histoire naturelle, que leurs vues, leurs observations mêmes ne s'accordaient pas parfaitement entre elles, l'incertitude se prolongea sur le fond de la question; mais, vers 1792, Dolomieu, dans un mémoire spécial[1], discuta avec beaucoup de développemens plusieurs des questions qui tiennent au débordement du Nil, et acheva de restituer à Hérodote la gloire d'avoir établi, sur ce point, des idées justes. Cependant,

---

[1] *Voyez* le *Journal de physique*, où cet écrit est inséré, années 1792 et 1793.

comme ce savant naturaliste ne connaissait pas alors par lui-même le sol de l'Égypte, il lui est échappé des inexactitudes très-graves; et forcé, à défaut d'observations qui lui fussent propres, d'adopter celles des voyageurs modernes, souvent vagues, souvent même tout-à-fait inexactes, il n'a donné qu'une évaluation fort éloignée de la vérité touchant la rapidité de l'exhaussement de la vallée, qu'il a considérablement exagérée et presque triplée.

Je ne m'arrêterai donc pas à prouver la réalité de cet exhaussement du sol, parce que, malgré les argumens de Fréret, il ne reste aujourd'hui aucun doute sur ce point : ce qu'il s'agit de faire maintenant, c'est de déterminer la loi suivant laquelle il s'opère; question également intéressante pour l'Égypte ancienne et l'Égypte moderne. Ce sera, au surplus, une bonne manière de prouver la réalité de l'exhaussement, que d'en déterminer jusqu'à la quantité dans un temps donné.

Les prêtres de l'Égypte, si attentifs à tous les phénomènes de leur pays, s'étaient bien aperçus de cet effet des inondations; et, en l'indiquant au plus ancien des historiens grecs qui nous soient connus, ils joignirent à leur narration des faits qui sembleraient propres à donner la mesure de ce phénomène, mais qui, dénués des circonstances accessoires, sont devenus le sujet de bien des discussions.

Pour simplifier la question et écarter plusieurs causes d'erreurs, nous examinerons d'abord si l'état relatif du

Nil et de la plaine a toujours été le même pendant une période d'environ deux mille ans, où nous puisons les faits qui serviront de base à nos raisonnemens; c'est-à-dire si la quantité de la crue n'a pas varié sensiblement, et si les mêmes degrés ont toujours produit, dans ce long intervalle, le même effet relativement à l'abondance ou à la disette des récoltes.

Le changement n'aurait pu avoir lieu que par deux causes; par la diminution réelle de la quantité d'eau qui arrive des contrées supérieures, ou parce que, la plaine s'exhaussant dans une plus grande proportion que le lit du Nil, la capacité de ce lit et des nombreux canaux qui coupent l'Égypte dans tous les sens absorberait, avant que d'être remplie, une plus grande quantité d'eau que précédemment[1].

La diminution des eaux du Nil n'est pas absolument impossible; elle a même quelque chose de vraisemblable, vu l'abaissement continuel qu'ont dû éprouver les montagnes de l'Abyssinie, qui déterminent la chute des pluies dont se forment les inondations : mais cette première cause, comme on le sent assez, doit être fort peu considérable, et l'on peut, sans crainte d'erreur sensible, n'y avoir aucun égard, outre que les données manqueraient pour l'apprécier. Quant à la seconde, on verra que le lit du Nil s'est toujours exhaussé à peu près dans le même rapport que la plaine, je ne dis pas depuis qu'il a commencé à couler en Égypte, mais depuis toute époque historique, et particulièrement depuis

---

[1] Les autres causes qu'on pourrait encore supposer, ou ne méritent pas d'être examinées, ou n'ont pas été mises en avant.

le voyage d'Hérodote. Cet exhaussement est produit par les matières les plus grossières que le fleuve détache des montagnes de l'Abyssinie, entraîne avec lui, et abandonne successivement dans les diverses parties de son cours. Les plus volumineuses sont des galets aplatis, de deux à trois centimètres de grandeur, débris de roches primitives, variétés nombreuses de granits, de kneiss, jades, cornéennes, trapps, pétrosilex ou eurites[1]. On y remarque aussi de petits galets de quartz. Ces fragmens, assez communs dans le lit du Nil, vers la partie supérieure du Sa'yd, et beaucoup plus rares dans la partie moyenne, ne se rencontrent presque jamais dans sa partie inférieure, où le courant n'a pas la force de les entraîner : ils sont quelquefois noyés dans le sable quartzeux, qui forme la matière principale du fond du fleuve.

Ce n'est pas uniquement de la partie supérieure du Nil qu'arrivent ces débris de roches primitives : les vallées transversales qui débouchent en Égypte au-dessous de la cataracte en amènent aussi, que l'on distingue à leur volume bien plus considérable et à leur forme bien moins arrondie; elles amènent en même temps une grande quantité de graviers, qu'il serait plus difficile de distinguer des matières analogues qui viennent de la partie supérieure. Les galets ou petits cailloux arrondis ne se trouvent guère que dans la partie la plus profonde

---

[1] Les variétés de roche feldspathique verte y sont surtout nombreuses. Les Égyptiens en ont fabriqué jadis beaucoup de petits ouvrages de sculpture, des scarabées, de petites idoles, etc., dont la matière a été confondue par beaucoup d'antiquaires avec le jaspe, dont elle diffère essentiellement, étant de nature primitive. Elle se rapproche

du lit du fleuve : vers les bords, on ne voit que du sable, des graviers, entremêlés de lames de mica, parfois de parcelles ferrugineuses [1], et quelques-uns de ces fragmens qui descendent des vallées voisines.

Ces matières exhaussant le lit du fleuve à mesure que le limon se dépose sur la plaine, on conçoit que depuis long-temps il a dû s'établir une sorte d'équilibre entre ces deux sols; car, si le lit du Nil ne s'exhaussait pas assez rapidement pour correspondre à l'élévation de ses berges, les eaux, acquérant alors plus de profondeur, perdraient une partie de leur vitesse, et abandonneraient sur leur fond une partie plus considérable des matières qu'elles entraînent. Cet équilibre est confirmé par l'état actuel du Nil dans les basses eaux, comparé avec son état ancien. Autrefois, comme à présent, la navigation s'est faite librement, à toutes les époques de l'année, par les mêmes sortes de barques qui sont en usage depuis un temps immémorial : or, les grosses barques ne trouvent encore en beaucoup d'endroits, à l'époque des basses eaux, que le fond nécessaire à leur passage, et elles sont fort exposées à s'engraver; ce qui n'arriverait pas, si le fond du fleuve ne prenait aucun exhaussement, tandis que les berges continuent de s'élever : alors non-seulement il acquerrait plus de profondeur, mais il prendrait aussi plus de largeur, ne fût-ce que par la chute des grands quartiers de terre qui se détachent

---

beaucoup des variétés du pétrosilex primitif ou eurite vert, qui composent en grande partie la brèche égyptienne, dite *brèche universelle* ou *brèche de Qoçeyr*. Les fragmens de cette brèche s'y rencontrent aussi aux environs de Qené.

[1] Les parties ferrugineuses sont des lamelles de fer micacé, mêlées de fer chromaté; elles forment,

perpétuellement de ses berges, se délayent dans l'eau et sont entraînés par le courant.

L'observation journalière montre que le fond des canaux s'exhausse très-rapidement; ce n'est qu'à force de travaux qu'on peut les maintenir au même degré de profondeur. Ainsi le lit du Nil et les canaux n'ont jamais absorbé plus d'eau dans un temps que dans l'autre lorsque l'Égypte a été bien gouvernée. Mais il y a eu des temps de négligence et de mauvaise administration, pendant lesquels les canaux, curés moins soigneusement, ont présenté moins de capacité; de là de graves inconvéniens sans doute pour la fertilité de l'Égypte : mais l'influence de ce fait sur l'élévation des crues du Nil a dû toujours être assez bornée, vu l'immense quantité d'eau qui forme les débordemens. Bien des terres restaient alors sans participer au bienfait de l'inondation; mais, dans les parties où elles avaient accès, les eaux devaient s'élever davantage, ne trouvant pas d'assez vastes issues pour s'écouler rapidement. Strabon fournit à cet égard un fait assez curieux. Immédiatement avant la préfecture de Pétrone, les terres de l'Égypte, dit-il, n'étaient arrosées complètement que par des crues de quatorze coudées; mais, au moyen des travaux que fit faire ce gouverneur, les crues de douze coudées produisirent l'abondance[1]. Ce passage porterait à croire que la seule opération du curement des canaux peut procurer un avantage correspondant à une élévation

dans certaines localités, des couches minces de peu d'étendue, qui sont le produit des dépôts d'une seule année. Vers les embouchures du fleuve, les parties ferrugineuses sont souvent mélangées au sable quartzeux.

[1] *Voyez* le chapitre suivant.

de deux coudées dans les degrés des crues ; et c'est plus qu'il n'en faut pour rendre compte des différences qu'on remarque dans les écrivains de la deuxième époque, quand ils parlent des crues nécessaires pour procurer l'abondance : il est même assez probable qu'il y a ici un peu d'exagération, et que Strabon, ou ceux dont il a reçu ses renseignemens, ont outré la mauvaise situation de l'Égypte avant Pétrone pour flatter ce gouverneur ; ou peut-être ils comparaient les crues effectives du temps de Pétrone avec les indications du nilomètre du temps précédent. Quoi qu'il en soit, ce qui rend ce passage vraiment important, c'est qu'il fait connaître la quantité précise de la crue effective au temps des Romains.

Les seules raisons plausibles pour soupçonner un changement notable dans cette quantité des crues ne pourraient se tirer que de la diversité des témoignages des auteurs qui ont visité l'Égypte : mais, malgré toutes les contradictions apparentes qu'ils renferment, il n'est pas impossible de les concilier, ou de montrer clairement pourquoi ils diffèrent ; c'est ce que nous allons faire : ces rapprochemens achèveront de dissiper toutes les incertitudes.

Cette diversité des témoignages peut avoir trois causes, indépendamment de l'entretien des canaux : 1°. les variations arrivées graduellement dans l'état des nilomètres par suite de l'exhaussement du sol ; 2°. un changement opéré dans la coudée qui servait, sous les Pharaons, à diviser la colonne nilométrique ; 3°. des changemens successifs adoptés en outre dans l'espèce particulière de coudée dont on s'est servi sous les Arabes pour publier le degré des crues, et dans laquelle on traduisait les indications du nilomètre. Comme ces trois causes ont concouru au même effet, il s'agit de démêler ce qui appartient à chacune d'elles.

CHAPITRE V.

Évaluation des crues du Nil à diverses époques.

§. I. *Quantité de la crue actuelle.*

La hauteur des crues du Nil dans les inondations médiocres ou suffisantes est aujourd'hui d'environ douze coudées (de 20 pouces chacune, ou $0^m 54$). Dans les crues abondantes, les eaux s'élèvent jusqu'à quatorze coudées et demie. A mesure qu'elles dépassent ce terme et s'approchent de seize, les récoltes deviennent de plus en plus mauvaises. Il est presque sans exemple que la crue effective monte à seize coudées et demie; de sorte que ce dernier terme peut être regardé comme exprimant la quantité totale de la crue du Nil, ou la différence des plus basses eaux aux plus hautes[1]. Voilà des faits que l'on ne connaissait pas avant l'expédition française, mais qui sont bien constatés maintenant[2], comme tout ce qui tient à l'état du meqyâs.

---

[1] Je mets à part ces crues prodigieuses qui arrivent à peine une fois dans le cours de plusieurs générations, et qui ne sauraient entrer dans le calcul.

[2] *Voyez* le Mémoire de M. Le

On peut demander si la coudée nilométrique n'a pas varié depuis le temps d'Hérodote. Pour décider cette question, et vérifier en même temps s'il y a une progression réelle dans le degré des crues nécessaires à l'arrosement de l'Égypte, il faut parcourir, dans un ordre chronologique, les principaux témoignages des différens âges. Ils se partagent naturellement en trois périodes : la première, depuis le temps de Mœris jusqu'à la conquête de l'Égypte par les Romains ; la seconde, jusqu'à la conquête des Arabes, ou jusqu'à la fondation du meqyâs ; la troisième, jusqu'à l'expédition française. Nous rapporterons d'abord les faits tels que les donnent les auteurs, et sans les discuter ; nous prévenons seulement qu'il faut, en général, les regarder comme les indications des nilomètres de leur temps, non comme des crues effectives.

§. II. *Quantités des crues dans les temps antérieurs à la conquête de l'Égypte par les Arabes.*

PREMIÈRE PÉRIODE.

1°. *Au temps de Mœris.*

Sous le règne de Mœris, des crues de huit coudées étaient suffisantes pour inonder l'Égypte. On a révoqué ce fait en doute ; on a supposé que ces huit coudées ne comprenaient pas la totalité de la crue : mais le fait

Père sur le meqyâs, et les Observations sur les crues du Nil, insérées dans la Décade égyptienne et l'Annuaire du Kaire.

alors serait tout-à-fait insignifiant ; le témoignage des prêtres égyptiens doit être exact, et, en traitant des inondations et de l'exhaussement du sol par rapport aux monumens et à l'ancienne histoire de l'Égypte, j'en donnerai l'explication : mais quelques circonstances ignorées jusqu'ici induiraient en erreur, si l'on se hâtait trop d'en tirer des conséquences. Abandonnons donc, quant à présent, ce fait, qui ne peut rien prouver avant d'être bien expliqué : il n'est pas nécessaire ici.

2°. *Voyage d'Hérodote.*

Neuf siècles après Mœris ce n'était plus, suivant Hérodote, qu'après avoir atteint seize coudées, ou tout au moins quinze, que les eaux du Nil inondaient les environs de Memphis et d'Héliopolis. Nous rapporterons ce passage, parce que les conséquences singulières qu'Hérodote en déduisait pour l'état futur de l'Égypte ont du rapport à l'une des principales questions de notre sujet, l'exhaussement continuel du lit du Nil dans la même proportion que celui de la plaine :

« Ce que les prêtres me racontèrent est encore une preuve de ce que j'en ai dit (de l'exhaussement des terres de l'Égypte). Sous le roi Mœris, toutes les fois que le fleuve croissait seulement de huit coudées, il arrosait l'Égypte au-dessous de Memphis ; et, dans le temps qu'ils me parlaient ainsi, il n'y avait pas encore neuf cents ans que Mœris était mort : mais maintenant, si ce fleuve ne monte pas de seize coudées, ou au moins de quinze, il ne se répand point sur les terres.

« Si ce pays continue à s'élever dans la même proportion et à recevoir de nouveaux accroissemens, comme il a fait par le passé, le Nil ne le couvrant plus de ses eaux, il me semble que les Égyptiens qui habitent ce qu'on appelle le Delta et les environs du lac de Mœris, ne manqueront pas d'éprouver dans la suite le même sort dont ils prétendent que les Grecs sont un jour menacés. S'il arrivait, dis-je, que le pays situé au-dessous de Memphis, qui est celui qui prend des accroissemens, vînt à s'élever proportionnellement à ce qu'il a fait par le passé, ne faudrait-il pas que les Égyptiens qui l'habitent fussent tourmentés de la famine, puisqu'il ne pleut pas dans leur pays, et que le fleuve ne pourrait plus se répandre sur leurs terres [1] ? »

Depuis l'époque où Hérodote parlait ainsi, les terres de l'Égypte n'ont pas moins continué de s'exhausser que par le passé, et cependant elles n'ont pas encore éprouvé le sort fâcheux dont les menaçait l'historien grec, et ne l'appréhendent pas davantage pour l'avenir. On en a vu la raison dans l'exhaussement progressif du lit du fleuve. On va voir aussi, par les témoignages de tous les auteurs des temps suivans jusqu'à la conquête de l'Égypte par les Arabes, que les terres ont continué d'être inondées sans qu'il y ait eu aucune augmentation dans la quantité des crues du Nil. Nous ferons remarquer aussi que le terme de quinze coudées dont fait mention Hérodote doit être regardé comme l'indication du nilomètre du temps où il voyageait, non comme la mesure des crues effectives. Il est probable que la construction de ce nilomètre remontait à une époque.

[1] Hérodote, liv. II, traduction de Larcher.

voisine du règne de Mœris : les deux coudées et demie dont les crues qu'il cite surpassent les crues effectives nécessaires à l'entier arrosement de l'Égypte, indiquent l'exhaussement qu'avait éprouvé le sol depuis la construction de ce nilomètre.

SECONDE PÉRIODE.

3°. *Un peu avant l'ère chrétienne.*

Sous Auguste, lorsque Pétrone prit l'administration de l'Égypte, quatorze coudées étaient le terme des inondations suffisantes, et il fut même réduit à douze après le curement des canaux. Douze coudées étaient donc le terme des bonnes crues effectives.

4°. *Au premier siècle de l'ère chrétienne.*

Un siècle plus tard, Pline le naturaliste fixe la juste mesure du débordement du Nil à seize coudées : au-dessous de ce terme, toutes les terres n'étaient point arrosées; au-dessus, les eaux, tardant trop à s'écouler, ne permettaient plus d'ensemencer les terres aux époques convenables. L'inondation de douze coudées était suivie de la famine; celle de treize, de la disette. Quatorze coudées répandaient la joie; quinze, une pleine sécurité : seize étaient le terme de l'abondance et du bonheur. La plus grande crue de l'âge où Pline écrivait s'était élevée à dix-huit coudées [1].

---

[1] *Auctus ejus (Nili) per puteos mensuræ notis deprehenduntur. Justum incrementum est cubitorum* XVI. *Minores aquæ non omnia rigant; ampliores detinent, tardiùs recedendo. Hæ serendi tempora absumunt solo madente, ille non dant sitiente. Utrumque reputat provin-*

Ainsi le degré des inondations suffisantes, au temps de Pline, était quatorze coudées, terme déjà supérieur de deux coudées à celui des crues effectives, mais inférieur encore d'une coudée à celui qu'indiquait Hérodote[1]. Il est probable qu'à cette époque le pied du nilomètre, par suite de l'exhaussement du sol, se trouvait déjà de deux coudées au-dessous du niveau des basses eaux. On remarquera, comme une circonstance importante, cette crue de dix-huit coudées, arrivée du temps de Pline, et supérieure de deux coudées au terme de l'extrême abondance.

5°. *Deuxième siècle.*

Suivant Plutarque, le degré convenable de l'inondation était de quatorze coudées à Memphis[2]. Plutarque écrivait un demi-siècle après Pline, qui cite le même terme.

Aristide le rhéteur, qui a écrit sous Marc-Aurèle et sous Antonin, et qui, comme Plutarque, a voyagé en Égypte, cite également le terme de quatorze coudées comme celui de la crue suffisante[3].

6°. *Quatrième siècle.*

L'empereur Julien, qui visita l'Égypte sur la fin du

---

cia. In xii cubitis famen sentit, in xiii etiamnum esurit : xvi cubita hilaritatem afferunt; xv securitatem; xvi delicias. Maximum incrementum ad hoc œvi fuit cubitorum xviii. (Plin. *Hist. natur.* lib. v, pag. 69.)

[1] Ces renseignemens de Pline, comme la plupart de ceux qui suivent, expriment plutôt les indications du nilomètre de l'époque que des crues effectives, tandis que les douze coudées de Strabon se rapportent évidemment à une crue effective.

[2] *Traité d'Isis et d'Osiris.*
[3] *Orat. Ægypt.*

IVe siècle, rapporte, dans ses lettres[1], qu'on annonçait au peuple la crue du Nil quand elle était parvenue à quinze coudées, et cette nouvelle remplissait de joie tout le pays.

7°. *Cinquième siècle.*

Ammien Marcellin, écrivain recommandable par son exactitude, assigne aux bonnes crues à peu près le même terme de quinze coudées[2]. Il indique seize coudées comme une hauteur que les crues ne peuvent dépasser sans qu'il en résulte de graves inconvéniens.

8°. *Septième siècle.*

Aussitôt que l'Égypte fut soumise aux Arabes, A'mrou, lieutenant d'O'mar, chargé d'informer le khalife des degrés de l'inondation du Nil dans les années de disette et d'abondance, fit une déclaration, qui a été conservée par les écrivains arabes[3], et qui est si semblable aux renseignemens de Pline, qu'on l'en croirait presque une traduction : « Famine, à douze coudées ; disette, à treize ; à quatorze, récolte suffisante ; de quinze à seize, extrême abondance ; détresse, en approchant de dix-huit. »

De tous ces renseignemens, malgré quelques anomalies, il résulte que, depuis le temps où voyageait Hérodote jusqu'à celui où l'Égypte fut conquise par les Arabes, intervalle plus considérable que celui de Mœris

---

[1] Julien, 50° lettre.
[2] Ammian. Marcell. *Rer. gest.* lib. XXII, cap. 5.
[3] *Voyez* le Voyage de Shaw en Égypte.

DE LA CONSTITUTION PHYSIQUE

à Hérodote, il n'y eut dans les crues du Nil aucun accroissement.

Il nous reste à parcourir la dernière période. De deux voyageurs français très-distingués qui ont visité l'Égypte peu de temps avant nous, et qui ont consacré quelques pages à cette question, le premier, Savary, observateur un peu superficiel et plus recommandable par l'élégance de son style que par la rectitude de son jugement, trouvait chez les auteurs de tous les temps une progression non interrompue dans la hauteur des crues : il est évident qu'il s'est trompé, quant à la seconde époque; car la déclaration d'A'mrou indique des termes moins élevés que la relation d'Hérodote. M. de Volney, au contraire, cet observateur judicieux, dont le voyage suivit de près celui de Savary, nie formellement que cette progression ait lieu dans aucun temps; il admet seulement un changement subit vers la fin du xve siècle. Cette opinion, très-juste quant à la seconde époque, est-elle aussi vraie pour la troisième, à ne considérer du moins que les renseignemens historiques? C'est ce que nous verrons bientôt par les témoignages qu'il nous reste à rapporter.

CHAPITRE VI.

Changemens arrivés sous les Arabes dans l'état du meqyâs ou nilomètre de Roudah.

§. I. *État actuel du meqyâs.*

Un siècle et demi après la conquête de l'Égypte par les Arabes, le khalife Almâmoun fit construire, ou, selon quelques auteurs, restaurer le nilomètre actuel de l'île de Roudah : la mesure de seize coudées, conservée à la colonne graduée, indique cette hauteur comme la plus grande à laquelle les fortes inondations pussent parvenir; par conséquent quinze coudées au plus étaient le terme de l'abondance. Nous avons vu cependant, sous l'administration de Pétrone, douze coudées donner une bonne inondation[1]. Mais le terme de l'extrême abondance diffère de celui-ci d'une coudée ou d'une coudée et demie, en ayant égard à l'effet du curement des canaux, comme le montrent les renseignemens de Pline, la déclaration d'A'mrou, et les observations directes faites pendant l'expédition française. Il devrait donc se trouver au plus à treize coudées et demie effectives, et cependant nous sommes forcés

---

[1] Strabon attribue, il est vrai, cette diminution du terme des bonnes crues, à l'insuffisance des ca- naux; mais cette influence est exagérée, comme nous l'avons fait observer.

de le porter à quatorze et demie au moins; les observations récentes le veulent ainsi, de même que tous les témoignages postérieurs à Almâmoun. Il y a donc élévation d'une coudée au moins dans les termes nécessaires pour produire aujourd'hui les mêmes effets qu'avant la construction du meqyâs. Doit-on attribuer ce changement à une augmentation réelle et subite dans tous les termes des crues du Nil à l'époque de la construction de ce nilomètre, et constante depuis? Ce phénomène n'a rien de vraisemblable, et ne résoudrait pas d'ailleurs la difficulté : seulement les crues faibles seraient plus rares depuis cette époque, ce qui n'est pas; les bonnes inondations plus communes, ce qui n'est pas; et les crues excessives seraient aussi beaucoup plus fréquentes, ce qui n'est pas davantage. Cette différence dans les indications du nilomètre moderne provient donc d'une altération dans la mesure ancienne. Les seize coudées actuelles n'en repsésentent donc que quinze de la mesure en usage avant la construction du meqyâs.

§. II. *Changement de la coudée du nilomètre.*

Les historiens arabes rapportent effectivement qu'Almâmoun introduisit l'usage d'une coudée nouvelle, que quelques-uns désignent sous le nom de *coudée noire*[1]. Cette coudée nouvelle serait donc celle du meqyâs : Édouard Bernard dit expressément, d'après les auteurs arabes, qu'elle fut employée à mesurer les crues

---

[1] Golius, *Notæ in Alfergan.*

du Nil[1]. Ce point a déjà été discuté par un de nos collègues, qui a établi la même opinion et a bien reconnu le changement de l'ancienne coudée, quoiqu'il ne s'occupât pas de déterminer sa longueur[2].

La mesure changée, son raccourcissement devient indubitable par les raisons précédentes, et par le motif même de cette opération : on voulait calmer les trop fréquentes appréhensions du peuple sur les crues du Nil, et se procurer un tribut plus élevé, en lui montrant dans les indications du nilomètre un terme plus favorable que le terme réel; sorte de supercherie trop fréquente sous les gouvernemens faibles et arbitraires, peu utile en dernier résultat, et qu'on finit toujours par porter, comme l'altération des monnoies, à un point tel, que les apparences mêmes n'ont plus aucun rapport avec la réalité : c'est ce qui arriva ici, comme on va voir; et cette augmentation progressive dans les annonces des crues, qui a trompé tous les voyageurs, est bien une preuve du motif qui porta le gouvernement arabe à altérer la colonne du nilomètre lors de sa construction.

On ne pouvait pas changer le nombre des coudées; celui de seize, qu'offre encore la colonne du meqyâs, était consacré, depuis la plus haute antiquité, pour désigner la totalité de la crue : c'était le terme immuable de la graduation nilométrique à la hauteur de Memphis; plusieurs anciens écrivains, et particulièrement

---

[1] *De ponderibus et mensuris antiquorum*, pag. 217.

[2] Mémoire sur le nilomètre de l'île d'Éléphantine, *A. M.*, t. 1er, pag. 175. Il reste encore quelque incertitude sur la véritable coudée à laquelle doit s'appliquer le nom de *coudée noire*.

Pline, en rendent témoignage. C'est pour cela que la fameuse statue du Nil, fabriquée sous les Ptolémées, transportée depuis à Rome, et qu'on a vue quelque temps à Paris, était environnée de seize enfans, chacun de la taille d'une coudée, emblème des seize degrés de l'inondation. Sur le revers d'une médaille de Trajan, représentant la statue du Nil, une petite figure posée sur le dieu indique avec le doigt le nombre 16 placé un peu au-dessus.

§. III. *Longueur de l'ancienne coudée nilométrique.*

Puisque ce n'est pas le nombre des coudées qu'on a diminué, c'est donc leur longueur. La quantité de ce raccourcissement, opéré sous les Arabes, est indiquée par l'augmentation de la crue nécessaire pour produire les mêmes effets que précédemment. Cela ne fournirait pas sans doute une détermination rigoureuse, à un doigt ou deux près : mais il est naturel que le retranchement se soit fait d'une mesure complète ou d'une partie aliquote en rapport simple et exact avec elle; et, puisque la différence indiquée ici est d'une coudée, ce doit être exactement une coudée qu'on a retranchée : d'où résulterait que l'ancienne coudée égyptienne était plus grande d'un seizième que celle du nilomètre actuel. Cette conséquence, si utile pour la question de l'exhaussement du sol, mène aussi à la découverte de l'ancienne coudée. Examinant d'abord la coudée en usage dans tout le pays (le *dera' belady*), dont on ignore l'origine, je l'ai trouvée exactement plus longue d'un seizième que celle du nilomètre. Mes recherches sur son introduction en Égypte ayant été infructueuses, j'ai conclu que ce devait être une très-ancienne mesure du pays, et nécessairement la coudée nilométrique employée avant Almâmoun et la construction du meqyâs. On peut désirer d'autres preuves sur ce point, qui doit se rattacher à toute la métrologie égyptienne, à son ancienne astronomie, et peut-être à celle de tout l'Orient.

Dans les anciens systèmes métriques de l'Orient, toute coudée était la 400ᵉ partie d'un stade : 400 coudées *belady* forment 711 de nos pieds, ou la 480ᵉ partie du degré du méridien, mais d'un degré un peu plus court que le degré moyen et pris dans un arc voisin du tropique, où le degré doit avoir entre 56800 et 56900 toises, valeur déduite aussi, d'après des faits positifs, pour le degré d'où sont dérivées les mesures grecques et les mesures romaines[1].

Puisque les données de l'état physique et l'histoire ancienne concourent à montrer que l'Égypte doit à l'Abyssinie son existence comme contrée habitable, et les bases de ses institutions premières, c'est donc assez naturellement à un degré pris vers le tropique que devait se rapporter la mesure de 400 coudées nilométriques, ou le stade de 480 au degré. Suivons un ins-

---

[1] D'Anville et d'autres géographes qui ont examiné attentivement les questions sur la valeur des mesures romaines, et qui n'ont été dirigés par aucune vue systématique, fixent le mille romain (75ᵉ partie du degré) à 756 ou tout au plus à 757 toises. La parfaite coïncidence avec la coudée *belady* supposerait 757 $\frac{1}{2}$.

tant ces indications : le côté de la base de la grande pyramide, qui, au jugement de tous les métrologues, doit être l'étalon d'un ancien stade, est de 119 toises 2 pieds 6 pouces, mesuré sur le gradin taillé dans le roc; c'est précisément la 480ᵉ partie du degré de l'écliptique, évalué comme on l'évalue encore aujourd'hui : or, le degré de l'écliptique n'a pu évidemment se mesurer que dans l'Abyssinie. La première assise placée sur le roc indique une seconde base qui est la 480ᵉ partie du degré du méridien, de 400 coudées *belady*.

D'habiles métrographes ont reconnu l'existence d'un ancien stade de 960 au degré, et en ont constaté l'usage dans plusieurs contrées de l'Europe. M. l'Esparat, à qui l'on doit le traité le plus récent sur la métrologie, lui donne même le nom de *stade européen* : ce stade est donc, sauf la différence des degrés, de 200 coudées *belady*, ou la moitié du côté de la base de la grande pyramide [1]. C'est une condition commune à tous les systèmes métriques de l'antiquité, que l'existence de deux stades dont l'un était double de l'autre. Ainsi celle du stade de 960 confirme, pour une antiquité très-reculée, l'usage d'un stade de 480 au degré; et le double rapport de ce stade au degré de l'écliptique et au degré du méridien, mesuré vers l'écliptique, appuie l'origine des connaissances rapportée à l'Abyssinie; il lui donne une nouvelle probabilité, aussi bien qu'à cette communication aux anciens peuples de l'Europe,

---

[1] M. l'Esparat, dans son traité, ignorait ce rapport puisqu'il croyait, suivant l'opinion générale, que le côté de la pyramide était l'étalon du stade de 500 au degré; mais, ce qui est remarquable, il n'en reconnaît pas moins un ancien stade de 480 au degré.

dont nous avons déjà fourni quelques preuves : ce double rapport indique assez que ce système était astronomique dans le lieu de son origine[1]. C'est là une question délicate sans doute, mais importante par son objet, et dont la solution précise peut jeter des lumières sur l'origine des institutions scientifiques, et conduire à des moyens tout-à-fait nouveaux pour traiter plusieurs des grandes questions de l'antiquité orientale, et retrouver les formes particulières de l'ancienne civilisation, dont la moderne a conservé encore tant de vestiges[2]. Un tel sujet mérite d'être examiné sans prévention.

La coudée *belady*, et la longueur donnée au côté de la grande pyramide, qui n'est certainement pas une chose arbitraire, indiquent bien que les Égyptiens connaissaient le stade de 480 au degré; qu'ils y attachaient de l'importance, et qu'ils avaient voulu consacrer par cet édifice, le plus prodigieux que la main de l'homme ait élevé, le principe fondamental des premiers usages du pays d'où ils tiraient leur origine. Nous n'avons pas rencontré de faits d'où l'on pût conclure qu'ils aient supputé par stades de 480 au degré; mais néanmoins tout leur système métrique et divers usages astronomiques se trouvent liés au système auquel ce stade appartient. Le système propre des Égyptiens se rapporte plus directement, comme nous espérons le démontrer, à une grande institution astronomique qui a

---

[1] *Voyez* l'introduction.
[2] Nous avons déjà tâché de le faire sentir en parlant de l'ancienne division de la terre, du ciel, de l'année et de toute espèce de cercle, en douze, en vingt-quatre et en trois cent soixante parties.

eu lieu à Thèbes; il a été, je ne dis pas complètement institué, mais modifié d'une manière particulière, et régularisé. C'est à cette époque, c'est à cette même institution qu'il faut rapporter aussi l'origine des mesures pythiques et des mesures olympiques, comme nous le ferons voir également.

La mesure de la base de la grande pyramide rappelle ce passage célèbre et si embarrassant d'Hérodote, qui attribue à cette base huit plèthres (ou huit cents pieds, comme on l'a très-bien interprété; car tout plèthre était une mesure de cent pieds). Ce qu'on n'a pu expliquer jusqu'à présent dans aucune opinion s'explique d'une manière bien simple dans celle-ci. On sait qu'il y avait deux pieds égyptiens; tous deux sont évalués par Héron. L'un est de six cents au stade, ou deux tiers de la coudée xylopristique; Hérodote lui assigne les mêmes rapports. Mais il est évident que ce n'est pas ce premier pied qu'il emploie en parlant de la grande pyramide; c'est donc le second, qui, suivant Héron, était de sept cent vingt au stade, et la moitié d'une des anciennes coudées : or, $\frac{1}{800}$ de la base de la grande pyramide, ou de la 480e partie du degré, est effectivement la moitié du *dera' belady*. Cette mesure est donc l'ancienne coudée égyptienne de deux pieds; et sa moitié, la 720e partie du stade.

Si nous examinons maintenant le rapport de la coudée *belady* avec le côté de la base de la seconde pyramide ou le *Chephren*, nous trouvons qu'il est rigoureusement de 1 à 360, et sa moitié en est la 720e partie. Le côté de cette pyramide est la 540e partie du degré de l'écliptique : or, plusieurs autres questions que nous avons examinées avec tout le soin possible nous ont fait reconnaître qu'une ancienne mesure géographique propre à l'Égypte et indiquée par tous les auteurs anciens est précisément la 540ᵉ partie du degré. Toute la métrologie, toute la géographie de la contrée confirmeront ce résultat. De plus, les témoignages anciens nous apprennent aussi d'une manière positive que la base de la seconde pyramide était l'étalon de cette importante mesure. Ces faits, qui seront développés dans la partie suivante, serviront de confirmation à ce que nous avons conclu sur la coudée en usage dans la mesure des crues du Nil avant la conquête de l'Égypte par les Arabes. Ces questions, liées si étroitement à notre sujet actuel, ne pouvant pourtant être discutées à fond ici à cause de leur étendue, nous en avons fait l'objet d'un travail particulier, que nous prenons le parti de joindre à ces recherches sur l'état physique de l'Égypte, malgré la disparité des matières, afin que l'on puisse vérifier l'exactitude de nos résultats.

Il ne sera peut-être pas sans intérêt de faire remarquer dès à présent que cette mesure égyptienne de 540 au degré est précisément la 480ᵉ partie du parallèle méridional de Thèbes, auquel je rapporte l'institution astronomique propre aux Égyptiens. Ce rapport au parallèle méridional de Thèbes n'a rien de fortuit; et ce n'est pas arbitrairement que nous indiquons cette latitude précise.

L'institution astronomique de l'ancienne Égypte doit, au surplus, faire l'objet principal d'un grand travail annoncé par un très-habile géomètre, qui s'est profondément occupé des antiquités astronomiques de l'Égypte, M. Fourier. Comme les considérations déduites de la métrologie et de la constitution physique de la contrée sont étrangères aux vues et aux moyens particuliers qui le dirigent dans ses travaux, ses résultats, s'ils se trouvent d'accord avec ceux auxquels nous sommes arrivés par cette voie, ne prouveront que mieux leur certitude[1].

Nous ajouterons que la seconde coudée égyptienne, ou coudée vulgaire de 400 au stade, coudée xylopristique d'Hérodote, de Héron, de S. Épiphane, de Julien l'architecte, etc., se trouve aussi la 360e partie du stade (ou 540e partie du degré) du parallèle de Thèbes; et ce rapport devient remarquable dans un système métrique qui était purement astronomique.

Cette même coudée de 400 au stade égyptien est contenue aussi 360 fois au stade olympique; et ce dernier, qui est de 600 au degré du grand cercle, se trouve la 540e partie du degré du parallèle de Thèbes. Je m'arrête à cette indication; mais on peut déjà entrevoir par-là comment il doit y avoir certains rapports entre le système métrique de la Grèce et celui de l'Égypte. Non-seulement les deux systèmes sont divisés de la même manière, mais les mesures de l'un correspondent à des mesures analogues de l'autre, dans le rapport

---

[1] Nous savons seulement que c'est à Thèbes aussi qu'il rapporte les principales institutions astronomiques des Égyptiens, quoique nous ignorions à quel parallèle précis. On peut voir aussi sur ce point un mémoire très-intéressant de MM. Jollois et Devilliers sur les constellations du zodiaque, dont il nous ont donné communication, et qui est imprimé dans le tom. VIII des *Mémoires d'antiquités*, pag. 357.

exact de 9 à 10. On conçoit, d'après cela, que tous les monumens égyptiens doivent se trouver divisibles d'une manière exacte et en nombres ronds par plusieurs des mesures olympiques; cause séduisante de méprise sur la valeur des mesures égyptiennes.

Ces observations se trouveront déjà développées dans la partie suivante : il suffisait d'indiquer ici comment nous avons été conduits à ces recherches, où plusieurs autres questions relatives à la constitution physique de l'Égypte mènent aussi.

La longueur de l'ancienne coudée nilométrique, reconnue, fournit le moyen d'expliquer tous les témoignages des anciens, et de résoudre les difficultés touchant l'invariabilité des termes des crues effectives et la quantité de l'exhaussement du sol. Comme ces explications seraient purement archéologiques, je les renvoie au travail spécial sur ce sujet. Ces éclaircissemens suffisent pour les questions que je vais continuer d'examiner.

§. IV. *Observations sur la colonne graduée du meqyâs.*

Les plus grandes crues effectives (à part certains cas extraordinaires) étant d'environ seize coudées, on peut en conclure quelle était originairement la situation de la colonne par rapport aux basses eaux. Afin qu'elle indiquât le premier mouvement de la crue, son pied, ou le bas de la première graduation, ne devait pas se trouver au-dessus de ce niveau : mais il ne pouvait pas non plus être inférieur d'une demi-coudée; car la colonne n'eût plus été assez longue alors pour mesurer complètement les grandes inondations. La supposer insuffisante pour cela dès son origine serait une sorte d'absurdité, puisque tel était son objet essentiel. Ceux qui ont construit le meqyâs n'ont pu, par ignorance, faire une faute aussi grossière : les Égyptiens, à cette époque, ou les Arabes qui gouvernaient l'Égypte, étaient le peuple le plus instruit de la terre dans les arts de construction comme dans les sciences exactes.

Mais on demandera s'il est aussi certain que la colonne n'ait jamais été remplacée pendant les dix siècles écoulés depuis la fondation du meqyâs. Il suffit de connaître le monument pour s'apercevoir qu'aucun changement essentiel n'a pu avoir lieu [1]. Cette question, au surplus, doit être très-approfondie dans les écrits que publieront

[1] D'abord l'histoire du monument se trouve tracée dans les inscriptions koufiques* qui décorent ses murailles, et il n'y est parlé d'aucun changement dans la colonne, opération trop importante cependant pour qu'on eût omis de l'indiquer, et que le khalife qui l'eût ordonnée ne s'en fût point fait honneur. Certains caractères de vétusté, et les précautions prises pour la conservation de cette colonne, telles qu'un large anneau de cuivre qui l'enveloppe vers son milieu et la fortifie contre une fêlure, indiquent assez le soin, pour ainsi dire religieux, que l'on a mis à ne pas la renouveler.

Ce renouvellement d'ailleurs serait indifférent pour notre sujet, à moins que le sol sur lequel la colonne repose n'eût été refait et placé à un niveau différent ; mais il est évident que ce sol est de même antiquité que les murs qui portent les inscriptions, et que le reste des constructions. Supposons, pour un moment, que l'on eût substitué à l'ancienne colonne une autre colonne de même dimension : posant sur le même sol, ce changement, fort inutile en soi, n'aurait aucune influence sur les conséquences que l'on peut tirer du monument relativement à l'exhaussement du sol : plus courte, le remplacement eût été fort ridicule, puisque le motif de renouveler la colonne n'aurait pu être que l'impossibilité de mesurer les grandes crues ; plus longue, ce serait retomber dans l'inconvénient déjà indiqué, et supposer que l'an-

* *Voyez* l'interprétation de ces inscriptions par M. Marcel.

plusieurs de nos collègues[1]. Je suis convaincu qu'il ne peut y avoir aucun dissentiment sur ce point.

La colonne nilométrique n'a point varié de position depuis sa fondation. Convenable alors à son objet, elle le serait encore aujourd'hui, si le sol de l'Égypte eût conservé le même niveau; son exhaussement continuel a seul apporté du changement dans cet état de choses.

Lorsque la plaine voisine, par l'effet répété des dépôts annuels, s'est exhaussée d'une coudée, le lit du fleuve, le niveau des basses eaux, se sont donc élevés d'une coudée, et la colonne nilométrique s'est trouvée inférieure d'autant aux basses eaux, qui ne descendirent plus depuis cette époque au-dessous de la seconde graduation, tandis que les grandes inondations ont dès-lors surmonté d'une coudée la graduation supérieure. Ce changement n'a pas cessé de s'accroître jusqu'au moment actuel, où le niveau des eaux ne descend jamais au-dessous de la troisième coudée (il se tient même toujours quelques doigts au-dessus), tandis que les grandes crues dépassent de deux à trois coudées le sommet de la colonne, ou la seizième graduation. Qu'on ne s'étonne pas que les Égyptiens se soient contentés d'un instrument devenu si imparfait : ce changement s'étant opéré d'une manière insensible, ils n'en ont pas la plus légère idée, et sont dans la ferme persuasion que les choses ont été de même[2] depuis l'origine du monument. Il n'y

---

cienne colonne n'a jamais eu la hauteur nécessaire pour mesurer complètement la crue du Nil; ce qui serait opposé non-seulement à toutes les vraisemblances, mais encore aux données historiques qu'on a sur les nilomètres en général.

[1] Notamment M. Le Père et M. Marcel.

[2] C'est même ce qu'a déclaré po-

a qu'un demi-siècle que l'inconvénient, toujours plus grave, les a forcés d'ajouter un prolongement à la colonne nilométrique[1].

§. V. *Suite des témoignages des auteurs, depuis la fondation du meqyâs jusqu'à nos jours.*

TROISIÈME PÉRIODE.

1°. *Dixième siècle.*

Au milieu du xe siècle, lorsque la crue dépassait de quelques doigts quinze coudées, la récolte suffisait aux besoins de l'Égypte. On ne payait cependant au khalife que portion du tribut; à seize coudées, on payait le tribut entier; et dix-sept coudées n'étaient pas un terme nuisible, suivant l'auteur arabe Masoudy. On voit ici

sitivement le gardien du meqyâs (*voyez* le Mémoire de M. Le Père sur le meqyâs, *Décade égyptienne*); mais, quoique cet emploi soit depuis long-temps héréditaire dans la famille de ce gardien, son témoignage ne saurait être d'un grand poids dans une contrée où l'on ne constate rien, où il n'est pas même fort commun de trouver un vieillard qui soit en état d'indiquer son âge, à dix ans près. Tout ce que l'on peut conclure de là, c'est que le cheykh actuel du meqyâs, ni son père, ni peut-être son aïeul, n'ont vu les eaux au-dessous de la troisième coudée ; et cela est très-croyable, puisque maintenant elles se tiennent constamment à quelques doigts au-dessus.

[1] Sur ce long pilier octogonal, d'une égale épaisseur dans toute sa hauteur, ils ont placé un chapiteau d'ordre corinthien; et comme, par l'effet de l'exhaussement, ce chapiteau n'atteignait plus la hauteur convenable, ils ont pris le parti d'y rajouter une espèce de dé qu'ils ont gradué comme le reste de la colonne; raccordement on ne peut pas plus bizarre, mais qui devait naturellement entrer dans l'esprit des Turks, accoutumés, en Égypte, à composer leurs édifices de débris de monumens de tous les âges et de tous les genres d'architecture.

un exhaussement subit de plus d'une coudée dans les termes des inondations. Une crue de treize coudées et deux doigts, arrivée au commencement de ce siècle, sous le khalifat de Moktafy, fut suivie de la famine[1].

2°. *Onzième siècle.*

Al-Khodây, cité par d'Herbelot, rapporte, d'après Ben-Assi et les écrivains qoptes, que, si l'eau parvient à seize coudées avant le premier jour du mois de thot, elle arrivera à sa plus haute élévation vers le milieu de mesri, etc.

L'an 379 de l'hégire, environ l'an 1000 de J.-C., elle ne monta qu'à quinze coudées cinq doigts. Quelquefois, ce qu'il est bon de remarquer, le Nil restait encore élevé de deux coudées dans les plus basses eaux; dans son plus grand accroissement, il s'élevait jusqu'à dix-huit coudées.

3°. *Douzième siècle.*

El-Edrysy, vers l'an 1150 de J.-C., fait mention des crues de douze coudées comme trop faibles; de celles de seize, comme les meilleures; de celles de dix-huit, comme très-favorables.

Sur la fin du XIIe siècle, Makryzy cite une crue de seize coudées, très-tardive, mais qui répandit la joie dans toute l'Égypte.

4°. *Quatorzième siècle.*

Vers l'an 1324, Kalkasendi assure que les crues de quatorze coudées étaient mauvaises; celles de seize à

---

[1] D'Herbelot, *Bibliothèque orientale*, art. *Nil*.

dix-sept, les plus désirables; ajoutant que, plus fortes, elles avaient des suites fâcheuses [1].

5°. *Quinzième siècle.*

Jean de Mandeville, qui voyageait en 1422, parle de la crue de vingt coudées qui arrivait déjà quelquefois, comme devant être infailliblement suivie de la famine. Il est évident qu'il y eut dans ce siècle de nouvelles altérations de la mesure employée pour la publication des crues.

6°. *Seizième siècle.*

Dans une lettre de 1502, Pierre Martyr assure qu'à quatorze coudées le Nil commence à se répandre sur les campagnes, et qu'il atteint rarement vingt-deux, terme très-nuisible : nouvelles altérations de la coudée des criées publiques.

Sur la fin du XVIe siècle [2], où le prince de Radziwill, palatin de Wilna, visita l'Égypte, les crues de seize coudées amenaient la famine; dix-neuf coudées étaient encore un terme trop faible; vingt-une donnaient les plus favorables espérances d'une bonne récolte; vingt-trois étaient préjudiciables.

Vers l'an 1600, suivant Prosper Alpin, les crues de

---

[1] Cet auteur cite le livre arabe intitulé *Tarykh al-Nyl*, la voie du Nil, qui contient l'indication de toutes les crues, depuis le temps d'A'mrou jusqu'à l'an 708 de l'hégire. Il paraît avoir puisé dans cet ouvrage la plus grande partie de ce qu'il rapporte sur les nilomètres et les crues du Nil; ce qui porterait à croire que les termes qu'il indique, au lieu d'être rigoureusement ceux de l'époque où il écrivait, peuvent être rapportés à une époque un peu antérieure.

[2] En 1583.

dix-neuf coudées étaient trop faibles; celles de vingt-une, médiocres; celles de vingt-trois, le terme de la plus grande abondance : mais les crues de vingt-quatre coudées étaient funestes.

7°. *Dix-septieme siècle.*

Le consul Maillet, qui resta au Kaire jusqu'à la fin du xviie siècle, regarde les crues de vingt-deux coudées comme les meilleures; les eaux, dit-il, s'élèvent quelquefois jusqu'à vingt-quatre, et même par-delà : alors on publie que le Nil s'étend depuis une montagne jusqu'à l'autre; et l'on cesse d'annoncer les accroissemens, de crainte d'alarmer les habitans.

8°. *Dix-huitième siècle.*

Immédiatement avant la conquête de l'Égypte par les Français, les crues de vingt-deux coudées et demie étaient les plus favorables; celle de l'an ix (an 1800) montait à vingt-trois coudées et deux doigts dans les publications, tandis que la quantité effective était de quatorze coudées et dix-sept doigts. Quoiqu'un peu trop forte, cette inondation ne fut pas absolument nuisible.

CONCLUSION DE CE CHAPITRE.

Dans cette série de témoignages, on reconnaît, malgré quelques anomalies, une progression soutenue, puisque les crues suffisantes passent, depuis Almâmoun, de quatorze coudées à vingt-deux; mais cela n'a lieu que dans les renseignemens des auteurs : il est prouvé par les observations récentes, 1°. que les crues effectives de treize à quatorze coudées sont encore suffisantes aujourd'hui (celles de douze à treize suffisaient sous les Romains, et cette petite différence d'une coudée est expliquée par le raccourcissement de la coudée du meqyâs); 2°. que les crues effectives de quatorze coudées, ou quatorze et demie, sont très-bonnes; 3°. que celles de quatorze coudées et dix-sept doigts sont déjà trop considérables.

Le résultat de ces rapprochemens est donc que les crues effectives du Nil sont invariables, bien que les indications des nilomètres varient de siècle en siècle.

CHAPITRE VII.

Conséquences déduites des renseignemens sur l'état du meqyâs, relativement à l'exhaussement de l'Égypte.

L'exhaussement successif du sol n'a pu occasioner à lui seul cette progression dans les renseignemens des auteurs arabes. Une autre cause s'y joint encore, qui, inconnue aux voyageurs précédens, inconnue à Dolomieu lorsqu'il publia sa dissertation, l'a entraîné dans des erreurs très-graves. Il importe de la bien développer.

Lors de la conquête de l'Égypte, les Arabes, voyant

qu'il naissait des inconvéniens de la publication des crues médiocres ou mauvaises, voulurent y porter remède, selon l'esprit des gouvernemens absolus de parer par tous les moyens qu'ils ont entre les mains aux difficultés du moment, sans s'embarrasser des inconvéniens plus graves auxquels le remède donne naissance dans la suite. Le khalife O'mar, consulté là-dessus, et toujours fécond en raisonnemens bizarres, en fit un qui paraît digne de son dilemme sur la bibliothèque d'Alexandrie. Pour tarir le mal dans sa source, il ordonna tout simplement que l'on changeât les nombres de la publication de manière à calmer les appréhensions du peuple; moyen qui put réussir pendant un an ou deux. Les écrivains arabes rapportent quelques circonstances d'où l'on peut déduire la mesure exacte de ces premières altérations.

« On est dans l'usage, dit Kalkasendi, en publiant les crues au Kaire, d'ajouter quatre doigts à chacune des douze premières coudées, sans rien changer ensuite aux autres. » De là une augmentation de quarante-huit doigts ou deux coudées dans les publications; de là aussi le commencement de la discordance entre les publications et les indications des nilomètres. Cette route une fois ouverte fut toujours suivie, et amena l'énorme différence qu'on a vue.

Al-Masoudy fait observer que les inondations se mesuraient au Kaire avec une coudée particulière, qui n'équivalait réellement qu'à vingt-un doigts [1]. Quoique

---

[1] Mais, dans la haute Égypte, on avait conservé l'usage de compter par coudées de vingt-quatre doigts.

différent pour la forme du précédent, ce rapport revient au même pour le résultat, et en confirme la vérité. Trois doigts retranchés sur chacune des coudées, au nombre de seize, ou quatre doigts retranchés sur douze, forment le même nombre total de quarante-huit doigts, ou deux coudées, en sus de la réalité : c'est pourquoi, dès les premiers temps du meqyâs, on parle, pour les inondations médiocres, de quatorze coudées au lieu de douze; de seize pour les bonnes au lieu de quatorze; et de dix-huit, comme le terme extrême, au lieu de seize [1]. Voilà déjà une partie de la difficulté levée.

Si, en se rapprochant de trois à quatre siècles vers l'époque actuelle, le terme de l'abondance, au lieu d'être toujours à seize coudées, se trouve à dix-sept, et si celui des crues extrêmes passe de dix-huit à dix-neuf, c'est que, pendant cet intervalle de trois à quatre siècles, le sol s'était exhaussé d'une coudée.

Kalkasendi, qui connaissait l'état du Nil par les auteurs plus anciens et par ses propres observations, est dans un embarras très-grand pour les concilier ensemble et pour s'accorder lui-même avec eux [2], ne concevant pas comment les choses auraient pu changer depuis qu'ils avaient écrit. Il finit par déclarer qu'encore bien que tout fût sans doute de son temps de même que de celui de Masoudy, relativement aux crues du Nil,

---

[1] On ajoutait, dans les publications, environ deux coudées à la crue réelle indiquée par le meqyâs.

[2] Il dit que le terme de seize à dix-sept coudées était toujours celui de l'abondance comme au temps de Masoudy, et cependant il cite des faits qui prouvent que les inondations de dix-huit coudées étaient déjà fréquentes de son temps. Mandeville, près de quatre-vingts ans après Kalkasendi, dit que le terme que l'on redoutait était celui de vingt coudées.

cependant depuis peu la surface du sol s'était sensiblement exhaussée, puisque les ponts construits sur les canaux, jadis suffisamment élevés, se trouvaient si enterrés de son temps, que les barques n'y pouvaient plus passer.

Tandis que la grande crue de l'an 1800 s'élevait, dans les criées publiques du Kaire, à vingt-trois coudées et deux doigts, le nilomètre marquait dix-huit coudées trois doigts, et la crue effective était, comme nous venons de voir, de quatorze coudées dix-sept doigts. La coudée dont on se sert aujourd'hui pour les criées est d'un quart plus petite que la coudée gravée sur le nilomètre; elle a donc éprouvé, depuis el-Masoudy, une nouvelle altération de trois doigts. Comme dans cet intervalle[1] le sol s'est exhaussé, ces deux causes réunies ont dû faire monter l'accroissement apparent de la crue de plus de cinq coudées depuis el-Masoudy; et, en effet, le terme de l'abondance, qui était alors de dix-sept coudées, se trouve aujourd'hui à plus de vingt-deux[2].

Les voyageurs ont été induits en erreur par ces

---

[1] *Voyez* la conclusion de ce chapitre.

[2] Ceux qui rapportent uniquement à l'altération des mesures les changemens successifs arrivés dans les publications de la crue du Nil, se trouvent réfutés par le rapport bien constaté de la mesure des criées avec la mesure employée au meqyâs. Cette cause seule n'aurait fait varier les publications, depuis la fondation du meqyâs, que de quinze coudées à dix-huit, pour les années d'abondance, tandis qu'elles s'élèvent jusqu'à vingt-deux coudées et demie, de dix-huit doigts chacune. Cette dernière quantité est la différence produite par l'exhaussement du sol.

Pococke et Larcher, rejetant les altérations de la coudée, ont attribué le changement des publications à ce que, dans le principe, on ne mesurait que la crue effective du Nil, et qu'ensuite on a fini par mesurer toute la profondeur qu'avaient

publications trompeuses comme par les renseignemens des gardiens du meqyâs, et il faut avouer qu'il leur était difficile de démêler la vérité. Le consul Maillet, qui a passé la plus grande partie de sa vie au Kaire, jouissant d'un certain crédit, qui a pénétré dans l'intérieur du meqyâs et a pu dessiner ce monument, est demeuré persuadé que, pour atteindre le dernier terme, le Nil avait besoin de s'élever à vingt-quatre coudées. Parmi les voyageurs plus modernes, Niebuhr et M. de Volney ont très-bien distingué de ces indications la quantité effective de la crue, et l'ont évaluée aussi pour les bonnes années à quatorze coudées; mais leurs conjectures pour expliquer ces différences d'après l'inégalité des graduations de la colonne dans les temps récens se trouvent contredites par les observations positives, le fût de la colonne graduée étant divisé d'une manière uniforme dans toute sa hauteur, et ne contenant que seize coudées, chacune de vingt-quatre doigts [1].

Je ne puis m'empêcher de faire remarquer combien les circonstances fortuites peuvent former un concours imposant, et combien il fut aisé pour Dolomieu d'en être séduit. De Mœris à Hérodote la différence des crues était de huit coudées en neuf siècles; depuis Al-

les eaux dans le lit même du fleuve. Je suis obligé de répéter que le nilomètre actuel n'a point varié depuis mille ans qu'il est bâti; et j'ajouterai que, dans aucun temps, on n'a mesuré les crues à partir du fond du fleuve, ce qui serait d'ailleurs une indication absolument insignifiante. Toutefois Pococke et Larcher ne donnent ces explications que comme des conjectures qu'il s'agissait de vérifier, et qu'ils auraient admises plus volontiers que de croire que la quantité des crues eût changé sensiblement.

[1] La légère différence que les huit coudées inférieures ont avec les huit coudées supérieures est trop peu de chose pour s'y arrêter dans cette question.

mâmoun jusqu'à nos jours elle se trouve de la même quantité dans le même espace de temps, à s'en rapporter aux renseignemens des voyageurs : deux faits qui donneraient le résultat commun d'un exhaussement du sol de seize pouces par siècle, si cet exhaussement eût été la seule cause de la variation des renseignemens.

CONCLUSION

TOUCHANT LA QUANTITÉ DE L'EXHAUSSEMENT DE L'ÉGYPTE PAR SIÈCLE.

Puisque les eaux ne descendent pas aujourd'hui au-dessous de trois coudées et un quart, à partir du pied de la colonne, et que, dans l'origine, elles devaient tout au plus rester au tiers ou à la moitié de la première coudée; il résulte que deux coudées et trois quarts (ou plus probablement trois coudées et cinq sixièmes), ou cinquante-sept pouces, marquent la quantité de l'exhaussement opéré en mille ans; et un peu plus d'un quart de coudée, ou cinq pouces huit lignes, la quantité de l'exhaussement séculaire pour cette partie de la vallée.

J'adopte un terme modéré, et même une limite inférieure; car, en admettant, comme on pourrait le faire sans supposition forcée, que le pied de la colonne nilométrique fût, à l'époque d'Almâmoun, rigoureusement au niveau des basses eaux ordinaires, on déduirait de là un exhaussement total de soixante-quatre pouces dans un peu moins de dix siècles; par conséquent d'environ six pouces et demi par siècle : c'est la limite supérieure.

Mais il n'est pas impossible que le pied de la colonne ait été, dans l'origine, inférieur de quelques doigts ou de près d'une demi-coudée au niveau ordinaire des basses eaux, puisque quinze coudées et demie suffisent pour mesurer les plus fortes crues (si l'on excepte ces inondations extraordinaires qui arrivent une fois dans un ou deux siècles, et dont le gouvernement arabe ne devait guère s'inquiéter). De plus, les renseignemens de l'histoire, en indiquant que sous O'mar les Arabes placèrent un nilomètre dans l'île de Roudah, permettent de douter si ce n'est pas sur ses fondations que le meqyâs actuel a été édifié. Si l'ancien sol eût été conservé, l'intervalle écoulé jusqu'à Almâmoun aurait admis un exhaussement de huit à neuf pouces; et c'est à cette circonstance, qui augmente la probabilité de la position dont j'ai parlé, que j'ai eu égard en adoptant le terme de cinquante-sept pouces pour l'exhaussement de l'Égypte depuis le khalife Almâmoun. On ne pourrait pas cependant ajouter les deux causes de réduction l'une à l'autre, et dire qu'un siècle et demi avant ce khalife le pied de la colonne nilométrique a pu être inférieur d'une demi-coudée aux plus basses eaux, parce qu'indépendamment de l'ancienneté du sol du meqyâs, il résulte des renseignemens des auteurs arabes, el-Masoudy, el-Edrysy, Kalkasendi, etc., qu'à l'époque d'Almâmoun le pied de la colonne ne pouvait être baigné que d'une demi-coudée tout au plus au moment des basses eaux, quelle que fût la cause de cet état de choses. Ainsi, réduction faite de l'excès de mesure dans la publication, tous les renseignemens sont concordans, et ne permettent pas d'évaluer l'exhaussement séculaire de cette partie de la vallée du Nil, à moins de cinq pouces deux tiers, ni à plus de six pouces et demi.

Nous nous sommes attachés de préférence à discuter à fond les données que fournit le meqyâs, plutôt qu'à d'autres faits plus vagues d'où ne serait pas résultée une solution aussi certaine. Comme ce moyen est indépendant de l'état actuel des édifices égyptiens, nous pourrons employer ce résultat pour déterminer l'âge de plusieurs d'entre eux qui fourniront en même temps la confirmation du principe.

Les faits relatifs au nilomètre d'Éléphantine devant être discutés par un de nos collègues, nous nous sommes abstenus d'en parler ici, et nous nous bornerons dans le chapitre suivant à une seule observation sur ce monument. Les résultats auxquels il conduit ne diffèrent pas essentiellement de ceux-ci ; mais les époques qui servent à fixer les points de départ du calcul, et l'état moyen des termes des crues à ces époques, n'ayant pas un rapport aussi bien connu dans le monument d'Éléphantine que dans celui de Roudah, il est plus difficile d'obtenir des limites aussi rapprochées pour la quantité de l'exhaussement séculaire.

OBJECTIONS.

Comment accorder cet exhaussement de six pouces par siècle avec ces dépôts annuels de deux lignes d'épaisseur remarqués jusque dans la basse Égypte? Cette objection, quoique assez spécieuse, a peu de solidité.

L'estimation des dépôts d'une seule inondation est difficile, et ne peut se faire que dans les endroits où ils sont le plus abondans : on a donc dû choisir un terme extrême, et c'est un terme moyen qu'il fallait.

Ces dépôts sont d'ailleurs variables d'un lieu à l'autre pour la même année, et d'une année à l'autre pour le même lieu. Dans les crues ordinaires, les eaux ne couvrent point la totalité du sol cultivable. Dans les bonnes années, beaucoup de terrains ne sont point arrosés directement par les eaux qui s'épanchent du fleuve, mais par celles qu'amènent des canaux dérivés d'assez loin. Pendant leur trajet elles ont déjà perdu beaucoup de limon : lorsqu'elles ont séjourné quelque temps sur un champ, et que les digues qui les retenaient sont ouvertes, elles s'écoulent sur les terres situées plus bas; et cela se répète jusqu'à ce qu'elles soient entièrement absorbées. Dans ces arrosemens successifs elles s'épurent de plus en plus, et finissent par ne plus rien déposer. Ajoutons que, pendant trois ou quatre mois de l'année, la surface de l'Égypte, dénuée de végétation, sèche et poudreuse, est balayée par des vents violens qui soulèvent dans les airs la poussière du sol, en laissent précipiter une partie dans le fleuve, qui l'entraîne à la mer, et en dispersent une autre partie dans les déserts, où l'accumulent sur d'autres portions de l'Égypte. D'autres fois, dans les grandes inondations, les eaux arrivant dans des lieux où elles ne parviennent pas tous les ans, retenues et privées de mouvement, y déposent au contraire tout ce qu'elles contenaient; absorbées ensuite par les terres, ou s'écoulant sur des terrains voisins, elles sont remplacées par d'autres qui augmentent encore le dépôt des premières ; d'où proviennent de grandes variations. On ne peut donc rien déduire de faits limités à un petit nombre d'années et à une petite portion de terrain.

Les objections fondées sur la quantité de limon en suspension dans les eaux n'auraient pas une base plus solide, puisqu'il faudrait connaître la quantité d'eau qui arrive en Égypte, la proportion de limon aux diverses périodes de l'inondation, connaître encore ce que ces mêmes eaux contiennent lorsqu'elles se jettent à la mer, et cela non-seulement aux embouchures du fleuve, mais aussi tout le long de la côte du Delta; opération bien difficile, et qui ne donnerait, après tout, qu'une grossière approximation. Un moyen plus exact de vérifier les résultats déduits des nilomètres serait de déterminer, pour une époque connue un peu ancienne, quel était le niveau absolu, soit du sol cultivé, soit des hautes ou des basses eaux, soit du fond du fleuve; il n'importe laquelle de ces quatre choses, puisqu'elles ont des relations constantes : on comparerait alors ce niveau avec celui d'aujourd'hui. Mais, ce point devant être spécialement traité dans le mémoire d'antiquité dont j'ai parlé, il suffira ici d'un exemple, et je le choisirai de manière à donner quelque idée de la différence de l'exhaussement du Delta et de celui des environs du Kaire.

Le canal d'Alexandrie, creusé il y a plus de deux mille ans, et qui a dix-sept lieues de développement, recevait jadis toute l'année les eaux du Nil. Admettons qu'il ait eu originairement la plus petite pente possible, cinq à six pouces par lieue ; il suivra que les basses eaux du Nil, vers sa naissance, étaient de huit pieds plus élevées que le point où le canal aboutit à la mer : maintenant la différence est d'environ douze pieds. Ce n'est pas qu'elle ait été constatée par un nivellement complet; mais on sait que la pente du Nil, dans la partie inférieure de son cours, n'excède guère un pied par lieue, et que la naissance du canal à Rahmânyeh est éloignée de la mer de douze lieues, en suivant le Nil. Soustrayant donc de cette pente de douze pieds celle de huit, nécessaire au canal lors de son origine, il reste quatre pieds pour l'exhaussement opéré dans l'espace de vingt-un siècles, ou environ deux pouces trois lignes pour chaque siècle. Mais il se pourrait qu'à l'époque où le canal a été creusé sa pente totale fût de plus de huit pieds ; ce qui réduirait encore, pour ce parallèle, l'exhaussement séculaire à un moindre terme.

Que l'on applique ici l'évaluation de quinze pouces par siècle, conclue par Dolomieu, l'exhaussement se trouverait de vingt-six pieds, c'est-à-dire excédant d'environ dix pieds toute la pente actuelle du canal : d'où il faudrait conclure qu'à l'époque d'Alexandre le Nil vers Rahmânyeh était inférieur à la mer de dix pieds; ce qui serait absurde. Dans un nivellement commencé par MM. Malus et Lancret, mais qui n'a pas été achevé, on a trouvé que presque toute la pente du canal existait dans les huit premières lieues, à partir du Nil. Cela doit être en effet, puisque les dépôts du Nil ont exhaussé tout ce terrain; tandis que celui qui avoisine Alexandrie, ne participant point aux inondations, a dû conserver constamment son ancien état. On peut juger combien il serait facile de rendre le canal d'Alexandrie navigable pendant la plus grande partie de l'année, et même d'y entretenir constamment les eaux du Nil, puisque cela avait lieu à une époque où la pente était beaucoup moindre qu'aujourd'hui.

Quant aux objections contre la trop grande rapidité que j'aurais attribuée à l'exhaussement séculaire de l'Égypte, je me bornerai à appeler l'attention sur un principe qui a dû échapper jusqu'ici : c'est que les Égyptiens donnaient jadis à l'échelle nilométrique une étendue plus grande que celle qui était rigoureusement nécessaire ; témoin sa longueur de seize coudées ou *dera' belady*. Le motif en était d'abord la connaissance des inondations extraordinaires qui arrivent de loin à loin, et dépassent d'une ou de deux coudées les plus fortes dont un homme peut voir plusieurs dans sa vie; l'usage de cette même échelle dans une partie plus étendue du Sa'yd; ensuite l'exhaussement continuel du sol et du niveau des hautes eaux, qui aurait rendu promptement insuffisans des nilomètres n'ayant dès leur fondation que la hauteur nécessaire pour mesurer les grandes crues de cette époque : c'est par une suite de cette même prévoyance que les Égyptiens élevaient d'une quantité si considérable le sol de leurs monumens et de toutes les habitations. Un rapport assez remarquable, c'est que la hauteur du sol de plusieurs édifices anciens au-dessus des hautes eaux se trouvait égale au nilomètre de Memphis, c'est-à-dire de seize coudées ou trente-deux pieds égyptiens : plusieurs monumens en offriront des preuves, et en particulier celui de Denderah[1]. Il est vraisemblable que les prêtres égyptiens, qui connaissaient l'exhaussement du sol, avaient quelques règles fixes relativement à l'élévation des terrasses sur lesquelles ils plaçaient leurs édifices; mais la solution de cette intéressante question exigerait bien des observations qui nous manquent encore. Ce que j'en dis ici a principalement pour objet de la signaler à l'attention des voyageurs qui nous succéderont.

Le niveau des inscriptions qu'on voit sur les parois du nilomètre d'Éléphantine ne fournirait pas une objection péremptoire contre notre évaluation, faute de données précises sur la quantité dont les crues qui ont donné lieu à ces inscriptions dépassaient le terme ordinaire; mais il est manifeste que c'est des crues extraordinaires qu'on a voulu conserver le souvenir, lesquelles s'élevaient peut-être d'une coudée ou davantage au-dessus de celles qui avaient eu lieu de mémoire d'homme : ces inscriptions alors appuieraient notre évaluation[2].

Les édifices anciens nous paraissent confirmer de même un exhaussement du sol d'environ six pouces par

---

[1] Des fouilles vers les autres monumens pourraient vérifier cet aperçu, que je suis bien éloigné de vouloir généraliser.

[2] Une inscription datée du règne de Septime-Sévère, et qui paraît avoir pour motif de constater une crue extraordinaire arrivée sous le règne de cet empereur, se trouvait, lors de notre voyage à Éléphantine, de 78 pouces au-dessous du niveau des grandes inondations. D'après la date du règne de Septime-Sévère, elle indiquerait déjà un exhaussement moyen du sol de plus de 4 pouces 10 lignes, en supposant que cette crue, arrivée il y a environ seize siècles, fût égale seulement aux grandes inondations qui arrivent de temps en temps maintenant; mais, comme ce doit être un cas extraordinaire, il faut ajouter encore, pour la parfaite précision, la quantité dont elle dépassait les bonnes inondations. Nous avons vu, par plusieurs renseignemens des Arabes et

siècle pour toute la haute Égypte. Tous les faits particuliers que l'on aurait pu recueillir sur ce sujet, et qui paraîtraient opposés à notre opinion, seront intéressans, et nous en rendrons compte en parlant des rapports des anciens édifices avec l'exhaussement du sol : au surplus, on ne peut discuter ici que sur une différence de quelques lignes par siècle, en plus ou en moins. Les personnes qui n'admettent pas une très-haute antiquité pour la civilisation de l'Égypte doivent surtout prendre garde de trop réduire la quantité de l'exhaussement du sol; car l'état actuel des édifices anciens les conduirait alors à des conséquences qui ne s'accorderaient guère avec cette opinion.

Nous avons parlé de l'exhaussement général de la vallée; les anomalies, les cas particuliers, et les attérissemens des plages, des lacs, seront traités en leur lieu. Il suffit d'observer, quant au Delta, que son exhaussement séculaire va toujours en diminuant de quantité depuis son sommet jusqu'à la mer.

Quant au prolongement de l'Égypte, il n'a pas de mesure générale : il ne présente qu'un enchaînement de problèmes particuliers.

Il serait inutile, sans doute, d'entrer ici dans de longs détails sur les vertus singulières, les propriétés merveilleuses, que les anciens écrivains ont supposées aux eaux du Nil. Aristote prétendait qu'elles entrent

---

des auteurs romains, que cette élévation peut être d'une à deux coudées; mais, ne la supposât-on que d'une demi-coudée, elle porterait déjà à plus de 5 pouces ½ l'exhaussement séculaire du sol et du niveau des bonnes inondations. Les données que fournit ce monument ne s'écartent donc pas essentiellement des résultats du nilomètre de Roudah.

en ébullition à une chaleur de moitié moins grande que celle qui est nécessaire pour faire bouillir les eaux ordinaires ; mais on peut reléguer cette propriété avec la vertu qu'il leur attribuait aussi de procurer aux femmes du pays une extrême fécondité. Les mieux avérées de toutes les qualités qu'on leur a accordées sont une grande salubrité et une extrême pureté quand elles sont dépouillées de leur limon. Ces eaux, douces, légères, bien aérées, très-saines, et agréables à boire, sont chargées effectivement de moins de matières salines que la plupart des eaux de rivière les plus renommées pour leur pureté.

TROISIÈME PARTIE.

Des limites de l'Égypte suivant les anciens, et du système métrique de cette contrée[1].

SECTION Ire.

Système métrique des Égyptiens.

« Du moment où l'homme eut reconnu la sphéricité du globe qu'il habite, sa curiosité dut le porter à mesurer ses dimensions. Ces premières tentatives, bien antérieures aux temps dont l'histoire nous a conservé le souvenir, ont été perdues dans les révolutions physiques et morales que la terre a éprouvées. Les rapports que plusieurs mesures de la plus haute antiquité ont entre elles et avec la longueur de la circonférence terrestre semblent indiquer que non-seulement cette longueur a été exactement connue, mais qu'elle a servi de base à un système complet de mesures, dont on retrouve des vestiges en Égypte et en Asie. »

Exposition du système du monde, par M. LAPLACE, t. I.

COMME en Égypte les questions les plus importantes de la géologie sont liées à la géographie comparée, il est nécessaire de faire concourir cette science à leur solution. Mais les questions difficiles de la géographie ancienne ne sauraient être traitées avec succès, si l'on ne parvient à connaître le véritable système des mesures égyptiennes, je veux dire des mesures déjà en usage sous les Pharaons et antérieurement à l'entrée des Grecs en Égypte. Ce système a été pour moi l'objet de beau-

[1] Cette partie avait été indiquée comme devant être la seconde; mais, le tirage en ayant été retardé, elle n'a pu être placée que la troisième.

coup de recherches : mais je développerai seulement avec détail ce qui concerne les mesures itinéraires, indispensables au sujet actuel, qui est la détermination des limites de l'Égypte, suivant les anciens ; je ferai connaître surtout le type des mesures égyptiennes, et la valeur des coudées, qui doit confirmer les résultats de la seconde partie touchant l'exhaussement du sol de l'Égypte.

Cette matière présente des considérations qui tiennent essentiellement au développement des connaissances dans l'antiquité la plus reculée, but principal de ce travail.

L'opinion de plusieurs savans distingués et de la plupart des métrologues sur l'origine des mesures des peuples anciens et modernes, d'accord avec celle du géomètre illustre qui nous fournit l'épigraphe de cette troisième partie, garantit assez que ces recherches ne portent pas sur un objet chimérique, et qu'on peut raisonnablement tenter d'atteindre le but qu'ils ont signalé. L'Académie des inscriptions et belles-lettres, qui possède dans son sein les hommes les plus versés dans ces matières, a pensé de même, et elle a cru devoir désigner aux savans de l'Europe, comme un but important de leurs recherches, l'explication du système métrique des Égyptiens.

Une société savante, recommandable par ses lumières et par ses services, la première société d'agriculture de la France, a émis encore plus formellement le désir qu'on s'occupât de la recherche d'un ancien système métrique universel, et son opinion sur la probabilité du succès. « Les traités les plus étendus qui ont paru sur cette matière, dit-elle, font désirer que ce chaos soit enfin débrouillé, et que le résultat d'un si bel ouvrage, substitué aux probabilités déjà rassemblées, présente des preuves claires de l'ancienne existence d'un système métrique universel.

« Tout porte à croire que ce système existe encore. Il suffirait sans doute d'écarter la rouille qui en défigure les copies, pour reconnaître que les peuples se servent de poids et de mesures dont l'étalon-matrice, qui n'a point varié, a été pris dans la nature; qu'ainsi il ne serait ni impossible ni difficile de retrouver le type élémentaire des mesures de tous les peuples de l'Europe, et peut-être même de tous les peuples policés. »

Je crois avoir retrouvé ce type premier, cette source commune de toutes les mesures des nations policées, et je soumets la première partie de mes résultats à la critique des personnes que ces questions peuvent intéresser. J'appelle leur critique, non pas sur les formes du discours, pour lesquelles, au contraire, je réclame toute leur indulgence, mais sur le fond de ce travail; parce que j'ai la persuasion que, si mes principes sont justes, ils doivent suffire pour résoudre toutes les objections : il importe d'établir solidement ces premières bases, avant de publier les résultats ultérieurs qui en sont les conséquences.

Ce travail renferme implicitement la solution d'une des plus intéressantes questions qui aient été proposées de nos jours sur la métrologie : l'explication du système des mesures égyptiennes laissé par Héron d'Alexandrie. Le type de ces mesures est le cercle de l'écliptique; et l'étalon inaltérable de la principale est la seconde pyramide de Memphis. Si nous établissons bien ces deux points, les difficultés de la métrologie seront bientôt éclaircies.

CHAPITRE PREMIER.

Ancienneté d'un système régulier de mesures en Égypte.

§. I. *Il a existé une astronomie très-perfectionnée antérieurement à la conquête de l'Égypte par les Grecs.*

C'est un fait que tendent à établir les travaux de plusieurs de nos plus habiles antiquaires, et particulièrement ceux de M. Gosselin[1], que les peuples de l'antiquité, long-temps avant le siècle d'Alexandre, ont fait usage d'observations astronomiques dans la géographie, et ont déterminé avec exactitude la situation des principaux points du globe, surtout de ceux qui marquent les limites naturelles des contrées, celles des mers et des continens.

C'est en stades, en milles, et en schœnes ou parasanges, qu'ils ont universellement exprimé les résultats

[1] Géographie des Grecs analysée, ou Strabon et Ptolémée comparés ensemble.

de leurs observations. Les schœnes, les parasanges, les milles, les stades, étaient donc, dans la plus haute antiquité, des divisions astronomiques du degré. Ces mesures avaient, en outre, des rapports précis avec les divisions du temps; ce qui indique un système très-étendu, lié dans toutes ses parties et nécessairement fort ancien.

Beaucoup de savans et d'écrivains très-distingués sont encore persuadés que c'est à l'école célèbre des astronomes d'Alexandrie qu'il faut rapporter toutes les connaissances, toutes les découvertes, toutes les institutions scientifiques qui ont illustré l'Égypte; erreur grave et la plus nuisible où l'on ait pu tomber pour les progrès de la science de l'antiquité. Non-seulement cette école n'a pas été plus loin dans les sciences physiques et toutes celles qui tiennent à l'astronomie, que les anciens colléges des prêtres égyptiens, mais elle n'a même jamais possédé complètement les connaissances de ces temps anciens. Il sera difficile peut-être de se faire écouter sur ce point des personnes qui ont adopté l'opinion opposée, même des plus éclairées; car, chez les hommes instruits, la prévention n'est pas moins forte que chez les autres : elle s'accroît ordinairement de toute la confiance qu'il leur est naturel d'attacher à leurs jugemens; et chez eux, dans ce qui ne leur semble pas susceptible d'une démonstration rigoureuse, une fois qu'une opinion est admise, il est rare que l'esprit ne soit pas fermé sans retour, comme chez le commun des hommes, à tous les faits, à toutes les réflexions qui pourraient la contrarier.

Une considération fort simple, mais importante, suffirait pourtant, si l'on voulait s'y arrêter, pour inspirer quelques doutes sur cette grande supériorité de l'école d'Alexandrie. Il est reconnu que le vrai système du monde, tel que nous le connaissons, ayant pour base les deux mouvemens de la terre sur elle-même et autour du soleil, n'a été professé d'une manière formelle par aucun des astronomes d'Alexandrie, depuis Aristarque : il a même été formellement combattu par Hipparque et Ptolémée, les deux hommes qui ont le plus illustré cette école, et qui assurément ont mérité le mieux le titre d'astronomes, dans l'acception que nous donnons à ce mot. Cependant, à des époques très-antérieures, les anciens philosophes de la Grèce, bien moins capables que ceux d'Alexandrie de s'élever à une pareille découverte, mais qui avaient été s'instruire en Égypte et dans l'Inde, professèrent, à leur retour dans leur patrie, ce même système que l'école d'Alexandrie méconnut ou laissa oublier. Que de réflexions ne doit pas faire naître ce seul fait, touchant l'origine et le développement des connaissances exactes !

On ne sera pas tenté sans doute aujourd'hui de faire honneur de ce système à ces anciens philosophes à qui la Grèce ignorante et crédule attribuait, sur leur parole, tant de belles découvertes; car on sait trop qu'aux saines notions puisées dans l'Orient ils mêlaient, de leur chef, les erreurs les plus grossières. On ne l'attribuera pas à Thalès, qui le premier pourtant le répandit dans la Grèce, ni aux autres philosophes de l'école Ionienne, dont le plus habile, Anaximandre, tout en professant ce système, enseignait que le soleil était à peu près aussi gros que la terre; Anaxagoras le réduisait aux dimensions du Péloponnèse [1]; et un troisième assurait que la terre était trois fois plus étendue dans un sens que dans l'autre, ou, comme le rendent, d'une manière encore plus singulière, certains commentateurs, avait la forme d'un cylindre dont l'axe égalait trois fois le diamètre : idée qui provenait, à la vérité, d'une notion très-curieuse et très-juste de l'Orient, mais tout-à-fait mal comprise.

On ne sera pas plus tenté, je pense, de l'attribuer à Pythagore ou à son école; à Pythagore, qui se glorifiait aussi d'avoir découvert la proposition si fameuse, quoique si élémentaire, du rapport du carré de l'hypoténuse : comme si cette découverte et celle des vrais mouvemens des astres avaient pu sortir de la même tête et appartenir au même individu, ou seulement au même siècle! Je prie d'examiner ceci; ce rapprochement donne la mesure du degré d'attention qu'on a porté dans l'examen de l'origine des connaissances. Il en est de même sur la plupart des autres points de cette grande question.

On sentira bien qu'à cette époque les premiers élé-

---

[1] Anaxagoras ajoutait de plus que les cieux étaient de pierre, et ne se soutenaient que par la rapidité de leur mouvement : Φησὶ δὲ Σειληνὸς ἐν τῇ πρώτῃ τῶν ἱστοριῶν, ἐστι ἄρχοντος Διμύλου λίθον ἐξ οὐρανοῦ πεσεῖν· τὸν δὲ Ἀναξαγόραν εἰπεῖν ὡς ὅλος ὁ οὐρανὸς ἐκ λίθων συγκέοιτο· τῇ σφοδρᾷ δὲ περιδινήσει συνεστάναι, καὶ ἀνεθέντα κατενεχθήσεσθαι.

Enimvero sub principe Dimylo cecidisse de cœlo lapidem, Anaxagoramque tum dixisse cœlum omne ex lapidibus esse compositum, ac vehementi circuitu constare, aliàs continuò summâ vi impetûs lapsurum, Silenus in primo historiarum auctor est. (Diogen. Laërt. lib. II, *Vit. Anaxagoræ*.)

mens de la géométrie devaient être presque inconnus de la Grèce, dont le génie, livré tout entier aux lettres et aux arts de l'imagination, ne s'était pas encore tourné vers les sciences exactes : c'est pourquoi l'on y faisait grand bruit des découvertes les plus simples. Cependant, tout élémentaire, toute facile qu'était, pour des hommes occupés à mesurer les terres, cette découverte, ou, pour mieux dire, cette remarque du rapport du carré de l'hypoténuse, elle n'appartient ni à Pythagore ni à la Grèce; mais le moindre arpenteur de l'Égypte la connaissait, en faisait usage plus de mille ans avant que Pythagore fît ses voyages pour s'instruire dans la géométrie et dans l'astronomie.

On montrerait, par de semblables rapprochemens, combien est peu fondée l'opinion qui attribue aux Grecs les autres découvertes dans les sciences; mais c'est assez de rappeler qu'antérieurement à Pythagore et à Thalès, les Égyptiens, qui initièrent ces voyageurs dans quelques parties de leurs connaissances, possédaient déjà une astronomie assez perfectionnée pour s'être élevés, malgré tant de préjugés si naturels et si imposans, jusqu'à la connaissance des véritables mouvemens des astres et des mouvemens de la terre. Il fallait sans doute de grandes lumières acquises, et non-seulement le rare talent de bien observer, mais l'habitude, plus rare encore, de tirer de ses observations des conséquences bien justes; en même temps un esprit exercé à la découverte des vérités et aguerri contre les préjugés et la toute-puissance de l'opinion commune, pour oser adopter une vérité si contraire à toutes les apparences, à tous les témoignages des sens; la même qui, bien qu'exposée très-clairement dans les écrits des anciens, a couvert d'une gloire immortelle Copernic, pour avoir conçu l'idée de la soumettre à un examen attentif, et s'être élevé au-dessus des préventions de son siècle, qui la repoussait comme une absurdité. Ce préjugé dura long-temps encore après Copernic. Il fut vivement défendu par Tycho-Brahé. Malgré toute l'évidence du véritable système, ce grand astronome le rejeta opiniâtrément : tant est grand sur les meilleurs esprits l'ascendant de la prévention !

Que penser des astronomes d'Alexandrie, qui, connaissant les vrais mouvemens planétaires, au moins par les écrits des anciens philosophes de la Grèce, si ce n'est par la communication directe des Égyptiens, et, de plus, faisant leurs observations dans la contrée où ces connaissances s'étaient développées, où tout les rappelait continuellement à l'esprit, ne purent s'élever jusqu'à la hauteur où les astronomes de l'Égypte étaient parvenus sans secours étranger, mais d'après leurs propres observations et la seule puissance du raisonnement !

Il faut enfin le reconnaître, ce système appartenait à une astronomie très-ancienne, mais qui, interrompue depuis les dévastations de Cambyse jusqu'au règne réparateur des premiers Ptolémées, manquait alors des développemens nécessaires à des gens incapables de les suppléer, tels qu'Ératosthène[1] et ses devanciers; car

---

[1] Ératosthène avait sans doute des connaissances très-étendues, même en astronomie; mais c'était plutôt celles d'un érudit que d'un profond géomètre et d'un véritable astronome. Il est évident qu'il n'a pas compris ou ne s'est pas donné la peine d'examiner une bonne partie

je ne saurais croire qu'il ait été tout-à-fait ignoré d'Ératosthène, qui connaissait même l'inégalité des deux diamètres de la terre, bien qu'il en fît une évaluation vicieuse. Il a été connu d'Aristarque de Samos, l'un de ses prédécesseurs, qui l'a formellement professé : mais, comme il n'avait pas été suffisamment démontré par ceux qui le soutenaient, les hommes plus instruits qui vinrent ensuite, et qui auraient dû l'examiner avec attention, trouvèrent plus glorieux, comme cela arrive souvent, de faire prévaloir leurs propres conjectures que d'adopter des vérités avancées ou défendues par d'autres; ils le rejetèrent dédaigneusement, et l'on s'accoutuma à le regarder comme une de ces hypothèses sans fondement que les anciens philosophes avaient imaginées sur l'astronomie. Les communications que l'école d'Alexandrie eut avec les peuples de l'Asie, de qui elle emprunta beaucoup de choses, et qui n'admettaient pas le mouvement de la terre, achevèrent de le décréditer : il fut tout-à-fait oublié jusqu'au temps de Copernic, qui le prouva de nouveau. Ainsi va l'esprit de l'homme, tournant dans un cercle d'erreur et de vérité, d'ignorance et de lumières.

Ce qui prouvera bien directement l'antiquité des connaissances exactes, c'est que toutes les mesures sur les limites de l'Égypte, rapportées par Hérodote en schœnes et en stades, sont des résultats d'observations

---

des observations qu'il s'est attribuées et des monumens qu'il a publiés : nous en verrons quelques exemples. Hipparque, bien plus instruit dans les sciences exactes, le critiquait beaucoup, et lui reprochaït d'avoir détruit quelquefois les sources où il avait puisé ses connaissances.

astronomiques faites avec la précision des observations modernes.

§. II. *Ancienne division du ciel, de la terre et de l'année en 720 parties; division semblable du jour.*

Voici un nouvel exemple de l'antiquité des institutions astronomiques, une autre découverte attribuée à Aristarque de Samos; c'est la détermination du diamètre du soleil à la 720e partie de son orbite[1].

Cette notion appartient à Aristarque, comme la plupart de celles qu'on a attribuées à Thalès, à Anaximandre, à Pythagore, à Méton, à Eudoxe, à Euclide, à Ératosthène, à Hipparque, à Archimède lui-même, leur appartenaient; c'est-à-dire qu'il a été un des premiers qui l'aient publiée devant la Grèce. Je ne cherche pas assurément à diminuer la gloire de ces hommes illustres, ni la reconnaissance que leur devront à jamais les nations civilisées, pour les importantes découvertes qu'ils ont conservées, et qui peut-être eussent péri sans eux. Quoiqu'il ne soit pas aisé de démêler ce qui leur appartient réellement de ce qu'ils ont puisé dans une

---

[1] Cette évaluation, qui n'est exacte qu'à une minute 57 secondes près, était connue et employée dans l'Inde et dans l'Éthiopie plus de vingt siècles avant Aristarque.

Les cercles auxquels on la rapportait différaient quelquefois, suivant les anciens, de $\frac{1}{24}$ entre eux; et c'est sur cette différence qu'étaient fondés deux systèmes de mesures très-importans dans l'Orient, et qui se sont répandus très-anciennement dans diverses contrées de l'Europe.

C'est ce qui fait que les mesures correspondantes différaient, dans divers pays, de $\frac{1}{24}$; par exemple, les mesures romaines et les mesures grecques. Les mesures gauloises présentent entre elles la même différence dans certains cas. Les mesures de l'Égypte en offrent aussi des traces.

plus haute antiquité, on ne saurait contester à plusieurs d'entre eux, surtout à Hipparque et à Archimède, ni des observations propres et très-importantes, ni un génie inventeur; mais on est bien forcé de reconnaître au moins qu'ils n'ont pas découvert les principes sur lesquels étaient basées des institutions existantes nombre de siècles avant eux. Il ne faut pas oublier qu'aucun Grec n'a fait de découvertes remarquables dans les sciences exactes, qu'il n'ait auparavant voyagé dans l'Orient.

Ce terme 720, auquel, bien avant Aristarque, on avait évalué les diamètres du soleil contenus dans son orbite, doit attirer l'attention des personnes qui s'occupent des anciennes institutions de l'Orient, non-seulement par son rapport si simple avec le nombre 360, qui marquait chez les Égyptiens la division du ciel, de la terre, et celle du temps, mais encore parce qu'il était autrefois chez eux et chez plusieurs peuples de l'Asie le nombre même par lequel s'opérait cette division, le jour étant compté pour une unité et la nuit pour une autre. Il ne faut pas croire pourtant que cette évaluation de l'orbite du soleil ait servi à régler l'année; car ce serait renverser l'ordre des choses, ce serait prendre l'effet pour la cause. Ce rapport des diamètres du soleil à son orbite a servi d'abord à diviser le cercle de l'équateur ou de l'écliptique, et ensuite les autres cercles, parce qu'il coïncidait d'une manière heureuse avec une institution préexistante; et c'était un principe constant des Égyptiens, auxquels cette évaluation appartient, de ramener l'appréciation des faits de la nature, autant que cela se pouvait, à certains termes consacrés chez eux.

Le jour se divisait aussi en 720 parties; et ce qui n'est pas moins remarquable, quoiqu'on y ait fait peu d'attention, tous les peuples de l'Europe possèdent de temps immémorial cette division. Notre année est divisée en 720 révolutions de 12 heures chacune, et chaque révolution, en 720 minutes. Ce n'est pas la seule institution que nous ayons reçue de l'Orient. Les anciennes mesures françaises, mesures itinéraires, mesures usuelles de longueur, de poids, de capacité, se retrouvent, aussi bien que notre division du temps, dans l'intérieur de l'Asie, particulièrement dans l'ancienne Chaldée et dans la Perse. Toutes nos anciennes mesures sont dans des rapports exacts avec les mesures de l'Orient, et conséquemment avec celles de l'Égypte; elles proviennent de la même source, appartiennent à un ancien système astronomique, et sont des parties aliquotes de la circonférence de la terre, les unes du méridien, les autres de l'équateur ou de l'écliptique. Ce n'est pas comme conjecture que j'avance ceci, mais comme une chose dont je me suis bien assuré. Ces idées, dont le principe a déjà été indiqué précédemment[1], ont été depuis développées dans une suite de mémoires soumis à l'Académie des inscriptions (enregistrés sous le n°. 4), à l'occasion de la question proposée sur le système métrique de Héron d'Alexandrie[2]: mais on ne

---

[1] Dans le Mémoire sur la géographie comparée et l'ancien état des côtes de la mer Rouge, *A. M.*, tom. VI, pag. 288, note [1]. (Ce mémoire (1re édition) a été imprimé en 1805.)

[2] Ces mémoires sont restés déposés aux archives de l'Institut. Je

DE LA CONSTITUTION PHYSIQUE

saurait appuyer sur des faits trop positifs la solution d'une question aussi importante pour les antiquités de l'Orient ; c'est ce qui m'engage à entrer dans de plus grands développemens.

§. III. *Division du degré céleste en 720 stades.*

De même que l'année partagée en 12 mois se divisait en 720 révolutions de 12 heures, et chaque révolution en 720 minutes ; de même le ciel, c'est-à-dire l'écliptique, partagé d'abord en 12 signes, était ensuite divisé en 720 parties ou diamètres du soleil ; et chaque diamètre, divisé en 12 doigts, comme c'est encore l'usage parmi les astronomes, se divisait également en 720 parties ou stades célestes, d'une minute chacun : mais, comme les notions sur l'Orient transmises par les Grecs ont été accommodées à l'usage de partager en 360 degrés la circonférence du ciel, on a compté dans le cercle

dois faire cette observation, parce qu'il se pourrait que d'autres personnes, entraînées par leurs recherches, vinssent à se rencontrer dans quelques points avec moi ; ce qui m'honorerait beaucoup, mais qui pourrait faire penser peut-être, par la suite où les dates se confondraient, que j'ai pu profiter en quelque chose de leurs travaux. On peut vérifier d'abord la note de la page 288 du Mémoire sur la géographie comparée de la mer Rouge ; puis les mémoires déposés à l'Institut, principalement la partie qui traite de la division du temps dans l'Orient, et de la conformité de cette division avec celle de l'espace, c'est-à-dire des cercles qui forment l'orbite de la terre et sa circonférence : de cette dernière division sont déduites les mesures de l'Orient, principalement les mesures égyptiennes, dont Héron a présenté un très-grand nombre, toutes parfaitement exactes. C'est ce principe de l'identité des primitives divisions que je regarde comme l'une des bases des connaissances positives que nous pouvons retrouver touchant les anciens usages scientifiques de l'Orient.

N. B. Les premiers chapitres du présent mémoire ont été imprimés, dans la 1re édition, au commencement de 1817.

deux divisions pour une; les stades célestes ont été portés à la 720ᵉ partie du degré de 360, ou à deux minutes, comme on le voit dans Manilius, dont le témoignage est bien positif et mérite d'être pesé :

> Nunc age, quot stadiis et quanto tempore surgant
> Sidera, quotque cadant, animo cognosce sagaci.
> Marc. Manil. *Astron.* lib. III, v. 274, edit. Paris. 1786.

> Hæc erit orarum ratio ducenda per orbem;
> Sidera ut in stadiis oriantur quæque, cadantque.
> Quæ *septingenta in numeris vicenaque* cùm sint....¹
> *Ibid.* v. 413.

§. IV. *Division du degré terrestre en 720 stades.*

Chacun des cercles de la terre, dans ce système astronomique, était divisé nécessairement comme l'écliptique. Chaque partie correspondait à une division de l'orbe céleste; les astronomes d'Alexandrie qui eurent

---

¹ « Sachez combien chaque signe a de stades, et combien de temps il emploie à se lever et à se coucher.

« Cette méthode du calcul des heures est universelle, et doit s'appliquer aussi au calcul des stades que chaque signe parcourt en se levant et en se couchant. Les stades dans le cercle sont au nombre de 720. »

Le traducteur ajoute cette note: « Stade, dans la doctrine de Manilius, est un arc de l'écliptique, qui emploie deux minutes de temps à monter au-dessus de l'horizon ou à descendre au-dessous. »

L'arc double ou la 360ᵉ partie du cercle répond donc à quatre minutes de temps. Cet arc renfermerait deux diamètres du soleil ou 24 doigts : il serait donc représenté par la coudée; c'est sur ce principe qu'était construit en effet le fameux cercle d'or d'Osymandyas, cité par Diodore. Il est dit même que ce cercle, qui servait aux observations des prêtres de Thèbes, était partagé en 365 parties; c'est une circonstance qui n'est pas aussi isolée qu'on pourrait le penser. Dans quelques pays de l'Asie, surtout à la Chine, le cercle de l'écliptique se divise encore en 365 degrés.

Nous reviendrons sur ce point, d'une application très-étendue dans la métrologie; mais on conçoit que

des communications avec la Chaldée, portèrent à 720 parties le degré de 360.

On s'est persuadé qu'Ératosthène et Hipparque partageaient *toute espèce de degrés* en 700 parties ou stades. Cette opinion, quoique fort accréditée, n'est pas exacte : l'un et l'autre n'ont jamais partagé le degré de l'équateur ou de l'écliptique autrement qu'en 720 stades; je puis citer à cet égard le témoignage de Marcien d'Héraclée. Ératosthène, dit-il, partageait le plus grand cercle de la terre (τὴν μεγίςην περιφέρειαν, ce qui ne peut s'entendre que de l'équateur ou de l'écliptique) en 259200 stades. C'est bien 720 stades par degré. Voici le passage de Marcien :

Ἐρατοσθένης μὲν ὁ Κυρηναῖος τὴν μεγίςην περιφέρειαν τῆς ἐγνωσμένης ἁπάσης γῆς εἶναι λέγει ςαδίους μυρ. κέ καὶ ϑ σ´. ὕτω δὲ καὶ ὁ Διονύςιος ὁ τοῦ Διογένυς ἀναμεμέτρηκεν.

Eratosthenes quidem Cyrenæus dicit maximum totius terræ cognitæ circuitum esse stadiorum 259200. *Similiter autem et Dionysius Diogenis filius dimensus est*[1].

Suivant ce passage, d'autres auteurs encore comptaient 720 stades au degré, ou 259200 stades dans le plus grand des cercles de la terre; c'était aussi le compte d'un certain Dionysius, auteur fort ancien.

Si quelquefois Ératosthène a évalué la circonférence du globe à 252000 stades, ou seulement à 250000, c'est qu'alors il s'agissait du méridien : cela est évident, puisque l'arc compris entre Syène et Alexandrie en

cette question, et beaucoup d'autres de cette nature, sont trop délicates pour qu'il soit possible de les traiter d'une manière satisfaisante avant d'avoir établi solidement le système commun, fondé sur la division en 360 parties du cercle et du degré.

[1] *Geogr. min.* tom. 1, pag. 6.

était la 50ᵉ partie; notion qui, pour le dire en passant, venait des prêtres égyptiens, et qu'Ératosthène a mal appliquée, comme bien d'autres choses qu'il a empruntées d'eux. La 50ᵉ partie du méridien n'est pas l'arc de Syène à Alexandrie, mais bien l'arc de Syène au parallèle de Canope, qui est rigoureusement de 7 degrés 12 minutes, ou 129 ³/₇ schœnes, comme le disaient les prêtres égyptiens aù plus ancien des voyageurs grecs.

On verra, dans la section II, qu'il est impossible que les anciens Égyptiens aient choisi un autre point que Canope pour limite septentrionale du pays. Quiconque connaît l'ancienne Égypte et y réfléchira, le reconnaîtra bientôt. Ce point une fois admis, toutes les questions sur les mesures égyptiennes sont faciles à résoudre. 129 ³/₇ schœnes font, suivant les prêtres égyptiens, la 50ᵉ partie du cercle; donc le schœne est de 18 au degré : tout le reste peut se déduire de là, grandes et petites mesures.

On sait qu'Hipparque reprenait Ératosthène de ne compter que 252000 stades à la circonférence de la terre. Pline rapporte son opinion d'une manière qui a paru on ne peut pas plus obscure : « Hipparque, dit-il, ajoutait près de 25000 stades à la mesure d'Ératosthène. » Il la portait donc à 277000. Ce passage cesse d'être obscur dès que l'on est informé qu'Hipparque avait fini par abandonner l'opinion d'Ératosthène, et comptait 720 stades au degré de l'écliptique et du méridien. C'est en ce dernier point seulement qu'il pouvait différer d'Ératosthène; car celui-ci ne comptait que 700 stades au degré du méridien, tandis qu'il en comptait 720 au degré de l'écliptique. Il évaluait même 10 de ces stades, ou le mille, quart du schœne, à 8 $\frac{1}{3}$ stades olympiques, suivant Julien le métrographe. Ce dernier témoignage est direct, et, joint au précédent, il est décisif. En effet, si le mille égyptien est de 8 $\frac{1}{3}$ stades olympiques, le schœne, qui est de 4 milles, suivant Héron, se trouve bien de 18 au degré, le stade de Héron (de 7 $\frac{1}{2}$ au mille) est bien de 540 au degré, comme la base du *Chephren,* sa coudée, 400e partie du stade, est bien de 0^{m}520, etc., etc. En un mot, tout le système métrique de Héron d'Alexandrie est expliqué, et la question proposée par l'Académie essentiellement résolue.

Nous pourrions multiplier presqu'à l'infini ce genre de preuves, comme nous l'avions indiqué; mais nous laissons ce soin au lecteur : il lui suffira de répéter le même raisonnement pour chaque passage des anciens qui exprime un rapport entre une mesure égyptienne et le degré, ou une distance itinéraire; ou même un rapport avec une mesure grecque ou un monument dont les dimensions soient connues. Je vais continuer de montrer par quelques exemples combien s'expliquent aisément, dans ce système, les passages des anciens auteurs qui sont inexplicables dans tout autre.

EXPLICATION DU PASSAGE DE PLINE.

Universum autem hunc circuitum Eratosthenes...... ducentorum quinquaginta-duorum millium stadiûm prodidit. Quæ mensura Romanâ computatione efficit trecenties quindecies centena millia pass........ Hipparchus,

DE L'ÉGYPTE.

et in coarguendo eo, et in reliqua omni diligentiâ mirus, adjecit stadiorum paulò minùs viginti-quinque millia. (Lib. II, cap. 108.)

Plusieurs savans célèbres, Bailly, d'Anville, et, après eux, M. Gossellin, ont cherché à expliquer ce passage singulier. L'explication de M. Gossellin, la plus heureuse de toutes, est restée incomplète. Pline, comme il le pense très-bien, a en vue ici une mesure de la terre fixée dans Hipparque, comme dans Marcien d'Héraclée, à 259200 stades, et, par conséquent, différant d'environ 7000 stades de la mesure du méridien, réduite mal-à-propos [1] par Ératosthène à 252000. Mais il y a loin de 7000 stades à 25000. Toutefois, je ne pense pas que le texte de l'auteur romain soit corrompu : on pourra voir, dans tout le cours de ce travail, que je n'admets jamais d'altération de texte sans des preuves positives; et que, dans le cas même où l'altération est prouvée, je m'abstiens de rien déduire de ces passages. Je soumets, au surplus, mon opinion à l'illustre géographe qui a déjà, en quelque sorte, indiqué cette solution.

La méprise de Pline était naturelle : elle était presque inévitable d'après la manière dont il faisait sa compilation, et ce passage devient précieux comme indice de

---

[1] Je dis mal-à-propos : non que le stade de 700 au degré ne soit bien d'origine égyptienne; mais Ératosthène, dans l'évaluation des deux cercles, employait deux systèmes différens. C'est là qu'était l'erreur et ce que reprenait Hipparque. Il fallait compter 700 stades dans chaque cercle, ou 720 dans chacun. Hipparque ne rejetait pas d'une manière absolue la division du degré en 700 stades, puisqu'il l'a employée quelquefois; il ne rejetait donc que l'application vicieuse et discordante avec la division de l'écliptique. Par quelle cause, demandera-t-on, a-t-il

sa méthode. Le mille romain est de 75 au degré. Le cercle entier en contient 27000 ; par conséquent il contient 270000 dixièmes de mille, ou stades, en supputant à la manière des Grecs, les maîtres des Romains en astronomie. Ce fut à des Grecs que Rome dut nécessairement les premières et les meilleures compilations sur la cosmographie. En rendant compte de l'opinion d'Hipparque, qui, corrigeant la mesure du méridien, y ajoutait 7200 stades, le traducteur dut donc ajouter ce nombre aux 270000 stades romains, et porter ainsi la mesure de la terre, selon Hipparque, à 277200 stades, ou, en nombre rond, à 277000, avertissant alors que ce n'était qu'une approximation, mais qui s'écartait peu de la vérité.

Pline, qui, en compilant, prenait de toutes mains, sans trop se mettre en peine de recourir aux textes originaux, surtout aux manuscrits grecs, dont il ne cite jamais un mot textuellement ; Pline, qui ne s'inquiétait pas beaucoup de la différence des stades, n'a pas connu très-bien leurs différens rapports au mille romain : on le voit par ce passage même, où il évalue les 252000 stades à 515 centaines de milles (mettant, suivant sa coutume, huit stades pour un mille). Lors donc qu'il vint à rapprocher de la mesure d'Ératosthène, qu'il savait être de 252000 stades, celle d'Hipparque, portée par les traducteurs à 277000, il dut conclure qu'elle

existé jadis deux stades si voisins ? Je l'expliquerai en développant le système d'Éléphantine ; et, encore bien que tout notre travail actuel soit un enchaînement perpétuel de preuves directes ou indirectes de l'existence du stade de 720 au degré, celles que nous exposerons alors ne seront pas moins frappantes.

surpassait de 25000 stades celle d'Ératosthène, et, par conséquent, que c'était là cette différence, objet de la critique du premier (*in coarguendo eo*). Dans la vue de se conformer davantage à l'ouvrage qu'il consultait, Pline dut dire qu'il s'en fallait très-peu que les 25000 stades ne fussent complets, interprétant assez naturellement en défaut ce que le traducteur, négligeant la fraction, avait simplement indiqué comme une petite différence.

Voilà l'origine de ces 25000 stades dont différaient, au dire de Pline, sur la mesure de la terre, les deux astronomes d'Alexandrie : passage qui a beaucoup embarrassé; passage intéressant, en ce qu'il donne la certitude qu'Hipparque comptait aussi 259200 stades dans le cercle, ou 720 stades au degré, comme Manilius, ajoutant ainsi environ 7000 stades à la mesure totale, ce qui revient au calcul de Marcien d'Héraclée.

Il y a encore sur ce point quelque chose de plus concluant, et qui, je crois, laissera peu de doute; c'est que Pline, dans le chapitre suivant, fait mention précisément d'un complément de 7000 stades, essentiel à ajouter à la mesure de la circonférence de la terre pour avoir sa juste longueur suivant la raison d'harmonie (*harmonica mundi ratio*) établie entre tous les faits de la nature; opinion et manière de parler tout-à-fait égyptiennes. Voici ce passage, que je n'ai vu encore cité nulle part. Après avoir rapporté un certain fait d'où les géomètres avaient déduit la mesure de la terre, Pline ajoute :

Ex quo consecuta computatio est, ut circuitu esse du-

centa quinquaginta-quinque millia stadia pronunciarent. Harmonica ratio, quæ cogit rerum naturam sibi ipsam congruere, addit huic mensuræ stadia septem millia. (Lib. II, cap. 109.)

Rien de plus positif pour la question qui nous occupe[1]. Quel concours de témoignages en faveur d'un ancien stade de 720 au degré!

Avant de quitter Pline, prévenons une objection. Les Romains, dira-t-on, ne comptaient jamais par stades. Mais qu'importe, si les Grecs, qui ont composé à Rome les premiers ouvrages sur la cosmographie, étaient dans cet usage? ce n'était qu'une raison de plus pour qu'un compilateur romain fût trompé par cette expression. Les Romains ne comptaient pas par stades du temps de Pline; je le crois : mais s'ensuit-il qu'il n'y ait jamais eu de stades dans le système des mesures romaines? Dans tous les systèmes de l'Orient, il y avait un stade, c'est-à-dire une mesure de *cent pas doubles*, dixième du mille. Outre la raison d'analogie, qui est forte ici, il y a, dans l'antiquité, des preuves positives d'un stade de 750 au degré. D'Anville en a reconnu l'usage en plusieurs lieux de l'Europe. Voyez sa *Géographie de l'ancienne Gaule* et les *Mémoires de*

---

[1] Mais pourquoi cette évaluation de 255000 stades, qui se trouve déjà augmentée de 3000 stades? c'est qu'il s'agit ici de la division de la terre en 365 parties, tout-à-fait conforme à celle de l'année, en y comprenant ses cinq jours épagomènes; division dont on a fait quelquefois usage dans l'antiquité, et qui est prouvée par beaucoup d'autres faits que celui du fameux cercle d'or d'Osymandyas. Nous glissons sur ce point, parce qu'il comporte plusieurs observations assez délicates, que nous ne pourrons développer qu'en donnant l'explication complète de ce passage, un des plus importans peut-être de la vaste compilation de Pline.

l'Académie des inscriptions[1]. On pourrait en montrer l'usage aussi dans l'Asie.

PASSAGES REMARQUABLES DE PHILON ET D'ACHILLES TATIUS.

Philon de Byzance, *De septem orbis miraculis*, donne très-exactement la mesure du stade d'Ératosthène lorsqu'il dit que ce stade était contenu six fois dans le périmètre de la grande pyramide. Or, ce périmètre, qui est de 931 mètres, est la 120ᵉ partie du degré (mais du degré de l'écliptique, supposé de 111700 mètres); ce qui donne précisément 720 pour le rapport du stade au degré. L'ouvrage de Philon est un ouvrage spécial, où l'auteur a dû être bien informé de l'opinion d'Ératosthène. Un tel passage est donc d'un grand poids par lui-même, quelque opinion qu'on ait du mérite de Philon : il n'en faut pas beaucoup pour transcrire une mesure donnée par un autre.

Rapprochez ce passage de celui de Marcien d'Héraclée, et de celui de Julien, où l'opinion d'Ératosthène, présentée sous des formes si différentes, se trouve si rigoureusement la même pour le fond : vous jugerez bien que ces auteurs n'ont pu se copier. On ne supposera pas non plus que l'identité du résultat soit fortuite; car on ne se rencontre pas de cette manière : cette évaluation est d'accord, en outre, avec beaucoup d'autres passages d'Hipparque, de Manilius, de Polybe, de

---

[1] L'un de nos géographes les plus distingués, M. Barbié du Bocage, qui a fait un examen particulier de ces questions, maintient aussi formellement l'existence du stade de 750 au degré. Son autorité me dispense d'insister sur ce point, qui n'est d'ailleurs qu'accessoire à notre sujet.

Strabon, de Pline, de Censorin, etc., et elle est d'accord aussi avec ce que l'on connaît de la division du temps et de l'espace dans l'Asie et ailleurs.

Les Chaldéens, suivant Achilles Tatius, disaient qu'un homme, marchant d'un pas ordinaire, ferait 30 stades dans une heure, et le tour du monde en un an de marche continue : c'est bien 720 stades par jour et par degré, ou 259200 stades dans le cercle entier.

On pourrait demander pour complément de preuves l'application du principe que j'ai adopté, et me dire : « Puisque tout mille répondait à 10 stades, il a donc existé un mille de 72 au degré, par conséquent plus grand d'un 24ᵉ que le mille romain : c'est ce qu'il faudrait bien prouver ; alors il ne resterait plus de moyens de contester raisonnablement la réalité du stade de 720 au degré. » Or, c'est précisément ce que j'ai prouvé plus haut, en rappelant que le mille égyptien d'Ératosthène valait $8\frac{1}{3}$ stades olympiques. Il suit de là que le schœne égyptien de 30 stades vaut $33\frac{1}{3}$ stades olympiques, et que 18 schœnes valent 600 stades ou un degré. Remarquez que ce rapport fractionnaire du mille au stade olympique exclut toute idée d'approximation comme toute idée de rencontre fortuite. Cette objection méritait sans doute de ne pas être négligée. On verra, dans les chapitres suivans, qu'on peut y satisfaire encore par d'autres moyens.

On pousserait l'objection plus loin, sans mettre le principe en défaut. Un autre mille doit correspondre à 10 stades olympiques, par conséquent être la 60ᵉ partie du degré. Les auteurs anciens ne font pas mention de ce mille, il est vrai; mais son usage subsiste encore, et cette preuve n'est pas moins péremptoire : c'est le mille marin, c'est le mille moderne de l'Italie, et il en est de même pour les autres milles.

J'ajouterai qu'au surplus l'existence du mille de 72 au degré est reconnue immédiatement par plusieurs géographes très-habiles, et d'après des raisons différentes encore de celles que je rapporte ici. Cela seul doit disposer à ne pas rejeter trop durement l'existence du stade de 720 au degré, qui est appuyée sur tant de preuves bien incontestables d'ailleurs. Celui qui admet que le mille égyptien d'Ératosthène est de 72 au degré, peut-il nier que le schœne, qui en tient 4, suivant Héron, ne soit la 18ᵉ partie du degré, et le stade égyptien de $7\frac{1}{2}$ au mille, la 540ᵉ, etc., etc.[1]?

DU STADE DE 700 AU DEGRÉ.

Le stade de 700 au degré appartient également à un ancien système métrique, le même dont M. Girard, de l'Académie des sciences, a retrouvé la coudée sur le nilomètre d'Éléphantine[2]. Il n'est donc pas étonnant qu'en rapportant la distance d'Éléphantine à la mer, Ératosthène, qui n'a fait que compiler les anciennes annales du pays, l'ait rapportée en mesures particulièrement usitées à Éléphantine. Est-ce qu'il y aurait

---

[1] *Voyez* ci-dessus, pag. 406.

[2] Nous avons été à portée de constater la précision des observations de M. Girard, si importantes relativement à la métrologie. Les mesures d'Éléphantine, telles qu'il les a déduites du nilomètre, dérivent du même degré que les mesures romaines, ou du moins que les étalons du pied romain qui concourent vers le terme de 130 lignes $\frac{7}{15}$.

eu jadis dans cette province, outre les mesures générales, des mesures différentes de celles du reste de l'Égypte? C'est ce que la suite de ce travail pourra déjà faire voir, et plus tard nous traiterons plus directement cette question. Nous montrerons non-seulement l'origine de ce système, mais ses rapports avec tous les systèmes anciens. L'existence d'un stade de 700 au degré, loin d'être une objection contre celle du stade de 720, en deviendra au contraire une des preuves; et le développement complet du système primitif de mesures montrera que l'un de ces deux stades, d'après l'esprit du système, suppose l'autre nécessairement.

Comme nous rapportons déjà bien des preuves directes de l'emploi du stade de 720, c'est là ce qu'il faudrait d'abord réfuter, si l'on en contestait l'existence; mais on ne pourrait pas citer un seul passage ancien qui indiquât positivement qu'on ait jamais partagé le degré de l'écliptique en 700 parties. Tous les passages conduisent à reconnaître la division de ce degré en 720 stades. J'insiste sur ce point; car, une fois établi, tout le système dont je donne l'indication dans le chapitre suivant peut en être déduit comme une conséquence nécessaire.

CHAPITRE II.

De quelques systèmes métriques anciens, et particulièrement du système thébain ou pythique.

> « Les Égyptiens......... ont été les premiers à observer le cours des astres. Ils ont aussi, les premiers, réglé l'année. Ces observations les ont jetés naturellement dans l'arithmétique; et s'il est vrai, ce que dit Platon, que le soleil et la lune aient enseigné aux hommes la science des nombres, c'est-à-dire qu'on ait commencé les comptes réglés par celui des jours, des mois et des ans, les Égyptiens sont les premiers qui aient écouté ces merveilleux maîtres. »
> BOSSUET, *Discours sur l'histoire universelle*, 3e partie.

J'ai cherché à affaiblir la prévention encore trop commune, qu'il ne faut pas remonter au-delà de l'école d'Alexandrie pour trouver des connaissances positives et qui méritent quelque attention; tandis qu'au contraire toutes les anciennes découvertes, toutes les institutions scientifiques les plus importantes, dont il reste encore des traces, lui sont antérieures, et ont même précédé les temps où les anciens philosophes de la Grèce commencèrent à voyager dans l'Orient. Il existait, dès ces temps reculés, non-seulement une astronomie très-perfectionnée, mais encore des systèmes de mesures en harmonie avec ces connaissances astronomiques, dont ils étaient et les conséquences et les moyens; et j'en ai fourni déjà quelques preuves, afin que l'on examinât avec attention les idées que je présente sur les mesures de l'Égypte : question fort vaste, parce qu'elle est étroitement liée à la connaissance des divers systèmes métriques qui ont existé en Orient dans un intervalle de plusieurs milliers d'années. Sans la traiter ici dans toute son étendue, je crois nécessaire de faire connaître l'esprit qui a présidé à ces institutions, et la connexion de ces divers systèmes qui ont une origine commune.

Ces systèmes étaient tous formés d'une suite de rapports qui se répétaient uniformément, depuis les orbites des astres et depuis la circonférence de la terre jusqu'à la plus petite portion de l'étendue perceptible, telle que la dixième ou la vingtième partie du doigt.

Ce qui n'avait, ce me semble, été soupçonné par personne, c'est que la division du temps était exactement soumise au même mode et à la même marche que celle de l'espace; principe qui donne la clef de bien des usages de l'antiquité difficiles à expliquer. Le système de division était universel aussi bien qu'uniforme. Tout ce que les hommes avaient établi était réglé d'après lui; on y avait rapporté les inventions dans les sciences, dans les arts, surtout la musique et les jeux, qui étaient d'une importance très-grande dans la police des anciens, et que les dieux eux-mêmes avaient communiqués aux hommes. On peut déjà entrevoir le sens de cette expression singulière que Pline emploie à l'occasion de la mesure de la terre chez les anciens : *Harmonica ratio, quæ cogit,* etc.

Comme la religion était liée à toutes les institutions de l'Orient, le nombre et la hiérarchie des divinités étaient subordonnés à ces mêmes vues, à ce même mode de division. Par la suite nous donnerons des développemens plus détaillés sur cette alliance de la mythologie de l'Orient avec l'astronomie et la division du ciel et de la terre; des indications suffisent ici, et je veux me borner à rappeler sommairement les divisions principales du système égyptien.

§. I. *Division du cercle.*

L'unité se divisait d'abord en trois grandes parties, puis en douze, en trente-six, et finalement en trois cent soixante.

Trois grandes divinités (ou plutôt la divinité considérée sous trois attributs principaux et distincts) correspondaient aux trois grandes divisions du ciel, de la terre, et aux trois saisons de l'année, ou, pour parler le langage de l'antiquité, aux trois petites années dont se composait l'année solaire. C'est cette division ternaire de l'unité, à-la-fois astronomique et religieuse, qui a fait penser à quelques pères de l'Église que les anciens avaient eu une révélation confuse de nos mystères. Ces années de quatre mois, ou de 120 jours, ont été déjà remarquées par Bailly, Dupuis, et beaucoup d'autres savans : de là, pour le nombre 120, cette célébrité presque aussi grande que celle des nombres 360, 720 et 1440[1]. Les années de quatre mois ont été en usage dans l'Inde, en Perse, en Arabie, en Égypte et en Éthiopie. Après l'établissement de l'année de 360 jours, elles en ont été regardées comme les trois divisions ou les trois saisons.

[1] « Les prêtres de l'Égypte ajoutent, dit Diodore, que dans la suite les années ont été composées de quatre mois, qui font la durée de chacune des trois saisons, le printemps, l'été, l'hiver; d'où vient que

Thoth, à qui l'Égypte devait tant d'utiles inventions, et principalement celle des mesures, avait institué l'année solaire. C'est *en l'honneur des trois saisons* qu'il mit trois cordes à la lyre[1], dont il était aussi l'inventeur, et ces trois cordes étaient trois nerfs arrachés à Typhon; allégorie curieuse, et qui ne manque pas de justesse. Ce partage de l'année en trois saisons n'a jamais été aboli en Égypte. Il subsiste encore actuellement[2] dans l'année rurale, où se sont conservés les plus anciens usages. C'est un point auquel on doit beaucoup s'attacher dans l'histoire de l'Orient, que cette ancienne division de toute espèce d'unités en trois parties[3].

De même que trois divinités présidaient aux trois saisons et aux trois grandes divisions du ciel et de la terre, douze autres divinités, appelées quelquefois *les douze grands dieux*, présidaient aux douze mois de l'année; les douze signes qui partagent le zodiaque, et les douze grandes divisions de la terre, étaient sous leur protection : ceci est trop avéré pour avoir besoin de preuves.

Ces douze grandes parties de toute espèce d'unités, divisées chacune d'abord en trois, formaient trente-six sections dites *décans*, à chacune desquelles était atta-

---

chez quelques auteurs grecs les années s'appellent *saisons*, et les histoires, des *horographies*. » (*Bibl. hist.* liv. 1er, sect. 1re, traduction de l'abbé Terrasson.)

1. « Il (Thoth) imagina la lyre, à laquelle il mit trois cordes, par allusion aux trois saisons de l'année; car, ces trois cordes rendant trois sons, le grave, l'aigu et le moyen, le grave répond à l'hiver, le moyen au printemps, et l'aigu à l'été. » (Diodore de Sicile, *Biblioth. hist.* liv. 1er, sect. 1re.)

2 Décade égyptienne, *Mém. sur sur l'agriculture de la haute Égypte.*

3 Il nous suffit de le rappeler ici; mais nous nous proposons de le développer et d'en présenter des preuves multipliées dans un autre ouvrage. Nous l'avons indiqué dans le Mémoire sur la géographie compa-

chée une divinité particulière, ou *inspecteur;* c'est encore là un point avoué des antiquaires, du moins pour le zodiaque et la division du ciel. On se rappellera que le territoire de l'ancienne Égypte avait aussi cette division en trente-six parties, dans chacune desquelles était spécialement révérée une divinité sous des emblèmes particuliers : de là cette apparente discordance dans le culte des provinces, qui pourtant était le même quant au fond.

Ce nom de *décan* indique assez la nature de la division suivante en 10 parties; les 36 décans divisés par 10 forment donc les 360 jours, les 360 degrés du ciel, de la terre, et de toute espèce de cercles, à chacun desquels, comme on sait, veillait un génie particulier. Ainsi se composait la période métrique[1], recommençant ensuite d'une manière semblable pour arriver à la 360ᵉ partie du degré et du jour.

§. II. *Division du jour et du degré en* 360 *parties.*

J'omets les grandes divisions du jour et du degré, qui seront indiquées lorsque je parlerai des mesures itinéraires. Je m'arrête à leur 360ᵉ partie, la plus importante à approfondir et la moins connue.

---

rée et le commerce de la mer Rouge, 1ʳᵉ partie, *A. M.*, tom. vɪ, p. 288, note ¹, où nous avons donné le résultat de nos recherches sur le système métrique de l'Égypte, et annoncé dès-lors ses rapports avec un grand nombre de faits et de notions astronomiques.

[1] Ἐν τοσαύταις γὰρ ἡμέραις τὰς τξ΄ μοίρας παροδεύει ὁ ἥλιος, ὥστε παρὰ μικρὸν ἐν μιᾷ ἡμέρᾳ μοῖραν κινεῖσθαι τὸν ἥλιον.

In tot enim diebus illas 360 *partes zodiaci sol conficit; ferè itaque in uno die unum gradum sol absolvit.* (Gemin. *Elem. astronom.* pag. 2.)

DE LA CONSTITUTION PHYSIQUE

Dans l'Arabie Pétrée, voisine de l'Égypte, cette division du jour et du degré en 360 parties est encore en usage sous le nom de *dérage*; c'est, quant au temps, un espace de quatre minutes, 360ᵉ partie des vingt-quatre heures. Rien n'a été plus négligé, rien n'est plus digne d'attention. Dans toutes les marches, le chemin se mesure par dérages, c'est-à-dire par espaces parcourus dans l'intervalle de quatre minutes. Les caravanes de la Mekke, aujourd'hui même, ne comptent pas autrement. Nous avons plusieurs itinéraires de marches de caravanes, dans Thévenot, Pococke et quelques autres voyageurs, où la supputation est en dérages [1].

Cette 360ᵉ partie du degré, ce dérage des Arabes, le stade des stades de quelques écrivains; le stade de 5 au mille des Hébreux [2]; le stade de 20 au schœne ordinaire, ou de 40 au schœne double, suivant les Égyptiens, et, selon les Grecs, le stade d'Apollon Pythien ou stade pythique de Censorin [3], qui a tant embarrassé Fréret [4] et d'autres métrologues; ce stade de mille pieds olympiques, qui a paru si incompréhensible : tout cela n'est qu'une seule et même mesure, dont l'antiquité offre encore une infinité de vestiges. Je me dispense quelquefois, dans cet écrit, d'appuyer ce que j'avance par des citations, parce que je les rapporterai toutes en traitant d'une manière spéciale de la métrologie; mais je dois donner ce passage si important de Censorin. Le voici :

---

[1] *Voyez* Pococke et Thévenot, *Voyages en Orient.* — D'Anville, *Mémoires sur l'Égypte.*

[2] D'Anville, *Mesures itinéraires.*

[3] Censor. *de Die natali.*

[4] *Mémoires de l'Académie des inscriptions et belles-lettres*, t. XLI, éd. in-12.

Stadium autem, in hac mundi mensura, id potissimùm intelligendum est quod Italicum *vocant, pedum sexcentorum viginti-quinque : nam sunt præterea et alia longitudine discrepantia, ut* Olympicum*, quod est pedum sexcentûm; item* Pythicum*, quod pedum mille.* (De Die natali, cap. 13.)

Voilà donc trois stades indiqués d'une manière précise. Le stade olympique, dont la valeur est connue, détermine celle des deux autres. Censorin pose trois équations :

1°. Le stade olympique = 600 pieds olympiques.
2°. Le stade italique   = 625.
3°. Le stade pythique   = 1000.

Il ne peut pas y avoir deux manières d'entendre ce passage. Nous parlerons en son lieu du stade italique, l'un des plus intéressans de toute la métrologie ancienne et moderne; il s'agit ici du stade pythique, qui est la même mesure que le dérage. Il est facile de vérifier si mille pieds olympiques ne font pas exactement la 360ᵉ partie du degré. Six cents pieds font un stade olympique; six cents stades, un degré; par conséquent le degré contient 360000 pieds olympiques; et mille pieds, ou le stade pythique, sont bien la 360ᵉ partie du degré. Ce passage de Censorin, qui parle d'un stade de mille pieds, a été regardé, dans vingt dissertations, comme inintelligible, absurde; et cela devait être, parce que l'on ne connaissait pas la division du degré en 360 parties : mais maintenant il devient aussi clair que le jour que le stade pythique est la même mesure que le dérage des Arabes.

Il faut rendre justice aux commentateurs de Censorin, aucun n'a prétendu que ce passage fût altéré; on s'est borné à le commenter. Pour tout commentaire, nous dirons qu'il n'existe pas dans l'antiquité un passage plus positif et plus clair que celui-ci. On remarquera que nous prenons toujours dans le sens littéral, et sans interprétation, les autorités anciennes; et, si l'on vient à prouver que nous raisonnons mal dans les conséquences que nous en tirons, on ne nous accusera pas de bouleverser les passages des auteurs, ni de dénaturer les données de l'antiquité par des interprétations vagues et arbitraires.

Si la gravité du sujet et le respect que nous portons à Fréret ne nous arrêtaient pas, nous examinerions les raisonnemens singuliers qu'il fait sur ce passage, et les conséquences non moins singulières qu'il en déduit. Mais nous y reviendrons quelque jour pour ce qui concerne le stade italique, que Censorin, d'après Pythagore, semble présenter comme aussi important que les deux autres.

Le degré de 720 au cercle, ou journée de chemin d'Hérodote, ou *dromos*, contenait 360 stades d'Ératosthène de 720 au degré ordinaire, et qu'on peut appeler *petits stades pythiques*, pour les distinguer du stade de 700.

§. III. *Division du dérage.*

Le dérage, ou grand stade pythique, se divisait, à son tour, en trois petits stades de 1080 au degré, ou de 540 dans le *dromos* (journée de chemin, journée de navigation, de 720 au cercle), lequel équivalait à neuf schœnes de 60 stades d'Hérodote. Cet auteur en fournit un bel exemple dans la distance d'Héliopolis à Thèbes, où 4 degrés ½ sont évalués à neuf journées, à 81 schœnes et à 4860 stades : c'est ce stade, tiers du dérage, dont se sert le plus communément Hérodote en Égypte.

Le stade pythique se divisait aussi en trente-six parties, comme la circonférence de la terre et le degré; comme eux encore, il se résolvait en 360 petites divisions ou pas.

Le petit stade pythique de 360 au *dromos*, ou de 720 au degré ordinaire, renfermait de même 360 pygons, de 16 de nos pouces, la coudée naturelle, quart de la stature de l'homme; cette coudée est plus petite d'un quart que la coudée sacrée, ou ancienne coudée nilométrique, qui était les deux tiers du pas des mesures anciennes de Héron. Il faut remarquer qu'à part les mesures d'Éléphantine, il y a trois coudées dans le système égyptien ou pythique (sans compter le double pied philétéréen, indiqué par Héron comme une coudée) :

L'une, de 400 au stade et de 66666 au plèthre : c'est la coudée xylopristique;

L'autre, ou coudée nilométrique, de 360 au stade et de 60 au plèthre.

Et la plus petite, ou le pygon, de 480 au stade et de 80 au plèthre.

Comme on a été jusqu'ici dans l'erreur sur les coudées égyptiennes, ainsi que sur toutes les autres mesures de ce pays, il régnait sur ce point la plus grande confusion.

La détermination du stade de Héron donnera la valeur de la coudée moyenne de 400 au stade, dont le doigt lui sert à évaluer toutes les petites mesures du système ancien. Nous établirons, par des moyens indépendans, la valeur de la coudée nilométrique de 360 au stade. Nous renvoyons, pour tout le reste, aux mémoires particuliers sur chaque mesure égyptienne et sur ses rapports avec les autres mesures anciennes et modernes ; rapports qui souffriront peu de difficultés, si l'on admet la division du degré en 360 et en 720, en 540 et en 1080 parties, d'où résultaient les quatre stades de l'Égypte. Nous cherchons à établir ici d'une manière directe ces quatre mesures ; on doit regarder tout le reste comme des indications que nous justifierons par la suite.

Le pas se divisait, suivant Héron d'Alexandrie, en trois pieds ou demi-coudées, et chaque pied, en douze doigts naturels [1] ; ce qui opérait la division du pas en trente-six parties. La dixième partie du doigt, ou trait, est à peine indiquée par les auteurs : on la retrouve cependant ; elle complète la dernière division du pas en 360 parties. Ce mode de division a laissé des traces dans les mesures des peuples modernes.

Je ne parle pas de mesures inférieures ; elles sont trop peu importantes pour les rapports qui nous occupent.

---

[1] Le doigt qui subdivise les mesures anciennes de Héron n'est pas le doigt appartenant au pied italique, mais le doigt de la coudée xylopristique de 400 au stade.

CONCLUSION.

Ainsi, depuis le trait ou dixième partie du doigt jusqu'à la circonférence de la terre, toutes les mesures étaient liées de telle sorte qu'une seule étant conservée, ne fût-ce que la plus petite, toutes les autres sont connues; et, si l'on suppose $1 = $ *la dixième partie du doigt*, on aura

$$1 \times \overline{\tfrac{}{360}}^4, \text{ ou } 1 \; \overline{\tfrac{}{3.\,4.\,3.\,10}}^4$$

pour l'expression de la circonférence du cercle de l'écliptique.

De là résulte aussi que, la valeur du cercle de l'écliptique étant connue, tout le système métrique de l'Égypte est également connu, et peut être représenté par une formule aussi simple.

Les étalons des mesures égyptiennes, encore subsistans, se trouvent exprimés par les termes de cette formule, ou par les termes redoublés; et cela a toujours lieu d'une manière exacte. On remarquera cette coïncidence, jointe à la simplicité du système, qui ne renferme aucun élément arbitraire : son type est l'orbite du soleil; son mode de partage, la division horaire.

Ce système était en usage pour toute l'Égypte dans les derniers temps des Pharaons. C'était le seul reçu depuis Canopes jusqu'à Thèbes.

APPENDICE AU CHAPITRE II.

SYSTÈME ISIAQUE.

De Thèbes jusqu'à Éléphantine régnait en outre un système différent, non-seulement par la valeur absolue des mesures, mais par les nombres qui exprimaient leurs rapports, qui étaient 4, 7, et conséquemment 28[1]. Il était en même temps soumis à un autre mode de division, semblable à celui que je viens d'exposer. Ce mode de division par 4 et par 7 n'était ni moins ancien que le précédent, ni moins honoré : il était dédié à la lune ou à Isis, comme l'autre l'était à Horus, divinité révérée des Égyptiens, surtout à cause de son triomphe sur Typhon ; et que les Grecs honorèrent dès les premiers temps sous le nom d'*Apollon Pythien*[2]. Pour les distinguer, j'appellerai l'un *système pythique*, et l'autre *système isiaque*. L'Égyptien Chérémon distingue en effet deux systèmes de mesures en Égypte, dont l'un était consacré au Jour, et l'autre à la Nuit ou à Isis. Voyez aussi le passage de Bossuet qui sert d'épigraphe à ce chapitre.

Il est singulier que l'uniformité des mesures dans

---

[1] C'est ce que nous avons pu constater sur le nilomètre d'Éléphantine. M. Girard, qui, pendant notre séjour à Syène, a découvert ce monument et en a mesuré avec le plus grand soin la graduation, ne peut manquer de donner tous les développemens désirables sur ce point intéressant de la métrologie égyptienne.

[2] Nous tâchons de le démontrer dans nos recherches sur les institutions primitives de l'Orient.

l'Égypte fût troublée de cette manière; mais, si l'on fait attention qu'il a existé pendant long-temps une dynastie particulière d'Éléphantine, cela se concevra. Je sais que M. de Pauw a nié l'existence de cette dynastie, ne concevant pas qu'une si petite île ait pu former un état séparé et se soutenir aussi long-temps : mais Éléphantine n'en était que le chef-lieu; il s'étendait beaucoup plus bas[1]. J'ai douté long-temps si les

[1] Il y a des raisons de soupçonner qu'à une certaine époque il descendait au nord jusqu'à Thèbes ou jusqu'à Hermonthis. Il paraît aussi qu'il remontait beaucoup au sud de l'île qui porte aujourd'hui le nom d'*Éléphantine*. M. Jomard a déjà discuté ce dernier point; je renvoie à sa Description d'Éléphantine.

On pourrait inférer d'un passage d'Hérodote que cet état s'étendait jusqu'à Tachompso, île commune, suivant lui, aux Éthiopiens et aux Égyptiens, et que Ptolémée place à 44′ au sud de Syène. La position de ce petit état favorisait son indépendance. Il est probable qu'il était allié des Éthiopiens ou Nubiens, et que les prêtres étaient de leur race; sans cela, comment se ferait-il qu'aujourd'hui encore le sang nubien dominât à Éléphantine, tandis qu'on n'en voit pas de traces dans le pays situé vis-à-vis et au-dessous ? De plus, l'histoire est formelle sur ce point, qui n'a été contesté par aucun écrivain ancien. M. de Pauw suppose qu'une dynastie originaire d'Éléphantine a régné sur l'Égypte, et que c'est là ce qu'il faut entendre quand les écrivains anciens parlent de la dynastie d'Éléphantine : hypothèse ingénieuse, mais qui n'a d'autre motif, ce me semble, que d'expliquer une difficulté qui n'existe pas. Cet auteur est fécond en explications hardies et tranchantes, mais qui, le plus souvent, ne sont rien moins que prouvées; et, malgré tout ce qu'il a pu dire ici, il n'en reste pas moins constant qu'il a existé une dynastie, c'est-à-dire au moins une administration particulière d'Éléphantine.

On peut très-bien douter, j'en conviens, de la certitude des limites; mais le fait principal est difficile à détruire : l'histoire se trouve appuyée par des institutions anciennes, des faits positifs et des monumens encore subsistans.

Pourquoi Hérodote, par exemple, lorsqu'il veut donner la mesure totale de l'Égypte, est-il obligé de la rapporter en deux indications distinctes, l'une comprenant la distance de Thèbes à la mer, et l'autre, celle d'Éléphantine à Thèbes ? Il y avait donc deux points de départ différens pour les mesures de l'Égypte, et deux systèmes différens : l'un commençant à Éléphantine, l'autre commençant à Thèbes. De plus, le stade employé dans les deux cas par Hérodote n'est pas le même : cette circonstance a bien été remar-

820 stades comptés d'Éléphantine à Thèbes par Hérodote ne seraient pas des stades du système d'Éléphantine, composés de 400 coudées de son nilomètre; mais je n'ai jamais douté que ce passage ne fût exact. On est trop disposé, en fait de mesures, à corriger les textes anciens. Les corrections de ce passage, en particulier, m'ont toujours semblé bien hasardées, et rien ne les a justifiées. Je sens bien qu'il est commode d'ajuster les textes à ses opinions; mais c'est tout le contraire qu'il faut faire pour arriver à la vérité.

Le mot *dynastie* a donné lieu, je crois, à une idée inexacte en faisant admettre un royaume et des rois permanens pour Éléphantine : c'était plus probablement une administration, une théocratie distincte et indépendante de Thèbes, et, à quelques égards, ce qu'étaient à l'ancienne France nos pays d'états, regis par des lois et des coutumes particulières. Voilà seulement ce qu'on doit regarder comme permanent à Éléphantine. Il n'est pas invraisemblable qu'à quelques époques cette dynastie ait été détachée de l'Égypte, et réunie ou alliée à l'Éthiopie, dont les institutions se rapprochaient davantage des siennes. Au surplus, cette

---

quée de tous ceux qui ont écrit sur ce sujet; mais on a cru qu'elle provenait d'une altération dans le texte d'Hérodote. Je ne le pense point : il n'y a pas, à ma connaissance, un seul endroit du texte d'Hérodote, relatif aux mesures itinéraires de l'Égypte, qui soit altéré; tous les nombres sont tels qu'ont dû les dicter les prêtres égyptiens. On aurait pu tout au plus supposer qu'il a négligé une petite fraction, et écrit 820 stades au lieu de 828; mais cela ne saurait se démontrer, et nous nous sommes fait une loi rigoureuse de ne pas admettre la plus légère correction de texte, à moins qu'elle ne soit démontrée avec évidence. Cette discussion est peut-être prématurée; mais elle abrégera ce que nous aurons à dire sur ce sujet.

opinion est conjecturale : on ne la confondra pas avec les assertions que je regarde comme prouvées.

CHAPITRE III.

Des mesures itinéraires de l'Égypte ancienne.

> *N. B.* La section II offrant la même matière développée sous une autre forme, le lecteur que les détails métrologiques n'intéressent pas particulièrement peut passer, sans inconvénient, au chapitre suivant.

§. I. *Ces mesures n'ont point été connues jusqu'ici.*

Les Égyptiens, qui certainement n'ont pas été moins habiles dans l'astronomie que tout autre peuple ancien, ont dû également déterminer par des observations astronomiques les principales limites de la contrée qu'ils habitaient, eux qui attachaient tant d'importance à son mesurage exact. C'est à cette détermination que je borne leurs travaux en géographie astronomique : ce serait leur refuser trop de ne pas leur accorder cela. Il faudra se rappeler, dans tout ce qui suit, que je ne rejette aucune détermination de stades; j'en conteste seulement l'application à la géographie de l'Égypte et aux mesures de Héron : c'est là le point de la question.

Comme c'est en stades et en schœnes que les mesures géographiques de l'Égypte se trouvent exprimées chez les anciens voyageurs, c'était aussi en schœnes et en stades que les avaient exprimées les anciens astronomes du pays; car certainement ni Hérodote, ni les autres voyageurs grecs, n'étaient en état de corriger ou de traduire en d'autres mesures les renseignemens des Égyptiens; ils ne les ont même pas toujours bien compris, quoiqu'en les rapportant fidèlement.

Ce stade égyptien diffère de tous les stades reconnus jusqu'ici.

Ni le stade de 500 au degré, dont de fausses mesures avaient indiqué l'étalon dans le côté de la grande pyramide, ni le stade italique de 576 au degré, dont Pythagore se servait dans les supputations astronomiques [1], ni celui de 666 $\frac{2}{3}$, quoique d'un usage fréquent dans les contrées voisines [2], quoique ayant des rapports avec ceux de l'Égypte, n'ont jamais été employés dans la géographie de cette contrée, ni été cités comme tels par aucun des anciens voyageurs [3].

Il en est de même du stade de 1111 $\frac{1}{9}$, malgré l'imposante autorité de d'Anville.

J'en dirai autant de celui de 750, dont je suis éloigné de contester l'existence, défendue avec raison, et dont je pourrais apporter de nouvelles preuves.

Quant à celui de 700 au degré, nous sommes déjà convenus qu'il a été employé par Ératosthène, mais par suite d'une supputation particulière, et seulement

---

[1] *Voyez* le chapitre précédent.
[2] Géographie des Grecs analysée, et observations sur Strabon.
[3] Il est un passage seulement de Strabon qui indique l'emploi d'un stade 66666 au degré : c'est celui où il évalue à 4000 stades la distance du sommet du Delta à Éléphantine. Cet intervalle est d'environ 6 degrés.

pour le degré du méridien. Un second stade, annoncé par M. Girard comme appartenant à l'ancienne Égypte, est celui de 108 toises (ou de 525 au degré), formé de 400 coudées d'Éléphantine¹. On verra en effet, comme une conséquence du système primitif, l'origine de ce stade, qui est congénère avec celui de 700, et, comme lui, employé peut-être dans une distance prise d'Éléphantine; mais je crois pouvoir assurer que l'on n'en retrouve point l'application au-dessous de Thèbes.

Les écrivains anciens font parfaitement connaître les rapports des mesures de l'Égypte les unes avec les autres. Hérodote en indique déjà beaucoup; Héron d'Alexandrie offre à lui seul de quoi reconstruire le système presque complet. Il ne s'agissait donc que de déterminer leur rapport avec le cercle de la terre, et de retrouver quelques étalons de ces mesures; c'est ce que j'ai déjà fait de plusieurs manières.

§. II. *Rapport des stades, du schœne et du mille de l'Égypte avec le degré.*

Les stades employés dans la géographie par les Égyptiens sont, l'un, de soixante, et l'autre, de trente, au schœne ordinaire, c'est-à-dire deux mesures doubles l'une de l'autre. Il est bon de remarquer que cette double mesure avait lieu pour la plupart des stades astronomiques de l'Orient : tels sont,

1°. Les stades de 1111.11 au degré et de 555.55, reconnus par tous les géographes;

---

¹ Mémoire sur le nilomètre de l'île d'Éléphantine, *A. M.*, t. VI.

2°. Les stades de 500 et de 1000 au degré, qui ne sont pas contestés;

3°. Le stade de 400 coudées d'Éléphantine, ou de 600 pieds d'environ 108 toises, et un stade sous-double de 54 toises, reconnu et plusieurs fois cité par les habiles géographes d'Anville[1] et Barbié du Bocage[2];

4°. Celui de 480, dont plusieurs métrographes ont parlé[3], et celui de 960[4], appelé aussi *stade européen*, mais dont l'origine est africaine, et qu'il serait plus juste d'appeler *stade éthiopien*; car, bien que retrouvé en Europe, il fait partie de l'institution astronomique de l'Abyssinie[5];

5°. Le stade de 360 au degré, ou stade pythique, et sa moitié, le stade de 720, employé par Ératosthène et par Hipparque, cité par Strabon, par Manilius, Pline, Marcien, Philon de Byzance, etc.

STADE DE 40 AU SCHŒNE.

Ce dernier stade, de 40 au schœne, est indiqué par Strabon comme usité en Égypte. Pline donne ce rapport entre le schœne et le stade d'Ératosthène. Mais le schœne est de quatre milles; donc le stade d'Ératosthène est le dixième du mille (égyptien).

Ce stade est moyen proportionnel entre celui d'Hérodote de 60 et celui de Héron de 50 au schœne. La va-

---

[1] D'Anville, *Mesures itinéraires*.
[2] Préface de l'Atlas du *Voyage du jeune Anacharsis*.
[3] Métrologie de l'Esparat.
[4] Idem.
[5] Je me borne à faire remarquer que ce stade dit *européen*, de 480 au degré, a pour étalon exact le côté de la base de la grande pyramide. Cela paraîtra moins étonnant, si l'on se rappelle que, d'après la géographie physique de l'Égypte, cette contrée n'a pu être civilisée que par les peuples de l'Éthiopie.

leur relative des trois stades était donc comme celle des nombres 30, 40 et 60, ou comme 540, 720 et 1080 ; rejeter cette conséquence serait rejeter les témoignages des anciens écrivains. Ainsi il suffirait d'avoir établi la valeur d'un de ces stades, ou son rapport au degré, pour avoir celle des deux autres et celle du schœne et celle du mille. Nous avons déjà fait concourir les deux moyens, et montré, d'une part, que le stade d'Ératosthène est de 720 au degré; de l'autre, qu'il est la sixième partie d'une longueur connue : le contour de la grande pyramide. Nous n'en chercherons pas moins par de nouvelles méthodes la valeur des autres stades.

STADE PHILÉTÉRÉEN, OU DE 30 AU SCHŒNE.

Le petit stade d'Hérodote, de 60 au schœne, se trouve donc, d'après cela, de 1080 au degré, et son grand stade, de 30 au schœne, qui est aussi celui de Diodore, de Héron, etc., est de 540 [1], plus grand d'un dixième que le stade olympique; par conséquent, de $7\frac{1}{2}$ au mille égyptien. C'est là le véritable stade alexandrin ou philétéréen, que l'on a tantôt confondu avec le stade de 500 au degré, employé par les Chaldéens, les Syriens et les Phéniciens, tantôt avec le stade olympique. Ce dernier stade est tout-à-fait inusité dans la géographie ancienne; ce qui ne doit pas surprendre, puisque tous les travaux de l'antiquité savante sont étrangers à la Grèce, qui n'a fait que les adopter aveuglément, par conséquent avec précision et dans la forme

---

[1] Conséquemment le grand schœne cité par Artémidore, de Memphis ou schœne double de 120 stades, à Thèbes, serait de 9 au degré.

originaire, sans jamais en traduire les résultats en mesures olympiques.

§. III. *Valeur des deux stades égyptiens, déduits de la seconde et de la troisième pyramide.*

Ce que l'on pourrait désirer de plus concluant ici serait sans doute de voir pour chaque stade un étalon bien authentique, indiqué par un auteur ancien.

Diodore de Sicile dit expressément que la base de la seconde pyramide (le *Chephren*) a un stade de côté. Nous prions de bien peser ce témoignage. Rejeter de pareils faits serait s'exposer à substituer de vaines hypothèses au vrai système des mesures égyptiennes.

Cette base a été mesurée exactement et trouvée de 106 toises $\frac{2}{3}$, ou de $207^m 9^r$; c'est rigoureusement la 540ᵉ partie du degré de l'équateur, évalué, dans les temps anciens, comme nous l'avons déjà trouvé par deux voies différentes, à 57600 toises[2] : le calcul est facile à vérifier. Cette mesure est aussi celle du côté de la base du château carré de César, dont on voit les restes entre Alexandrie et Canope.

Voilà déjà des étalons de cette ancienne mesure qui méritent d'être examinés. Voilà le stade du système de Héron d'Alexandrie, qui était

---

[1] Cette mesure de la seconde pyramide nous a été communiquée par M. Jomard, ainsi que celle de la troisième pyramide.

[2] Nous laissons de côté la question concernant la correction de notre toise sur l'*aris* des Perses; cette petite différence, peu importante ici, exige une discussion approfondie, comme nous l'avons déjà indiqué. Nous prenons d'abord les faits tels qu'ils sont donnés immédiatement par l'observation.

de 6 plèthres,

de 400 coudées xylopristiques,

de 540 βῆμα, l'ancien pas égyptien, selon le même auteur.

Il était enfin de 360 coudées *belady*, lesquelles servaient, dans l'Égypte ancienne, à mesurer les crues du Nil, et dont l'étalon se conservait religieusement à Alexandrie, dans le temple de Sérapis, divinité qui présidait aux crues du Nil et à leur mesurage.

Ce rapport du côté de la seconde pyramide, cité comme étalon du stade par Diodore, avec la coudée *belady*, fournit une preuve nouvelle de son origine rapportée au degré de l'écliptique.

Déterminons d'une manière directe le petit stade de l'Égypte, de 60 au schœne. Nous ne saurions suivre une meilleure marche que la précédente. Hérodote dit formellement que la base de la troisième pyramide, ou le *Mycerinus*, est de 3 plèthres; mais, puisque 6 plèthres, suivant Héron d'Alexandrie, forment le stade de 30 au schœne, le petit stade est donc de 3 plèthres : il est donc égal au côté de la base du *Mycerinus*.

Cette base a été mesurée et trouvée de 102^{m}25, ou de 52 toises 3 pieds : c'est la 1080e partie du degré de 365 au même cercle. Ce changement de degré ne doit pas trop surprendre. Il était naturel qu'après avoir construit un type du stade dérivé du cercle de l'écliptique les Égyptiens consacrassent dans une construction analogue la mesure du même cercle, d'après la division plus rigoureuse dont ils faisaient usage dans certains cas, et avec les instrumens les plus précis, tels que le fameux cercle du tombeau d'Osymandyas. Les mesures qui résultaient de là étaient quelquefois employées dans la construction des grands édifices. Ainsi les preuves abonderont pour justifier le principe.

On demandera si les mesures des pyramides que je cite sont rigoureuses; nous sommes fondés à les regarder en elles-mêmes comme très-voisines de l'exactitude: mais nous avons un moyen plus exact encore de déterminer la grandeur de ces monumens, et nous le ferons connaître ailleurs; elles se tirent principalement d'un passage très-important de Pline.

Les mesures de la seconde et de la troisième pyramide, telles que nous venons de les rapporter ici, ne peuvent différer de deux pieds de la parfaite exactitude; une coïncidence singulière de raisons nous autorise à l'affirmer. L'opération qui a fixé ces mesures ne saurait être suspecte de prévention, puisque son auteur, géographe très-habile, à qui l'on doit d'ailleurs la plus grande masse d'observations précises sur l'Égypte, a des idées différentes des nôtres sur les mesures égyptiennes. Ainsi la coïncidence des résultats de ses opérations graphiques avec notre système est très-remarquable.

CHAPITRE IV.

De quelques autres moyens de vérifier les mesures itinéraires, et spécialement de l'ancienne coudée sacrée ou nilométrique.

§. I. *De la réduplication de quelques mesures, etc.*

Nous reconstruisons un édifice bien ancien. Le temps, qui sans cesse altère les travaux des hommes et en efface jusqu'aux derniers vestiges, a dû étendre ses ravages sur celui-ci : toutes ses parties ne sont pas conservées dans leur intégrité première; mais il reste des masses étendues, des débris considérables, suffisans pour juger de l'ensemble et du rapport des parties. Des colonnes intactes, des membres entiers de l'édifice, symétriquement disposés, sont encore debout; d'autres, abattus et gisans depuis long-temps dans la poudre, n'en conservent pas moins leurs antiques proportions; presque partout les vestiges se montrent à découvert : le plan et la distribution se reconnaissent; la circonvallation se distingue; et, là où manquent des parties essentielles, dès qu'on fouille le sol, les fondations se retrouvent à la place qu'elles doivent occuper. Mais l'édifice le plus régulier présente encore des anomalies. La disposition du terrain, des rapports avec d'autres édifices, et d'anciennes constructions qu'il a fallu respecter, ont modifié les conceptions de l'architecte; des besoins survenus, des conditions nouvelles introduites par le laps des temps, par les révolutions qu'a subies la contrée, ont exigé des raccordemens, des additions, qu'il est essentiel de distinguer.

On ne s'étonnera donc pas de rencontrer dans le système métrique des anciens de légères irrégularités : on a sous les yeux un exemple d'anomalies bien plus graves, qui les justifie assez. Lorsqu'un jour on considérera dans notre système décimal une division de la mesure principale en trois parties, et sa subdivision duodécimale; la mesure du temps suivant une marche particulière, etc.; à ces anomalies on reconnaîtra des obstacles puissans qui ont modifié le développement des vues et la marche régulière des fondateurs : mais, en même temps, ces anomalies deviendront précieuses pour ceux qui rechercheront l'ancien état des choses et l'usage préexistant. De même celles que nous signalons dans le système égyptien sont importantes, pour remonter à l'état de choses qui a précédé celui qui nous occupe, et qui n'est ni moins curieux ni moins utile à connaître. Cette réflexion s'applique d'abord au stade de 540 au degré, qui est une réduplication de la mesure régulière ou du stade de 1080 au degré; elle s'applique également au schœne de 18 au degré, qui est une réduplication de la mesure régulière ou de 36 au degré. Cette réduplication va se montrer dans d'autres mesures, et d'abord dans la coudée nilométrique. Elle a ses causes, je le répète, dans un ordre de choses antérieur[1], et dans la nécessité de soumettre au même mode la division du temps et celle de l'espace.

On remarquera, à cette occasion, comme une conséquence de cette unité d'origine, que le mot *annus* chez les Latins, et le mot κύκλος chez les Grecs, ont été employés pour désigner également et le cercle et l'année ou une période de temps. N'avons-nous pas le mot *anneau* appliqué de même au cercle, et qui n'est aussi qu'un diminutif du mot *an* ou *année*? D'où viendrait cette double signification qu'on retrouve partout, si ce n'était d'une conformité jadis existante entre ces deux choses? Le jour lui-même a été désigné aussi quelquefois chez les Orientaux par le nom d'*an*[2]. Ces trois choses ayant chez eux des rapports parfaits, il n'est pas étonnant qu'on leur ait appliqué quelquefois le même nom.

Chacune d'elles se divisait, comme on a vu, en 3, en 12, en 36 et en 360 parties, en 720 et en 1080 : si quelques mesures très-importantes ne tombent pas sur ces diviseurs, mais partagent l'intervalle de manière

---

[1] Il y a eu, dans l'antiquité, plusieurs divisions astronomiques du temps et de l'espace, fondées sur le même principe; car l'idée d'unir ces deux choses est une des plus anciennes comme une des plus remarquables vues de l'antiquité savante. Nous exposerons ces divers systèmes tous liés entre eux, et qui ne sont que des perfectionnemens et des modifications successives d'une même idée : mais, quoique utiles à la parfaite intelligence du système dont nous exposons ici quelques parties, ces résultats, dénués de leurs preuves, pourraient être déplacés; ils paraîtraient des hypothèses sans fondement, tandis qu'on les jugera peut-être autrement en les voyant dans leur ensemble. On trouvera que je n'ai que trop multiplié les assertions isolées de leurs preuves; mais je prie de considérer qu'il s'agissait de donner une idée générale de ce système, et qu'il suffisait, dans un écrit qui n'a pour but que la détermination des anciennes limites de l'Égypte, d'indiquer les choses accessoires à cet objet.

[2] Comme Bailly en fait la remarque dans son *Histoire de l'astronomie ancienne*.

qu'elles se trouvent moyennes proportionnelles entre deux, cela tient à une réduplication telle que celle du stade de 540 au degré, qui est double du stade de 1080. Nous ne pourrons, comme nous avons dit, expliquer clairement la cause de cette particularité qu'en développant les divers systèmes métriques de l'antiquité; mais elle est générale dans ces systèmes: c'est par cette même raison que la plupart des stades de l'antiquité avaient leur double ou sous-double.

De même, et par suite de ce principe, la coudée (540e partie du dérage) est une division intermédiaire: elle était les deux tiers du pas et le double du pied. Ainsi le rapport de 360 se trouve entre elle et le stade; de sorte que l'on avait, dans le système égyptien,

1°. Le stade pythique (360e partie du degré), qui valait 360 pas simples;

2°. Le stade proprement dit (540e partie du degré), qui valait 360 coudées nilométriques;

Et 3°. le petit stade (de 1080 au degré), qui valait 360 pieds ou demi-coudées.

§. II. *Rapport de la coudée au degré et à toutes les mesures égyptiennes.*

Dans l'échelle métrique, la coudée[1] est au degré comme le stade est au cercle entier; le stade de 540 au degré, dont l'étalon est connu, est contenu 194400 fois dans le cercle de l'écliptique: cette coudée sacrée, ou double pied égyptien, si notre système est juste,

---

[1] Ou les deux tiers du pas de Héron.

doit être la 194400ᵉ partie du degré de ce cercle, ou de 57600 toises, comme l'avaient évaluée les astronomes anciens. Or, cette évaluation ancienne peut encore aujourd'hui se constater par les systèmes des peuples modernes, qui, la plupart, ont des rapports avec ceux de l'Orient et dérivent d'une source commune, et, comme eux, ont des rapports aussi avec la division de l'année et du jour.

Admettant le principe, il faut admettre les conséquences. Examinons seulement l'ancien système des mesures françaises.

Chez nous, l'année est partagée en 360 jours de 24 heures : la circonférence de la terre, partagée en 360 degrés, se subdivisait de même en 24 heures; car le nom d'*heure* a été appliqué à la division du degré en 24 parties, aussi bien qu'à celle du jour[1].

L'heure du degré en France, appelée aussi *heure de marche*, *lieue commune*, *heure de marche militaire*, est de 2400 toises. Les 24 heures font donc 57600 toises, valeur que l'ancienne évaluation donnait au degré de l'écliptique, valeur qui se déduit aussi immédiatement de diverses mesures égyptiennes encore en usage (de même qu'on déduit du pied olympique et du pied romain la valeur d'un degré[2] du méridien).

La toise était, dans notre système métrique, ce que

---

[1] Ce point a déjà été traité dans l'introduction : on nous pardonnera cette répétition, qu'il serait trop difficile d'éviter entièrement.

[2] Les géographes sont partagés sur la latitude à laquelle appartient ce degré du système olympique. Cette question est liée à celle qui nous occupe. La juste détermination de ce degré doit confirmer celle du degré de l'écliptique.

l'orgyie, ou pas double, était dans les systèmes métriques de l'Orient : elle se divise de même en 6 pieds, partagés chacun en 12 doigts ou pouces. (Il est bien connu qu'autrefois le pouce se divisait aussi en 10 parties; ce qui formait pour la toise une division en 720.)

Cent de ces toises ou pas doubles formaient le stade, de 600 pieds français ou de 625 pieds olympiques, comme le stade italique de Pythagore.

Huit de ces stades, ou 8 $\frac{1}{3}$ stades olympiques, ou 7 $\frac{1}{2}$ stades égyptiens, formaient le mille appartenant à notre ancien système. Ces deux mesures ont été connues des anciens, et leur emploi dans l'antiquité peut se constater. Cette évaluation du degré à 57600 toises, ou double *aris*, est un point qui se trouve d'accord avec les résultats où conduisent d'autres mesures anciennes, outre la coudée encore en usage aujourd'hui dans l'Égypte.

L'évaluation du degré d'après le socle de la grande pyramide donne un résultat presque semblable à l'évaluation actuelle du degré de l'équateur. Ératosthène comptait six stades dans son périmètre; nous avons démontré que ce stade était de 720 au degré, lorsqu'il s'agissait de l'équateur ou de l'écliptique : or, le périmètre de la pyramide égale en effet la 120ᵉ partie de ce degré. Ceci confirme bien que ce rapport au degré de l'équateur n'est pas l'effet du hasard. Mais, d'après notre ancien système de mesures françaises, la 120ᵉ partie de ce degré, ou le périmètre de la pyramide, doit être de 480 toises, et le côté de la base, de 120. Cette base, d'après le mesurage, est de 120 toises moins trois pieds et quelques pouces; assez petite différence, qui disparaît en grande partie, si l'on règle la toise sur la double *aris* des Perses, conformément à l'opinion de savans métrologues.

Comme on ne doit admettre de correction dans les mesures que sur les preuves les plus irrécusables, il est convenable, je crois, de regarder l'étalon des mesures persanes et françaises comme distinct de celui de la pyramide, et peut-être comme antérieurement déterminé. Cette correction, faite dans un laps de temps considérable et après le perfectionnement des procédés géodésiques, n'est pas plus invraisemblable que celle faite en France, dans le court espace de quelques années, à l'évaluation du degré moyen et à toutes les mesures qui en étaient dérivées.

ÉTALON DE LA COUDÉE NILOMÉTRIQUE.

Après la destruction de l'idolâtrie en Égypte, les temples des dieux étant fermés, ou consacrés au nouveau culte, cet étalon révéré de la coudée nilométrique, qui était placé dans le temple de Sérapis, fut déposé dans les églises chrétiennes; ensuite, sous le gouvernement des Arabes, dans les monumens publics destinés à cet usage, qui paraissent avoir été, comme sous le gouvernement des Mamlouks, leurs archives et leurs monnoies. Ainsi l'étalon de la coudée sacrée, ou ancienne coudée nilométrique, doit exister aujourd'hui dans les archives et les monnoies de l'Égypte. Avant de l'indiquer, nous allons examiner les rapports de cette coudée avec les principales mesures déduites du même type. Elle va nous fournir un nouveau moyen de vérifier tout le système égyptien ; je dis tout le système, puisque ses mesures sont toutes liées entre elles par des rapports bien connus, et déduites d'une unité fixe, suivant un principe unique, qui, une fois posé, ne laisse rien à l'arbitraire de l'auteur.

Cette coudée de 2 pieds, dont l'étalon subsiste, était contenue, suivant les données de Héron, avec lesquelles nous l'avons déjà rattachée,

> 1 fois $\frac{1}{7}$ dans le pas ou βῆμα ;
> 3 fois dans le pas double, ou la stature de l'homme, égale à 4 coudées naturelles de 16 de nos pouces ;
> 6 fois dans le calame ou acæne,
> 36 fois dans l'*ammah*, 10e partie du stade ;
> 60 fois dans le plèthre, dont Hérodote et Diodore nous indiquent plusieurs étalons ;
> 120 fois dans le jugère ;
> 180 fois dans le petit stade d'Hérodote, de 60 au schœne ;
> 360 fois dans le stade de 30 au schœne, ou la base du *Chephren*, de 400 coudées xylopristiques ;
> 540 fois dans le stade pythique de mille pieds olympiques ;
> 720 fois dans le diaule de Héron, de 15 au schœne ;
> 1080 fois dans le diaule pythique, dont il reste un étalon authentique ;
> 2700 fois dans le mille dont Polybe fournit l'équivalent d'un étalon ;
> 10800 fois dans le schœne, 18e partie du degré ;
> 194400 fois dans le degré lui-même :

rapports qui sont tous rigoureux, tous très-simples, et où paraît avec évidence la division par 3 et par 12.

Or, d'après l'évaluation du degré de l'écliptique à 57600 toises, déjà déduite par trois voies différentes, il résulte, comme nous avons déjà vu, que cette coudée égyptienne doit être précisément de 21 pouces 4 lignes. Si donc nous en retrouvons un étalon bien authentique qui confirme cette valeur, non-seulement les deux coudées, mais toutes les autres mesures dont les rapports leur sont assignés, tout le système métrique, déduit d'une manière si régulière de la division du cercle équatorial, devient incontestable.

Il existe en effet un étalon de la coudée, conservé à la monnoie du Kaire depuis un temps immémorial. Cette mesure est regardée comme étant essentiellement la coudée de l'Égypte; et, pour la distinguer de toutes les coudées d'origine étrangère, même de celle qui sert aujourd'hui à mesurer les crues du Nil (que les Arabes ont introduite), on l'appelle la coudée du pays, *dera' belady*, et il n'y a pas deux opinions à cet égard. Tout, jusqu'au nom qu'elle porte, mais surtout le témoignage de toute une nation aussi attachée à ses usages que la nation égyptienne, garantit bien son origine. Aussitôt après notre arrivée en Égypte, M. Costaz, un des membres distingués de l'Institut du Kaire, a été chargé d'en donner la mesure authentique : il l'a trouvée exactement de $0^m 577$, ou 21 pouces 4 lignes[1]; par conséquent cette coudée se trouve la 560ᵉ partie de la base du *Chephren*, qui est de $207^m 9$, ou du stade de 6 pléthres, de 540 au degré, etc., etc.

[1] Annuaire du Kaire.

§. III. *Pieds égyptiens.*

La moitié de la coudée *belady* est ce pied égyptien que Héron appelle *italique*, pour le distinguer d'un autre pied également égyptien, les deux tiers de la coudée de 400 au stade ou pied philétéréen. Les Romains s'étant attachés plus particulièrement à l'usage de la coudée nilométrique et du pied formé par sa moitié, qui différait très-peu du leur, l'usage en fut ordonné par des édits [1]. Il est naturel que, vu la nécessité de le distinguer de l'autre, on ait conservé l'épithète d'*italique*, dénomination qui n'a pas peu contribué à embrouiller les idées déjà assez confuses sur la métrologie égyptienne. Héron, malgré cette dénomination de *pied italique*, range cette mesure parmi les anciennes; ce que confirme assez son rapport de 1 à 3 avec le βῆμα ou pas égyptien, de 1 à 120 avec le plèthre, et de 1 à 720 avec le stade, etc. C'est le pied philétéréen de 16 doigts, qui se trouve aussi porté dans ses mesures modernes.

On voit comment s'unisssent les deux systèmes de

---

[1] M. Girard a même pensé que la moitié du pied *belady*, de 128 lignes, était la même mesure que le pied romain. C'est une quatrième évaluation du pied romain; mais elle est évidemment trop courte, et n'est appuyée par aucune mesure de mille. Les trois autres évaluations, qui sont de 130 lignes, de 130 $\frac{6}{10}$ ou $\frac{7}{10}$, et de 132 lignes ou 131 $\frac{7}{10}$, sont toutes trois appuyées par des mesures de mille, par des rapports à d'autres mesures, et par la manière exacte dont elles divisent certains monuments. Ce sont trois termes qu'il faut distinguer dans les étalons des mesures anciennes; ils doivent avoir une cause fixe. La dernière est, en outre, justifiée par les mesures creuses et par la mesure du palme romain moderne. Elle répond, ainsi que le palme moderne, au mille déterminé par Cassini, qui est de 764 à 765 toises. Ce mille est précisément la 75e partie du degré de l'écliptique.

Héron d'Alexandrie, dont le doigt, la palaiste, le dichas, la spithame, le pied de la coudée lithique, le pas simple ou βῆμα, sont des diviseurs communs. On remarquera ici que des trois coudées de Héron, deux ont des désignations particulières, la xylopristique et la lithique; mais, comme il est constant que leur longueur était la même, qu'elles étaient toutes deux de 24 doigts ou la 400e partie du *Chephren,* elles ne pouvaient différer que par un usage et un mode de division différens; l'une devait être, dans certains cas, soumise au mode isiaque, et par conséquent à la division septénaire, comme la coudée d'Éléphantine.

La coudée actuelle du meqyâs, introduite par fraude sous les khalifes pour calmer les appréhensions du peuple sur les crues, est une mesure arabe; quoique d'un pouce plus longue que la coudée xylopristique, elle se trouve encore plus courte d'un 15e que l'ancienne coudée nilométrique, comme on le voit dans la partie précédente. Voilà pourquoi les Arabes enveloppèrent de tant de mystère ce monument du meqyâs, et n'en permirent l'accès à personne. On conçoit bien qu'ils n'avaient pas changé la coudée pour l'allonger.

Les Romains n'ont donc pas introduit de nouvelles mesures en Égypte: il faudrait connaître bien peu l'esprit des Égyptiens et celui des Romains pour supposer le contraire. Les Romains ne changeaient pas les coutumes des peuples conquis: auraient-ils dérogé à leurs principes à l'égard d'un peuple aussi singulièrement attaché à ses usages que celui-ci, et encore pour lui donner des mesures qui n'étaient pas les mesures romaines? On sentira l'invraisemblance de cette supposition. Toutes les mesures étaient liées en Égypte; admettre un type nouveau était tout bouleverser. Ce que pouvaient faire les Romains était de s'attacher plus particulièrement à l'usage des mesures égyptiennes qui correspondaient le mieux avec leurs propres mesures. En faire prévaloir l'usage n'avait rien d'impossible; ces mesures étaient bien connues des Égyptiens : elles faisaient partie de leur système métrique, et se trouvaient en rapport avec toutes les autres; ce n'était en quelque sorte qu'un changement de supputation, aussi bien que l'usage de compter par pas de cinq pieds. Quant aux grandes mesures, il n'y eut rien de changé, puisque les mesures nouvelles en étaient, aussi bien que les autres, des diviseurs exacts. On voit par-là pourquoi l'ancienne coudée nilométrique de 360 au stade remplaça la coudée xylopristique de 400, et devint dès-lors d'un usage universel dans le pays. Aussi les Égyptiens lui donnèrent le nom de *dera' belady,* coudée propre au pays, quoique ce soient les Romains qui en aient rendu l'usage vulgaire.

Il est bien étonnant que ce nom de *dera' belady* n'ait pas attiré l'attention : il n'en fallait pas davantage pour retrouver tout le système égyptien, en comparant cette mesure avec les circonstances de l'inondation.

§. IV. *Digression sur les pieds italique et romain.*

Ce pied appelé *italique,* qui ne contient que 128 lignes du pied français, a dû être fréquemment transporté à Rome par les Romains employés en Égypte et par tous les artistes grecs qui s'y rendaient d'Alexandrie. Comme il ne diffère que d'environ deux lignes et sept dixièmes du véritable pied romain, et de quatre lignes de celui qui se déduit des mesures creuses, ce doit être aujourd'hui une source de méprises et de discussions sur la valeur exacte du pied romain. Cela explique en partie pourquoi l'on trouve à Rome des étalons d'anciens pieds aussi variables de grandeur.

« Le pied égyptien, dira-t-on, diffère encore trop ensiblement du pied romain pour qu'on ait pu le confondre avec lui dans l'usage; une différence de quatre lignes est trop considérable; d'ailleurs, à peine cite-t-on parmi les pieds anciens un seul pied de 128 lignes : mais les pieds d'environ 129 $\frac{95}{100}$ ou 130 lignes y sont plus communs; ils se rapportent même à ce terme précis, en assez grand nombre pour faire soupçonner une cause particulière, et voilà ce qu'il faudrait expliquer. » Tâchons de le faire : si nous nous trompons, on nous pardonnera cette conjecture, qui ne touche en rien au fond de notre système. La petite différence qui existait entre le pied égyptien et le pied romain était fort gênante sans doute pour les ouvriers et les artistes d'Alexandrie, obligés de travailler également pour les Romains et pour les gens du pays : ils ont dû chercher à obvier à cet inconvénient, à éviter ou à diminuer l'embarras et les contradictions perpétuelles qui en résultaient dans leurs travaux et dans leurs calculs, et à concilier le double besoin qu'ils avaient dans leurs rapports avec les deux nations. La seule voie pour cela était de prendre un terme moyen, ou d'adopter une mesure qui, partageant la différence, pût être également employée à la place de l'une et de l'autre mesure sans erreur sensible; le pied de 129 lignes $\frac{95}{100}$, qui se trouve fréquemment dans les étalons des anciens pieds romains, vu sa commodité, put être et devenir assez commun. En conséquence, une mesure d'environ $\frac{1}{72}$ plus courte que le pied romain ordinaire put être fréquemment transportée à Rome. Ces pieds particuliers s'y conservèrent au moins comme monumens curieux. La variation des pieds romains était inexplicable, et surtout leur fréquente longueur d'environ 129 $\frac{95}{100}$ lignes. Cette opinion en rendrait raison. Elle n'est pas tout-à-fait invraisemblable : je ne la donne, au surplus, que comme une pure conjecture, c'est la seule de ce genre que je me sois permise; et je conviens qu'il serait très-possible que la rencontre d'étalons de 130 lignes eût une cause plus essentielle, qui tînt à une évaluation fort ancienne du pied romain et à une diversité dans le type même de ce système : car les milles romains présentent eux-mêmes cette diversité. On trouve des milles de 752 à 755 toises, comme l'ont très-bien remarqué d'Anville et M. Barbié du Bocage : or, ces milles correspondent parfaitement avec les étalons du pied dont nous venons de parler. Nous nous proposons d'examiner particulièrement cette diversité des mesures romaines, qui n'a peut-être pas attiré l'attention autant qu'elle le mérite[1]. Cette longueur de beaucoup d'étalons ne sau-

---

[1] Depuis la rédaction de cette partie du mémoire, nous avons fait des recherches sur cette question : elles nous ont conduits à reconnaître qu'effectivement il y a eu trois types dans les mesures anciennes.

rait être une rencontre accidentelle, ni provenir d'une altération du pied romain; les mesures n'en subissent pas de semblables : outre leur coïncidence singulière à ce même terme, il faut remarquer que plusieurs de ces mesures qui s'écartent en plus ou en moins du pied commun sont monumentales et bien authentiques; par conséquent, que toute idée de raccourcissement par fraude ou par négligence de la part des fabricans, ou par un long usage, ne saurait être admise : tels sont les pieds qui se déduisent des proportions des édifices anciens, etc.

Nous allons, dans l'un des paragraphes suivans, donner connaissance d'un autre étalon qui n'est guère moins direct que la coudée, pour déterminer tout le système métrique de Héron d'Alexandrie, l'auteur qui nous a laissé le traité le plus complet sur les mesures égyptiennes.

CHAPITRE V.

Des diaules ou stades redoublés.

§. I. *Du diaule de Héron d'Alexandrie.*

Le diaule était, dans tous les systèmes anciens, une mesure de deux stades. On l'employait dans les cirques et les hippodromes, qui en offrent encore de fréquens étalons.

Ainsi les stades avaient leurs doubles aussi bien que leurs sous-doubles. On ne doit pas regarder cela comme une complication de mesures. C'est ainsi que, dans notre système moderne, nous pourrions, sans qu'il y eût d'altération dans le type de la mesure, faire les supputations par mètre, par demi-mètre, ou par double mètre ou toise métrique. Nous pourrions supputer même par pied et par coudée métrique, si l'usage de la coudée eût prévalu chez nous. Nous avons eu pour principe de réduire au plus petit nombre possible les unités distinctes et nominales du système de mesures, ayant plutôt égard en cela à la commodité du calcul qu'à la commodité du mesurage. C'était le contraire chez les anciens, et la coupe de leurs systèmes métriques se prêtait singulièrement à cette vue. Chaque unité principale se divisait toujours en deux et en trois parties. J'appelle *unités principales*, les divisions successives du cercle en 360 parties, qui formaient autant de périodes symétriques ou semblablement divisées. Je ferai voir ailleurs cette double division dans le cercle pour certains usages ; elle existait aussi dans l'année.

Dans le degré céleste, outre la division en deux diamètres du soleil, il y avait aussi une division en trois parties ; l'ancienne division du jour en deux et en trois parties est bien connue.

Le degré terrestre se divisait de même en deux et en trois journées de marche, quelquefois appelées aussi *journées de navigation ;* d'Héliopolis à Thèbes Hérodote compte neuf journées de navigation : il y a quatre degrés et demi.

Le degré se divisait aussi en trois parties, appelées quelquefois *journées*; c'est pourquoi de Saïs à Éléphantine Hérodote compte vingt journées : l'intervalle est de six degrés et deux tiers ; c'est un tiers de degré pour la journée.

Quant à la 360ᵉ partie du degré, nous avons vu sa division en 2 stades de 720 au degré et en 3 stades de 1080; nous avons de même celle du pas égyptien, 360ᵉ partie du stade pythique, en 2 pygons ou coudées naturelles, et en 3 pieds ou 3 demi-coudées *belady*.

Outre ce mode de division d'où naissaient autant de mesures distinctes et usuelles, les Égyptiens en formaient de nouvelles, en doublant, soit la mesure principale, soit sa tierce partie : tels sont, pour ce dernier cas, la coudée et le stade; pour le premier cas, le pas double. Nous allons voir, par un monument bien authentique, que ce redoublement avait lieu aussi pour le dérage ou stade de mille pieds olympiques, qui avait son diaule, aussi bien que le stade de 540 au degré; mais, comme les auteurs anciens ne parlent que de ce dernier diaule, arrêtons-nous un moment à considérer ses rapports.

Cette mesure, suivant Héron, était la 15ᵉ partie du schœne et de la parasange. Elle était comprise quatre fois moins un quart dans le mille égyptien ou oriental de $7 \frac{1}{2}$ stades.

Le diaule égale deux stades égyptiens[1], ou deux fois la base du *Chephren*.

Étant la 15ᵉ partie du schœne, ou de 40 stades d'Éra-

---

[1] *Voyez* les mesures de Héron.

tosthène[1], il doit être contenu deux fois et un quart dans le pourtour de la grande pyramide, qui est de six stades d'Ératosthène.

Le diaule contient

120 acænes ou cannes,
200 grandes orgyies,
480 pas,
720 grandes coudées (800 des coudées d'Hérodote, de 400 au stade),
1440 pieds italiques.

§. II. *Étalons du dérage de mille pieds olympiques et du diaule pythique de deux mille pieds.*

La seconde mesure qu'on peut regarder comme un diaule est le double dérage ou double stade pythique : son étalon doit donc contenir

1 $\frac{1}{2}$ diaule de Héron,
3 fois le côté de la base de la seconde pyramide,
$\frac{2}{3}$ du périmètre de la grande pyramide, ou 4 stades de 40 au schœne ;
180 cannes ou acænes,
360 pas doubles,
300 grandes orgyies,
720 pas simples de 3 pieds italiques,
1080 coudées *belady*,
1200 coudées xylopristiques d'Hérodote et de Héron, de 400 au stade ;
1440 pygons ou coudées naturelles de 16 pouces,
1800 pieds philétéréens d'un pied 10 lignes, ou 0^{m}3467 ;
2160 pieds italiques ou demi-coudées *belady*,

---

[1] *Voyez* ci-dessus, chap. II.

2000 pieds olympiques enfin, et par conséquent la 180ᵉ partie du degré et la 60ᵉ du grand stathme ou petite journée de marche, tiers du degré.

On retrouve des étalons de plusieurs de ces mesures, ou leurs rapports précis avec des mesures connues.

Je prie le lecteur de se demander quelle serait la preuve la plus capable de le satisfaire pleinement touchant la véritable longueur de ce diaule ou stade pithique redoublé, dont les rapports avec tant d'autres mesures sont assignés par la place qu'il occupe dans l'échelle métrique. Ne serait-ce pas de trouver un monument qui eût dû servir d'étalon à cette mesure des anciens, qui, par sa forme et sa destination, ne laissât pas d'équivoque sur l'intention des constructeurs, et cela dans une localité où il eût pu être vérifié par Héron lui-même? Hé bien, cet étalon qui doit concorder avec tant d'autres monumens authentiques subsiste encore aujourd'hui dans la ville d'Alexandrie, où ce géomètre habitait, et où il écrivit son traité sur l'arpentage et sur les mesures égyptiennes. C'est un hippodrome ou cirque construit sous les successeurs d'Alexandre (si ce n'est même lors de la fondation de la ville), près de la colonne dite *de Pompée*, et, ainsi qu'elle, hors de l'enceinte de la ville des Arabes. Voilà donc un type des mesures de Héron. Cette sorte de mesure n'était pas d'usage chez les anciens dans les supputations géographiques; on comptait par stades simples : mais elle servait pour les cirques, où s'exerçait le peuple; et c'était en même temps l'étalon inaltérable de ses mesures.

La longueur de ce stade, ou cirque d'Alexandrie,

mesurée intérieurement sur son axe et d'un mur à l'autre, est triple du côté de la base de la seconde pyramide, sextuple du côté mesuré de la troisième, sauf la petite différence des degrés.

Il contient 360 pas doubles de 6 pieds italiques, etc.

Il contient 1080 coudées du pays ou *dera' el-belady*, et de nos mesures 615 mètres, ou environ 315 toises [1].

Enfin il est de 2000 pieds olympiques.

Ce monument si intéressant pour la métrologie a été publié dans la Description de l'Égypte [2]. Voilà l'étalon le plus authentique et le plus concluant qu'on ait peut-être cité pour aucune mesure orientale, après le nilomètre d'Éléphantine; c'est celui du lieu même où écrivait l'auteur ancien qui nous marque ses rapports avec les autres mesures : j'ajouterai, celui dont l'élévation doit être la moins suspecte; car il a été mesuré avec beaucoup de soin par une personne qui ne pensait pas que ce fût l'étalon d'une des principales mesures du système métrique transmis par le géomètre d'Alexandrie. On peut vérifier maintenant si tous les rapports que nous avons indiqués plus haut sont exacts.

---

[1] Ce monument a été mesuré et dessiné par M. Balzac, l'un des architectes de la Commission; il avait été reconnu d'abord par M. Dolomieu et les ingénieurs des mines qui l'accompagnaient à Alexandrie, MM. Cordier, Descostils et moi, et quelques autres membres de la Commission des sciences, notamment MM. Delile et Du Bois-Aymé. Je rappellerai, pour la mémoire de M. Dolomieu, qu'il a été le premier, et peut-être le plus zélé, au milieu de personnes qui l'étaient beaucoup, à parcourir les environs d'Alexandrie, et à recueillir des observations tant sur l'état ancien du pays et sur sa constitution physique que sur les déserts environnans, et cela à une époque où les difficultés et les dangers étaient plus grands qu'à toute autre.

[2] Alexandrie, *A.*, vol. v.

Qu'on ne pense pas que ce rapport de l'hippodrome d'Alexandrie au double stade pythique de 2000 pieds olympiques soit une rencontre fortuite. Il existe encore un autre hippodrome à Antinoé [1], et sa longueur totale est de mille pieds olympiques, ou de 307 mètres de nos mesures. C'est la 360ᵉ partie du degré du méridien, mesuré au-delà du tropique, qui est plus court que le degré moyen, et précisément égal au degré dont la mesure se déduit du mille romain. Cet accord ne peut laisser aucun doute sur l'intention des constructeurs. Ainsi voilà deux étalons bien authentiques de ce stade pythique que Censorin cite d'après Pythagore, qui avait voyagé en Égypte, avait séjourné à Thèbes et en avait rapporté lui-même les mesures. La Grèce renferme encore plusieurs étalons du dérage.

CHAPITRE VI.

De la coudée xylopristique.

On s'étonnera sans doute de ce que je n'ai pas traité plus spécialement de la coudée de 400 au stade, ou coudée xylopristique de Héron d'Alexandrie, l'une des plus importantes mesures usuelles de l'Égypte ancienne : mais j'ai dû m'attacher de préférence à la coudée nilométrique, parce que sa détermination servait à confirmer les résultats de la IIᵉ partie, touchant l'exhausse-

---

[1] Antinoé, plan topographique, *A.*, vol. IV.

ment du sol de l'Égypte; que, d'une autre part, comme elle subsiste encore dans le pays, elle fournissait un moyen direct de régler la valeur précise des autres mesures, ainsi que le type d'où elles sont dérivées.

Il était bien probable, à la vérité, que la coudée xylopristique était aussi une des nombreuses coudées arabes; mais cela ne pouvait être reconnu *à priori*. Maintenant que le système métrique des Égyptiens est retrouvé, ce point, comme beaucoup d'autres, peut facilement s'éclaircir. La valeur de la coudée xylopristique peut être déduite d'une manière rigoureuse.

1°. De la valeur du stade et de son étalon, la base de la seconde pyramide, qui est de 106 toises 4 pieds ($207^m 81$) : la 400e partie de cette mesure est de 19 pouces $2\frac{1}{3}$ lignes ($0^m 520$, ou bien, avec la précision de quatre décimales, $0^m 5197$); voilà la coudée xylopristique;

2°. De son rapport avec la coudée nilométrique, ou coudée *belady* de 21 pouces 4 lignes : ce rapport étant comme 360 à 400, ou comme 9 à 10, la valeur de la coudée xylopristique est encore fixée par-là à 19 pouces $2\frac{1}{3}$ lignes ($0^m 520$), ou, pour plus parfaite précision, $0^m 5196$;

3°. De la valeur du degré de l'écliptique, fixé par une ancienne évaluation, comme je l'ai prouvé, à 57600 toises : en divisant donc ce degré par 540 stades, et le stade par 400, on a exactement pour valeur de cette coudée 19 pouces $2\frac{1}{3}$ lignes ($0^m 520$), ou, plus rigoureusement, $0^m 5197$.

Voilà donc bien exactement, et par un concours remarquable de moyens précis et indépendans les uns des autres, la coudée xylopristique de Héron d'Alexandrie, déterminée.

Voilà quelle était la coudée de 400 au stade égyptien, suivant Hérodote, Diodore de Sicile, Julien l'architecte, S. Épiphane, etc. Toutes les autres mesures sont déterminées par-là.

Il devient manifeste maintenant que cette coudée était la même que la coudée noire des Arabes, qui est aussi de 19 pouces $2\frac{1}{3}$ lignes, ou rigoureusement $0^m 5196$; et ce qui est bien digne d'attention, c'est la longueur précise que lui assignait son rapport de 9 à 10 (ou de 360 à 400) avec la coudée *belady*. Cette rencontre, par sa parfaite exactitude, est une nouvelle preuve presque aussi forte en faveur de notre système, qu'aurait pu l'être la découverte d'un étalon antique de la coudée xylopristique.

CONCLUSION.

Voilà encore un moyen de plus pour justifier la détermination du type primitif, c'est-à-dire la très-ancienne évaluation du degré de l'écliptique à 57600 toises. Cette singulière précision dans la coïncidence de tant de moyens différens rend cette détermination de l'ancien type inattaquable. La découverte même d'un étalon authentique d'une *mesure égyptienne*, qui indiquerait un type tant soit peu différent, ne pourrait lui être opposée. Il faudrait un pareil concours de moyens et de mesures différentes, coïncidant vers un même

DE LA CONSTITUTION PHYSIQUE

type, pour infirmer la détermination de celui-ci, ou même pour la rendre douteuse[1].

Mes recherches m'ont conduit à reconnaître que, dans le système astronomique des Égyptiens, les mesures en géographie étaient toujours des parties semblables des différens cercles auxquels elles appartiennent, et non des longueurs absolues et constantes. Ainsi, dans les parallèles, les schœnes comptés par les auteurs anciens sont des 18es de degré; les stades, des 540es, etc.

Ces résultats assez inattendus, mais conséquences nécessaires de notre système, se trouveront développés à la fin de la section II, lorsque nous traiterons de la base de l'Égypte le long de la mer. Ce sont des vues dont il sera facile de faire de nouvelles applications.

Les détails où nous sommes entrés sur le système des

---

[1] Il faut bien remarquer, à ce sujet, que la longueur précise de l'étalon du stade, la base du *Chephren*, sur laquelle j'ai beaucoup insisté, n'est pas uniquement déterminée par la mesure qui en a été faite pendant l'expédition; elle l'est aussi par un passage très-important de Pline, où les bases des trois pyramides sont données en une même sorte de mesure, qui ne laisse rien d'équivoque. Mais, comme il y a visiblement une altération dans la mesure de l'une des trois pyramides, je n'ai pas voulu m'appuyer sur ce passage, bien qu'en confrontant les manuscrits de la Bibliothèque du roi j'aie reconnu l'altération, qui provient de ce que, dans les manuscrits anciens, l'un des chiffres C, dégradé ou mal conformé, a été transformé par le copiste en L, ce qui a diminué de L pieds la mesure de la grande pyramide, comme on le voit dans quatre manuscrits; de ce qu'ensuite, dans les manuscrits postérieurs, on a restitué le chiffre C qui manquait, mais en conservant le chiffre L surabondant, ce qui a augmenté la mesure primitive de L pieds. Quelque certaine que soit cette correction, j'ai préféré ne faire aucun usage d'un passage corrigé: on peut voir que je n'en ai employé aucun. Je puis cependant faire observer que les mesures des deux autres pyramides, n'étant point altérées, conservent toute leur valeur et s'appuient par le rapport qui existe entre elles; de plus, la longueur du pied de Pline peut être justifiée par d'autres moyens.

mesures égyptiennes sont loin d'en présenter le développement complet; ils paraîtront peut-être encore bien étendus pour cet ouvrage : mais on fera attention que ce n'est pas un simple traité d'histoire naturelle; l'examen du sol de l'Égypte doit tendre à la solution de plusieurs grandes questions, pour lesquelles cette contrée fournit des moyens qu'on ne trouverait point ailleurs. On remarquera déjà que le système métrique des Égyptiens confirme par des preuves directes les indications tirées des faits de la première partie, relativement à la contrée à laquelle l'Égypte doit sa civilisation. Les mesures égyptiennes n'appartiennent pas à l'Égypte : le principe d'après lequel est formé ce système, et les types d'où sont dérivées les mesures, forcent de rapporter l'origine de cette institution, fondamentale pour les sciences, dans les contrées situées entre le tropique et l'équateur. Cette conclusion se confirmera de plus en plus[1]; on verra aussi des applications plus directes de la connaissance des mesures égyptiennes à diverses questions de géologie. Néanmoins, malgré les secours que nous devons en tirer, nous avions l'intention de nous borner à de simples indications sur la valeur des mesures itinéraires et à l'exposé succinct d'un très-petit nombre de preuves : mais nous avons senti que des résultats tout-à-fait nouveaux, presque dénués de développemens, n'auraient semblé que des hypothèses hasardées; ceux que nous avons donnés suffiront pour

---

[1] Je prouverai cette origine par des moyens tout-à-fait indépendans de ceux-ci et plus directs; mais il est bon de remarquer que ceux-ci l'établissent déjà.

DE LA CONSTITUTION PHYSIQUE

exciter l'attention des personnes qui, plus capables d'approfondir ce sujet difficile, cherchent comme nous la vérité.

Nous nous sommes exprimés de manière à bien faire distinguer, de ce que nous regardons comme démontré, un petit nombre de conjectures hasardées sur des points accessoires. La critique franche et éclairée négligera ces accessoires pour s'attacher aux points fondamentaux du système : elle examinera s'ils reposent sur des preuves positives, directes, et qui soient concluantes ; dans le cas contraire, elle montrera en quoi pèchent les données qui ont été employées, ou les conséquences que nous en avons tirées, et ces observations pourront alors devenir utiles pour conduire au but que nous n'aurions pas atteint.

La détermination que les anciens ont faite des limites de l'Égypte, qui est le but principal de cette troisième partie, va nous fournir une importante application de leurs mesures.

SECTION II.

Limites de l'Égypte, suivant les plus anciens auteurs.

> « L'homme, que son inquiétude porte à parcourir de nouvelles parties du globe, ne sait pas que d'autres hommes l'ont précédé, qu'il ne fait que reproduire d'anciennes découvertes, que le fruit de ses peines est destiné à se perdre, et que les travaux auxquels il attache tant d'importance seront probablement recommencés un jour, comme l'on a été obligé de recommencer ceux des générations qui se sont éteintes. »
>
> M. Gossellin, *Géographie des Grecs analysée.*

OBSERVATIONS PRÉLIMINAIRES.

Exactitude des anciens astronomes.

Lorsque l'on connaît la vraie longueur des mesures itinéraires de l'Égypte, il devient facile de juger de l'exactitude des anciens astronomes du pays dans leurs observations, et de la fidélité des écrivains grecs qui nous en ont transmis les résultats.

Il avait paru impossible de concilier entre eux les anciens auteurs qui ont écrit sur la géographie de l'Égypte, ou seulement un auteur avec lui-même; car, si quelques mesures, à l'aide d'un peu de tolérance ou d'explications heureuses, venaient à s'ajuster avec les descriptions du pays, la plupart, rebelles aux interprétations les plus ingénieuses, restaient tout-à-fait discordantes. Les écrits de nos plus savans commentateurs sont remplis de plaintes sur ce sujet : les auteurs anciens en sont fort maltraités pour le fait de la géographie égyptienne, et maintes leçons ont été proposées pour faire disparaître des altérations de textes, des contradictions manifestes, des absurdités palpables. Cependant, en appliquant aux indications des anciens, d'Hérodote, de Diodore, de Strabon même, le schœne de 18 au degré, le stade de 540 au degré, ou sa moitié de 1080, non pas suivant la méthode usitée de composer avec chaque cas particulier, tantôt à cause des détours du chemin, tantôt en raison des coudes de la rivière, des sinuosités des plages de la mer, etc., etc., mais en se tenant invariablement à ce principe, que toutes ces distances, fixées par des observations astronomiques, doivent se mesurer en ligne droite, tant du sud au nord que de l'est à l'ouest, et que toutes sont, non pas des approximations données en nombre rond, mais des mesures précises et rigoureuses, alors tous les textes deviennent exacts, et ces auteurs se trouvent avoir tous employé ce même stade dont les monumens de l'Égypte ont conservé de nombreux étalons. Il faut excepter les mesures de l'arc de Syène à Alexandrie, et un très-petit nombre de cas où Strabon et quelques autres répètent les nombres donnés par Ératosthène, dans lesquels le stade est réellement évalué dans le sens du méridien sur le pied de 700 au degré : mais on verra par la suite les causes de cette supputation particulière à Éléphantine; l'exception confirmera la règle.

Si l'on construit la carte des limites de l'Égypte d'après les renseignemens anciens, d'Hérodote, de Diodore de Sicile, ou de Strabon, ou, ce qui paraîtra plus surprenant, d'après ceux d'Ératosthène lui-même, en prenant uniformément dans tous ces auteurs le schœne pour la 18e partie du degré, pour 4 milles de 72 au degré, tels que ceux de Héron d'Alexandrie, de Polybe et de l'*Itinéraire* d'Antonin; ce même schœne encore pour 30 stades ou pour 60 stades d'Hérodote : tel sera le rapport de ces diverses cartes, ou des portions que ces auteurs fournissent, que, comparées entre elles et avec la carte française, elles n'offriront aucune différence appréciable, et pourraient être prises sans erreur pour des calques de cette dernière.

En examinant scrupuleusement jusqu'aux plus légères incertitudes, on verra que, dans des intervalles de plusieurs degrés, elles portent à peine sur des valeurs d'une minute; mais cette limite est aussi celle de l'exactitude des observations modernes. Des incertitudes restreintes entre des limites si étroites autorisent à regarder les déterminations des astronomes anciens comme identiques avec celles des modernes. Nous annonçons d'avance ce résultat, afin que l'on examine plus attentivement les données que nous employons et la marche que nous suivrons. Loin de glisser sur les difficultés, nous nous attacherons spécialement à les faire ressortir aux yeux du lecteur. Voici d'abord les principales observations modernes.

TABLEAU *des latitudes principales relatives aux limites de l'Égypte, suivant les Observations astronomiques de M. Nouet*.[*]

	LATITUDES.	LONGITUDES.
Philæ (île de)...............	24° 1′ 34″	30° 34′ 16″
Cataracte.....................	24. 3. 25.	»
Syène........................	24. 5. 23.	30. 34. 49.
Éléphantine, temple du sud.......	24. 5. 23.	»
Extrémité de l'île prise à la digue ancienne.....................	24. 6. 10.	»
Hermonthis...................	25. 37. 20.	»
Thèbes, cirque de Louqsor, partie sud.	25. 39. 40.	»
Thèbes, palais de Louqsor.........	25. 41. 57.	»
Le Kaire, maison de l'Institut......	30. 2. 21.	28. 58. 30.
Héliopolis, temple..............	30. 8. 0.	»
Alexandrie, phare.............	31. 13. 5.	27. 35. 30.
Ancienne bouche Canopique.......	31. 18. 0.	»
Ruines d'une ville égyptienne, partie sud........................	31. 19. 0.	»
Tour à l'extrémité du cap.........	31. 19. 44.	30. 19. 38.

[*] Les points de Philæ, Syène, Thèbes (palais de Louqsor), le Kaire, Alexandrie (phare), Abouqyr (tour), sont les seuls qui aient été déterminés astronomiquement ; les autres positions très-voisines de celles-ci sont conclues de leurs distances à ces points évaluées sur la carte. Elles ont été déterminées par des moyens géodésiques rigoureux, à l'exception de la distance de Péluse au cap Kaçaroun, qui est le résultat d'une reconnaissance faite avec beaucoup de soin, lors de la campagne de Syrie, par M. Jacotin, directeur des ingénieurs-géographes.

CHAPITRE PREMIER.

De l'étendue de l'Égypte dans le sens du méridien.

§. I. *Sa longueur totale.*

La longueur de l'Égypte a été fixée, comme on a vu [1], à la 50ᵉ partie du méridien. Cette évaluation, transmise par les Grecs, est due, comme toutes les anciennes notions exactes, à ces colléges de prêtres astronomes dont les connaissances sont mises aujourd'hui en problème par les nations civilisées qui ont hérité de leurs découvertes, possèdent encore plusieurs de leurs institutions, et répètent, sans s'en douter, des opérations faites par eux, il y a plus de trente siècles, avec le même degré de précision.

La 50ᵉ partie du méridien est de 7° 12'; et la longueur de l'Égypte, depuis l'île d'Éléphantine, sa limite méridionale, jusqu'à la plage d'Abouqyr, rocher le plus septentrional des côtes d'Égypte, a été trouvée, par les observations astronomiques multipliées de M. Nouet, également de 7° 12', en s'arrêtant précisément à l'embouchure du Nil la plus avancée vers le nord [2].

---

[1] Iʳᵉ partie, chap. 1ᵉʳ.

[2] Si l'on voulait prendre la partie la plus saillante de la presqu'île d'Abouqyr, qui forme un petit cap détaché, sur lequel est bâtie la tour d'Abouqyr, on trouverait alors 7° 14' 21"; mais aucune ruine ancienne n'autorise cette préférence.

Le schœne étant de 18 au degré, cette longueur de l'Égypte, cet arc de 7° 12', doit se trouver évalué chez les anciens à 129 ⅗ schœnes. Elle se trouve dans Hérodote seulement de 129 ⅓ schœnes; il manque donc 8 stades à sa mesure pour compléter la 50ᵉ partie du méridien : mais, d'après notre évaluation du schœne, il s'en faut aussi de 8 stades que sa mesure n'arrive jusqu'à la partie sud d'Éléphantine; elle s'arrête vers l'extrémité septentrionale, marquée par l'ancienne digue. Si l'on ajoute à cette mesure la longueur de l'île, qui est d'un mille ou d'un quart de schœne, on a avec précision les 129 ⅗ schœnes. Hérodote n'est donc pas en défaut même d'un quart de schœne. Cependant, comme il n'indique pas quelle partie d'Éléphantine formait le point de départ de sa mesure, on peut nous objecter que l'extrême précision que nous trouvons n'est rigoureusement démontrée qu'à un quart de schœne près[1]. Il est d'autant plus nécessaire de le remarquer, que cette incertitude peut avoir différentes causes.

§. II. *Distance de Thèbes à Éléphantine.*

D'Éléphantine à Thèbes le stade est compté d'une autre manière qu'au-dessous de Thèbes : il est de 30 au schœne. Il ne faut pas l'attribuer à une erreur d'Hérodote, ni à une altération de son texte, qui est d'une exactitude parfaite dans tout ce qui concerne les mesures de l'Égypte. On est, en général, trop porté à mo-

---

[1] Quelque légère que fût cette différence, elle surpfendrait de la part des Égyptiens, et formerait une contradiction avec la notion du rapport de la longueur de leur pays à la circonférence de la terre.

difier les textes des anciens, faute de connaître assez ce qu'il y a de particulier dans les pays dont ils parlent. Nous avons déjà fait remarquer qu'Hérodote donne cette longueur de l'Égypte en deux parties distinctes : la première, de Thèbes à la mer, et la seconde, d'Éléphantine à Thèbes; comme si quelque cause particulière s'opposait à ce que l'on comptât en une même somme le nombre de stades compris depuis Éléphantine jusqu'à la mer. Si l'on se rappelle l'existence d'une dynastie d'Éléphantine, indépendante de celle de Thèbes, et ses institutions particulières, cela paraîtra moins extraordinaire.

Cette espèce d'anomalie doit provenir de quelque circonstance qu'il reste à découvrir dans la supputation des Égyptiens, relativement aux mesures d'Éléphantine. Strabon fait une observation qu'on a tout-à-fait négligée et qui est digne d'attention; c'est qu'à Thèbes commençait l'usage de la division du temps fondée sur le cours du soleil, que les Thébains honoraient spécialement; tandis que leurs voisins, c'est-à-dire ceux d'Éléphantine, rendaient un culte plus particulier à la lune. On peut croire que cet astre y réglait la division du temps : c'est du moins ce que l'on peut inférer du passage de Strabon. Diodore dit aussi que Thèbes, qui tirait son nom du soleil, réglait le temps sur le cours de cet astre, et non pas sur celui de la lune comme les autres pays. Comme, dans notre opinion, la division du temps est toujours liée à celle de l'espace, il résulterait déjà de là qu'il devait y avoir quelque différence entre les mesures des deux pays. Nous examinerons ailleurs cette question avec toute l'attention qu'elle mérite; mais, quoique d'une grande importance pour la métrologie égyptienne, les conditions qui en dépendent ont très-peu d'influence sur les questions actuelles.

Voici le texte de Strabon, qui nous semble n'avoir pas été remarqué [1]:

Λέγονται δὲ καὶ ἀςρονόμοι καὶ φιλόσοφοι μάλιςα οἱ ἐνταῦθα ἱερεῖς. Τούτων δ᾽ ἐςὶ καὶ τὸ τὰς ἡμέρας μὴ κατὰ σελήνην ἄγειν, ἀλλὰ κατὰ ἥλιον, τοῖς τειακονθημέροις δώδεκα μησὶν ἐπαγόντων, πέντε ἡμέρας κατ᾽ ἐνιαυτὸν ἕκαςον.

Thebani maximè sacerdotes astronomiam philosophiamqne exercere dicuntur. Hi non lunœ, sed solis cursu annos numerant, triginta dierum duodecim mensibus, quorum quisque triginta constet diebus, quinque dies quotannis adjicientes. (Strab. Geograph. lib. XVII, pag. 816.)

Strabon, d'après Artémidore, dit que de Thèbes à Éléphantine la manière de compter les stades différait de celle qui était en usage au-dessous de Thèbes; le schœne en contenait moitié moins. Le grand schœne, qui contenait 120 stades de Memphis à Thèbes, n'en renfermait plus que 60 de Thèbes à Eléphantine; par conséquent, le schœne de 60 n'en renfermait ici que 30. Effectivement, le nombre de stades indiqué par Hérodote [2] remplirait à peine la moitié de l'espace réel, à

---

[1] Quant aux autres textes anciens, on les trouvera dans l'ouvrage que nous avons indiqué.

[2] Ce passage est un des plus remarquables de cet auteur; et, quoique les manuscrits offrent une variante, il ne peut être révoqué en doute, parce qu'il se trouve confirmé par d'autres renseignemens anciens.

prendre le stade, comme dans ses autres mesures, sur le pied de 60 au schœne : ainsi il n'y a pas de difficulté. Il s'agit évidemment ici du stade double ou de 540 au degré, stade dont Hérodote fait mention encore ailleurs, et qu'il évalue à 400 condées, aussi bien que Héron d'Alexandrie.

Pour vérifier la justesse de cette mesure, il faut connaître d'une manière bien précise les deux points extrêmes de la ligne.

POSITION D'ÉLÉPHANTINE.

La situation de l'île d'Eléphantine vis-à-vis de Syène, à 2000 toises au nord de la première cataracte, est bien constatée; les 820 stades (ou 27 $\frac{1}{3}$ schœnes) doivent partir de la pointe septentrionale de l'île, par la raison qu'il manque à la mesure de l'Égypte rapportée par Hérodote la longueur de l'île. Supposons que, nonobstant cette raison, on voulût la faire remonter jusqu'à l'un des temples qui subsistent encore, et comparons : dans le premier cas, le rapport de la mesure d'Hérodote avec les observations modernes serait juste à moins de 200 toises près, c'est-à-dire à $\frac{1}{7}$ de minute; dans l'autre cas, il y aura une différence de 860 toises, ou même de 1000, suivant que l'on s'arrêterait au temple du nord ou à celui du sud : ce qui ne forme pas encore une minute d'erreur ou d'incertitude.

Une remarque accessoire, mais assez curieuse, c'est que ces deux temples ont les mêmes dimensions et exactement la même forme, sans que l'on ait pu trouver jusqu'ici de motif[1] à deux édifices si semblables et si voisins. On peut au moins supposer une identité de but; et, comme le plus ancien a dû se trouver sur la ligne du tropique à l'époque probable de sa construction, on peut conjecturer qu'ils ont servi à constater l'obliquité de l'écliptique, et, par conséquent, la variation de cette obliquité dans une certaine période : ce sont, je crois, les seuls temples égyptiens dont les parois soient verticales, les seuls aussi qui aient pu recevoir les rayons verticaux du soleil. Sans attacher trop d'importance à ce rapprochement, nous croyons qu'il peut mériter quelque attention. Le temple du nord paraît le plus ancien; il est précisément sous le même parallèle[2] que celui de Syène, dont on voit les vestiges sur la rive droite du Nil.

POSITION ET ÉTENDUE DE LA VILLE DE THÈBES.

Jamais point de géographie comparée ne fut moins équivoque que la position de Thèbes. Des preuves irrécusables de la splendeur de cette ville subsistent dans la province qui en tirait son nom, vers le $25°\frac{2}{3}$ de latitude. Les antiques monumens de Karnak et de Louqsor, sur la rive droite du Nil, semblables à des villes par leur étendue; sur la rive gauche, le majestueux palais de Medynet-abou, décoré, comme les précédens, de bas-reliefs historiques attestant les triomphes des souverains de l'Égypte; le vaste édifice d'Osyman-

---

[1] *Voyez* la Description d'Éléphantine par M. Jomard, *A. D.*, chap. III.

[2] C'est à ce même parallèle qu'ont été faites les observations astronomiques de M. Nouet citées plus haut.

dyas, avec l'énorme colosse de ce prince, dont le tronc gisant et mutilé semble encore accuser le génie destructeur de Cambyse et les fureurs de ce conquérant, jaloux de la splendeur de Thèbes et de la gloire de ses rois; la statue résonnante de Memnon, assise sur sa base au milieu de la plaine voisine, et couverte d'inscriptions où les voyageurs de l'antiquité attestent les prodiges dont ils furent témoins; plusieurs temples encore debout et presque entiers; de grands édifices dont les vestiges se découvrent sous les alluvions du fleuve [1]; les magnifiques hypogées de Bybân el-Molouk, asiles sacrés où reposèrent si long-temps les rois de Thèbes; les grottes, les catacombes particulières, décorées de sculptures, de peintures emblématiques, et dont les ouvertures se voient de toutes parts dans la chaîne libyque; à l'opposite, quatre obélisques d'un seul morceau de granit de cent pieds [2] de longueur, encore dressés sur leurs bases; plusieurs autres renversés et brisés par violence; des allées entières de colosses en granit couchés sur la place même où ils furent érigés; des forêts de colonnes de vingt coudées [3] de circonférence et d'une hauteur proportionnée; des statues monolithes sans nombre, en grès, en pierre calcaire, en granit, dont plusieurs ont plus de vingt pieds de proportion; des portiques non moins admirables que les palais eux-

---

[1] *Voy.* la Description de Thèbes par MM. Jollois et Devilliers, à qui l'on doit sur cette ville les renseignemens les plus exacts et les plus complets qu'on ait peut-être sur aucune ville célèbre de l'antiquité.

[2] Cent pieds égyptiens, ou 50 coudées, dont 360 formaient le stade de 540 au degré, ou 66 coudées naturelles de 16 pouces.

[3] Coudées xylopristiques. Les colonnes sont par conséquent un peu plus grosses que la colonne Trajane.

mêmes, et d'où partent, dans plusieurs directions, des allées de sphinx gigantesques, pour aller lier, à travers les plaines, des édifices distans de vingt stades; des hippodromes de soixante stades de circuit, c'est-à-dire d'une lieue et un tiers de nos mesures; des vestiges d'anciens édifices, des débris sans nombre, des ruines, des décombres épars dans une étendue de plusieurs lieues carrées, ne laissent aucune incertitude, et attesteront pendant bien des siècles aux voyageurs qui nous succéderont, de manière à ne pas s'y méprendre, le lieu où florissait la ville de Thèbes.

L'exacte étendue et les limites précises de cette première capitale de l'Égypte ont paru plus difficiles à reconnaître; mais je crois qu'on peut déterminer d'une manière certaine l'étendue de la ville dans la direction du nord au sud, et c'est là ce qui nous intéresse le plus.

Les ruines de Qournah et l'entrée de la vallée des tombeaux des rois marquent, de l'aveu de tous les voyageurs, la limite septentrionale de la ville, vers 25° 45′ de latitude; il serait impossible de la reporter plus au nord[1]. L'hippodrome de Louqsor, qui s'avance jusqu'à 25° 39′ 40″, marque la limite méridionale des ruines actuelles: mais Thèbes devait jadis se prolonger encore un peu au-delà, et s'approcher du parallèle d'Hermonthis, parce qu'il s'agit ici d'une limite de territoire, comme nous le ferons voir; cette conclusion s'accorde avec les témoignages des autres écrivains sur la longueur de cette ville.

Les voyageurs grecs, dans leurs renseignemens topo-

---

[1] *Voyez* la Description de Thèbes, *A. D.*, *chap.* IX.

graphiques sur l'Égypte, ont enregistré avec une fidélité scrupuleuse les nombres qu'ils recueillaient dans le pays et qu'ils puisaient à de bonnes sources; mais ils n'ont fait ni vérifié aucune observation, ni même toujours bien compris les résultats qu'ils ont transmis. Diodore et d'autres écrivains, à l'occasion de la grandeur de Thèbes, vont nous en offrir une preuve nouvelle. L'étendue d'une ville peut se mesurer de deux manières, ou par son diamètre, ou d'après son circuit; de là deux mesures qui diffèrent dans le rapport de 1 à 3, et, par conséquent, toujours faciles à distinguer. Nous trouvons deux mesures qui diffèrent dans ce rapport sur la grandeur de Thèbes : l'une, donnée par Diodore de Sicile, est bornée à 140 stades; l'autre, par Eustathe, dans son Commentaire sur Denys le Périégète, est portée à 420 stades. Cette dernière est confirmée par Étienne de Byzance, qui évalue l'étendue de Thèbes à 400 stades. On va croire que Diodore, par ses 140 stades, indique la longueur de la ville, et Étienne de Byzance, par sa mesure triple, le périmètre : mais c'est tout le contraire; toutefois, la coïncidence des deux renseignemens n'en est pas moins digne d'attention. Chacun de ces auteurs a inscrit fidèlement les nombres donnés par les Égyptiens : mais ensuite chacun en a fait l'application, comme il l'a jugé convenable, soit au contour de la ville, soit à sa longueur, et tous les deux se sont trompés; de sorte qu'au lieu d'environ trois lieues que les deux renseignemens devaient concourir à donner à la ville, du nord au sud, l'interprétation de Diodore la réduirait à deux minutes un tiers, à peine une lieue, tandis que l'autre l'étendrait à plus d'un tiers de degré. N'aurait-on qu'un seul de ces renseignemens, on ne pourrait se méprendre sur son vrai sens. Il serait aussi déraisonnable d'accorder à Thèbes huit à neuf lieues de longueur que de la réduire à moins d'une. Après vingt-quatre siècles de dévastation, ses ruines couvrent encore un espace de près de sept lieues de circonférence. On compte deux lieues et un quart en ligne droite, depuis Bybân el-Molouk ou depuis le palais de Qournah, jusqu'à l'angle méridionale de l'hippodrome de Louqsor, et à peu près autant des ruines de Med-a'moud au temple de l'hippodrome de Medynetabou.

Strabon, qui voyageait après Diodore, évalue à près de 80 stades [1] l'étendue qu'occupaient de son temps les édifices de cette ville déjà si déchue (encore est-il probable qu'il parle de l'espace parcouru sur un même côté du Nil) : or, 80 stades de la plus petite mesure équivalent à près de deux lieues; c'est déjà le double de l'étendue indiquée par Diodore. Comme Strabon indique très-clairement qu'il n'a pas prétendu donner la longueur totale de l'ancienne Thèbes, ce serait aller contre son témoignage que de la borner à cette mesure; la seule conséquence qu'on en doive tirer est que les 140

---

[1] Si le stade employé par Strabon était, comme on serait porté à le supposer d'après l'opinion commune, celui de 700 au degré ou plutôt de 40 au schœne (ce qui suppose 720 au degré), les 80 stades équivaudraient déjà aux 140 stades de Diodore pris en ligne droite et supposés de 60 au schœne : mais je ne veux pas trop me prévaloir de ce rapprochement ; je l'indique seulement pour ceux qui croient que le stade de Strabon, ainsi que celui d'Ératosthène, était généralement de 700 au degré.

stades de Diodore ne peuvent être qu'une mesure de longueur, comme le démontrent les ruines encore existantes, et les témoignages réunis d'Eustathe et d'Étienne de Byzance[1]. C'est aussi l'opinion de d'Anville, quoiqu'il n'ait pas connu qu'il s'agissait d'une limite de territoire.

Cent quarante stades, pris en ligne droite, font environ trois lieues[2], ou 7′ 47″; or, en partant, comme on ne peut guère faire autrement, de Qournah et des tombeaux des rois, parallèle le plus septentrional de l'ancienne Thèbes, les 7′ 47″ conduisent à 1200 toises au sud de l'hippodrome de Louqsor, et portent la pointe méridionale de Thèbes à 25° 37′ 40″ de latitude, près du parallèle d'Hermonthis. Je suis loin de conclure, comme on voit, que les monumens d'Hermonthis fissent partie de Thèbes; je crois, au contraire, que la partie habitée de Thèbes s'arrêtait encore beaucoup plus au nord sur la rive gauche, où sont situés les temples d'Hermonthis, tandis qu'elle se prolongeait sur la rive droite, au-delà des dernières ruines de Louqsor. La position topographique des deux cirques destinés aux exercices des habitans des deux parties de la ville s'accorde avec ces indications. Le cirque de Louqsor est bien plus avancé vers le sud que celui de la rive gauche, et n'est qu'à 2′ 20″ du parallèle d'Hermonthis. Cette ville d'Hermonthis était le chef-lieu d'un nome parti-

---

[1] A moins qu'on ne voulût supposer que Thèbes à l'époque de sa fondation, dont semble parler ici Diodore, ne fût très-restreinte et eût une enceinte particulière; question qui serait étrangère à notre sujet : il ne s'agit ici que de la longueur totale de la ville à l'époque où elle florissait.

[2] De 2400 toises chacune.

culier, et Thèbes, celui d'un autre. Il faut donc considérer quelle était la limite commune des deux nomes. C'est là que gît la difficulté que nous cherchons à résoudre; car cette limite entre deux villes si rapprochées se confondait en quelque sorte avec leur propre étendue. Cette démarcation des nomes devait être le point de départ pour compter les mesures, surtout s'il y avait quelque différence dans le mode de supputation entre les deux pays. D'ailleurs, Hérodote désigne le pays de Thèbes, et non pas précisément les murs de la ville, dans sa mesure de Thèbes à la mer, comme on va le voir un peu plus bas.

De 25° 37′ 40″ de latitude, les 820 stades que donne Hérodote n'atteignent pas même l'île d'Éléphantine. La mesure se trouverait en défaut, pour arriver jusqu'au temple du sud, d'environ 8 stades : voilà le plus grand mécompte que nous ayons rencontré sur l'ensemble des mesures de l'Égypte. Est-ce une erreur des astronomes anciens ou des astronomes modernes, ou une omission de 8 stades dans le texte d'Hérodote? C'est ce que nous ne voulons pas discuter : il suffit d'avoir montré que, dans la mesure de plusieurs arcs du méridien, les anciens astronomes de l'Égypte ne s'écartent pas d'une minute des observations modernes, même en interprétant tout dans le sens qui leur est moins favorable; différence qui, dans aucun cas, ne pourrait influer sur la valeur des mesures.

§. III. *Distance de Thèbes à Héliopolis.*

Hérodote donne une mesure qui devient précieuse comme moyen de confirmation pour tous ses autres renseignemens. D'Héliopolis à Thèbes, les deux positions les plus certaines de toute l'Égypte ancienne, et où résidaient les deux plus anciens colléges de prêtres astronomes, le voyageur grec, sur le témoignage des prêtres d'Héliopolis, compte 4860 stades, ou 81 schœnes, ou neuf journées de navigation. Cette mesure, sur le pied de 18 schœnes au degré, forme 4° 30', précisément la 80ᵉ partie de la circonférence de la terre, ou la 20ᵉ partie du quart du méridien. Or, depuis la limite méridionale de Thèbes, fixée un peu au sud du cirque de Louqsor[1], jusqu'au parallèle qui passe à Héliopolis, vers l'obélisque encore debout dans l'ancienne enceinte du temple, il y a rigoureusement, d'après les observations astronomiques modernes et la carte française, 4° 30', ou la 80ᵉ partie de la circonférence de la terre.

J'ajouterai deux observations pour ne laisser aucun nuage sur cette belle et grande base des mesures itinéraires de l'Égypte, d'autant plus importante qu'elle a dû être perpétuellement vérifiée par ces colléges d'astronomes qui, pendant plusieurs milliers d'années, ont fait leurs observations à ses extrémités.

Pour point de départ dans l'immense ville de Thèbes, j'ai adopté la limite méridionale : cela n'a rien d'arbitraire. Puisqu'il y a une seconde indication d'Hérodote,

---

[1] *Voyez* la Description de Thèbes (Louqsor), et le plan topographique de Thèbes.

qui part d'Éléphantine et s'arrête à Thèbes, cette dernière devait rester en dehors de la ville [1].

Il semblera peut-être moins naturel de descendre à Héliopolis, jusqu'à une minute au nord de l'obélisque. Voici les raisons de cette préférence. Ce parallèle répond au sommet de l'ancien Delta, à la naissance de la branche Bubastique ou Pélusiaque, dont Héliopolis était considérée comme marquant l'origine. Ce parallèle d'Héliopolis et celui du sommet du Delta sont cités indifféremment l'un pour l'autre, et regardés comme identiques chez les auteurs anciens [2]. Nous discuterons un peu plus loin la position précise du sommet de l'ancien Delta.

Ce même parallèle formait la distinction de la haute et de la basse Égypte : voilà pourquoi, dans la désignation des limites du pays, les prêtres ajoutèrent dans leur narration cette distance d'Héliopolis à Thèbes. Remarquez bien qu'Hérodote ne donne ici les distances d'aucune autre ville, pas même celles de Memphis, capitale de l'Égypte. Thèbes est citée seulement comme limite; Hérodote le confirme quelques pages plus loin, où, combattant une certaine opinion sur le Delta, il rappelle ce nombre important de 6120 stades, qui formait, dit-il,

---

[1] Surtout si, comme nous l'avons reconnu, une grande institution astronomique a eu lieu dans cette ville, et qu'un système métrique ait été calculé pour la latitude de Thèbes, précisément pour le parallèle voisin du temple d'Hermonthis.

[2] Les distances rapportées par Strabon d'après Artémidore, et par Diodore de Sicile, des bouches Canopique et Pélusiaque au sommet du Delta, sont rigoureusement les mêmes que les distances qu'ils donnent de ces mêmes points à Héliopolis. *Voyez* plus bas le paragraphe qui traite de la position du sommet de l'ancien Delta.

l'étendue totale de l'Égypte, appelée jadis *le pays de Thèbes*[1]. Cette circonstance justifie ce que nous avons déjà vu, que toute l'étendue de la ville et même son nom entier se trouvaient compris dans cette mesure de 6120 stades, et que le pays supérieur à Thèbes n'était pas regardé comme faisant partie intégrante de l'Égypte, ou du moins avait son régime particulier.

Ce rapport à la 80ᵉ partie de la circonférence de la terre, ou la 20ᵉ partie du quart du méridien, n'était pas un rapprochement qui pût échapper à la tournure d'esprit des Égyptiens. Ce qui caractérisait le génie de cet ancien peuple était une attention, une sagacité vraiment merveilleuses à saisir tous les rapports qu'offraient entre eux les faits ou les lois de la nature, et une dextérité singulière à y subordonner leurs travaux, leurs institutions, sans nuire à l'exactitude.

Par un amour de l'ordre et de la régularité qui, dans nos idées, paraîtrait sans doute porté jusqu'à la bizarrerie, ils ramenaient tout à certains termes communs, à certains nombres qui servaient comme de lien à des faits et à des vérités de nature fort différente. On y a cherché ensuite des rapports d'essence purement imaginaires, et qui furent la source de bien des genres de superstition. C'était là ce qui constituait ce fameux système des nombres tant vanté par Platon et par Pythagore; système qui renfermait tant de vérités importantes, tant de mystères admirables, suivant les anciens, et tant d'extravagances, suivant les modernes : il y a peut-être autant d'exagération d'un côté que de l'autre,

---

[1] Herod. *Hist.* lib. ii, cap. 15.

et le tort, du côté des modernes, il faut bien le dire, de porter un jugement sur ce qu'on ne connaissait pas suffisamment.

Le développement du système des mesures égyptiennes comparé à l'état du pays fera reconnaître une partie des rapports enveloppés sous cet appareil mystique [1]. Mais ce qu'il importe pour notre sujet de remarquer, c'est cette tendance des Égyptiens à ramener tout à des termes communs. On peut être assuré d'avance que partout où ils l'auront pu ils l'auront fait : c'est à ce cachet que, dans les cas équivoques, on reconnaîtra ce qui leur appartient. Déjà nous venons de voir la longueur de l'Égypte fixée à la 50ᵉ partie de la circonférence de la terre; la distance d'Éléphantine à Méroé était encore d'un 50ᵉ, de sorte que l'arc qui s'étendait depuis ce point si révéré de Méroé jusqu'à la mer se trouvait précisément la 25ᵉ partie du cercle. Ce nombre 25 était un des plus célèbres du système des nombres. La base de l'Égypte, qui est de 60 schœnes, nous fournira un autre rapport non moins remarquable. La fréquence des rapports exclut toute idée de hasard. On verra combien celui de 80 au cercle était important dans la doctrine des Égyptiens et dans leur astronomie; le rapport de 80 à 81 était précisément celui du degré du méridien, suivant les Égyptiens, avec celui de l'équateur. C'est aussi un des *comma* de la musique inventée par les Égyptiens. Que l'on pardonne ce rapprochement qui peut paraître bizarre : il est plus direct qu'on ne serait porté naturellement à le penser.

[1] Nous essaierons, dans nos recherches sur les institutions primi-

§. IV. *Distance de Thèbes à la mer.*

De Thèbes jusqu'à la mer, *en passant à travers les terres*, comme s'exprime Hérodote, on comptait 6120 stades ou 102 schœnes. Cette manière de s'exprimer, sans désigner aucun point ni aucune direction sur une côte aussi étendue, indique assez qu'il s'agit de la distance à un parallèle, conséquemment d'un résultat d'observations astronomiques. Je suis surpris qu'elle n'ait pas fait naître cette idée. Elle peut aussi fournir une objection. Vous voilà, dira-t-on, dans cette situation où les auteurs systématiques se placent si volontiers, assurés qu'ils sont de se tirer facilement d'affaire. On voit d'avance que ce point sera indubitablement celui qui, sur cette côte immense, répondra le mieux à votre système. Cette grande latitude, j'en conviens, pourrait être très-commode; mais il y a moyen d'éviter l'arbitraire et de faire prononcer les Égyptiens eux-mêmes dans la question.

Si Hérodote termine cette mesure totale de 102 schœnes un peu vaguement, il donne du moins avec précision, comme on vient de voir, la distance de Thèbes à Héliopolis, qui en fait partie et qui est de 81 schœnes; une simple règle de proportion suffit donc pour déterminer le point de la côte où devait aboutir le 102ᵉ schœne : voilà déjà une condition rigoureuse à remplir et un moyen certain de vérification. Mais, comme cette limite vers la mer est une des positions

---

tives, d'en développer quelque chose. Beaucoup d'autres personnes ont parlé de ce système des nombres; mais cette manière de les considérer nous appartient particulièrement.

les plus importantes de l'Égypte et de toute la géographie ancienne, tâchons de la déterminer encore par d'autres moyens. Il faut bien qu'elle ait présenté aux anciens astronomes de puissans motifs de préférence sur les autres points de cette vaste côte.

D'abord il est évident qu'on n'avait pas choisi pour limite la ville d'Alexandrie, qui n'existait pas du temps d'Hérodote, ni l'humble hameau de Rhacotis, malgré son magnifique port et le voisinage du golfe Plinthinique; car l'aversion des Égyptiens pour le commerce maritime faisait évanouir à leurs yeux toute l'importance de cette belle position. Le village de Rhacotis n'était pas d'ailleurs le plus septentrional de la côte, et n'avait aucun rapport avec le Nil avant qu'Alexandre y eût fait conduire une dérivation de la branche Canopique[1]. Sans doute que, sous les Ptolémées, la splendeur d'Alexandrie, séjour des rois, siége des sciences, ville capitale de l'Égypte et la plus célèbre de la Méditerranée, dut la faire regarder des astronomes qui l'habitaient comme une limite assez naturelle et comme le point le plus convenable pour y rapporter le peu d'observations qu'ils ont faites sur la géographie. On voit bien aussi qu'ils y rattachèrent, du mieux qu'ils purent, les observations transmises par l'antiquité sur les limites du pays; mais ces travaux des Grecs, fussent-ils dix fois plus considérables, ne prouveraient encore rien pour ce qui eut lieu avant Alexandre et avant le voyage d'Hérodote. On ne peut pas confondre ce qui s'est fait dans des temps si différens.

[1] *Voyez* Quinte-Curce.

L'Égypte finissait avec le Nil, et, dans l'opinion des Égyptiens, ces deux choses étaient inséparables[1]; c'est donc vers une des bouches de ce fleuve, et naturellement vers la plus ancienne, la plus célèbre, la plus considérable jadis, qu'il faut chercher cette limite pour les temps antérieurs à Hérodote. Une ville fameuse dans l'histoire et dans la théogonie égyptiennes devait marquer ce point non moins important que Syène et Éléphantine, dont la situation sur la limite méridionale était le principal titre à la célébrité. Cette ville, révérée dans toute la contrée, devait avoir, comme le jugeront ceux qui connaissent l'esprit de l'ancienne Égypte, des rapports mystérieux avec l'écoulement et la perte du Nil. Elle doit être citée quelquefois par les géographes de l'école d'Alexandrie et par les voyageurs de tous les temps comme une position où venaient, malgré tous les travaux modernes, se rattacher les données les plus précises et les plus authentiques sur la géographie des côtes et du Delta. Enfin ce devait être la plus septentrionale de toutes les villes égyptiennes qui furent célèbres dans la haute antiquité et sous le règne des Pharaons : condition principale.

Des sept branches du Nil, deux seulement ont joui jadis d'une grande célébrité, la branche Canopique et la branche Pélusiaque. L'embouchure de cette dernière remplissait moins qu'aucune autre la condition principale, étant au contraire la plus méridionale de toutes ; c'était aussi une des plus faibles, du moins au-dessous de Bubaste, d'où partaient de grandes dérivations[2]. La

[1] *Voy.* la Ire part., ch. 1er, §. 111.   [2] Suivant d'habiles géographes,

branche Canopique, la plus abondante et la plus ancienne, ou même, suivant Aristote, la seule branche primitive, est aussi celle dont les rapports avec la théogonie égyptienne sont le mieux constatés : c'était proprement, suivant quelques auteurs, le lit du Nil, et, suivant les autres, la branche par excellence. Le nom d'*Agathodæmon* que lui appliquait Ptolémée en tradui-

Péluse serait le point qu'aurait eu en vue Hérodote dans sa distance de 6120 stades de Thèbes à la mer; mais cette interprétation ne saurait s'accorder, soit avec les mesures de stades qu'emploient ces savans, soit avec celui de $1111\frac{1}{9}$ au degré qu'adopte ici d'Anville. Outre cela et outre les raisons d'appliquer cette indication d'Hérodote au parallèle de Canope, il résulterait encore, en adoptant Péluse, que les nombres des anciens ne seraient pas des distances astronomiques, mesurant du nord au sud l'intervalle des parallèles; ce qui, suivant nous, est inadmissible.

De plus encore, et ceci mérite d'être remarqué, Hérodote se trouverait, dans ce cas, en contradiction formelle avec lui-même, puisqu'il évalue ailleurs d'une manière positive la distance d'Héliopolis à Péluse à 1500 stades (ce qui est confirmé par Diodore de Sicile), tandis que, dans sa mesure de Thèbes à la mer, si l'on soustrait celle d'Héliopolis à Thèbes, il ne reste que 21 schœnes ou 1260 stades. Il est donc manifeste que la position de Péluse n'est pas le terme indiqué par Hérodote dans sa distance de Thèbes à la mer.

On ne saurait prétendre qu'il y a altération dans le texte d'Hérodote à l'égard de 6120 stades de Thèbes à la mer, et qu'il faut, pour l'expliquer, compter 6360 stades, en ajoutant les 1500 stades aux 4860 d'Héliopolis à Thèbes; car, indépendamment de ce qu'on ne peut, sans des raisons puissantes, expliquer ses opinions par la supposition d'une altération de texte, le texte d'Hérodote se trouve confirmé par un autre passage qui rappelle ce même nombre de 6120 stades, lorsqu'il dit qu'autrefois toute l'Égypte empruntait son nom de Thèbes. L'expression τὸ περίμετρον, employée ici en énonçant la mesure de l'Égypte, ne peut donner lieu à aucune équivoque. Il est clair, par le sens du passage, que cette expression désigne seulement la longueur totale de l'Égypte ou pays dépendant de Thèbes, et non pas son contour.

Si l'on fait attention à cette opinion d'Hérodote, qu'anciennement le pays depuis Thèbes jusqu'à la mer formait toute l'Égypte, on sera moins étonné de le voir s'arrêter à Thèbes en donnant ailleurs la mesure totale de la contrée, et n'ajouter que comme mesure additionnelle la distance de Thèbes à Éléphantine.

sant sans doute le nom du pays, et celui de *Schetnoufi* (bonne branche ou principale division [1]) qu'on lui donnait aussi, se trouvent d'accord avec cette opinion.

Au nord du lac où s'épanchait la branche Canopique s'étend une longue presqu'île dirigée parallèlement à la côte, espèce de digue naturelle qui sépare le lac d'avec la mer, et dont le sol est un rocher calcaire qu'il ne faut pas confondre avec le sol d'alluvion qui forme les autres parties saillantes du rivage. Voilà le plus septentrional des points fixes de l'Égypte. Tout ce qui s'avance au-delà de ce parallèle est, sans exception, un terrain variable, formé par les dépôts du Nil et les attérissemens de la mer, et dont la plus grande partie n'existait même pas à l'époque reculée où les astronomes de l'Égypte ont dû fixer ses limites. Sur cette presqu'île, et vers son extrémité, où se trouvent aujourd'hui la tour Arabe d'Abouqyr et de vastes ruines égyptiennes en brique et en syénit, florissait la ville de Canope, bien des siècles avant le temps d'Alexandre et celui d'Homère. Assise sur le rocher le plus septentrional de l'Égypte, en face de la principale bouche du Nil, à laquelle elle donnait son nom, et dominant sur un grand lac où s'arrêtaient les eaux du fleuve avant de se perdre dans la mer, Canope était donc, sous tous les rapports, la limite la plus naturelle du pays que le Nil arrose, comme la plus invariable.

Ce fut par ce point fixe, ou par l'embouchure de la branche Canopique, que les anciens observateurs firent passer leur dernier parallèle : aussi voit-on, dans les

[1] Voyez *l'Égypte sous les Pharaons*, par M. Champollion jeune.

temps suivans, les astronomes d'Alexandrie, malgré la célébrité de cette capitale, où était leur observatoire, ramenés, comme malgré eux, à citer quelquefois Canope de préférence à Alexandrie, lorsqu'il s'agit, sur la base de l'Égypte, d'un point dont les rapports soient bien connus avec les autres positions célèbres de la Méditerranée. Le judicieux auteur de la *Géographie des Grecs analysée* ne semble-t-il pas le reconnaître implicitement lorsque, dans le tableau des longitudes d'Ératosthène, il marque *Alexandrie ou Canope*, comme s'il n'osait décider auquel de ces deux points se rapporte l'indication d'Ératosthène? Ce rapprochement montre assez qu'il appréciait toute l'importance de Canope dans la géographie ancienne.

Alexandrie exclue, ainsi que Péluse, il n'est pas d'autre point qui puisse donner lieu à discussion. La ville de Bolbitine, dont l'emplacement se voit près de Rosette, n'était pas même sur le Nil; car la branche Bolbitinique n'était originairement qu'un canal creusé de main d'homme. La ville n'a jamais joui d'aucune célébrité comme position astronomique, ou comme ayant quelque rapport avec les travaux géographiques des anciens. Canope est donc le seul point auquel on puisse s'arrêter. Voyons donc comment répondait à cette position la distance indiquée par Hérodote depuis la limite méridionale de Thèbes. Cette distance, d'après les observations modernes, est de 5° 40′; ce qui fait, sur le pied de 18 schœnes au degré, 102 schœnes, ou exactement 6120 stades : or, Hérodote compte dans cette distance précisément 102 schœnes ou 6120 stades.

On a vu les motifs qui nous font placer le parallèle méridional de Thèbes à 140 stades de son parallèle septentrional ; c'est le témoignage même des anciens et la limite adoptée par d'Anville.

Les neuf journées de navigation comptées par Hérodote d'Héliopolis à Thèbes confirment encore cette détermination. D'après le principe de la division de l'espace conforme à celle du temps, les anciens disaient, comme nous l'avons vu, qu'un homme marchant sans jamais s'arrêter parcourrait le cercle entier de la terre dans un an; par conséquent, dans la journée, où la révolution est de 12 heures, il parcourrait un demi-degré ou la 720e partie du cercle, ou un arc de 30'. Les neuf journées donnent donc 4° 30', aussi bien que les 81 schœnes et les 4860 stades. Ainsi le point de départ des mesures était, comme nous l'avons déjà trouvé par une autre voie, au parallèle qui formait la démarcation des nomes de Thèbes et d'Hermonthis; et, puisque c'est de là aussi qu'il faut partir pour trouver les 820 stades de Thèbes à Éléphantine, les renseignemens coïncident, et tout est bien d'accord sur ce point.

Nous avons indiqué un moyen direct pour retrouver le dernier parallèle de l'Égypte comme l'entendaient les astronomes anciens; c'est de retrancher des 102 schœnes qui mesurent la distance de Thèbes à la mer, les 81 qui forment celle de Thèbes à Héliopolis : il restera 21 schœnes, qui, sur le pied de 18 schœnes au degré, équivalent à 1° 10'; c'est donc à 1° 10' au nord d'Héliopolis que se trouvait la limite de l'Égypte : or, cette mesure conduit précisément au parallèle de Canope[1]. On verra bientôt que cette détermination s'accorde avec les distances directes données par les anciens d'Héliopolis aux villes de Canope et de Péluse.

§. V. *Observations générales.*

On voit avec quelle précision se retrouvent les $129\frac{3}{7}$ schœnes, 50ᵉ partie du cercle, longueur totale de l'Égypte, jusqu'au rivage de la mer pris au rocher le plus septentrional des côtes et à l'embouchure de la plus célèbre branche du Nil; et cela est bien vérifié par les positions intermédiaires de Thèbes et d'Héliopolis.

Partout le schœne est rigoureusement la 18ᵉ partie du degré, ou la 6480ᵉ partie de la circonférence.

Partout le stade d'Hérodote, de 60 au schœne, est la 1080ᵉ partie du degré, et le cercle entier en contient 388800, de même que le pied, ou la moitié de la coudée *belady*, est contenu 388800 fois dans le degré.

Partout le stade de Héron d'Alexandrie, de 30 au schœne, est la 540ᵉ partie du degré, et le cercle entier en contient 194400, de même que le degré contient 194400 fois la coudée *belady*.

On ne pourrait pas raccourcir le stade d'un centième sans bouleverser toute la géographie d'Hérodote: car on ne saurait prendre, pour appliquer ses mesures, de voie plus courte que la ligne droite mesurant la distance d'un parallèle à l'autre; et c'est ce que nous venons

---

[1] Nous donnerons encore, dans des mémoires sur la géographie comparée et sur l'ancien état des côtes de l'Égypte, d'autres moyens de confirmation.

de faire. Que penser de l'application faite à l'Égypte du stade d'Aristote, de 51 toises, ou de 1111 $\frac{1}{9}$ au degré ? Nous avons cru inutile de combattre cette opinion, quoique la plus accréditée; mais les développemens où nous sommes entrés font voir assez qu'il est impossible de l'admettre [1]. Il en est de même du stade de 500 ou de sa moitié, de celui de 83333, et de celui de 960 : non pas que je conteste leur emploi en d'autres contrées; je ferai connaître, au contraire, leur origine, qui est restée ignorée jusqu'ici.

On a pu remarquer que la commune division du temps et des cercles du ciel et de la terre doit appartenir naturellement aux peuples primitifs qui habitaient sous l'écliptique; que le cercle qui a dû être divisé le premier par eux d'une manière conforme à la division du temps est celui même que décrit le soleil, l'auteur de toute espèce de mesures, selon le témoignage des anciens, qui est décisif dans la question présente; que, par conséquent, ce cercle a dû être le type des premiers systèmes métriques astronomiques.

Les Égyptiens, colonie la plus remarquable du peuple fondateur, avaient conservé ce type jusque dans leurs mesures usuelles. Ceci est un fait d'observation directe, comme on a vu, par les anciens étalons encore subsistans.

[1] Au surplus, les savans antiquaires qui adoptent ce stade de 1111 $\frac{1}{9}$ comme employé dans la géographie ancienne de l'Égypte ne peuvent manquer d'en développer les raisons; comme nous cherchons uniquement la vérité, nous croyons utile d'appeler l'attention sur tout ce qui peut y conduire. La contradiction, le développement de principes opposés aux nôtres, peuvent y servir, et nous renvoyons, par cette raison, aux écrits où cette opinion doit se trouver développée.

Par l'application du même mode de division à tous les cercles, le degré du méridien s'est trouvé aussi divisé en une série de mesures semblablement ordonnées, mais plus petites dans le rapport du degré du méridien à celui de l'écliptique. La conséquence ne peut pas être rejetée; reste seulement à savoir si l'on a fait usage de ce second système ailleurs qu'en géographie : mais c'est sur des faits positifs qu'il faut se décider. Cette question sera traitée à part [1].

Si nous admettons dans ce moment, comme supposition, que cette seconde sorte de mesures ait été en usage jadis en Égypte simultanément avec celle qui a été déduite du cercle de l'écliptique, il résultera que les colonies nombreuses parties de l'Égypte ont dû porter avec elles ces deux sortes de mesures; que, soumis même à une autre coupe, les deux types ont été conservés; que tantôt l'un, tantôt l'autre, aura prévalu dans des contrées souvent assez rapprochées, et qu'à cause du mélange des peuples voisins on pourra en rencontrer quelques traces jusque dans le même pays. Mais, dans le cas où l'on y trouverait des mesures déduites du méridien, ce ne serait pas au degré du pays, mais à un degré situé sous l'écliptique, que ces mesures se rapporteraient. Qu'on fasse l'application de ce principe aux mesures grecques et aux mesures romaines, en s'attachant aux faits positifs; et, toute vue systématique mise à part, on verra si l'on n'est pas conduit aux mêmes conséquences.

[1] Cette question se trouve déjà traitée en partie dans l'Introduction.

CHAPITRE II.

De quelques autres mesures touchant la longueur de l'Égypte.

---

§. I. *De la mesure de l'Égypte par Ératosthène.*

J'ai promis de m'arrêter sur cette question, déjà bien rebattue, parce qu'elle conduit à un rapprochement qui n'est pas sans intérêt pour l'ancienne histoire de l'astronomie.

Ératosthène, philosophe, poëte, grammairien, géographe, historien, fut sans doute un des savans les plus distingués de l'antiquité. La Grèce lui dut beaucoup : on le comparait à Aristote et à Platon, sinon pour le génie, du moins pour l'étendue du savoir et la variété des talens. Quant à ses découvertes dans les sciences exactes, on peut les lui accorder comme érudit; c'est-à-dire, comme les ayant trouvées dans les écrits et dans les monumens des anciens. Plusieurs faits avérés font douter qu'il ait été, je ne dis pas astronome de profession, comme Hipparque et Ptolémée, mais versé dans la pratique de l'astronomie; et, eût-il fait quelques observations sur des points importans, on peut douter qu'il eût osé s'y confier de préférence à celles des anciens astronomes de l'Égypte, lesquelles avaient été répétées et vérifiées pendant des siècles nombreux, et lui étaient certainement connues. Il ne pouvait ignorer la longueur de l'Égypte exprimée par eux en schœnes et en stades astronomiques, puisque Hérodote l'a connûe; que, de plus, toute la contrée avait été non-seulement mesurée, mais bornoyée exactement; qu'un des principaux soins de ses prêtres astronomes était de maintenir sans altération ce mesurage, qui devait encore exister de son temps.

Cet arc de 7° 12', ou de 129 $\frac{6}{10}$ schœnes, 50e partie du méridien, qui formait, suivant les anciens, la longueur de l'Égypte, est précisément le même qu'adoptait Ératosthène comme résultat de sa mesure. Il paraît difficile que lui, qui se trompait de plusieurs degrés sur la longitude d'Alexandrie, ait pu, au moyen du gnomon, fixer la longueur de l'Égypte à la précision d'une minute[1]; il est constant d'ailleurs qu'il n'a jamais été à Syène : il ne faisait donc que reproduire un renseignement ancien, appliquant mal-à-propos à l'arc de Syène à Alexandrie ce que les Égyptiens avaient dit de celui d'Éléphantine à Canope.

§. II. *D'une autre mesure de l'Égypte.*

Une autre mesure de la longueur de l'Égypte, conservée par Strabon, est attribuée aussi à Ératosthène; elle semble contredire la précédente : mais il est pos-

---

[1] On convient généralement qu'Ératosthène plaçait ces limites à Alexandrie, où il avait fait sa célèbre observation du *scaphé*, sur laquelle il pouvait se fier tout au plus à un quart de degré près. Cependant, d'après le nombre de 5000 stades dont il éloigne Alexandrie de

sible qu'elle soit tirée des ouvrages d'Hipparque, que Strabon consultait aussi bien que ceux d'Ératosthène. Elle indique 5300 stades depuis Syène jusqu'à la mer, c'est-à-dire probablement jusqu'à la bouche du Nil la plus avancée au nord, à l'époque où écrivait l'auteur. On a voulu rendre raison de cette différence, en prenant cette seconde mesure suivant les sinuosités du Nil; mais une telle évaluation de la longueur de l'Égypte la porterait à près de 6000 stades de 700 ou de 720 au degré. Je hasarderai une autre explication.

Le point le plus avancé vers la mer, au temps des Ptolémées, était la ville de Bolbitine, située à l'extrémité de la branche factice du Nil de même nom, qui devait avoir alors assez d'importance pour attirer l'attention. La position de Bolbitine est marquée par la montagne de décombres sur laquelle on voit aujourd'hui la tour des *Abou-Mandour*, un peu au nord de Rosette. Sa distance du parallèle qui passe par le phare d'Alexandrie est de 9′ 24″, et, du parallèle d'Éléphantine, de 7° 21′ 24″; ce qui fait 5300 stades de 720 au degré : rapport remarquable; car il serait difficile de trouver un point plus convenable, dans toute l'étendue des attérissemens du Nil formés au-delà du parallèle de Canope, pour une nouvelle mesure de l'Égypte. On aurait donc ajouté à l'ancienne mesure, prise sous les Pharaons et rapportée vicieusement par l'école d'Alexandrie au parallèle du phare, la distance de ce parallèle

Syène, il manquerait encore 40 stades à sa mesure pour qu'elle égalât la 50° partie du méridien; les limites devraient se trouver à un schœne plus au nord qu'Alexandrie, puisque les 7° 12′ équivalent à 5040 stades, comptés sur le pied de 700 au degré.

à celui de Bolbitine. Je ne présente cette opinion que comme une conjecture : je conviens qu'elle n'est appuyée par aucun renseignement positif des anciens; néanmoins, la justesse des rapports suffit pour lui donner quelque probabilité : elle est d'accord d'ailleurs avec le mode de supputation d'Hipparque, qui comptait 259200 stades au cercle, comme nous croyons l'avoir démontré.

§. III. *D'une mesure particulière d'Héliopolis à la mer.*

Hérodote donne encore, sur les limites de l'Égypte, une mesure que l'on croit altérée ou contradictoire avec sa mesure de Thèbes à la mer; mais, si l'on applique à toutes deux, le même stade de 1080 au degré, on verra clairement le contraire.

On compte, dit-il, 1500 stades d'Héliopolis à la mer : il ne dit pas ici que ce soit *à travers les terres*, expression dont il se sert ordinairement quand il parle de la distance de deux parallèles. Il est question de la distance directe de cette ville à la bouche Pélusiaque. Hérodote, narrateur fidèle, mais fort ignorant dans les sciences exactes, ne comprenait pas bien sans doute les prêtres égyptiens parlant des mesures astronomiques de l'Égypte : cependant ceux-ci durent chercher à lui faire distinguer les distances de deux parallèles d'avec des mesures prises entre deux points situés sous des méridiens différens; c'est pourquoi il ajoute quelquefois, pour exprimer ces distances comprises entre deux parallèles, le mot μεσόγαια, *par le milieu des terres.*

Héliopolis était située au sommet du Delta, près du point où la branche Pélusiaque se sépare du Nil pour se rendre à la mer vers Péluse; et la distance de ces deux villes, sur la carte de l'expédition, est exactement de 152000 mètres, ou 1500 stades de 104 mètres; mais ce qui met cette explication hors de doute, c'est que Diodore compte également 1500 stades dans la longueur de la muraille qui s'étendait de Péluse à Héliopolis, et fermait tout le Delta à l'orient. Ici Diodore, contre son ordinaire, compte par petits stades de 1080, comme Hérodote, sans faire aucune remarque, et probablement sans s'en apercevoir.

Dans un autre endroit, il évalue le même intervalle à 25 schœnes ou à 750 stades; c'est en parlant de la distance de la bouche Pélusiaque au sommet du Delta, position identique, chez les anciens, avec le parallèle d'Héliopolis. Strabon marque également 750 stades ou 25 schœnes pour cette même distance. De tels exemples font voir aussi que ce que l'on appelait *le stade d'Hérodote*, ou *le petit stade égyptien*, n'est autre chose que la moitié du stade ordinaire. Ainsi point de contradiction entre ce renseignement particulier d'Hérodote et sa mesure totale de Thèbes à la mer; et l'incidence de cette dernière sur le parallèle de Canope est bien confirmée par la mesure d'Héliopolis à Péluse.

§. IV. *Position du sommet du Delta.*

Le sommet du Delta n'a point varié sensiblement de position depuis la plus haute antiquité: il peut tout au plus avoir éprouvé une érosion qui l'a reculé vers le nord de quelques centaines de mètres. A considérer la direction de la branche Pélusiaque vers sa naissance, ce sommet devait être moins obtus qu'il ne l'est aujourd'hui, et le cours de cette branche du Nil, plus direct à son origine, devait la faire remonter plus près du village de Damanhour, dont elle se trouve éloignée maintenant d'environ 500 toises. L'action lente, mais continue, du courant, a pu produire à la longue ce petit changement ; mais tout autre me paraît inadmissible.

Le parallèle de Damanhour passe à égale distance du village et de l'obélisque de la Mataryeh, situés l'un et l'autre sur l'emplacement bien reconnaissable d'Héliopolis. C'est donc ce village qui doit marquer le point précis de l'origine du Delta pour l'époque très-éloignée où les mesures citées par Hérodote furent déterminées. Ce nom de *Damanhour*, en ancien égyptien, signifie *terre d'Horus*, et semble appuyer cette opinion. Au rapport d'Hérodote, le Delta tout entier, dans l'opinion des prêtres de l'Égypte, était une terre de nouvelle acquisition, un pur don du Nil, et, pour parler comme l'antiquité, une vraie terre d'Horus. La ville de la Baheyreh, qui porte le même nom [1], pourrait par sa position donner lieu à une semblable application et pour une époque moins ancienne.

Ce qu'on prend souvent aujourd'hui pour la naissance du Delta, et qu'on appelle *Batn el-Baqarah* (le Ventre

---

[1] Voyez *l'Égypte sous les Pharaons*, par M. Champollion jeune, au mot *Damanhour*.

de la Vache), qui est le point de partage des branches de Rosette et de Damiette, ne doit pas être confondu avec l'ancien sommet du Delta; car la branche Pélusiaque, qui n'est plus guère comptée maintenant, est bien plus orientale que la branche de Damiette.

Cette position du sommet du Delta sous le parallèle d'Héliopolis est une de celles sur lesquelles nous avons le plus grand nombre de renseignemens concordans et bien positifs. Les doutes n'ont pu venir que de l'inexacte appréciation des mesures égyptiennes. Outre la distance au parallèle de Thèbes tirée d'Hérodote, on a les distances du sommet du Delta aux villes de Péluse, de Canope, d'Alexandrie et de Memphis, provenant d'Ératosthène et d'Artémidore cités par Strabon, et de Diodore de Sicile : toutes s'accordent entre elles aussi bien qu'avec l'état actuel des lieux. On peut les vérifier sur la carte de l'expédition, en prenant constamment le schœne pour la 18e partie du degré, le stade pour la 540e ou la 1080e.

Ainsi le sommet du Delta ou son parallèle, confondu chez les anciens avec celui d'Héliopolis, se trouve encore déterminé par ses distances à cinq points différens, qui sont précisément les mieux connus de toute l'Égypte ancienne. Ce rapport d'un point central aux quatre principales villes indiquées chez les anciens comme les limites de l'Égypte fournit une belle application pour vérifier les bases de leur système métrique. Nous allons en présenter le tableau et les réunir sous un même coup d'œil.

DISTANCES DU SOMMET DU DELTA OU D'HÉLIOPOLIS
A CINQ POINTS DIFFÉRENS.

De ces cinq grandes mesures une seule offre une différence entre les observations anciennes et les modernes, et cette différence n'est pas d'une minute. Dans les quatre autres, les observations modernes sont identiques avec celles des anciens, le degré étant de 18 schœnes, etc.

Il ne faut pas croire sans doute que les observations modernes aient pu se rapporter, à une seconde près, avec celles des anciens; mais les petites différences qui pourraient avoir lieu sont absorbées par la seule incertitude du point des anciennes villes où aboutissaient jadis les mesures.

A l'égard de la distance de Thèbes, comme la petite quantité qui semble se trouver en excès ici dans la mesure des anciens, se retrouve ensuite en défaut en remontant vers Éléphantine, cela confirme ce que nous avons vu d'ailleurs, que le point de départ se trouvait, entre le cirque de Louqsor et le parallèle d'Hermonthis, à 140 stades du parallèle septentrional de Thèbes.

Cette détermination est importante pour d'autres questions. Le lecteur jugera facilement qu'on ne pouvait y être conduit que par l'application de ce système de mesures.

§. V. *Limites et étendue de Memphis; sa distance au sommet du Delta.*

Il est remarquable que la position de Memphis, cette capitale de l'Égypte, cette rivale de Thèbes, d'Alexandrie, et la ville la plus populeuse qui ait jamais existé dans ce pays, ait été si long-temps un sujet de discussions. Aujourd'hui il reste seulement des doutes sur son étendue et sur l'exactitude de sa distance au Delta donnée par les anciens : nous espérons les lever.

Strabon fixe à 3 schœnes, ou 90 stades, la distance de Memphis au sommet du Delta ; et, selon lui, l'extrémité septentrionale de cette ville, où se trouvaient les palais, les édifices royaux, était distante de 40 stades de la montagne au pied de laquelle s'élèvent les pyramides. Pour prévenir toute équivoque, Strabon ajoute : « Trois de ces pyramides ont une grande célébrité; deux sont des merveilles, ayant chacune un stade de hauteur. » Or, cette position des anciens palais, à 40 stades des pyramides de Gyzeh correspond très-bien avec leur éloignement du Delta, fixé à 3 schœnes.

Ces palais étaient déjà ruinés et déserts du temps de Strabon; la partie septentrionale de Memphis ayant été la première abandonnée, et les matériaux de ses édifices ayant servi à la construction de plusieurs villes et à l'embellissement d'Alexandrie, il ne reste depuis long-temps dans toute cette partie aucun vestige d'habitations. Les sédimens du fleuve, après avoir exhaussé le sol environnant, ont fini par recouvrir cet emplacement, l'ont nivelé et assimilé au reste de la plaine. Cet effet n'a pas dû tarder beaucoup à s'accomplir : car les palais des rois, monumens durables, isolés sans doute ici comme à Thèbes, et construits en pierre, n'exhaussèrent pas le sol où ils étaient placés; tandis que les maisons de terre des particuliers, sans cesse renouvelées et réédifiées sur leurs propres ruines, suivirent dans leur niveau le même progrès que le sol de la vallée, qui s'élevait par les dépôts des inondations. Les voyageurs modernes cherchèrent donc vainement dans la partie septentrionale de Memphis les traces qu'ils croyaient y trouver sur la foi du géographe ancien; et de là de grandes discussions.

La partie méridionale, au contraire, abandonnée bien postérieurement au temps de Strabon, couverte de maisons de terre qui se succédaient rapidement, et qui ont continué pendant bien des siècles à l'exhausser, doit se soustraire encore aux inondations et être reconnaissable. En effet, beaucoup au sud de Gyzeh, un sol plus élevé que la plaine cultivée, jonché de débris antiques, de blocs de granit, de fragmens de statues, de décombres de toute espèce, se prolonge jusqu'à deux lieues au sud des grandes pyramides. Cet emplacement, déjà visité par plusieurs voyageurs anglais, l'a été ensuite par toute la Commission des sciences du Kaire et beaucoup d'autres Français instruits : il n'est resté nul doute sur la ville à laquelle il appartenait; ce ne pouvait être que Memphis.

Faut-il, d'après cela, accuser Strabon d'inexactitude? car il y a 5 schœnes bien complets de la partie méridionale de cet emplacement jusqu'au sommet du Delta; et Strabon compte 5 schœnes seulement du Delta à Memphis. Une telle erreur serait surprenante. Avant de prononcer, il est évident qu'il faut connaître l'étendue et les limites septentrionales de la ville.

Suivant Diodore, Memphis avait de circuit 150 stades, ou 300 petits stades (ou 5 schœnes). Elle ne cédait guère à Thèbes. Cette étendue des anciennes capitales de l'Égypte peut étonner : le circuit de Memphis, de près de sept lieues! c'est presque autant que Paris. Mais de l'égalité de circuit on ne doit pas conclure une égalité de population. Avec ses maisons exhaussées de six étages, Paris renferme comme plusieurs villes élevées les unes sur les autres. Dans un pays où les maisons sont formées de briques séchées au soleil, à peine peut-on compter trois étages, y compris le rez-de-chaussée. De grands canaux, de vastes lacs intérieurs, sans parler des temples et des palais, réduisaient encore beaucoup l'étendue de la partie habitable. Porter sa population aux trois cinquièmes de celle de Paris dans une surface égale, serait, je crois, approcher beaucoup de la vérité : 420000 habitans, cela n'a rien d'excessif pour une ville dont les anciens ont tant vanté la prodigieuse population. Aujourd'hui le Kaire, y compris le vieux Kaire et Boulâq, qui sont comme ses faubourgs, compte plus des deux tiers de ce nombre[1]. On ne saurait

---

[1] Il est vrai qu'à estimer la population de Memphis d'après celle qui est renfermée dans la seule enceinte du Kaire, qui est de près de 300000 âmes dans un circuit de moins de 7000 toises, ce calcul la ferait monter à environ 550000 habitans, ne supposant même pour terme moyen que des maisons de deux étages. Cela n'offrirait encore rien d'impossible pour une population qui s'élevait jadis à quatre millions d'habitans (et même à sept, suivant quelques auteurs, moins croyables en cela). Mais l'antique splendeur de l'Égypte et l'état d'aisance qu'elle suppose, ne permettent guère d'admettre pour Memphis une population aussi pressée que celle du Kaire. Dans les quartiers intérieurs, où les étrangers pénètrent peu, le Kaire présente un des plus effrayans amas d'hommes qui existent en aucun point de la terre. Des familles nombreuses n'occupent qu'une seule petite pièce dans des huttes qui n'ont parfois que le rez-de-chaussée, et y vivent presque aussi serrées que des passagers dans un vaisseau. Les réglemens sur la salubrité, auxquels l'antique administration du pays était

supposer que Memphis n'ait pas été beaucoup plus considérable que le Kaire, pris avec ses dépendances. Ainsi l'étendue assignée à Memphis par Diodore est en rapport avec l'idée qu'on doit se former de sa population.

Quand cette ville eût été de forme circulaire, on y aurait déjà compté, d'après son circuit, 50 stades du nord au sud; mais le peu de largeur de la vallée et bien des convenances forçaient d'étendre la ville suivant la direction du fleuve : elle ne pouvait donc avoir, du nord au sud, moins de 60 stades ou 2 schœnes; et, puisque ses palais situés au nord étaient à 3 schœnes du Delta, sa limite au sud devait en être distante de 5 schœnes. La distance du Delta à la partie méridionale des ruines, mesurée sur la carte, est exactement de 5 schœnes, ou cinq 18es de degré. Ainsi tout se trouve exact dans les renseignemens des anciens sur Memphis, comme sur tout le reste de la géographie de l'Égypte, quand on y applique le schœne de 18 au degré et le stade de 540.

---

si attentive, forçaient à une autre distribution des habitans, et de larges voies devaient être ouvertes pour la circulation de l'air dans les parties intérieures des villes; ce qui ne se pratique guère aujourd'hui.

Thèbes, quoique plus étendue que Memphis, a dû être bien moins peuplée. On peut en juger par la grande quantité de ses palais et de ses édifices publics, la vaste étendue des terrains libres qui les environnaient, l'immense largeur du fleuve qui la traverse, ses plages basses et inhabitables sur la rive gauche, ses cirques démesurés qui, placés l'un au bout de l'autre, formeraient une enceinte de plus de deux lieues de circuit. On a déjà conjecturé avec assez de vraisemblance qu'elle était composée de masses de maisons groupées sur certains points et par quartiers séparés; que c'était un ensemble de petites villes portant le même nom, ce que la terminaison plurielle du mot *Thèbes* semblerait appuyer.

Il ne m'est pas possible de voir comment le schœne de 20 au degré, et les stades de 500, de 600 et de 700, ainsi que celui de 1111 $\frac{1}{9}$, pourraient s'y appliquer; mais je conviens toutefois que ces diverses mesures sont bien aussi des mesures anciennes, ainsi que toutes celles qui, d'après les anciens écrivains, ont été adoptées par les métrologues et les géographes modernes. Dans ce qui concerne les mesures, tout est exact dans les écrits des anciens : on ne pèche que par de fausses applications. Je montrerai l'origine du stade de 600 au degré et de celui de 1111 $\frac{1}{9}$. J'ai donné quelques indications qui peuvent conduire à la trouver.

CHAPITRE III.

De la mesure de la base de l'Égypte.

§. I. *Considérations sur les rapports de cette base avec les mesures de l'Égypte.*

Hérodote indique pour la base de l'Égypte la distance du mont Casius au golfe Plinthinique, que, dans plusieurs endroits de son Histoire, il évalue à 60 schœnes ou 3600 stades. Avant de déterminer la position de ces deux points, voyons les conséquences à tirer de la mesure de cette base. L'antiquité offre peu de circonstances plus utiles pour la géographie et l'astronomie, que cette base de l'Égypte donnée sous des formes différentes par un grand nombre d'auteurs, écrivant à des époques très-éloignées les unes des autres.

Outre le renseignement d'Hérodote provenant des prêtres d'Héliopolis, et que d'Anville a cru exprimé en stades de $1111\frac{1}{9}$ au degré, nous avons encore, 1°. la mesure d'Ératosthène, qui compte 1300 stades, à partir de Péluse jusqu'à Canope. Il avait tiré cette mesure de documens anciens, à moins qu'on ne veuille qu'il l'ait due à ses propres observations (ce que nous ne pensons pas). Quoi qu'il en soit, on verra clairement qu'il n'a pas toujours compté par stades de 700 au degré.

2°. La même mesure est rapportée par Diodore de Sicile, qui a consulté les anciennes annales de l'Égypte : cet écrivain, que l'on croyait avoir compté par stades olympiques, fixe aussi cette base à 1300 stades.

3°. Strabon suit ici Ératosthène, qu'il avait comparé avec Artémidore d'Éphèse et Hipparque. Il ajoute ensuite à sa mesure, d'une part, celle de Péluse au mont Casius, et, de l'autre, celle de Canope au golfe Plinthinique, qui, prises ensemble, forment 500 stades. Ces 500 stades s'ajoutant aux 1300 comptés de Péluse à Canope, donnent un total de 1800 stades, nombre égal à la moitié de celui d'Hérodote, et nouvel exemple de l'emploi de deux stades égyptiens doubles l'un de l'autre. C'est un point que je rappelle souvent, parce qu'il est capital dans ces questions, et qu'il sert à résoudre plusieurs difficultés touchant l'origine et l'histoire de la métrologie.

4°. Enfin l'*Itinéraire* d'Antonin nous donne une partie de cette base en milles qu'on a supposés être des milles romains, quoique cet ouvrage ne fasse assez souvent que rapporter les mesures usitées dans les pays qu'il décrit.

Le simple rapprochement de ces évaluations données par différens auteurs et toutes puisées à d'excellentes sources peut procurer sur les bases de la géographie de l'Égypte, sur sa métrologie et quelques points de son astronomie, plus de véritables lumières que de grands travaux n'en donneraient sur d'autres questions.

Le système métrique et la géographie des Égyptiens étant astronomiques, toutes les divisions de la terre devaient être conformes à celles qu'on supposait dans le ciel; et cela dans le sens des parallèles, aussi bien que dans celui des méridiens : rejeter la conséquence serait rejeter le principe; n'admettre aucune conformité entre la division du ciel et la division de la terre, serait réellement supposer que la géographie n'était pas astronomique.

Pour peu que l'on voulût s'arrêter sur ce principe, on verrait que les cercles des instrumens employés aux observations astronomiques devaient être divisés de la même manière que les cercles du ciel et de la terre; et de là l'on arriverait à voir aussi pourquoi le temps a dû, dès l'enfance de l'astronomie, être divisé de la même manière que l'espace, c'est-à-dire que les cercles du ciel dans lesquels s'opère le mouvement apparent des astres, principalement du soleil et de la lune, qui avaient enseigné aux hommes la science des nombres. En effet, pouvait-on mieux juger des intervalles de temps écoulés que par la grandeur de l'arc céleste parcouru pendant ce temps? Autant on comptait de divisions dans un arc ou dans le cercle entier, autant on devait compter aussi de divisions dans la période de temps employée à les parcourir; et comme, dans cette géographie astronomique, la division de la terre correspondait à celle du ciel, il s'ensuivait naturellement que la division du temps se trouvait la même aussi que celle des cercles de la terre[1].

Quels qu'aient été les diviseurs adoptés, on conçoit que les divisions et subdivisions admises dans les cercles de la nature et tracées de la même manière sur ceux des instrumens étaient entre elles dans des rapports exacts, simples et uniformes. Les subdivisions, poussées aussi loin que le permettait l'étendue des cercles, devaient aller fort loin dans les instrumens des Égyptiens, qui étaient immenses; témoin le fameux cercle d'Osymandyas, qui, suivant Diodore, avait 365 coudées de circonférence. Ainsi non-seulement les degrés, mais leurs divisions, les schœnes, les stades, etc., devaient être marqués sur le limbe des plus grands cercles.

Toutes les grandes divisions des cercles de la terre une fois fixées astronomiquement, il fallait bien que les plus petites fussent en harmonie avec elles; que le stade

---

[1] Je ne veux pas dire par-là que l'une et l'autre aient dû, dès l'origine, être en 360 degrés ou en 720. Cette institution n'est au contraire que le résultat d'une astronomie un peu avancée, où l'on avait déjà épuisé plusieurs combinaisons antérieures dont il est possible de suivre encore les traces. C'est à l'institution astronomique de Thèbes que j'ai rapporté l'établissement de la division régulière de toute espèce de cercles en 360 degrés; et, comme il a été indiqué dans la 1re partie, ce n'est ni à Thèbes ni à l'Égypte qu'il faut rapporter la première ori-

s'accordât avec les plèthres, les plèthres avec les cannes, les cannes avec les orgyies, et celles-ci avec les coudées, les pieds et même les doigts et leurs fractions : de sorte que de cela seul, que la géographie était astronomique, il résulte que le système métrique égyptien dut l'être aussi, et que les diverses mesures usuelles, jusqu'aux plus petites, étaient des parties aliquotes de la circonférence de la terre. On concevra facilement, d'après cela, comment le soleil et la lune avaient enseigné aux hommes la science du calcul, et étaient auteurs de toute espèce de mesures ; idée qui autrement serait tout-à-fait incompréhensible. Continuons maintenant nos observations sur la base de l'Égypte.

Si le stade employé ici par tous les auteurs anciens n'est réellement que le stade d'Hérodote doublé, c'est-à-dire de 30 au schœne, comme chez Héron d'Alexandrie ; s'ils n'ont fait tous que reproduire d'anciennes déterminations égyptiennes, ce stade doit se trouver de 540 au degré chez tous ces auteurs : nous n'excepterons pas même Ératosthène, et ceci peut également jeter quelque jour sur la grande question des connaissances dues à cette école d'Alexandrie qui aurait tout inventé, et qui se trouve, en dernière analyse, n'avoir compris ni les institutions ni les données dont elle faisait usage, ni même quelquefois les observations, les principes et les monumens de la publication desquels nous lui sommes redevables[1].

---

gine des sciences, et surtout celle de l'astronomie : elle appartient à l'Abyssinie.

[1] Un caractère qui aggrave les doutes sur l'origine des connaissances les plus exactes de cette école est le défaut d'homogénéité des élémens et des bases de leur science.

De même, si le mille cité par l'*Itinéraire* d'Antonin dans la base de l'Égypte est le mille oriental dont Héron nous donne le rapport avec toutes les mesures de l'Égypte, il doit se trouver ici de $\frac{4}{}$ au schœne et contenir $7\frac{1}{2}$ stades de 540 au degré de ce parallèle; par conséquent, il sera la 72e partie du degré de longitude dans la base du Delta, comme il est la 72e partie du degré de latitude dans les mesures prises suivant le méridien.

Veut-on chercher le rapport de ce mille au stade de 600, on a les proportions suivantes, $540 : 7\frac{1}{2} :: 600 : x = 8\frac{o}{3}$. Ce mille contient donc $8\frac{1}{3}$ stades de 600 au degré de ce parallèle, comme il contient aussi $8\frac{1}{3}$ stades de 600 au degré dans les mesures prises selon le méridien : rapprochement important entre la métrologie des Grecs et celle des Orientaux, et qui montre que leurs mesures étaient entre elles dans le rapport de 9 à 10; d'où l'on pourrait déjà peut-être tirer l'induction, que le système olympique avait son origine dans l'Orient et était primitivement un système astronomique. Les Grecs, il est vrai, ne paraissent pas l'avoir employé comme tel. Mais, en tout ce qui concerne les sciences exactes et particulièrement l'astronomie, la Grèce adopta les résultats de l'Orient sans en bien connaître le principe ni toutes les applications. Ce que je dis de l'origine du stade olympique comme conjecture, sera prouvé plus tard. On verra le lieu précis où il a été institué,

---

Tirés tantôt de l'Égypte, tantôt de la Chaldée, ces élémens avaient, malgré une première origine commune, des différences notables. Ce défaut d'homogénéité entre les divers élémens d'un système quelconque est le plus sûr indice des emprunts.

et comment il fait partie, aussi bien que le système égyptien, ceux de l'Asie et de l'Europe, d'une même institution primitive. Il paîtra de là un nouveau moyen de déterminer la grandeur des mesures olympiques, moyen qui ne peut avoir rien d'arbitraire. Son résultat se trouvera conforme d'ailleurs à celui de métrologues très-estimés, qui portent le stade olympique à 94 de nos toises et environ 5 pieds. Le stade olympique doit aussi se trouver, avec le véritable pied romain, dans le rapport de 24 à 25, ou ne s'écarter de ce rapport que d'une quantité insensible, dont j'indiquerai la cause.

Ne soupçonnant pas l'existence d'un stade de 540 au degré, les métrologues ne pouvaient concevoir comment ce mille de Polybe, de Héron, de Suidas, de Julien l'architecte, de S. Épiphane, etc., contenait 7 $\frac{1}{2}$ stades (de l'Égypte) et 8 $\frac{1}{3}$ stades (olympiques); ils voulaient le confondre avec le mille romain, qui est exactement de 8 stades olympiques : mais M. Gosselin a maintenu l'évaluation de Polybe, quoiqu'on n'en connût pas l'origine. Aujourd'hui qu'elle se trouve expliquée, serait-il possible de la révoquer en doute? Ce point mène droit à la source de la vérité; et de son rapprochement avec les rapports de Héron, tout notre système pourrait encore être déduit : car, je ne puis m'empêcher de le répéter, si le mille est de 8 $\frac{1}{3}$ stades, il se trouve la 72e partie du degré; le schœne, qui contient 4 milles, en est la 18e partie; le stade de 30 au schœne, la 540e, etc. Le stade d'Ératosthène, 40e partie du schœne, est donc de 720 au degré, ou de 259200 à la circonférence de la terre, comme on l'a vu dans la Ire section. On conçoit bien cependant que ce système n'a pas été imaginé sur cette donnée particulière. Ces rencontres si justes et perpétuelles peuvent-elles être l'effet du hasard? Je soumets cette question au célèbre géographe qui a si bien reconnu la valeur du mille de Polybe, malgré le peu de données qu'on avait alors. J'ai annoncé, à l'occasion de la question sur les mesures de Héron d'Alexandrie, qu'outre les moyens assez nombreux que je présentais dès-lors pour déterminer ces mesures, j'en pourrais présenter de nouveaux. En voici un : plusieurs autres sont répandus dans le cours de cet écrit. J'appelle l'attention sur cette question des mesures de Héron, importante à tant d'égards, et qui deviendra la clef des antiquités orientales. La discussion montrera, je crois, que, si une question d'antiquité est susceptible de la précision mathématique, c'est celle-ci.

§. II. *Détermination des deux extrémités de la base de l'Égypte.*

La base de l'Égypte vers la mer, suivant Hérodote, est de 60 schœnes ou de 3600 stades, à partir du mont Casius jusqu'au golfe Plinthinique. Il faut reconnaître d'abord la véritable situation de ces deux points.

1°. POSITION DU MONT CASIUS, LIMITE ORIENTALE.

Le point qui correspond aux indications des anciens pour le mont Casius est, comme l'a parfaitement déterminé d'Anville, le cap et la montagne situés à environ 33' à l'orient des ruines de Péluse[1]. Ce cap, terminé

[1] La position du Râs Kaçaroun n'a pas été déterminée par des ob-

par une montagne, porte aujourd'hui le nom de *Râs Kaçaroun*, qui conserve quelque analogie avec le nom ancien. La montagne est la seule qui existe sur ces côtes : ainsi toute équivoque est impossible. Suivant Strabon, le mont Casius est à 300 stades à l'orient de Péluse (ou 10 schœnes) ; ce qui fait, sur le pied de 540 stades au degré, 0° 33′ 20″.

L'*Itinéraire* d'Antonin compte 40 milles de Péluse au mont Casius ; c'est bien 4 milles pour un schœne, et un mille pour 7 ½ stades, rapports conformes à ceux de Héron. La distance est, en outre, partagée dans l'*Itinéraire* par une mansion nommée *Pantaschœnon*; nom d'autant plus remarquable, que ce poste est effectivement à 20 milles ou 5 schœnes [1] de Péluse et du mont Casius. Tout ceci confirme donc les rapports établis ci-dessus, et montre bien une division du degré de longitude semblable en Égypte à celle du degré de latitude.

servations astronomiques : ce point a été placé sur la carte de l'expédition d'après ses rapports avec Péluse et sur une reconnaissance faite avec soin par M. Jacotin, directeur des ingénieurs-géographes en Égypte, et appuyée par diverses opérations géodésiques. J'avais douté d'abord que la détermination faite par d'Anville, du mont Casius, fût tout-à-fait exacte ; mais, forcé ensuite d'examiner à fond cette question, qui devenait essentielle ici, j'ai vu ce doute se dissiper entièrement ; l'opinion de ce savant géographe est parfaitement juste, et je n'ai trouvé aucune objection solide qui pût lui être opposée.

[1] Ce mille est plus grand d'un 24e que le mille romain. Il a des rapports très-simples avec les diverses mesures du système olympique, comme avec celles du système pithique. Il est égal à 5000 pieds olympiques. Le grand stade pithique, égal à 1000 pieds olympiques, était la 5e partie du mille oriental.

Les Hébreux et les Arabes avaient aussi un mille composé de cinq grands stades. On ne peut pas douter que ce grand stade ne fût le dérage encore en usage aujourd'hui dans l'Arabie ; d'où il résulte que le mille de Polybe, de Julien, de Héron, de S. Épiphane, de 72 au degré, était commun à l'Arabie et à la Judée, aussi bien qu'à l'Égypte. C'est une mesure importante.

2°. LIMITE OCCIDENTALE DE LA BASE DE L'ÉGYPTE, OU POSITION DU GOLFE PLINTHINIQUE.

A l'égard du golfe Plinthinique, d'Anville n'a pas été aussi heureux que pour le mont Casius ; ne connaissant que très-imparfaitement le gisement de cette côte, il a été induit en erreur par l'inexactitude des renseignemens de Ptolémée. On le voit sans aucune raison creuser le rivage à un demi-degré à l'ouest du Marabou, et figurer une espèce de golfe, dans le milieu duquel il place *Taposiris*, puis une ville de *Plinthiné* un peu plus à l'est. Cette configuration de la côte est tout-à-fait imaginaire. Au-delà du Marabou vous ne rencontrez plus, en allant vers l'ouest, ni golfe ni cap : le rivage est droit et sans aucune inflexion bien marquée jusqu'à une très-grande distance, et bien au-delà de l'ancienne *Taposiris*, dont les ruines se voient encore [1] à une petite journée d'Alexandrie, comme le disent les auteurs anciens [2]. Tous les écrivains qui ont cité *Plinthiné et Taposiris*, s'accordent à mettre la première à l'orient de la seconde, conséquemment plus près d'Alexandrie, et non loin du petit golfe du Marabou.

Le cap qui couvre ce petit golfe au levant est reconnu par d'Anville pour le *Chersonesus* des anciens ; or, ce *Chersonesus* touchait au golfe de *Plinthiné*, comme on peut voir dans Strabon [3]. Le golfe Plinthinique est donc

---

[1] Reconnaissance faite par M. Le Père (Gratien), ingénieur en chef des ponts et chaussées. On doit à MM. Le Père et à leurs collaborateurs beaucoup de renseignemens nouveaux et très-importans sur les déserts qui sont au couchant et à l'orient du Delta.
[2] Strab. *Geogr.* lib. XVII.
[3] Strab. *ibid.*

celui qui est à l'ouest du cap du Marabou, immédiatement après le port vieux, à trois lieues d'Alexandrie, puisque indépendamment des témoignages réunis de plusieurs auteurs, c'est le seul golfe qui soit sur toute cette côte, comme la petite presqu'île du Marabou en est le seul cap [1]. Cette raison est péremptoire.

Rien n'est donc moins équivoque que la position du *Chersonesus* et du golfe Plinthinique, non-seulement parce qu'il n'y a pas d'autre cap et d'autre golfe sur toute la côte, mais encore parce que cette côte n'est pas susceptible de changement, que sa base est un roc vif, qu'il ne s'y fait pas, comme sur la côte d'Égypte, d'attérissement par les dépôts du Nil, et que, dans cette mer sans reflux, on ne peut supposer ni érosion du rocher ni changement de quelque importance.

Ce nom de *Plinthinique*, traduction du nom égyptien faite par Hérodote, semble moins dériver d'une ville que d'une localité où l'on fabriquait des briques. On trouve en effet aux environs du Marabou des couches

---

[1] Quand on voit Ptolémée éloigner le *Chersonesus* d'un demi-degré d'Alexandrie, on s'étonne moins qu'il place *Plinthiné* à un quart de degré de ce cap; car l'erreur est à peu près la même. Ni l'une ni l'autre de ces méprises, je l'avoue, ne pourraient se concevoir de la part d'un géographe qui habitait Alexandrie, s'il n'était prouvé que Ptolémée, en traduisant les renseignemens anciens en degrés et en minutes d'après une évaluation vicieuse, a commis les erreurs les plus graves, surtout dans les longitudes. De plus, suivant M. Gosselin, les nombres donnés par Ptolémée ont été fréquemment modifiés par les géographes ou les navigateurs qui ont fait usage de ses tables : ils ont corrigé une partie de ses positions le long des côtes d'après leurs propres observations, et cela a entraîné le déplacement des positions intermédiaires peu connues des voyageurs, comme *Plinthihé* et *Chersonesus*, tandis que des points célèbres et d'une situation très-authentique, comme Alexandrie ou Canope, quoique voisins des précédens, n'ont pu être déplacés. Il faut donc s'en rapporter de préférence, pour la posi-

d'argile; et cette fabrication importante pour la bourgade de *Rhacotis*, et la ville de *Canope*, bâties en brique, devait attirer les barques dans ce petit golfe, où elles trouvaient un bon mouillage : destination qui a dû lui mériter le nom de *Plinthinique*. Aucun auteur n'a dit que *Plinthiné* fût une ville ou une bourgade de quelque importance. Strabon glisse sur ce lieu, qu'il semble lier avec le *Chersonesus* et confondre dans la même indication, lorsqu'il évalue à 70 stades leur distance de *Necropolis* et d'Alexandrie : deux noms qu'il rapproche de même et confond aussi, vu leur contiguïté, comme une seule et même localité. *Plinthiné* était donc au *Chersonesus*, quant à sa situation, comme *Necropolis* à Alexandrie.

Le cap du Marabou forme effectivement la limite naturelle de l'Égypte; il serait presque impossible d'en choisir une autre, et je m'en rapporte aux personnes qui connaissent cette localité. Au-delà du Marabou, où est la passe du grand port d'Alexandrie, la côte n'offre nul point remarquable, nul qui ait une relation nécessaire avec l'Égypte; s'arrêter en deçà, ce serait retrancher le port d'Alexandrie, le seul que possède l'Égypte, et dont la passe est défendue par la presqu'île du Marabou ou le *Chersonesus*.

tion du *Chersonesus*, à un géographe tel que Strabon, dont l'ouvrage, par sa forme, était exempt des erreurs qui affectent les longitudes de Ptolémée. Il marque 70 stades seulement (0° 7′ 47″) du fort *Chersonesus* à Alexandrie; distance exacte de la tour du Marabou au parallèle du phare. Or, ce point d'incidence des 70 stades de Strabon est précisément celui dont il faut partir ensuite pour trouver les 4 schœnes qu'il indique entre Alexandrie et Canope.

§. III. *Conclusion. Identité des mesures des différens auteurs sur la base de l'Égypte.*

Le stade d'Hérodote étant précisément moitié de celui de Strabon, il faut donc que, dans ce dernier auteur, la distance du mont Casius au golfe Plinthinique ou au *Chersonesus*, soit de 1800 stades (qui forment les 60 schœnes ou les 3600 stades d'Hérodote); ainsi voilà encore un moyen de vérification. En général, les moyens de vérification ne manquent pas, et jamais système, si celui-ci est faux, n'aura été plus aisé à réfuter.

De la bouche Canopique à la bouche Pélusiaque, base du Delta proprement dit, on compte, suivant Strabon. . . . 1300 stades.
De la bouche Pélusiaque au mont Casius, suivant Strabon. 300
L'embouchure de la branche Canopique n'était pas précisément en face de la ville de Canope, mais un peu à l'est, comme l'a très-bien remarqué d'Anville. L'intervalle jusqu'aux ruines occidentales de Canope est d'environ 10 stades. . . . . 10.
De Canope à Alexandrie, suivant Strabon, on comptait 4 schœnes[1], ou 120 stades. . . . . 120.
D'Alexandrie[2] au cap *Chersonesus*, 70 stades. . . 70.

En tout. 1800 stades, ou 60 schœnes, comme dans Hérodote[3].

Les 60 schœnes qui mesurent la base de l'Égypte

---

[1] Strab. *Geogr.* lib. xvii.
[2] Strab. *ibid.*
[3] Cette mesure de la base de l'Égypte est répétée deux fois dans Hérodote, qui compare la circonférence du lac de Mœris à la base de l'Égypte. Diodore et Strabon fournissent également des renseignemens répétés; et leurs mesures étant données par détails prouvent qu'ils ne les ont pas puisées dans Hérodote. Diodore attribue, comme Hérodote, 3600 stades au contour du lac de Mœris : ce nombre est remarquable

chez tous les écrivains, font donc exactement trois
degrés et un tiers. . . . . 3° 20′

Suivant la carte de l'expédition française, cette
même distance du cap Kaçaroun au golfe Plinthinique comprend en longitude. . . . . 3° 19′ 40″

On voit ici, comme dans la longueur de l'Égypte, une conformité presque rigoureuse entre les observations de longitude des Égyptiens et les observations modernes; encore cette différence d'environ un tiers de minute provient de l'intervalle de Péluse au cap Kaçaroun, qui n'est chez nous que le résultat de mesures itinéraires. Or, le reste de la distance, déterminé astronomiquement, se trouve d'une exactitude parfaite, coïncidence qui ne peut rien avoir de fortuit, puisqu'elle a lieu de même dans les quatre distances particulières qui forment les 60 schœnes ou les 1800 stades; et, dans chacune d'elles, les schœnes et les stades n'ont également qu'une valeur proportionnelle à celle du degré de longitude.

Ces résultats prouvent que toutes ces mesures, comme toutes celles qui étaient liées avec elles, sont des mesures astronomiques.

La distance d'Héroopolis à la Méditerranée offre encore une limite importante de l'Égypte; mais elle a été discutée dans les Mémoires sur la géographie comparée de la mer Rouge. Cette distance fixée à mille stades par Hérodote, est de 0° 56′, ou environ vingt-trois lieues,

---

chez Diodore, qui emploie ici le petit stade, contre son usage, et sans le faire remarquer, non plus qu'Hérodote n'avait fait remarquer qu'il comptait par grands stades dans la distance de Thèbes à Éléphantine.

entre le parallèle d'Héroopolis et celui de la bouche Pélusiaque. Il ne restait donc plus, pour montrer l'exactitude du renseignement d'Hérodote, qu'à prouver que son stade (ou petit stade égyptien) était de 1080 au degré.

Les détails de la géographie comparée de l'Égypte peuvent fournir une multitude d'applications du système qui vient d'être exposé, aussi bien que les monumens anciens de cette contrée. Je me suis renfermé dans le petit nombre de données qui tenaient à la nature de mon sujet, les limites de l'Égypte, et qui sont d'ailleurs les plus directes et les plus décisives; mais il est facile de voir déjà qu'elles supposent la conformité de toutes les autres.

En exposant des vues toutes nouvelles, je ne pouvais manquer de m'écarter de diverses opinions accréditées depuis long-temps et appuyées d'autorités très-recommandables. Je suis loin toutefois de méconnaître l'importance des grands travaux qui ont été faits sur le même sujet. J'ai montré, au contraire, que plusieurs résultats particuliers auxquels ces travaux ont conduit se trouvent d'accord avec les principes que j'expose; et je pourrais multiplier cette sorte de rapprochemens : mais ces résultats qui se trouvaient isolés supposaient un lien commun encore inconnu; et il me semble que ces principes l'établissent.

Les savans des diverses contrées qui prennent intérêt aux progrès de l'archéologie, voudront bien examiner les résultats auxquels je suis parvenu : ces résultats touchent, comme je l'ai dit, au nœud des difficultés qui ont arrêté dans l'explication des antiquités orientales. Si, comme je le crois, j'ai établi d'une manière rigoureuse le système des mesures égyptiennes, l'explication des institutions primitives de l'Orient en sera la conséquence naturelle; notamment celle du zodiaque primitif, qui, je puis le dire, est restée tout-à-fait inconnue. J'appuiërai l'explication de chacun des douze signes d'autorités anciennes, ainsi que de l'interprétation des figures accessoires des quatre zodiaques recueillis en Égypte.

FIN DE LA TROISIÈME PARTIE DE CE MÉMOIRE.

FIN DU TOME VINGTIÈME.

TABLE

DES MATIÈRES DU TOME XX.

HISTOIRE NATURELLE.

Pages.

DESCRIPTION *de la vallée de l'Égarement, et conséquences géologiques qui résultent de la reconnaissance qu'on en a faite;* par M. P. S. Girard, ingénieur en chef des ponts et chaussées, directeur du canal de l'Ourcq et des eaux de Paris, membre de l'Institut d'Égypte.................................... 1

§. Ier. Description topographique de la vallée de l'Égarement. — Facilités de la communication qu'elle offre entre le Nil et la mer Rouge........................ *Ibid.*

§. II. Conjectures géologiques sur les causes qui ont amené à leur état actuel la vallée de l'Égarement et les déserts qui bordent l'Égypte.................... 11

OBSERVATIONS *sur la vallée d'Égypte et sur l'exhaussement séculaire du sol qui la recouvre,* par M. P. S. Girard, ingénieur en chef des ponts et chaussées, directeur du canal de l'Ourcq et des eaux de Paris, membre de l'Académie royale des sciences et de l'Institut d'Égypte, chevalier de la Légion d'honneur..... 33

Section Ire. Description de la vallée d'Égypte dans son état actuel. — Variations annuelles du Nil............. *Ibid.*

Section II. Volume des eaux du Nil. — Nivellemens transversaux dans la vallée. — Sondes du terrain........ 55

Section III. Connaissances et opinions des anciens sur le sol de l'Égypte et sa formation. — Observations et opinions des modernes. — Questions élevées à ce sujet. 78

Section IV. Recherches et observations faites pour déterminer la quantité séculaire d'exhaussement du lit du Nil et du sol de l'Égypte......................... 110

Section V. Des différentes causes dont l'action modifie continuellement l'aspect de la vallée d'Égypte. — Des changemens qu'il pourra subir dans la suite. — Résumé de ce mémoire........................ 140

APPENDICE. — *Analyse du limon du Nil,* par M. Regnault..... 161

DESCRIPTION *minéralogique de la vallée de Qoçeyr,* par M. De Rozière, membre de la Commission des sciences et arts d'Égypte, et ingénieur en chef des mines............................ 165

TABLE DES MATIÈRES.

	Pages.
§. I⁻ʳ. Description de la vallée depuis l'Égypte jusqu'aux puits de la Gytah	167*
§. II. De la Gytah aux fontaines d'el-Haouch.............	172
§. III. Des fontaines d'el-Haoueh a Lambàgeh............	182
§. IV. Des fontaines de Lambàgeh au port de Qoçeyr......	188

DISCOURS *sur la représentation des roches de l'Égypte et de l'Arabie par la gravure, et sur son utilité dans les arts et dans la géologie;* par M. De Rozière, ingénieur en chef des mines... 195

DE *la constitution physique de l'Égypte, et de ses rapports avec les anciennes institutions de cette contrée;* par M. De Rozière, ingénieur en chef au corps royal des mines................. 211

INTRODUCTION... *Ibid.*

PREMIÈRE PARTIE. *Géographie physique*.................... 263

Chapitre *I*ᵉʳ. Disposition générale du sol de l'Égypte........ *Ibid.*
  §. Iᵉʳ. Figure et limites de l'Égypte proprement dite........ *Ibid.*
  §. II. Des montagnes qui bordent l'Égypte............... 271
  §. III. Disposition du sol de la vallée..................... 276
Chapitre *II*. De l'aspect du sol de l'Égypte, et de l'impression que reçoit le voyageur.................... 279
Chapitre *III*. Du terrain qui environne l'Égypte, et de ses rapports avec cette contrée................... 295
  §. Iᵉʳ. Du pays situé au sud et au couchant............... *Ibid.*
  §. II. Disposition du terrain situé à l'orient de l'Égypte..... 297
  §. III. Conséquence relative à l'origine de la population de l'Égypte............................... 302
Chapitre *IV*. Relief du terrain........................... 304
  §. Iᵉʳ. Observations sur la correspondance des angles saillans et rentrans................................ *Ibid.*
  §. II. Hauteur respective des deux chaînes de montagnes de l'Égypte................................. 306
  §. III. Pente générale du terrain qui renferme la vallée de l'Égypte................................. 311
  §. IV. Observations sur quelques conséquences de cette inclinaison générale du terrain................. 314
  §. V. Des contre-pentes du terrain. — Rapports de leurs vallées avec l'inclinaison générale................. 317
Chapitre *V*. Considérations géologiques sur l'ensemble du pays. 318

SECONDE PARTIE. *Du sol de la vallée d'Égypte*............... 323
Chapitre *I*ᵉʳ. Des débordemens du Nil..................... *Ibid.*
  §. Iᵉʳ. Leur influence sur le sol......................... *Ibid.*
  §. II. Causes des débordemens........................ 326
Chapitre *II*. Nature du sol cultivable..................... 328
Chapitre *III*. Distribution des terrains sablonneux et du sol formé de limon......................... 331
  §. Iᵉʳ. Plages sablonneuses............................ *Ibid.*
  §. II. Épaisseur du limon. — Alternation des couches...... 333
  §. III. Quelques observations sur le Delta................ 339

TABLE DES MATIÈRES.

Pages.

Chapitre IV. Exhaussement du sol de l'Égypte............ 343
Chapitre V. Évaluation des crues du Nil à diverses époques.. 351
§. I*er*. Quantité de la crue actuelle................... *Ibid.*
§. II. Quantités des crues dans les temps antérieurs à la conquête de l'Égypte par les Arabes............... 352
Chapitre VI. Changemens arrivés sous les Arabes dans l'état du meqyâs ou nilomètre de Roudah............ 359
§. I*er*. État actuel du meqyâs...................... *Ibid.*
§. II. Changement de la coudée du nilomètre............ 360
§. III. Longueur de l'ancienne coudée nilométrique........ 362
§. IV. Observations sur la colonne graduée du meqyâs...... 369
§. V. Suite des témoignages des auteurs, depuis la fondation du meqyâs jusqu'à nos jours.................. 372
Chapitre VII. Conséquences déduites des renseignemens sur l'état du meqyâs, relativement à l'exhaussement de l'Égypte............................. 376

TROISIÈME PARTIE. *Des limites de l'Égypte suivant les anciens, et du système métrique de cette contrée.....* 391
*Section I*re*. Système métrique des Égyptiens................. *Ibid.*
Chapitre I*er*. Ancienneté d'un système régulier de mesures en Égypte................................. 394
§. I*er*. Il a existé une astronomie très-perfectionnée antérieurement à la conquête de l'Égypte par les Grecs..... *Ibid.*
§. II. Ancienne division du ciel, de la terre et de l'année en 720 parties; division semblable du jour.......... 401
§. III. Division du degré céleste en 720 stades............ 404
§. IV. Division du degré terrestre en 720 stades.......... 405
Chapitre II. De quelques systèmes métriques anciens, et particulièrement du système thébain ou pythique... 417
§. I*er*. Division du cercle........................ 419
§. II. Division du jour et du degré en 360 parties.......... 421
§. III. Division du dérage..................... 424
Chapitre III. Des mesures itinéraires de l'Égypte ancienne.... 431
§. I*er*. Ces mesures n'ont point été connues jusqu'ici........ *Ibid.*
§. II. Rapport des stades, du schœne et du mille de l'Égypte avec le degré............................. 433
§. III. Valeur des deux stades égyptiens, déduits de la seconde et de la troisième pyramide.................. 436
Chapitre IV. De quelques autres moyens de vérifier les mesures itinéraires, et spécialement de l'ancienne coudée sacrée ou nilométrique.................... 439
§. I*er*. De la réduplication de quelques mesures, etc........ *Ibid.*
§. II. Rapport de la coudée au degré et à toutes les mesures égyptiennes............................ 442
§. III. Pieds égyptiens............................ 448
§. IV. Digression sur les pieds italique et romain.......... 450
Chapitre V. Des diaules ou stades redoublés............. 453
§. I*er*. Du diaule de Héron d'Alexandrie............... *Ibid.*

TABLE DES MATIÈRES.

Pages.

§. II. Étalons du dérage de mille pieds olympiques et du
diaule pythique de deux mille pieds............ 456
Chapitre VI. De la coudée xylopristique.................. 459
Section II. Limites de l'Égypte, suivant les plus anciens auteurs.. 465
Observations préliminaires. Exactitude des anciens astronomes... Ibid.
Chapitre Ier. De l'étendue de l'Égypte dans le sens du méridien. 469
  §. Ier. Sa longueur totale...................... Ibid.
  §. II. Distance de Thèbes à Éléphantine............... 470
       Position d'Éléphantine....................... 473
       Position et étendue de la ville de Thèbes......... 474
  §. III. Distance de Thèbes à Héliopolis................. 481
  §. IV. Distance de Thèbes à la mer................... 485
  §. V. Observations générales...................... 492
Chapitre II. De quelques autres mesures touchant la longueur
       de l'Égypte............................. 495
  §. Ier. De la mesure de l'Égypte par Ératosthène........... Ibid.
  §. II. D'une autre mesure de l'Égypte................. 496
  §. III. D'une mesure particulière d'Héliopolis à la mer...... 498
  §. IV. Position du sommet du Delta.................. 499
  §. V. Limites et étendue de Memphis ; sa distance au sommet
       du Delta.............................. 503
Chapitre III. De la mesure de la base de l'Égypte............ 508
  §. Ier. Considérations sur les rapports de cette base avec les
       mesures de l'Égypte........................ Ibid.
  §. II. Détermination des deux extrémités de la base de l'É-
       gypte................................. 515
       1°. Position du mont Casius, limite orientale........ Ibid.
       2°. Limite occidentale de la base de l'Égypte, ou po-
         sition du golfe Plinthinique.................. 517
  §. III. Conclusion. Identité des mesures des différens auteurs
       sur la base de l'Égypte...................... 520

FIN DE LA TABLE.

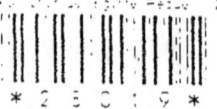

BARREAU ANGLAIS.

Extrait du Constitutionnel du 21 mars 1821.

Commençons par les grandes entreprises. Nous mettons au premier rang le BARREAU ANGLAIS, ou choix des plaidoyers des avocats anglais, traduits par deux avocats à la Cour royale de Paris, et publié par M. Panckoucke.

Cette entreprise est vraiment utile, et nous pouvons la recommander sans compromettre notre goût et l'intérêt des souscripteurs. Nous avons sous les yeux la première livraison, qui est du plus haut intérêt. Certes notre barreau national ne manque pas de bons modèles, et, pour se faire une idée de nos richesses en ce genre, il suffit de jeter les yeux sur les quinze volumes que M. Panckoucke a publiés sous le titre de BARREAU FRANÇAIS. Mais il est des questions très-importantes qui n'ont point encore été discutées chez nous, et qui ont été approfondies en Angleterre, parce qu'elles tiennent à la nature du gouvernement représentatif, dont les Anglais ont fait une longue expérience qui nous manque. Cette pensée judicieuse a dirigé l'éditeur et les traducteurs dans le choix des plaidoyers.

La première livraison est entièrement consacrée à lord Erskine, dont la célébrité judiciaire l'emporte encore sur sa renommée parlementaire. Les caractères de son éloquence sont la force et la chaleur. Nul orateur n'a mieux su, que lord Erskine, se placer, pour ainsi dire, au sommet d'une grande question, et dominer toute une cause d'un seul coup d'œil. Les plaidoyers que contient le premier volume sont relatifs à trois affaires pour publication de libelles, aux procès de lord Gordon et de Th. Hardy, accusés de haute-trahison; à celui de Hadfield, pour tentative d'assassinat sur la personne du roi (Georges III); et enfin à l'affaire du doyen de Saint-Asaph, prévenu d'avoir publié et propagé un dialogue composé par William Jones, entre un gentilhomme et un fermier.

Ce dialogue, écrit avec beaucoup de simplicité, lui avait paru un moyen sûr de faire connaître aux hommes les plus ignorans les grands principes de la société et du gouvernement, et de leur montrer les vices de la représentation des communes dans la Grande-Bretagne. Nous reviendrons quelque jour sur ce dialogue.

La notice sur lord Erskine, qui sert d'introduction à ce premier volume, est très-intéressante et fort bien écrite; on en jugera par les passages suivans:

« La gloire que lord Erskine s'est acquise n'a rien de périssable, c'est dans les livres des lois d'Angleterre que ses titres sont inscrits. Il vivra dans la mémoire aussi long-temps que la presse y sera libre, et que les jurés y jouiront de leurs droits.

« Il a montré qu'une basse et servile soumission au pouvoir n'est pas toujours, en Angleterre, la voie la plus sûre pour arriver aux honneurs. Il a donné un illustre exemple de patriotisme et d'indépendance, uni au plus profond savoir, et couronné du plus beau succès. Sa vie entière a prouvé tout ce que peut un seul homme contre la corruption de son siècle, et tout ce que la liberté publique doit attendre de l'habileté secondée par le courage.

« Tant que les juges anglais exerceront leurs fonctions devant un barreau éclairé et un public jaloux de ses droits, la justice ne sera pas vainement entendre sa voix. »

Nous avons dit que l'utile collection que nous annonçons est due aux soins et à l'intelligence de M. Panckoucke, à qui le public est redevable de tant d'autres grands ouvrages. Celui-ci n'obtiendra pas un moindre succès; car, s'il est indispensable aux magistrats, aux avocats, aux jurisconsultes, il sera aussi très-bien placé dans les bibliothèques des hommes qui veulent réunir dans leurs lectures l'agrément à l'instruction.

Cet ouvrage se compose de trois volumes, du prix de 6 f. chaque volume. Chez l'éditeur C. L. F. PANCKOUCKE, rue des Poitevins, n. 14.

www.ingramcontent.com/pod-product-compliance
Lightning Source LLC
Chambersburg PA
CBHW051356230426
43669CB00011B/1662